D1614059

Felipe Ugalde, ilustrador de la cubierta, estudió Comunicación Gráfica en la Escuela Nacional de Arte Plásticas de la UNAM, en México, donde luego fue profesor del Taller de Ilustración. Desde hace 23 años se dedica a la ilustración, su trabajo en libros infantiles, así como libros de texto y material didáctico. Ha impartido talleres de ilustración tanto a profesionales como a niños. Ha participado con su obra en múltiples exposiciones en México y en otros países. Su obra se caracteriza por el manejo intenso del color y la plasticidad de sus figuras.

Tesoros de lectura

Lectura/Artes del lenguaje

Autores

Elva Durán

Jana Echevarria

David J. Francis

Irma M. Olmedo

Gilberto D. Soto

Josefina V. Tinajero

Macmillan/McGraw-Hill

Contributors

Time Magazine, The Writers' Express, Accelerated Reader

The Writers' Express®
Immediate Impact. Lasting Transformation.   wex.org

RFB&D ⓜ
learning through listening

Accelerated Reader®

Students with print disabilities may be eligible to obtain an accessible, audio version of the pupil edition of this textbook. Please call Recording for the Blind & Dyslexic at 1-800-221-4792 for complete information.

A

The McGraw·Hill Companies

Macmillan
McGraw-Hill

Published by Macmillan/McGraw-Hill Education, a division of The McGraw-Hill Companies, Inc.,
Two Penn Plaza, New York, New York 10121.

Printed in the United States of America

ISBN: 978 0 02 199126 6/5
MHID: 0-02-199126-X/5
1 2 3 4 5 6 7 8 9 (083/043) 12 11 10 09 08

Lectura/Artes del lenguaje

Bienvenidos a
Tesoros de lectura

Imagina cómo sería ver de cerca una serpiente de cascabel, aprender cómo era realmente la vida en el antiguo Oeste, o leer sobre un niño que crea una nueva civilización en el patio de su casa. Tu **libro del estudiante** contiene éstas y otras selecciones premiadas de ficción y no ficción.

Macmillan/McGraw-Hill

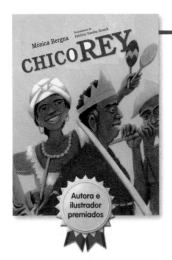

Unidad 2

Estudios Sociales

El Oeste norteamericano

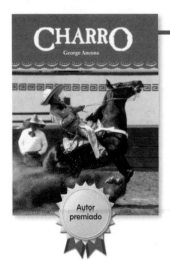

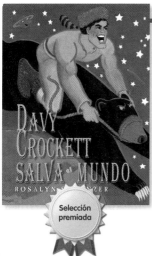

Unidad 3

Creatividad

Usa tu ingenio

TEMA: Contar cuentos

TEMA: Desafíos

TEMA: Hablar en código

Muestra lo que sabes

Unidad 4

Trabajo en equipo

La unión hace la fuerza

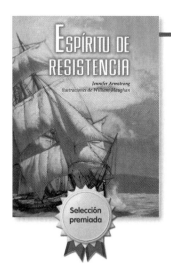

10

Unidad 5

Ciencias

Investigaciones

Unidad 6

Enfoque: Quinto grado

Cambios

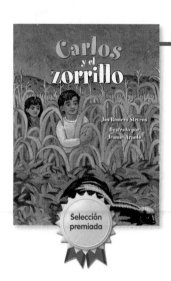

La gran pregunta

¿Por qué las personas defienden aquello en lo que creen?

Busca más información sobre las personas que definen su postura en **www.macmillanmh.com**

Conéctate

A veces, algunas condiciones o situaciones de la vida obligan a la gente a defender lo que creen.

Por ejemplo, si una empresa no ofrece un entorno laboral seguro, sus empleados pueden hacer una huelga hasta que la empresa instale alarmas de incendio, salidas de emergencia y un sistema de rociadores. Todos los trabajadores tienen derecho a un lugar de trabajo seguro. Si los empleados no defienden sus derechos, las condiciones inseguras y en contra de la ley podrían costarle la vida a alguien.

Aprender sobre asuntos importantes y saber por qué las personas los defienden te ayudará a comprender la importancia de ser un ciudadano activo.

Actividad de investigación

A lo largo de la unidad, recibirás información sobre injusticias que han motivado a las personas a luchar contra ellas para defender sus derechos. Investiga una causa que una persona o un grupo haya defendido. Crea un folleto sobre esa causa.

Anota lo que aprendes

A medida que lees, toma nota de todo lo que estás aprendiendo sobre las personas que deciden defender aquello en lo que creen. Usa el Boletín en capas. En la parte superior, escribe el tema de la unidad: **Tomar partido**. En cada capa del boletín, escribe los datos que aprendas cada semana.

Tema de la unidad
Semana 1
Semana 2
Semana 3
Semana 4
Semana 5

Taller de investigación

Haz la investigación de la Unidad 1 con:

Guía de investigación
Sigue esta guía paso a paso para completar tu proyecto de investigación.

Recursos de Internet
- Buscador por temas y otras herramientas de investigación
- Videos y excursiones virtuales
- Fotos y dibujos para presentaciones
- Artículos y recursos en Internet

Busca información en
www.macmillanmh.com

Juan Romagoza
Médico y activista comunitario
Es el Director Ejecutivo de La Clínica del Pueblo en Washington, DC.

DEFENDER NUESTROS DERECHOS

A platicar

¿Qué derechos crees que debería tener cualquier ciudadano de Estados Unidos? ¿Qué es para ti la discriminación?

Busca información sobre derechos civiles en **www.macmillanmh.com**

Conéctate

Una decisión inteligente

Vocabulario

sucumbir   agobiante

abolir   evocar

embarcar   diminutivo

implacable   azabache

Diccionario

El **origen de una palabra** te permite conocer su historia y su significado original para poder usarla mejor. La palabra *agobiante* proviene del latín *gibbus*, que significa *joroba*. Decimos que algo es *agobiante* cuando nos hace sentir que cargamos algo muy pesado. Por ejemplo: "Hacía un calor agobiante".

—¿¡Un fantasma!? —preguntó Miguel y abrió los ojos como si lo estuviera viendo.

—Eso me contó el hijo del vecino —le respondió Carlos desde la otra cama—, el que nos ayudó con los muebles.

Los niños eran diferentes. Miguel, de siete años, era inteligente y curioso pero también precavido. Admiraba a su hermano Carlos, tres años mayor, que parecía no temerle a nada y se **embarcaba** en aventuras alocadas. Miguel, ni siquiera dormía con la luz apagada.

Se habían mudado ese día, con sus padres, a una casa que doscientos años atrás albergaba a los esclavos que nadie compraba en el puerto. Más tarde, los que no **sucumbían** durante el encierro se ponían nuevamente en venta.

22

—Era como un depósito —le había explicado Carlos cuando cargaban las camas hasta el dormitorio—. Dicen que los mantenían en el sótano.

"¡El sótano!" pensó Miguel. "Húmedo, oscuro y con argollas de hierro en las paredes", y recordó la sensación **agobiante** de estar enjaulado que le había provocado ese lugar.

Esa noche, mientras **evocaban** los eventos del agitado día, Carlos contó lo del fantasma que rondaba la casa.

—¿Será el espíritu de un esclavo? —preguntó Miguel.

—No —dijo Carlos—, es el de Galvão, un comerciante que vendía los esclavos en los pueblos del interior.

—¿Y qué pasó? —preguntó Miguel.

—Cuando **abolieron** la esclavitud se quedó sin trabajo y, al tiempo, murió —respondió Carlos; y con tono grave susurró—: Pero su fantasma regresa cada noche a buscar mercancía nueva.

"Quizás es hora de cambiar de tema" pensó Miguel. Pero, su **implacable** curiosidad pudo más.

—¿Lo ha visto mucha gente?

—Parece que sí —aseguró Carlos—. Y todos han huido gritando de miedo.

—¿Les hizo algo? —preguntó Miguel, sin querer realmente una respuesta.

—Nada, ni siquiera les habló —respondió su hermano—; pero aseguran que solo verle sus ojos **azabache** espanta al más valiente.

—La verdad, Mi-gue-li-to, no quisiera cruzarme con Galvão justo en nuestra primera noche en esta casa —continuó Carlos, enfatizando el **diminutivo** en tono de burla.

Entonces, Miguel le demostró a su hermano que era más inteligente que miedoso y, luego de pensarlo un instante, apagó la luz.

Volver a leer para comprender

Estructura del cuento
Personaje y ambiente
Los autores enriquecen el cuento con detalles sobre los personajes y el ambiente que ayudan a desarrollar el argumento. Los rasgos del **personaje** son las cualidades de un personaje de la historia. El **ambiente** es dónde y cuándo sucede la historia. Usa tu tabla de personaje y ambiente cuando vuelvas a leer la selección para entender los rasgos de los personajes y la información acerca de dónde y cuándo sucede la historia.

Personaje	Ambiente

Género

La **ficción histórica** narra una historia en la cual personajes inventados participan en hechos reales del pasado.

Estructura del cuento

Personaje y ambiente

Al leer, completa la tabla de personaje y ambiente.

Personaje	Ambiente

Lee para descubrir

¿Por qué es un gran honor llevar la capa de Chico rey por un día?

Mónica Bergna

ilustraciones de
Fabricio Vanden Broeck

CHICO**REY**

Autora
e
ilustrador
premiados

Esa tarde tenía tanta prisa en llegar, que casi me caigo contra el empedrado del piso. Nuestra casa es la última de la colina. Allí todas las casas están pintadas de un color distinto y tienen hermosos balcones llenos de flores. La nuestra es blanca y yo digo que es la más bonita.

Al llegar, sentí cómo el perfume de café se confundía con el olor a vainilla de las orquídeas del patio. Mi abuelo me esperaba allí, estaba sentado, mientras escuchaba una vieja canción que **evoca** la travesía de un navío negrero.

Mi madre lo acompañaba.

Protegida por la sombra de la mata del cacao, ella borda la capa que mi abuelo lucirá durante las fiestas del Congado.

Y es que este año a mi abuelo le toca ser Chico rey por un día.

26

Para entender por qué es un gran honor llevar la capa de Chico rey, tengo que contarles algo que pasó en un tiempo muy lejano... debemos transportarnos casi cuatro siglos atrás.

En ese entonces, el mulato Duarte Lopes llegó hasta nuestra tierra, en la región de Minas Gerais. Su objetivo era capturar esclavos entre los indios cataguases. Pero la inmensidad de la selva, el calor y el cansancio, lo obligaron a bajar de su caballo para tomar agua de un riachuelo. Al terminar de beberla, unas pepitas de color negruzco estaban depositadas en el fondo de su recipiente.

Las pepitas resultaron ser oro finísimo recubierto de una pátina negra de óxido de hierro, así que las vendió en Río de Janeiro.

La noticia no tardó en propagarse a gran velocidad y numerosas expediciones se propusieron ir en busca de este oro. Sólo contaban con una referencia: un pico muy alto con una gran piedra curva en la cima, conocida por los indios de la región con el nombre de Ita-Corumi.

Al pasar de los años, fueron muchos los *garimpeiros*[1] que en su búsqueda de oro se perdieron; incluso algunos encontraron sólo la muerte.

Finalmente, un hombre llamado Dias de Oliveira halló el famoso pico y, con él, todas las riquezas de Ouro Preto, como se le llamó al lugar a causa del color negruzco que recubría el oro.

Una nueva mina era abierta todos los días. La fiebre del oro se apoderó de los *garimpeiros*, quienes se enriquecieron rápidamente. Cada mina escondía en sus adentros muchas galerías, y éstas a su vez guardaban más y más tesoros.

En una forma desordenada, en Ouro Preto empezó a formarse mi ciudad, que entonces se llamaba Vila Rica.

[1] **Garimpeiros** son los buscadores de oro.

27

Mi abuelo se probó la capa; le lucía perfectamente, los hilos dorados contrastaban con el **azabache** de sus rizos. Su silueta era larga y esbelta, parecía un antiguo rey africano, precisamente como Galanga.

Galanga era un monarca guerrero que en el siglo XVIII gobernaba el pueblo de Quibango, en el corazón de África, en el territorio que hoy en día ocupa el Congo.

Era un hombre rudo, experto cazador, magnífico guerrero e **implacable** con sus enemigos. Como líder, sabía transmitir seguridad a su pueblo. Vivía con su familia rodeado de los lujos correspondientes a su posición de monarca.

La vida de Galanga cambió cuando su tribu, incluyendo la noble familia, fue arrasada y capturada por los traficantes de esclavos. Los invasores traían consigo armas de fuego contra las cuales nada pudieron hacer los guerreros de Galanga. Incluso el más valiente de los ki-lombos[2] **sucumbió** ante ellas.

El sufrimiento de la tribu apenas comenzó. Fueron encadenados y **embarcados** como mercancía hacia un mundo desconocido.

Poco se sabe del trato que debieron soportar Galanga, su familia y su tribu en el barco negrero que los llevó a tierras desconocidas Su esposa e hijos perecieron en el viaje. Dicen que la reina y los príncipes africanos fueron arrojados al mar para aplacar una tempestad que amenazaba con hundir el barco.

Entre todos los hombres y mujeres que habían sido capturados, era fácil distinguir a Galanga, pues sólo él se mantenía completamente erguido y miraba de frente a sus captores, directo a los ojos.

Se cree que fue en el año de 1740 cuando llegó a Río de Janeiro el barco en el que viajaban. Al desembarcar, cada esclavo recibió un nombre cristiano. Todas las mujeres se llamaron de ahí en adelante María, y Galanga, al igual que todos los hombres, recibió el nombre de Francisco, cuyo **diminutivo** portugués es Chico. Pronto todos lo conocerían como Chico rey.

[2] La palabra **ki-lombo** proviene de un dialecto africano antiguo y quiere decir jóvenes guerreros.

Apenas puedo imaginar el sentimiento de aquellos recién llegados, cuando pisaron estas tierras. Aquí la humedad y el calor a veces son **agobiantes**, y cuando escucho los ruidos que hacen los animales de la selva, pienso que la gente de Galanga se sabía muy lejos de su hogar. Tal vez algunas mujeres se atrevieron a arrancar raíces para calmar el hambre y la sed de sus hijos, mientras los hombres, con los chiquillos al hombro, atravesaban agotados la selva.

Los viejos y los enfermos murieron en el camino y se quedaron sin sepultura, pues, en su nueva condición de esclavos, los antiguos pobladores de Quibango no tenían permitido enterrar a sus muertos. Eran tantas y tantas cosas las que tendrían que soportar…

Es la hora de la cena y mi madre ha preparado ricas galletas de cazabe y jugo de maracuyá. Como siempre, mi hermana menor trató de adueñarse de la más grande. Esta vez no se lo quise permitir. Cuando alargué la mano para ganarle, ella trató de arrebatármela. En un abrir y cerrar de ojos, el plato y el cazabe estaban en el piso llenos de tierra.

Hoy no habrá cena para ninguno de los dos. Además mi mamá me obligó a levantar los pedazos dispersos del plato. Siempre yo, como si fuera un esclavo. Bueno, no… un esclavo no.

La verdad es que los esclavos sí vivían de lo peor. Cuenta el abuelo que eran tales las condiciones, que uno de cada cinco esclavos moría durante el primer año de trabajos forzados en la mina. La falta de sol, de lluvia e incluso de aire era la principal razón de sus enfermedades.

En la mina trabajaban hombres, mujeres y niños. Galanga mandaba como rey y soberano a todos los otros mineros que con él llegaron. Major Augusto, el dueño de la mina, no tuvo más remedio que reconocer el don de mando de ese negro.

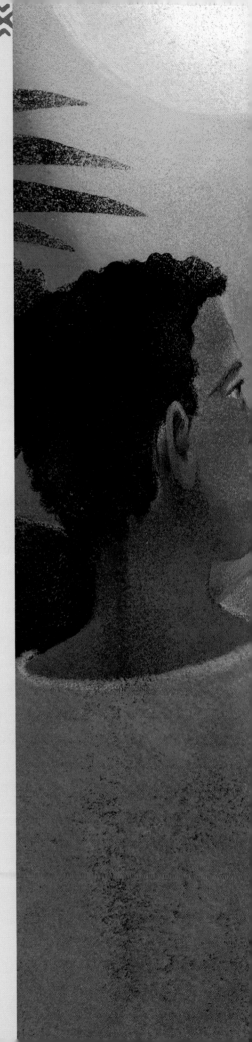

Tengo que practicar la música que tocaré en el desfile; es una samba en la que pueden escucharse sonidos y ritmos africanos. La noche está clara, se pueden contar las estrellas, quizás hasta alcanzarlas. Es una noche llena de quietud. Sólo el ruido de algunos sapos rompe el silencio por instantes.

Es semejante a la noche en que, bajo la clara luz de la luna, en la entrada de la mina, se reunieron todos los miembros de la tribu de Chico rey. Los viejos, los jóvenes y las mujeres comenzaron a protestar por la forma indigna en que eran tratados. Los ancianos propusieron levantarse en armas, las mujeres angustiadas y temblorosas ante la posibilidad de una guerra abrazaban a sus pequeños. Los más jóvenes se entusiasmaban al imaginar que ésta sería la ocasión que esperaban para probar su hombría y su habilidad como guerreros.

Chico rey sabía que no era justo ni digno vivir como esclavos. Tenía que reconocer que Major Augusto, el portugués dueño de la mina, les había otorgado ciertas concesiones (como descansar un día a la semana), y que otras tribus vivían mucho peor. Él intuía que si sus hombres actuaban en forma violenta todos perderían las pocas ventajas, y no sólo ahora sino que las futuras generaciones vivirían todavía más oprimidas.

¿Sería posible llegar a un acuerdo?

Esta noche soñé que era un ki-lombo. Estaba semidesnudo con los pies ardientes y cansados de tanto ir y venir desde el fondo hasta la entrada de la mina cargando piedras. Pude imaginar la rabia que sentían los ki-lombo al ser transformados de guerreros en esclavos. Para mí estaba claro que la solución que tenían a la mano era la de luchar.

Pero Chico rey tenía una visión mucho más ambiciosa que la de un guerrero o la de un esclavo. Él deseaba que todos los miembros de su tribu reencontraran la libertad, y esto, sin tener que pelear.

Por eso los reunió nuevamente y los convenció de que trabajasen los domingos. Por ese trabajo obtendrían dinero, y con ese dinero comprarían, poco a poco, la libertad de cada uno. La gente estuvo de acuerdo. Además, a Chico rey se le ocurrió otra idea para conseguir dinero aprovechando su trabajo en las minas.

Para sellar su acto de solidaridad y compromiso, decidieron que a partir de ese momento y hasta que el último miembro de la tribu fuese liberado, todos se dejarían crecer el cabello.

Ambiente
¿En qué época y lugar se desarrolla esta historia? ¿Qué claves en el cuento te lo muestran?

Los portugueses dueños de las minas nunca lo supieron, o así quisieron aparentarlo, pero se cuenta que a Chico rey se le ocurrió que, todas las noches, como un ritual, los esclavos debían dirigirse a una fuente en la que lavaban sus largas y negras cabelleras cuando salían de las minas. Al amanecer, cuando las mujeres recogían el agua con sus cántaros, en realidad buscaban el polvo de oro que durante la noche había quedado asentado en el fondo de la fuente. Y es que el polvo de oro negro se quedaba adherido al largo cabello de los esclavos mientras trabajaban.

Pasaron pocos años antes de que todos dejasen de ser esclavos. El último en obtener la libertad fue Chico rey. Para celebrar esta victoria, en el pueblo de Vila Rica se organizó una gran fiesta, en la que todos bailaron y cantaron hasta el amanecer. Chico rey desfiló ataviado de finísimas ropas, todas ellas bordadas en oro.

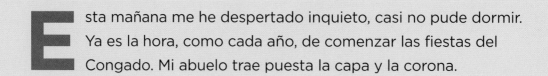

Esta mañana me he despertado inquieto, casi no pude dormir. Ya es la hora, como cada año, de comenzar las fiestas del Congado. Mi abuelo trae puesta la capa y la corona.

A lo lejos se escuchan las campanas y los tambores. Se acercan nuestros amigos a buscarnos, nos toca incorporarnos al desfile. Mi abuelo está feliz; cualquiera que lleve esa capa sabe que carga mucho más que una prenda, carga el peso del primer hombre que en nuestro pueblo decidió enfrentar la violencia sin violencia. Chico rey convenció a su pueblo de que vale la pena actuar de forma solidaria y con dignidad.

Casi un siglo después de que Chico rey y su pueblo obtuvieron la libertad, en el año de 1888, fue **abolida** la esclavitud en Brasil.

Honremos a los defensores de derechos con
Mónica Bergna y Fabricio Vanden Broeck

Mónica Bergna nació en Ciudad de México en 1962. Estudió Arquitectura e Interiores en Lausanne, Suiza. Desde hace quince años se dedica a lo que más le gusta: la literatura para niños y jóvenes. Ha traducido varios títulos del francés al español y es autora de *Recetas para compartir*, *Juguemos en el bosque* y *Lotería*. Actualmente vive en Venezuela con sus tres hijos y se dedica a la edición de libros infantiles.

Fabricio Vanden Broeck nació en Ciudad de México en 1955. Estudió Diseño Industrial en la Universidad Iberoamericana e hizo una maestría en Diseño Básico en l'École Cantonale des Beaux-Arts et d'Art Appliqué de Lausanne, Suiza. Ha obtenido diversos reconocimientos y su obra ha sido expuesta en México y otros países.

✔ Propósito de la autora
La autora quiere compartir información del pasado y a la vez entretener. Identifica detalles históricos en el cuento.

 Busca información sobre Mónica Bergna y Fabricio Vanden Broeck en **www.macmillanmh.com**

Pensamiento crítico

Resumir

La tabla de personaje y ambiente te ayudará a resumir *Chico rey*. Asegúrate de que tu resumen contenga los datos más importantes de la historia.

Personaje	Ambiente

Pensar y comparar

1. Si la autora cambiara el **ambiente** del cuento del pasado al presente, ¿cómo cambiaría el cuento? Usa ejemplos del cuento para acompañar tu respuesta. **Analizar la estructura del cuento: Personaje y ambiente**

2. Vuelve a leer la página 29 de *Chico rey*. Cuando los traficantes de esclavos capturan a Galanga y a su gente, ¿por qué dice la autora: "El sufrimiento de la tribu apenas comenzó"? Usa detalles del cuento en tu respuesta. **Síntesis**

3. Dice la historia que los esclavos eran obligados a trabajar bajo condiciones **agobiantes** y que uno de cada cinco moría durante el primer año de trabajos forzados en la mina. ¿Cómo reaccionarías tú si te obligaran a vivir de esa manera? **Analizar**

4. Chico rey no quería que su tribu usara la violencia porque sabía que todos "perderían las pocas ventajas, y no sólo ahora sino que las generaciones futuras vivirían todavía más oprimidas". ¿Estás tú de acuerdo o en desacuerdo con esa opinión? Explica tu respuesta. **Evaluar**

5. Vuelve a leer "Una decisión inteligente" de las páginas 22 y 23. ¿En qué medida las experiencias de los esclavos en ambas selecciones son similares? ¿Por qué? Usa evidencia de las dos selecciones para acompañar tu respuesta. **Leer/Escribir para comparar textos**

Género

Una **autobiografía** cuenta la vida de una persona en sus propias palabras.

☑ Elemento del texto

Una **línea cronológica** es un diagrama de varios sucesos en el orden en el que sucedieron. Una línea cronológica te ayuda a organizar la información de forma visual y sencilla.

Palabras clave

**inconstitucional   prohibición
boicotear   segregación**

Ruby Bridges

Ruby Bridges tenía seis años en noviembre de 1960 y estaba a punto de hacer historia. Un juez había declarado inconstitucional la prohibición a estudiantes afroamericanos de asistir a las mismas escuelas que los niños blancos. Ruby fue la primera estudiante negra que asistió a la Escuela Primaria William Frantz de Nueva Orleans. Éste es un relato, en sus propias palabras, de su primer día en su nueva escuela, y de los hechos que siguieron:

Cuando ingresamos al edificio, los alguaciles federales subieron con nosotras a la secretaría de la escuela, que estaba en el último piso. Mi madre y yo entramos y nos dijeron que nos sentáramos en la oficina del director. Los alguaciles se sentaron afuera. La secretaría tenía ventanas. Eso significaba que todos los que pasaban por ahí podían vernos. Recuerdo que me llamó la atención que todos fueran blancos.

El artista Norman Rockwell captó el suceso en el cuadro llamado *El problema con el que todos vivimos.*

Durante todo el día los padres de los niños blancos entraban a la secretaría. Estaban molestos. Discutían y nos señalaban, pues cuando habían llevado a sus hijos al colegio esa mañana no sabían si la escuela sería integrada o no. Cuando mi mamá y yo llegamos, los padres corrieron hacia los salones y arrastraron a sus hijos fuera de la escuela. Lo único que veía desde las ventanas de la oficina era confusión. Me dije a mí misma que así debían ser las escuelas grandes.

Durante todo el primer día, mi mamá y yo sólo esperamos. No hablamos con nadie. Recuerdo que yo miraba un gran reloj redondo que colgaba en la pared. Cuando llegaron las 3:00, la hora de irnos

a casa, yo estaba feliz. Había pensado que mi escuela sería difícil, pero el primer día había sido fácil.

Cuando nos fuimos del colegio ese primer día, la multitud afuera era más grande y ruidosa de lo que había sido en la mañana. Había reporteros, cámaras y gente por todas partes. Me imagino que la policía no podía mantenerlos a todos detrás de las barricadas. Nos tomó mucho tiempo llegar al carro de los alguaciles.

Ruby entra a la escuela con alguaciles federales.

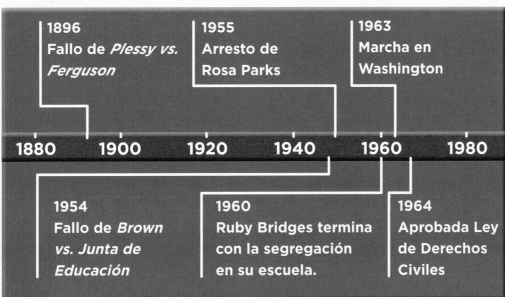

Marcha a través de la historia

✔ Leer una línea cronológica

Podemos repasar sucesos históricos organizándolos en una línea cronológica.

1896 Fallo de *Plessy vs. Ferguson*	1955 Arresto de Rosa Parks	1963 Marcha en Washington

1880   1900   1920   1940   1960   1980

1954 Fallo de *Brown vs. Junta de Educación*	1960 Ruby Bridges termina con la segregación en su escuela.	1964 Aprobada Ley de Derechos Civiles

Más tarde supe que había habido manifestantes frente a las escuelas integradas todo el día. Querían asegurarse de que los padres blancos **boicotearan** la escuela y no permitieran que sus hijos asistieran a clase.

Grupos de estudiantes de secundaria, que se unieron a los manifestantes, desfilaban por la calle e inventaban letras nuevas para cantos viejos. Uno era el "Himno de batalla de la República", al que le cambiaron el coro para que dijera "Gloria, gloria, **segregación**, el Sur volverá a levantarse". Muchos llevaban carteles y decían cosas horribles, pero más que nada recuerdo haber visto una muñeca negra en un ataúd, que fue lo que más me asustó.

Después del primer día, yo estaba feliz de llegar a casa. Quería cambiarme la ropa y salir a buscar a mis amigos. Mi madre no estaba muy preocupada por mí porque la policía había puesto barricadas en las esquinas. Sólo los residentes podían pasar a nuestra calle. Esa tarde le enseñé a una amiga la canción que había aprendido: "uno, dos y tres, cantemos / la integración resistiremos". Mi amiga y yo no sabíamos lo que significaban las palabras, pero todos los días después de la escuela saltábamos la cuerda al ritmo de esa canción.

Mi padre se enteró de lo que había ocurrido en la escuela. Esa noche, cuando regresó a casa después del trabajo, dijo que yo era su "pequeña y valiente Ruby".

Al día siguiente, la valiente Ruby y su madre fueron a la escuela en el carro de los alguaciles. Aquí hay más de la increíble historia de Ruby, en sus propias palabras:

Cuando entramos al edificio, mi nueva maestra, la señora Henry, nos recibió. Era joven y blanca. Al principio yo estaba algo inquieta porque no había estado con una persona blanca. La señora Henry nos llevó al segundo piso. Al subir, no vimos a casi nadie en el edificio. Los estudiantes blancos no iban a venir a clase. Los pasillos estaban tan silenciosos que se podía escuchar el ruido que los zapatos del alguacil hacían sobre los pisos de madera.

La señora Henry nos llevó al salón de clases y nos pidió que nos sentáramos. Vi que el salón estaba vacío. Había filas de pupitres, pero no había niños. Pensé que habíamos llegado muy temprano, pero la señora Henry dijo que habíamos llegado justo a tiempo. Mi madre se sentó en la parte de atrás del salón. Yo me senté al frente y la señora Henry comenzó la clase.

Pasé todo el día en el salón con la señora Henry. Como no tenía permiso para almorzar en la cafetería o salir al recreo, nos quedamos en el salón. Los alguaciles

En la escalinata de la Escuela Primaria William Frantz

estaban afuera. Si tenía que ir al baño, ellos me acompañaban por el pasillo.

Mi madre se quedó en el salón ese día, pero no el siguiente. Cuando los alguaciles vinieron a mi casa el miércoles por la mañana, mi madre me dijo:

—Ruby, no puedo ir al colegio contigo hoy, pero no temas. Los alguaciles te van a cuidar. Ahora sé buena y no llores.

Yo empecé a llorar de todas formas, pero antes de que me diera cuenta, ya estaba camino a la escuela yo sola.

Ruby Bridges terminó su año escolar y regresó en el otoño. A medida que los años pasaban y Ruby seguía estudiando, la lucha por los derechos civiles también continuaba. En 1995 Ruby y la señora Henry decidieron trabajar juntas. Ahora visitan los salones de clases de todo el país compartiendo lo que aprendieron.

Ruby les cuenta a los estudiantes que las escuelas pueden unir a las personas. Ruby y la señora Henry ya no están en una clase de dos personas.

La señora Henry y Ruby Bridges

Pensamiento crítico

1. Usa la línea cronológica de la página 43 para averiguar cuántos años pasaron desde el arresto de Rosa Park hasta la aprobación de la Ley de Derechos Civiles. **Leer una línea cronológica**

2. ¿Cuál es la diferencia entre leer las propias palabras de Ruby Bridges y leer sobre su experiencia de una fuente secundaria? **Evaluar**

3. Piensa en "A través de mis ojos" y *Chico rey*. ¿En qué se parecen las experiencias de Ruby Bridges y Chico rey? ¿En qué se diferencian? **Leer/Escribir para comparar textos**

Estudios Sociales

Investiga sobre una persona involucrada en el movimiento por los derechos civiles. Escribe un resumen sobre su vida. Incluye una línea cronológica de los sucesos importantes de la vida de esta persona.

Busca información sobre los derechos civiles en **www.macmillanmh.com**

Escritura

Momento

Los buenos escritores se concentran en un **momento** determinado. Incluyen detalles e imágenes sensoriales que ayudan a los lectores a participar de ese momento.

Lee el siguiente pasaje. Observa cómo la autora, Mónica Bergna, se concentra en un momento de la historia.

Fragmento de *Chico rey*

La autora se concentra en el *momento* en que el niño llega a encontrarse con su abuelo y su madre. Dura poco, pero los detalles sobre ese *momento* nos ayudan a imaginar lo que sucede.

Al llegar, sentí cómo el perfume de café se confundía con el olor a vainilla de las orquídeas del patio. Mi abuelo me esperaba allí, estaba sentado, mientras escuchaba una vieja canción que evoca la travesía de un navío negrero.

Mi madre lo acompañaba.

Protegida por la sombra de la mata del cacao, ella borda la capa que mi abuelo lucirá durante las fiestas del Congado.

Lee y descubre

Lee el escrito de Jane. ¿Qué hizo para centrarse en un momento? Usa el control de escritura como ayuda.

En el acuario

Jane L.

Miré dentro del terrario. ¿Dónde estará la rana? El olor de la tierra marrón y húmeda me recordaba el sótano de mi casa. Justo cuando estaba a punto de darme por vencida, allí estaba. Era del tamaño de la punta de mi dedo pulgar. Tenía una espiral azul y negra dibujada en el lomo y un par de ojos verdes brillantes que me miraban fijamente.

¡Lee acerca del momento en que descubrí una maravillosa rana!

Control de escritura

 ¿Elige la autora un momento breve y escribe mucho sobre éste?

 ¿Incluye detalles específicos sobre su experiencia?

 ¿Logras imaginarte el **momento** tal como lo vivió Jane?

47

NIÑOS CONTRA EL ABUSO A LOS ANIMALES

Caminata por los animales

48

Defender nuestras ideas

A platicar

¿Que están haciendo las personas en esta foto? ¿Cómo defienden sus ideas?

Busca información sobre la gente que defiende sus ideas en **www.macmillanmh.com**

Conéctate

49

UNA VERDADERA SOBREVIVIENTE

Todd Sampson

Vocabulario

herida	lastimero
compasión	entregar
sorber	chillar
consideración	

Modismos

Un **modismo** es una expresión cuyo significado no se deduce de las palabras que la componen. Por ejemplo, *Tomarle el pelo a alguien* es un modismo que significa engañar o burlarse de otra persona. A veces puedes hallar modismos en el diccionario.

—¿**Q**ué fue eso? —gritó mamá al frenar bruscamente la camioneta—. Creo que un ave muy grande acaba de golpear el parabrisas —dijo—. ¡Debemos ir a buscarla! Estoy segura que tiene una **herida** que debe estar provocándole dolor.

Al principio creí que estaba tomándome el pelo, pero enseguida estacionó al costado del camino y, en pocos minutos, encontré el ave. Era una imagen **lastimera**, el ave yacía allí, con los ojos apagados y las alas rotas.

50

—¿Crees que sobrevivirá? —pregunté a mamá, susurrando.

La cara de mamá mostraba cariño y **compasión**. Comprobó que el pájaro estuviera respirando y luego me dijo que debíamos buscar ayuda.

—Hay un lugar a una hora de aquí llamado el *Raptor Trust*. Allí, las personas saben cómo cuidar las aves heridas —dijo.

—¡Entonces vayamos!— dije, agitado. Los dos estábamos decididos a **entregarle** el ave a la gente del *Raptor Trust*.

El halcón no hizo ningún sonido durante el viaje. Mamá y yo tampoco hablamos demasiado. Todo lo que hicimos fue **sorber** los refrescos helados que habíamos comprado con el almuerzo, esperando que todo saliera bien.

Finalmente, cuando encontramos el lugar, quedé fascinado. Había tantas aves hermosas: gavilanes, búhos, halcones y águilas… y todos **chillaban** al tiempo. Los entendidos del lugar nos dijeron que el ave que habíamos rescatado era un halcón hembra de cola roja. Nos explicaron que, a veces, las aves heridas pueden volver a volar, y yo esperaba que esa fuera la suerte de nuestro halcón.

Un veterinario la revisó y nos aseguró que se recuperaría. Cuando terminamos, agradecí a toda la gente del lugar por su amabilidad y su **consideración** al ayudar a las aves. Tomé una fotografía de mi halcón, para pegarla en el tablero de anuncios de mi habitación y prometí que regresaríamos para visitarla. Fue entonces cuando supe que había elegido el nombre perfecto para ella: Superviviente.

Volver a leer para **comprender**

✔ Verificar la comprensión
Hacer inferencias

Los autores no siempre revelan todo lo que pasa en una historia, pero dejan pistas para que puedas encontrar la información que falta. Cuando hagas inferencias, toma las pistas del cuento y combínalas con lo que ya sabes. Usa la tabla de inferencias para hacer inferencias sobre los personajes y los sucesos del cuento.

Pistas del cuento	Lo que sabes	Inferencias

✦ Comprensión

Género
La **ficción realista** cuenta una historia inventada que podría suceder en la vida real.

✔ Verificar la comprensión
Hacer inferencias
Al leer, completa la tabla de inferencias.

Pistas del cuento	Lo que sabes	Inferencias

Lee para descubrir
¿Por qué Marty cuida tanto a Shiloh?

Shiloh

Phyllis Reynolds Naylor

ilustraciones de Joel Spector

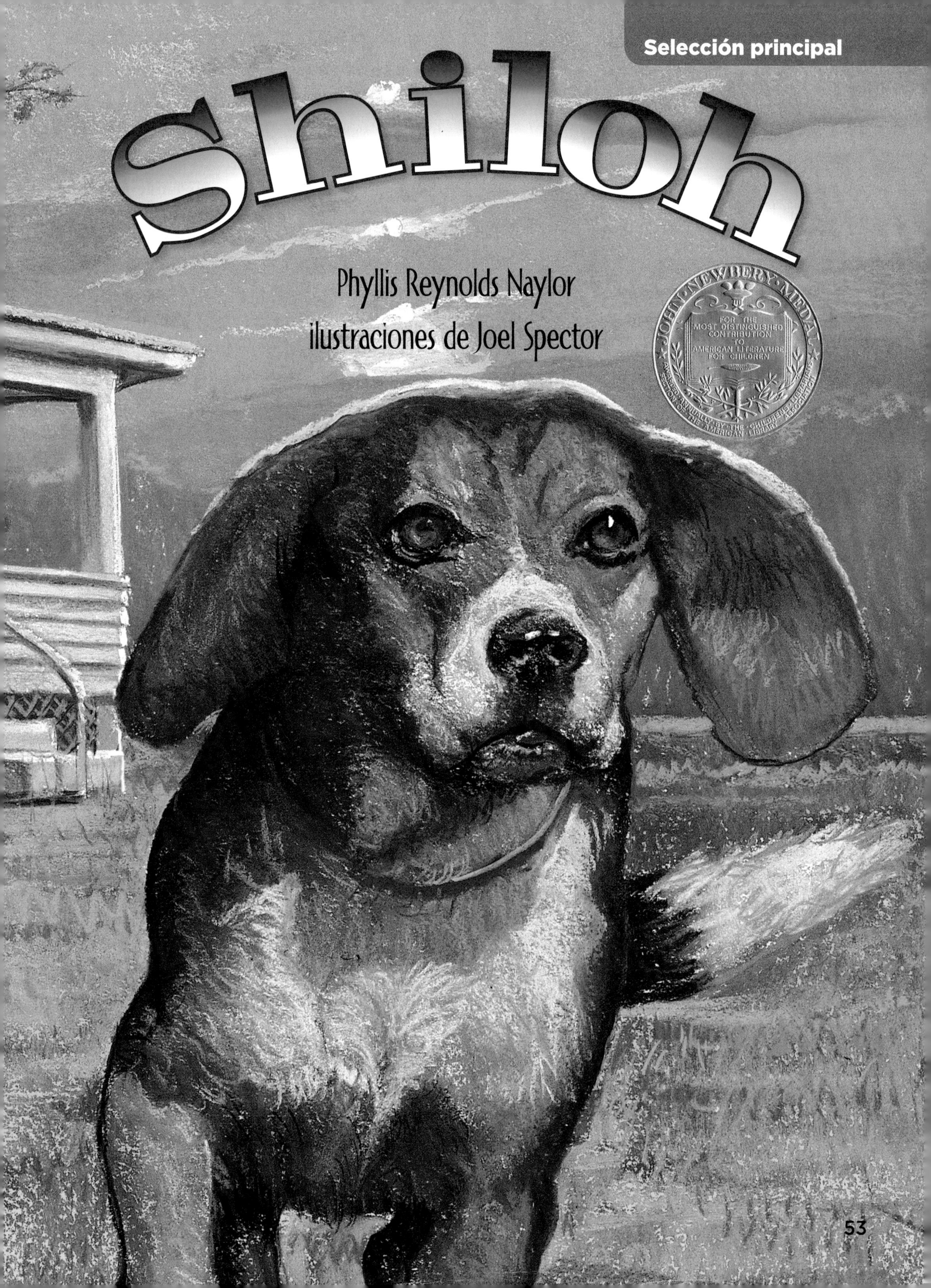

Marty Peterson se enfrenta a un dilema cuando un pequeño sabueso aparece en su casa, cerca del pueblo de Friendly, en Virginia Occidental. Marty está seguro de que el dueño del perro lo maltrata, pero sus padres dicen que debe devolverlo. Sufre al pensar en separarse del perro que había logrado escapar de su cruel amo. Entonces, Marty decide, en secreto, hacer cualquier cosa para salvar al perro, al que llama Shiloh.

Sin duda, era extraño tener a Shiloh esa noche en casa, después de tanto esfuerzo por mantenerlo escondido. También era extraña la manera en que mamá lo trataba. Parecía que no podía evitar pasar al lado de la caja que habíamos preparado para él, junto a la cocina, sin acercarse para acariciarlo, haciendo ruiditos de **compasión** con la garganta, como cuando Dara Lynn o Becky o yo nos enfermamos.

Papá no habló demasiado. Llegó a casa y encontró a Shiloh allí, pero se quedó a un lado, escuchando lo que decía el doctor Murphy; no quería acercarse lo suficiente como para que Shiloh pudiera lamerlo.

Pero cuando terminamos de cenar y fui al baño a cepillarme los dientes, me asomé por la puerta y vi que papá estaba junto a la caja de Shiloh, dejando que el perro lamiera la comida que quedaba en su plato; se agachó uno o dos minutos y le rascó la espalda una y otra vez.

Me imagino que cuando Shiloh ya esté mejor, todos lo van a querer tanto que no van a poder desprenderse de él... ni siquiera papá. Espero que vaya a la casa de Judd Travers, le haga una oferta para comprar a Shiloh y finalmente pueda ser nuestro. El problema con esa idea es que no tenemos el dinero.

Lo más probable es que casi termine la escuela media antes de ganar el dinero suficiente para pagar la cuenta del doctor Murphy. Para comprarle Shiloh a Judd, siempre que Judd esté dispuesto a venderlo, tendría que coleccionar latas de aluminio durante toda la secundaria... No gano mucho dinero con las latas; pero trato de pensar qué otro tipo de trabajo puedo hacer para ganar más, además de **entregar** el periódico del condado los viernes por la tarde, pero no se me ocurre nada. De todos modos, ese trabajo ya lo tiene otro.

Hacer inferencias

¿Qué siente el papá de Marty por Shiloh?
¿Qué pistas te muestran sus sentimientos?

Era como si Shiloh estuviera allí y a la vez, no. Durante los días siguientes, todos lo acariciaban cada vez que podían; Becky le daba costras de tostadas, rompía pequeños trozos y **chillaba** cuando sentía que Shiloh le **sorbía** los trocitos de los dedos.

Mientras mamá ponía los frijoles en frascos, le tarareaba como si fuera un bebé en su cuna, no un perro en una caja; Dara Lynn tenía un cepillo viejo y nunca se cansaba de cepillarlo. Hasta papá se sentó una noche para sacarle todas las garrapatas que tenía: tomó un poquito de aguarrás, lo frotó en la parte trasera de cada garrapata y huyeron despavoridas del pelaje de Shiloh.

Lo que hacía que pareciera que Shiloh no estaba allí era que nadie, excepto yo y Dara Lynn y Becky hablábamos de él. Mamá y papá ni siquiera mencionaban su nombre en voz alta, como si decirlo lo convirtiera en nuestro, que no lo era; como si al no hablar de él, desapareciera sin más, de la misma manera en la que había llegado ese día lluvioso.

Lo que todos esperaban, supongo, era que pasara algo. Cada día, Shiloh se ponía un poquito más fuerte. Dos días después de que el doctor Murphy lo trajera aquí, Shiloh cojeaba por todos lados, con su pierna lastimada. Mamá puso papeles junto a su caja para que hiciera sus necesidades, pero él no le hacía caso; entonces, durante los primeros días, yo lo levantaba, lo llevaba afuera y, cuando terminaba, lo llevaba de vuelta adentro. Pero, ahora, Shiloh empuja la puerta y la abre él solo, va afuera y cuando vuelve, golpea la puerta con una pata para que lo dejemos entrar. Alguien lo notará. Y Becky casi siempre le dice algo. Hasta David Howard, cuando su mamá vino a buscarlo el otro día, abrió la boca y dijo algo acerca de Shiloh.

—¿Quién es Shiloh? —preguntó la mamá, y David se dio cuenta de que se le había escapado.

—Ese viejo gato callejero —dijo David, mintiendo.

Lo peor de tener a Shiloh en casa, y de poder jugar con él cuando yo quisiera era que me costaba mucho dejarlo cuando me iba a recolectar latas. Pero tenía que ganar dinero, ahora más que nunca; entonces, todos los días, cuando Shiloh tomaba su larga siesta, me iba con mi bolsa plástica de basura colgada de uno de los bolsillos de mis pantalones.

Un día, caminé hasta Friendly y pedí en el almacén donde dejan los periódicos del condado, que anotaran mi nombre para ser repartidor. El señor Wallace dijo que sí, pero que ya tenía seis nombres delante del mío, y que uno de ellos era el de un señor con auto. No sé cómo podría competir con eso.

Examiné el tablero de anuncios en la parte de atrás de la tienda. Leí el tablero entero, de los dos lados y parecía que todo el mundo tenía algo para vender, o quisiera un empleo, pero nadie quería comprar. Sólo había dos trabajos, uno para vender electrodomésticos y otro para pintar una casa.

El señor Wallace vio que estaba mirando el tablero, se acercó y quitó el anuncio de pintor.

—Ya tomaron ese puesto —me dijo.

Esa noche, mientras terminábamos de comer, Shiloh daba vueltas alrededor de la mesa, apoyando el hocico sobre el regazo de cada uno, con mirada **lastimera**, esperando que alguien le diera algo para comer. Sé que mamá y papá se esforzaban por no reírse; mamá no nos dejaba darle de comer en la mesa.

Me hubiese encantado preguntarle a papá si le había dicho a Judd Travers que su perro estaba aquí. Pero papá no dijo nada y yo no le pregunté. "Quizás es mejor no saberlo", me dije a mí mismo.

En ese momento, justo cuando mamá servía un pastel de melocotón que íbamos a comer con leche caliente, escuché un sonido afuera que hizo que se me helaran los huesos.

Shiloh también lo oyó, y enseguida supe qué era lo que creía, porque escondió la cola entre las patas, apoyó la panza en el piso y se arrastró hasta la caja.

Mamá y papá miraron a Shiloh y se miraron entre sí. En ese momento, escuchamos el portazo de un camión afuera, pasos en el suelo, pasos en la galería y *toc, toc, toc* en la puerta trasera. Todos dejamos de comer, como si hubiésemos quedado paralizados en las sillas.

Papá se levantó y encendió la luz de la galería, y allí estaba Judd Travers, con ese aspecto de malvado y cruel con el que siempre lo vi. Ni siquiera preguntó si podía pasar, simplemente abrió la puerta y entró.

—Ray Preston —dijo—, alguien me contó que tienes mi perro.

Papá estaba serio. Asintió con la cabeza y apuntó hacia la caja junto a la cocina.

—Ahí está, Judd, pero está herido y lo hemos estado cuidando por ti.

Judd miró a Shiloh y luego a papá.

—¡Maldita sea! —dijo, casi en voz baja—. Alguien sabe que mi perro está perdido, lo toma ¿y ni siquiera tiene la **consideración** de decírmelo?

—Estábamos a *punto* de decírtelo —dijo papá mientras miraba fijo a Judd—, a nadie le gusta enterarse de que su perro está lastimado, por eso queríamos asegurarnos de que se iba a recuperar—. Luego, giró hacia mí:

—Marty —dijo—, ¿quieres contarle al señor Travers cómo llegó su perro hasta aquí?

Sabía que yo no quería. Sabía que prefería nadar en un río lleno de cocodrilos antes que enfrentar a Judd Travers. Pero era mi responsabilidad, no la de papá, y él siempre nos hizo afrontar nuestras acciones.

—Su perro vino hasta aquí porque usted lo maltrata —dije, aunque mi voz no sonó tan fuerte como la de papá y se oyó un poco temblorosa. Aclaré la garganta y continué:

—Así que la segunda vez que vino, construí un corral en el bosque, sin que papá lo supiera, y el pastor alemán de Baker entró y atacó a Shiloh.

Hacer inferencias
¿De cuántas maneras muestra Marty su preocupación por Shiloh?

60

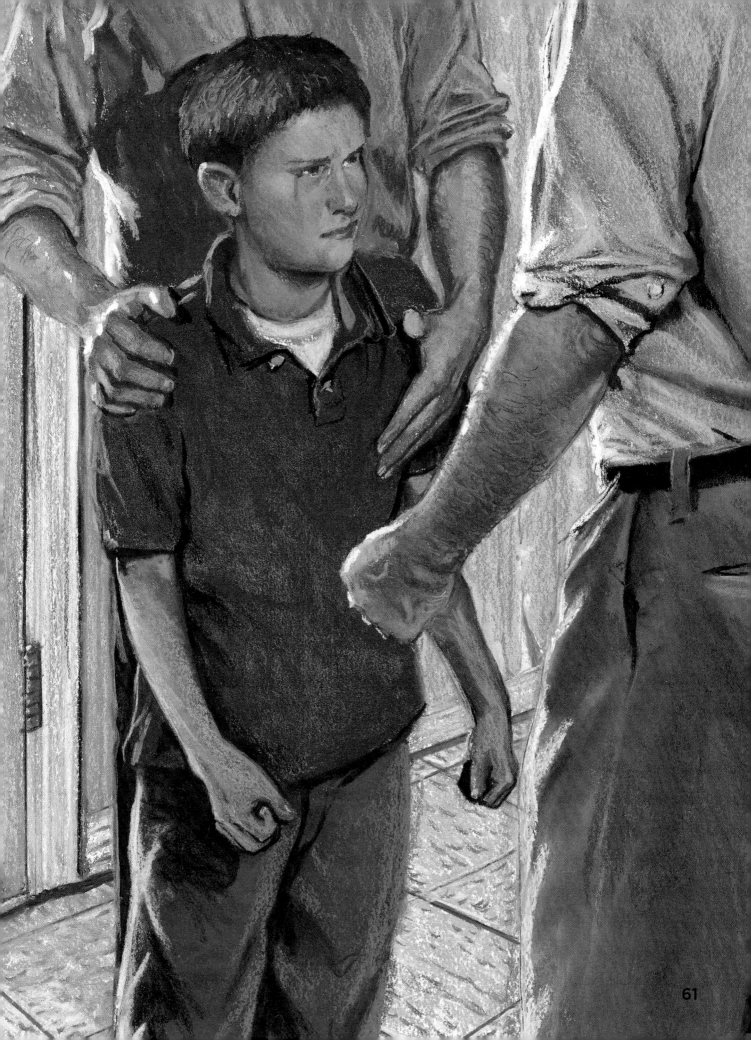

—¿Atacó a quién?

—Al perro. Lo llamamos Shiloh. Y quedó muy lastimado. Fue mi culpa por no haber hecho el cerco más alto. Lo llevamos al doctor Murphy y él lo curó.

Judd Travers se quedó mirando el lugar, como si nunca hubiera visto gente como nosotros. Finalmente, lanzó un suspiro a través de los dientes, sacudió la cabeza lentamente y dijo:

—¿Y me tengo que enterar de todo esto por el doctor Murphy?

No podía creer que el doctor se lo hubiera contado.

—Alguien fue al consultorio del doctor el otro día, vio un perro echado en su galería trasera y me lo contó. Dijo que quizás el perro fuera mío. Así que fui hasta la casa del doctor y me dijo que usted era el que lo había llevado.

Judd atravesó la cocina y, con el ruido de cada paso, Shiloh se acurrucaba más y más en la caja, como si eso pudiera ayudarlo a desaparecer. Le temblaba todo el cuerpo. Mamá lo vio, estoy seguro, porque lo miró por un minuto y luego giró la cabeza rápidamente.

Judd miró a Shiloh (al vendaje y a la zona rasurada donde lo habían cosido), y el rasgón en su oreja.

—¡Mira lo que le hiciste a mi perro! —me gritó; tenía los ojos grandes y furiosos. Tragué saliva. No pude contestar nada.

Travers se agachó junto a la caja. Extendió la mano y Shiloh se alejó, como si le fueran a pegar. Si eso no demostraba la manera en que lo trataba, no sé qué podría probarlo, pero Judd dijo:

—Nunca maltraté a mis perros. Este era muy tímido cuando lo compré, es todo. Estoy seguro de que nunca le provoqué una **herida** como esa. Esto nunca habría pasado si me lo hubieras devuelto como te dije.

Cerré los ojos.

Cuando volví a abrirlos, Judd estaba tocando la cabeza de Shiloh, como si lo acariciara, pero de manera agresiva, y se notaba que no estaba acostumbrado a ser afectuoso. Aún así, era difícil de comprobar que a Shiloh lo habían maltratado antes de que Judd lo comprara. ¿Cómo se podría probar algo así?

—Marty hizo mal en encerrar a tu perro, Judd, y ya hablamos de eso —dijo papá—. Él va a pagarle al doctor Murphy por haberlo curado, y en cuanto el perro esté sano y fuerte, lo llevaremos hasta tu casa. ¿Por qué no dejas que se quede con nosotros hasta entonces, en caso de que necesite más cuidado?

Judd volvió a ponerse de pie y me miró. Le devolví la mirada, pero no dije nada.

En ese momento, mamá no aguantó más y le dijo:

—Judd, Marty se encariñó muchísimo con ese perro y quisiéramos saber cuánto pedirías por él. Quizás podamos conseguir el dinero para comprarlo.

Judd la miró como si estuviera diciendo disparates, como si todos nos estuviéramos volviendo locos.

—El perro no está a la venta —dijo—. Yo pagué mucho dinero por un perro de caza y este podría ser uno de los mejores que tengo. Si quieren tenerlo y alimentarlo hasta que esté mejor, no hay problema. Tú fuiste el que hizo que se lastimara, y pagarás el costo de eso. Pero lo quiero de vuelta el domingo.

Volvió a oírse un portazo y el arranque de un camión. Judd se había ido.

Pasea con Phyllis Reynolds Naylor

Phyllis Reynolds Naylor puede estar caminando, nadando o tocando el piano, pero, a menudo, realmente está pensando en su próximo libro. "Siempre escucho", afirma. "Observo qué hacen los niños, y escucho de qué hablan. Recuerdo cuando yo tenía esa edad, y descubro que los sentimientos no cambian con el paso del tiempo".

Phyllis siguió la historia del Shiloh real a través de los años. Por fortuna, su vida cambió para mejor. El perro que alguna vez fue maltratado se convirtió en una celebridad en el pueblo de Shiloh, en Virginia Occidental. Seguidores de lugares tan lejanos como Canadá fueron de visita para ver al perro, a las personas y a los lugares que sirvieron de inspiración a Phyllis para escribir esta historia.

 Busca información sobre Phyllis Reynolds Naylor en **www.macmillanmh.com**

✔ Propósito de la autora

Los autores de ficción a menudo escriben para entretener. ¿Por qué crees que Phyllis Reynolds Naylor escribió Shiloh?

Pensamiento crítico

Resumir

Completa la tabla de Inferencias para que sea más fácil resumir *Shiloh*. Incluye únicamente la información más importante del pasaje que leas.

Pistas del cuento	Lo que sabes	Inferencias

Pensar y comparar

1. Se supone que Marty le devuelva Shiloh a Judd el domingo. **Infiere** lo que Marty va a hacer usando detalles de la historia y tu experiencia propia. **Verificar la comprensión: Hacer inferencias**

2. Vuelve a leer la página 60. ¿Por qué el padre hace que Marty le explique a Judd lo que causó la **herida** de Shiloh? ¿Qué revela la explicación de Marty sobre su carácter? Usa detalles del cuento en tu respuesta. **Analizar**

3. Marty piensa en varios modos de ganar dinero para cuidar a Shiloh. ¿Qué harías tú para ganar dinero con el que consiguieras algo que quisieras de verdad? **Analizar**

4. Marty rescata a Shiloh escondiéndolo. ¿De qué otra forma trata la gente de proteger los animales? **Evaluar**

5. Vuelve a leer "Una verdadera sobreviviente" en las páginas 50 y 51. Compara y contrasta la experiencia del halcón lastimado y de Shiloh con las personas que les ofrecieron ayuda. Usa detalles de las dos historias para explicar tu respuesta. **Leer/Escribir para comparar textos**

Estudios Sociales

Género

Los **artículos de no ficción** presentan datos acerca de personas, cosas, lugares o hechos reales.

Elementos del texto

Las **fotografías** y **leyendas** ofrecen información adicional sobre el tema de un artículo.

Palabras clave

veterinario   **diagnosticar**

fractura   **anatomía**

contaminación

Amor a primera vista

Amy Yin

A los 14 años, Rexanne Struve se enamoró durante una visita a una granja lechera. No, Rexanne no se enamoró de un muchacho en el viaje, ¡se enamoró de una vaca! En ese preciso instante supo que quería trabajar con los animales y convertirse en **veterinaria**. Para alcanzar su meta, tuvo que terminar la escuela secundaria y la universidad, en la facultad de veterinaria. Con el tiempo, Struve se convirtió en la primera médica veterinaria de Carroll County, Iowa.

Durante su adolescencia, Struve empezó a prepararse para el futuro. Ciencias no era su materia favorita en la secundaria, pero tomó la mayor cantidad de clases posible y durante los veranos, trabajó como profesora de equitación.

Cuando terminó la escuela, fue a la universidad en Kansas. Struve dice que las clases de la escuela y los trabajos de verano la ayudaron a prepararse para la universidad. Allí tomó más clases de ciencias, las que la ayudaron a comprender mejor el funcionamiento del cuerpo de los animales y a los animales mismos. Después, Struve fue a la facultad de veterinaria por cuatro años más. Finalmente se graduó y comenzó su carrera como médica de animales.

Al principio no fue fácil ser una veterinaria mujer. De hecho, el abuelo de Struve le dijo que ser veterinaria no era un trabajo para mujeres. Incluso a algunos de sus clientes no les gustaba verla encargarse de sus animales más grandes.

Sin embargo, hoy Struve tiene una consulta con muchos clientes, en la que trata tanto animales pequeños como grandes. Los granjeros con los que trabaja ya no la cuestionan, ni dudan de que pueda realizar bien su labor. Ella misma ha demostrado que es la persona indicada para hacerlo.

Los dueños de animales en lugares remotos dependen de consultorios móviles como el de la Dra. Struve.

Cuando los animales están enfermos o lastimados, la doctora Struve trabaja para que se sientan mejor. Cada año atiende en su consultorio alrededor de 800 animales pequeños, como pájaros o gatos. Además, tiene otros 300 clientes de granja, incluso varios animales grandes. Es difícil trasladar a los animales grandes hasta el consultorio de la doctora Struve, por lo tanto, ella lleva su consultorio hasta ellos. Conduce un camión especial que contiene medicamentos, equipos y suministros para cirugías, porque, a veces, tiene que realizar operaciones. Además, trata **fracturas**, o huesos rotos, y da medicamentos.

La doctora Struve atiende a diferentes razas de animales. Una vez, revisó 16 clases distintas ¡en un solo día! Muchas jornadas empiezan con un viaje en su camión hasta las granjas, donde trata ovejas, cerdos, caballos y vacas. En ocasiones, hasta revisa llamas y avestruces. Luego regresa al consultorio para atender a las mascotas de la gente.

Esta variedad representa todo un desafío, ya que debe conocer la **anatomía** de todos los animales a fin de curar sus lesiones. Se siente recompensada cuando puede **diagnosticar** y luego tratar una enfermedad difícil de reconocer.

Al igual que todos los veterinarios, la doctora Struve no sólo cura los animales enfermos, sino que también trabaja para que los animales permanezcan sanos, y les ayuda a dar a luz. Otra parte importante de su trabajo es administrar vacunas e inyectar medicamentos, para prevenir enfermedades.

Este pasadizo para el ganado que lo mantiene quieto y en la posición adecuada, le permite al veterinario trabajar de forma segura.

La doctora Struve debe ser muy cuidadosa para no pasar una enfermedad de un animal a otro. No quiere que los gérmenes de una granja lleguen hasta otra y provoquen una **contaminación**. Para esto usa overoles y botas, que se quita y lava cada vez que trata un animal enfermo.

El trabajo de la doctora Struve es difícil. Está disponible las 24 horas, por lo que recibe llamadas a altas horas de la noche. Por lo general, trabaja de 80 a 90 horas por semana. Por otra parte, también enfrenta el peligro que significa trabajar con algunos animales grandes, que pueden llegar a pesar hasta 1,000 libras. Algunos pacientes la han pateado y golpeado, y hasta llegaron a quebrarle huesos. Así y todo, fue el amor lo que llevó a Rexanne Struve a elegir su trabajo y es el amor lo que la mantiene allí.

Pensamiento crítico

1. Observa la fotografía del pasadizo para ganado de la página 70. ¿De qué manera ayuda el pasadizo a que el veterinario trabaje de forma segura? **Fotografías y leyendas**

2. ¿Por qué es el trabajo de la doctora Struve importante para los granjeros? **Evaluar**

3. Piensa en "Amor a primera vista" y en *Shiloh*. ¿De qué manera habría podido ayudar a Marty alguien como la doctora Struve? **Leer/Escribir para comparar textos**

 ## Estudios Sociales

A través de una investigación, halla una fotografía de alguien que haga un trabajo al que te gustaría dedicarte algún día. Halla otros datos acerca de lo que se necesita para realizar ese trabajo. Escribe una leyenda que explique qué capacitación necesitó esa persona para obtener el trabajo.

 Busca información sobre distintas carreras en **www.macmillanmh.com**

Conexión: Lectura y escritura

Escritura

Momento

Cuando los buenos escritores se concentran en un **momento** determinado, incluyen detalles e imágenes sensoriales para ayudar a los lectores a experimentar ese instante que describen.

Lee el siguiente pasaje. Observa cómo la autora, Phyllis Reynolds Naylor, se concentra en un momento de su historia.

Fragmento de *Shiloh*

Judd tarda sólo un momento en cruzar la cocina. Los detalles que describen ese momento nos ayudan a imaginar lo que sucedió exactamente y cómo se sintieron todos.

Judd atravesó la cocina y, con el ruido de cada paso, Shiloh se acurrucaba más y más en la caja, como si eso pudiera ayudarlo a desaparecer. Le temblaba todo el cuerpo. Mamá lo vio, estoy seguro, porque lo miró por un minuto y luego giró la cabeza rápidamente.

Lee y descubre

Lee el artículo de Jen. ¿Qué hizo para centrarse en un momento? Usa el Control de escritura como ayuda.

El primer día

Jen C.

No sabía qué pensar de este nuevo lugar. Me desabotoné la chaqueta y abrí mi casillero. Todavía estaba repleto con las cosas de algún niño del año pasado. ¡No era muy acogedor! Puse la chaqueta en el casillero y vacié mi nuevo estuche para lápices y mi cuaderno rosa.

Lee sobre el momento en que llegué a mi nueva escuela.

Control de escritura

 ¿Elige la autora un momento muy breve y escribe mucho al respecto?

 ¿Incluye detalles específicos sobre su experiencia?

 ¿Logras imaginarte el **momento** tal como lo vivió Jen?

A platicar

¿En qué forma rendimos homenaje a quienes salen en defensa de sus creencias?

 Busca información sobre homenajes en **www.macmillanmh.com**

RECORDAR EL PASADO

Vocabulario

inaugurar   artefacto
igualdad   lugar
exposición

Esta ilustración muestra una parada del ferrocarril clandestino.

Hacia la LIBERTAD

El Centro Nacional del Ferrocarril Clandestino a la Libertad se **inauguró** en agosto de 2004. El museo se encuentra en Cincinnati, Ohio, frente al río que lo separa de Kentucky, un antiguo estado esclavista.

Viaje a una vida mejor

A mediados del siglo XIX, había más de 4 millones de esclavos en Estados Unidos, a quienes se les negaba la **igualdad** con otras personas. Según la ley, los esclavos no tenían derechos civiles, ni siquiera derechos básicos como el derecho a la propiedad privada.

El Ferrocarril Clandestino era el nombre de los lugares donde los esclavos

En corrales de esclavos como éste, se mantenían a los esclavos por días o incluso meses hasta venderlos.

podían quedarse durante su viaje hacia el norte para escapar de la esclavitud del Sur. Se usaban palabras en código para protegerlos. Los lugares donde paraban se llamaban "estaciones", las personas que se dirigían hacia la libertad se llamaban "paquetes" y los guías, "conductores".

Conservar el pasado

Los **artefactos** (objetos fabricados por personas) y las charlas en el museo educan sobre la esclavitud y el camino hacia la libertad. Una de las **exposiciones** es un corral donde los traficantes encerraban a los esclavos. Los visitantes pueden ingresar al pequeño edificio e imaginar cómo sería estar encerrado en un lugar apretado con decenas de personas.

En el salón Héroes Cotidianos, se aprende sobre aquellos que lucharon por lo que creían y ayudaron a muchos a conseguir el derecho a la libertad. Allí los visitantes aprenden que ellos también pueden luchar por un mundo más justo.

SOBRE EL SUELO SAGRADO

Senador Ben Nighthorse Campbell

En septiembre de 2004, el Instituto Smithsonian inauguró el Museo Nacional del Indígena Americano en Washington D.C. ¿Cuál es el objetivo del museo? "Mostrarle al mundo quiénes somos realmente y usar nuestra propia voz en el relato", afirma el director del museo, Rick West, miembro de la tribu cheyene del sur.

El senador Ben Nighthorse Campbell de Colorado, un cheyene del norte, ayudó a iniciar el proyecto. Las exposiciones representan a más de 1,000 tribus. El triste periodo de la historia de los indígenas americanos, en el que millones de ellos murieron a manos de los colonizadores, es parte del mensaje del museo. Los indígenas insistieron en que el arte y la cultura moderna indígena americana fueran partes claves del museo.

Antes de construir el edificio, el jefe Billy Redwing Tayac bendijo el **lugar**. Su tribu, los picataway, vivían en la zona de Washington D.C. "El agua todavía está aquí. La tierra todavía está aquí. Y nosotros también estamos aquí", afirmó. Estamos muy orgullosos de que los indígenas americanos tengamos un lugar para recordar a nuestros ancestros.

LOS 5 MONUMENTOS NACIONALES MÁS VISITADOS

En 1906, el presidente Theodore Roosevelt inauguró la Torre del Diablo, en Wyoming, como el primer monumento nacional de Estados Unidos. Hoy, existen más de 60. Éstos son los cinco más conocidos.

		VISITANTES POR AÑO
1 Estatua de la Libertad (Nueva York)	5,200,633	
2 Castillo Clinton (Nueva York)	4,390,268	
3 Monumento Nacional Cabrillo (California)	1,095,638	
4 Monumento Nacional de Muir Woods (California)	860,378	
5 Castillo Montezuma (Arizona)	853,821	

(Fuente: Servicio de Parques Nacionales)

Conéctate
Busca información sobre monumentos nacionales en **www.macmillanmh.com**

MAYA LIN
ARQUITECTA DE LA MEMORIA

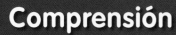

Comprensión

Género
Un artículo de **no ficción** de un periódico o una revista presenta hechos e información reales.

Resumir
Idea principal y detalles
La idea principal de un artículo es el tema que trata. Los detalles dan más información acerca de la idea principal.

¿Cómo creó una arquitecta dos de los monumentos conmemorativos más impactantes de Estados Unidos?

Maya Lin

Como de costumbre, la arquitecta Maya Lin se mantuvo lejos de la muchedumbre y de la luz pública, detrás de las ventanas del Southern Poverty Law Center, en Montgomery, Alabama. Afuera, miles de visitantes habían llegado al **lugar** para la inauguración del Monumento a los Derechos Civiles que Lin había diseñado. "Prefiero quedarme a un lado y en silencio", dijo Lin. "Primero creas tu mensaje y luego lo entregas y ya queda por su cuenta".

El mensaje de Lin se encuentra en las **exposiciones** del monumento que honra a aquellas personas que murieron luchando por la **igualdad** durante el movimiento por los derechos civiles. Algunos visitantes se estiraban para tocar los nombres de sus seres queridos que están grabados en un disco de granito negro. "Estoy tan agradecida", dijo con los ojos llenos de lágrimas Sarah Salter, cuyo marido, Willie Edwards, Jr., fue asesinado en Montgomery, en 1957. "Finalmente obtuvo un reconocimiento".

Homenaje a los veteranos de Vietnam

El monumento a los veteranos de Vietnam con el monumento a Washington a la distancia.

Nueve años antes de la inauguración del Monumento a los Derechos Civiles, Lin cursaba el último año en la Universidad de Yale. Su diseño para el monumento a los veteranos de Vietnam (*Vietnam Veterans Memorial*), en Washington D.C. fue escogido ganador. Cuando **inauguraron** el monumento, muchos veteranos enojados llamaron "cicatriz negra de la vergüenza" a esa seria pared de granito en forma de V. Aun así, en poco tiempo, ese monumento se convirtió en uno de los más visitados de la capital. Millones de estadounidenses se han conmovido al tocar los más de 58,000 nombres grabados en la piedra. Son los nombres de los estadounidenses que murieron en Vietnam.

Este monumento no posee ningún **artefacto** decorativo de la era de Vietnam. Es sólo una pared. Esta simple pared, sin embargo, ayudó a Estados Unidos a comenzar el largo proceso de recuperación luego de años de sentimientos negativos con respecto a la guerra. El monumento hizo posible que el país se uniera para honrar a aquellos que lo habían servido.

Una mirada diferente

"Soy una arquitecta, soy una artista, fabrico cosas", dijo Lin. "Me encanta poder realizar una obra, ubicarla en un lugar público y luego, simplemente, mirarla como el resto de la gente".

Lin creció en Athens, Ohio. De pequeña se destacó en matemáticas. Esta habilidad la llevó a estudiar arquitectura y hoy en día define su actitud frente al trabajo. "Si alguien me presenta un problema y me gusta y pienso que puedo trabajar con él, lo hago". De hecho, Lin siente que un problema se debe resolver en forma inmediata.

Muchos visitantes dejan algo como recordatorio.

Durante su carrera, Lin ha demostrado sus diferentes habilidades como arquitecta. Otros proyectos suyos son el diseño de un escenario en Filadelfia, un lugar de reunión al aire libre en la Universidad Juniata, en Pennsylvania, un "parque lúdico" (con árboles en forma de esferas) en el exterior del coliseo de Charlotte, en Carolina del Norte, y un reloj de 38 pies para una estación de trenes de la ciudad de Nueva York que tiene rayos de luz móviles en lugar de agujas.

El trabajo de Lin muestra una metodología cuidadosa del diseño de edificios. Ella dice: "Es algo que requiere paciencia, conciencia y gran sensibilidad".

Con la inspiración de un gran líder

Aunque Lin era demasiado joven durante el movimiento por los derechos civiles para poder recordarlo, lo investigó durante los meses que trabajó en el diseño del monumento. Una frase del discurso "Tengo un sueño" de Martin Luther King Jr. le llamó la atención. Decía: "No estaremos satisfechos hasta que la justicia fluya como las aguas y la rectitud como un arroyo poderoso". Lin pensó que la suavidad y la calma del agua y su sonido tranquilizador y constante serían perfectos

Las palabras de Martin Luther King Jr. grabadas en la pared del fondo inspiraron el diseño de Lin.

En el Monumento a los Derechos Civiles, Sarah Salter acaricia el nombre de su esposo, asesinado durante el movimiento por los derechos civiles.

para el área central del frente del monumento. Es un lugar "para darse cuenta de cuán lejos ha llegado el país en su búsqueda de igualdad y para reflexionar sobre cuánto falta aún".

Usando la frase de King como lema, Lin diseñó un disco de granito de 12 pies de diámetro. En él están inscritos los nombres de 40 luchadores por la libertad y los eventos más significativos del movimiento por los derechos civiles. Detrás, en una pared de granito negra de unos nueve pies de altura y 39 de largo, también cubierta por agua, se grabaron las palabras de King. "Trato de que la gente tome parte en esta obra en todos los aspectos", dijo Lin, "con el contacto y sonido del agua, con las palabras, con los recuerdos."

Recordar el pasado es muy importante para Lin. Por eso, pregunta: "Si no recuerdas la historia correctamente, ¿cómo puedes aprender?"

 Pensamiento crítico

1. ¿Qué es lo que a Maya Lin le encanta de su trabajo?
2. ¿Cuál es la idea principal de este artículo?
3. ¿Qué personas y sucesos se conmemoran con estatuas y monumentos en tu pueblo o ciudad?
4. ¿Qué tienen en común el Centro Nacional del Ferrocarril Clandestino, el Museo Nacional del Indígena Americano del Instituto Smithsonian, el Monumento a los Derechos Civiles y el Monumento a los Veteranos de Vietnam?

Muestra lo que sabes

El autor y yo

La respuesta no es evidente. Piensa en lo que leíste para descubrirla.

Las mujeres en las fuerzas armadas tardaron años en recibir reconocimiento.

Un reconocimiento a las
MUJERES MILITARES

A través de la historia de nuestra nación, casi dos millones de mujeres han servido en las fuerzas armadas. Su valiente labor se recuerda en el Monumento a las Mujeres en las Fuerzas Militares de Estados Unidos, en el Cementerio Nacional de Arlington, en Virginia. En su inauguración, en 1997, el entonces vicepresidente, Al Gore, les agradeció a las mujeres militares "sus innumerables actos de valentía y sacrificio".

El monumento se extiende más de cuatro acres y está rodeado por una pared semicircular de 30 pies de altura. En el frente hay una fuente y una piscina con reflectores en donde la luz y el agua simbolizan la vida, y el sonido de doscientos chorros de agua representan las voces de las mujeres, unidas en un mismo propósito. La piscina iluminada simboliza las vidas de estas mujeres unidas en una sola historia.

La misión del monumento es contarles a las generaciones futuras que las mujeres militares también nos garantizaron la libertad. Con ese objetivo, hay un programa que distribuye folletos de información y ha creado un sitio en Internet. Un promedio de 200,000 personas visitan el monumento cada año para honrar a todas las mujeres que sirvieron en las fuerzas armadas.

En el techo del monumento, que es un arco de vidrio de 250 pies de diámetro, se grabaron citas de, y acerca de, las mujeres militares. Como las anotaciones de un diario, dan voz a las mujeres que sirvieron a su país con honor.

Sigue ▶

Ahora responde a las preguntas 1 a 5. Basa tus respuestas en "Un reconocimiento a las mujeres militares".

1. Este artículo de no ficción principalmente

   A describe el Cementerio Nacional de Arlington.

   B trata de un discurso en la inauguración de un monumento.

   C cuenta en qué forma un monumento honra a las mujeres militares estadounidenses.

   D muestra que las mujeres han obtenido más derechos.

Consejo

Debes pensar en el pasaje completo para elegir la mejor respuesta.

2. Las citas grabadas en el monumento tienen como propósito

   A explicar el monumento de manera más clara.

   B describir los efectos de la guerra en las mujeres.

   C expresar agradecimiento por la contribución de las mujeres.

   D presentar las experiencias de mujeres militares contadas por ellas mismas.

3. ¿Cuál es la oración que MEJOR expresa el sentimiento de gratitud que el gobierno demuestra hacia las mujeres militares?

   A La fuente y la piscina iluminada son un símbolo de vida.

   B Dos millones de mujeres han servido en las fuerzas armadas.

   C El vicepresidente Al Gore agradeció a las mujeres su valentía.

   D Un monumento de cuatro acres fue construido en el Cementerio Nacional de Arlington para honrar a las mujeres militares.

4. Usa detalles del artículo, la foto y la leyenda para explicar por qué es importante aprender sobre los logros de las mujeres en las fuerzas armadas.

5. Describe las características del monumento. Usa detalles e información del artículo para explicar:

   • ¿Por qué son apropiadas estas características para honrar a las mujeres en las fuerzas armadas?

   • ¿Por qué el autor incluyó esta información en el artículo?

A escribir

 Las personas que hacen cosas buenas por otros suelen recibir honores. Piensa en alguna ocasión en la que tú o alguien que conozcas haya recibido algún honor y <u>escribe sobre esa ocasión</u>.

La escritura narrativa cuenta una historia acerca de una experiencia personal o ficticia.

Para establecer si te piden que uses escritura narrativa, busca palabras clave como <u>cuenta acerca de alguna ocasión</u> o <u>escribe una historia acerca de</u>.

Observa cómo responde un estudiante a las indicaciones de arriba.

En respuesta a la indicación para escribir, el autor contó un hecho especial.

El viernes pasado hubo una reunión para todos los alumnos de la escuela. La Sra. Jones, la directora, se paró junto a una parcela plantada con tres círculos de flores rojas, azules y amarillas, y dijo: "Ésta es una ocasión especial". Estábamos inaugurando nuestro nuevo jardín de flores de la escuela.

El quinto grado había trabajado en el jardín después de las clases, durante semanas. Queríamos darle algo a nuestra comunidad escolar antes de dejar Tyler School para siempre. La Sra. Jones le pidió a la clase que se pusiera de pie junto a ella. "Nunca olvidaremos lo que nos han dado", dijo.

Instrucciones para escribir

Responde por escrito a la sugerencia del recuadro. Escribe por 5 minutos. Escribe todo lo que puedas, lo mejor puedas. Revisa las pautas antes y después de escribir.

Las personas que hacen cosas por otros merecen un agradecimiento. Piensa en una persona que haya hecho algo especial y merezca un agradecimiento. Ahora escribe una historia acerca de una persona que haya hecho algo especial y merezca un agradecimiento.

Pautas para escribir

- ☑ Lee atentamente la sugerencia.
- ☑ Organiza tus ideas para planificar tu escrito.
- ☑ Fundamenta tus ideas centrándote en el tema.
- ☑ Escribe oraciones completas y usa diferentes tipos de oraciones.
- ☑ Escoge palabras que ayuden a los lectores a entender tus ideas.
- ☑ Revisa tu escrito y corrígelo si es necesario.

A platicar

¿Cómo se ayudan los amigos entre ellos?

Busca más información sobre cómo ayudar a otros en **www.macmillanmh.com**

Ayudar a un amigo

Johanna en Jamaica

Katy Morales

correo electrónico

Para: Ron@example.com

Asunto: Festival jamaiquino

Hola Ron:

Mamá y papá todavía no han decidido aún si puedo ir al Festival de la Sirena cuando visite a mis abuelos en Jamaica, este verano. Nunca me han dejado ir. Mis padres siempre dijeron que me **prohibirían** ir hasta que yo supiera nadar bien.

El mes pasado, cuando le pregunté a papá si podía ir, él se negó a responderme. No quiere tomar una decisión todavía. Mamá dijo que yo debía demostrarle que era una buena nadadora y, también, que yo era responsable, y que por lo tanto, no era necesario que me **retuvieran** aquí.

Entonces el domingo pasado, en la piscina, le mostré a mi papá que podía nadar diez vueltas seguidas. Luego, cuando estaba descansando, no lo interrumpí ni una sola vez.

¡Qué tarde tan larga fue aquella! Toda mi familia se preguntaba quién sería la Reina Sirena del festival. ¡Escuché tantos rumores!

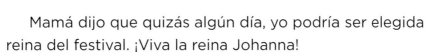

correo electrónico

Mamá dijo que quizás algún día, yo podría ser elegida reina del festival. ¡Viva la reina Johanna!

Ansiaba participar de la ruidosa conversación; hablar con mis hermanas acerca de la posibilidad de ser reina algún día era muy tentador, casi **irresistible**. Quería describir lo **elegante** que me vería, con un vestido reluciente y una corona brillante... Pero me quedé callada porque sabía que me emocionaría demasiado y podría despertar a papá, que se había quedado dormido.

¿Recuerdas lo fuerte que **resonaba** la música en los parlantes durante el festival del año pasado en la playa? La oíamos en todo el pueblo. Con los ojos cerrados, imaginaba que era yo la que estaba allí, celebrando con todos. Me emociona pensar que este año es posible que yo participe realmente en las festividades.

Hoy mamá me recomendó que me comportara bien. Si me regañan por ser **osada** o **traviesa**, papá no me dejará ir. Seguiré su consejo sin **dudar** porque estoy ansiosa por ir. ¡Deséame suerte!

Espero verte en el festival,

Johanna

Volver a leer para **comprender**

 Resumir

Problema y solución

El personaje principal de una historia suele tener uno o dos problemas por resolver. Un diagrama del cuento te ayudará a resumir la información sobre los problemas que atraviesan los personajes y cómo los resuelven. Úsalo mientras vuelves a leer "Johanna en Jamaica" para identificar los problemas y las soluciones.

Personaje

Ambiente

Problema

Sucesos

Solución

Comprensión

Género

La **ficción** narra una historia acerca de personajes y sucesos que no son reales.

Resumir

Problema y solución

Al leer, completa el diagrama del cuento.

```
Personaje
Ambiente
Problema
Sucesos
   ↓

   ↓
Solución
```

Lee para descubrir

¿De qué manera ayudan las tres hermanas a su amigo José Manuel?

La noche de San Juan

Lulu Delacre
ilustraciones de Edel Rodríguez

Selección premiada

En la amurallada ciudad del Viejo San Juan, allá por los años cuarenta, todo el mundo se conocía. Los niños del vecindario jugábamos libremente en las calles estrechas, bajo la mirada vigilante de los adultos que nos observaban desde sus ventanas y balcones. El único que tenía **prohibido** bajar a la calle era mi solitario amigo José Manuel.

—Mira, Evelyn —susurró Amalia—, allí está mirándonos jugar.

Aitza y yo alzamos la vista. Sentado en el suelo de su balcón nos observaba entre las rejas de hierro con ojos tristes, mientras la novela **resonaba** en la radio de su abuela. A pesar de todos sus intentos, José Manuel no lograba convencerla de que lo dejara salir a jugar en la calle.

—¡Muchos conductores locos! ¡Muy duro el adoquinado! —decía su abuela, sacudiendo la cabeza—. ¡Muy peligroso!

91

Además de su miedo a los peligros de la calle, la abuela de José Manuel era muy reservada y nunca sonreía. Todos le teníamos miedo… pero mis hermanas y yo hicimos que todo cambiara.

—Un día —anunció súbitamente Amalia—, iré a pedirle que lo deje bajar a jugar con nosotras.

Si había alguien con el valor de hacerlo, era mi hermanita Amalia, quien aunque apenas tenía siete años, era la más **osada** de todas nosotras. Nunca sabíamos lo que iba a hacer al minuto siguiente. De pronto, un gesto **travieso** se dibujó en su rostro cubierto de pecas al ver a dos **elegantes** señoras doblar la esquina de la calle Sol. Cuando pasaron a nuestro lado, Amalia se deslizó furtivamente detrás de ellas y les levantó las faldas para dejar al descubierto sus enaguas con encaje.

—¡Sinvergüenza! —gritaron las señoras.

Apenas si pudimos contener la risa. Nos apresuramos a mirar hacia arriba para asegurarnos de que ninguno de los vecinos nos había visto, pues, de ser así, podíamos estar seguras de que nos regañarían en cuanto llegáramos a casa. En nuestro barrio, las noticias viajaban con rapidez.

Felizmente sólo José Manuel nos observaba con un dejo de diversión en sus ojos tristes. Satisfecha con ese público, Amalia le sonrió, hizo una reverencia y corrió hacia la vieja catedral. Mientras nos apresurábamos para seguirla, sentí pena por el amigo que dejábamos atrás.

Problema y solución
¿Cómo crees que Aitza, Amalia y Evelyn tratarán de resolver el problema de José Manuel?

Aquel día apenas soplaba la brisa del mar y, después de correr, sentimos mucho calor por la humedad.

—Vamos por un helado de coco —propuso Amalia, recogiéndose los rizados cabellos rojos del cuello mojado por el sudor.

—¡Sí! ¡Sí! —asentimos y mientras caminábamos hacia el carrito de madera del heladero cerca del puerto, hablamos con entusiasmo sobre los planes para esa noche.

Era veintitrés de junio; el día de la Noche de San Juan. Según la tradición, todo el mundo va a la playa y, a las doce en punto, hay que entrar en el mar caminando de espaldas. Dicen que, si haces esto tres veces, te trae suerte. Pensé en José Manuel. "¿Quién sabe? —me dije— a lo mejor le cambia su suerte y su abuela lo deja jugar en la calle si logramos que venga hoy con nosotras".

Pensaba en esto mientras tomábamos el helado de coco sentadas sobre las nudosas raíces del viejo árbol del puerto. La idea cada vez me gustaba más y me empecé a entusiasmar mientras miraba los barcos desaparecer en el horizonte.

—¿Qué podemos hacer para que José Manuel venga a la playa con nosotras esta noche? —pregunté a mis hermanas.

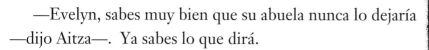

—Evelyn, sabes muy bien que su abuela nunca lo dejaría —dijo Aitza—. Ya sabes lo que dirá.

—¡Muy peligroso! —se burlaron al unísono Aitza y Amalia.

La hora de la cena se acercaba y sabíamos que tendríamos que volver a casa pronto si queríamos que nuestros padres nos llevaran a la playa esa noche. Acortamos el camino por la plaza principal, donde encontramos grupos de hombres que jugaban al dominó mientras las mujeres charlaban sentadas alrededor de la fuente. Al llegar a la calle vimos al verdulero, que venía todas las tardes a vender frutas y verduras frescas.

—¡Vendo yuca, plátanos, tomates!

Apoyada en el balcón, una mujer robusta bajó una cesta atada con una cuerda, en cuyo interior iba el dinero que el verdulero remplazaría por dos plátanos enormes.

Al llegar a nuestra cuadra, vimos a José Manuel y a su abuela en el segundo piso. La abuela le dio dinero a José Manuel y se metió en la casa. José Manuel estaba a punto de bajar la cesta cuando se me ocurrió una idea; ésa podía ser la manera de hacer que viniera con nosotras en la noche.

—¿Y si le mandamos a José Manuel un mensaje invitándolo a venir con nosotras a la playa esta noche? —propuse.

—No funcionará —dijo Aitza—. Su abuela no querrá, y nosotras podemos meternos en un lío.

—Entonces, se lo podemos preguntar personalmente —dije.

—Pero, ¿qué excusa vamos a usar para subir? —preguntó Aitza—. Nadie sube a esa casa sin ser invitado.

—¡Un momento! Ya sé qué podemos hacer —dijo Amalia, dando saltos de alegría—. Le pediremos que deje caer algo y subiremos a devolvérselo.

Al principio Aitza se opuso a la idea, pero logramos convencerla de nuestro plan. Escribimos una nota y le pedimos al verdulero que, por favor, la pusiera al lado de las verduras en la canasta de José Manuel. Paradas en la esquina observamos con impaciencia. José Manuel abrió el papel y pareció sorprendido. Luego, llevó a su abuela los tomates que había comprado y volvió a salir con una bolita roja. Apenas se había sentado a jugar, cuando, de repente, la bolita cayó del balcón, rebotó varias veces, descendió por la calle empinada y fue a dar contra una pared. Amalia corrió detrás de ella.

—¡La tengo! —gritó triunfante entregándome el botín.

Con la bolita en la mano, subimos por los gastados peldaños del edificio y, mientras Aitza y yo esperábamos nerviosas, tratando de recuperar el aliento, Amalia golpeó con fuerza la puerta de madera. Ésta se abrió lentamente con un chirrido y apareció la abuela de José Manuel, con una expresión tan severa como su vestido de viuda.

—¿Si? —dijo—. ¿Qué se les ofrece?

Aitza y yo nos miramos. Las dos estábamos igual de asustadas. Sin **dudar** un instante, Amalia tomó la bolita de mis manos y se la mostró muy orgullosa a la abuela de José Manuel. Yo quise salir corriendo, pero una rápida mirada a la expresión desesperada de José Manuel me **retuvo**.

—Es de José Manuel —dijo Amalia—. Venimos a devolvérsela —respiró profundamente, dio un paso hacia delante y continuó—. También queríamos saber si él puede venir a la playa esta noche con nuestra familia.

Aitza y yo permanecimos de pie humildemente detrás de Amalia.

—¿A la playa? —preguntó la abuela de José Manuel con sorpresa mientras tomaba la bolita de las manos de Amalia.

—S-s-sí —tartamudeé—. Hoy es la Noche de San Juan y, como todos los años, nuestros padres nos llevan a la playa.

La abuela de José Manuel frunció el ceño. ¿Cómo se nos podía haber ocurrido que lo dejaría salir? Me sentí avergonzada y di media vuelta para irme, arrastrando por el brazo a mis dos hermanas.

—Un momento —escuchamos que decía la abuela con voz áspera detrás de nosotras—. Entren a comer un surullito de maíz.

Fue entonces cuando sentí el aroma de las frituritas que provenía de la cocina. La abuela de José Manuel estaba cocinando surullitos para la cena.

—¡Oh, sí! —dijo Amalia siguiéndola sin vacilar. Y antes de que pudiéramos darnos cuenta estábamos sentadas en las mecedoras de la sala, al lado de José Manuel, comiendo unos deliciosos surullitos que mojábamos en una salsa de ajo. De alguna manera, sentadas allí junto a José Manuel, su abuela parecía menos intimidante. Cuando terminamos, la abuela nos agradeció la invitación y dijo que lo pensaría.

José Manuel sonrió.

Al llegar a casa, encontramos a mami esperándonos con las manos en la cintura. Acababa de hablar por teléfono con la abuela de José Manuel. Tenía razones para estar enfadada. No sólo llegábamos tarde a cenar, sino que, además, en nuestro entusiasmo, habíamos olvidado pedirle permiso antes de invitar a José Manuel. Bajamos la vista, sin saber qué hacer o decir.

—No es culpa mía. Fue idea de Evelyn y Amalia —dijo cobardemente Aitza, la miedosa.

—*Bendito*, mami —dije—. No nos castigues; nos olvidamos.

—¿Olvidamos? —preguntó mami.

—Sí, mami —dijimos al mismo tiempo—, lo sentimos mucho.

—En realidad, fueron muy amables en invitarlo —dijo mami—. Pero, la próxima vez, no se olviden de pedir permiso antes.

> **Problema y solución**
> ¿Qué problema enfrentan las niñas al regresar a casa? ¿Cómo se resuelve?

Esa noche, como acostumbrábamos en la Noche de San Juan, toda la familia fue a la playa, pero esta vez fue especial, porque José Manuel venía con nosotros.

La luna llena brillaba en el cielo aterciopelado. Había marea creciente y la playa bullía de jóvenes fiesteros que, como nosotros, habían esperado todo el año la **irresistible** inmersión en las oscuras aguas del océano. Cuando llegamos a la orilla, nos dimos la vuelta, nos tomamos de las manos y saltamos de espaldas contra las impetuosas olas del mar. Amalia tropezó, Aitza, juguetonamente, se dejó caer hacia atrás y yo, soltando su mano, hice lo mismo. Pero mi otra mano quedó firmemente aferrada a la de José Manuel. Cuando mi amigo y yo nos zambullimos por tercera vez en el mar, le deseé buena suerte y que, a partir de ese instante, su abuela lo dejara jugar con nosotras en la calle. Una ola nos levantó por el aire, y en ese momento tuve la certeza de que mi deseo se haría realidad.

Viaja con Lulu Delacre

Lulu Delacre nació en Puerto Rico. Mientras sus padres trabajaban, ella se quedaba con su abuela en una vieja casa rosada. Hacía dibujos en hojas blancas de papel y los guardaba en un rincón de su armario. Cuando cumplió diez años, Lulu tuvo su primera clase de arte y, desde entonces, no ha dejado de escribir y dibujar. Lulu disfruta muchísimo cuando relata historias acerca de su niñez en una isla de sol resplandeciente y cálidas noches de verano, rodeada de sus amigos, su familia y sus costumbres.

 Conéctate

Busca información sobre Lulu Delacre en
www.macmillanmh.com

Propósito de la autora
¿Cuál es el propósito de la autora al escribir esta historia? ¿Crees que Lulu Delacre ha querido entretener a sus lectores o informarles sobre la noche de San Juan y sus tradiciones?

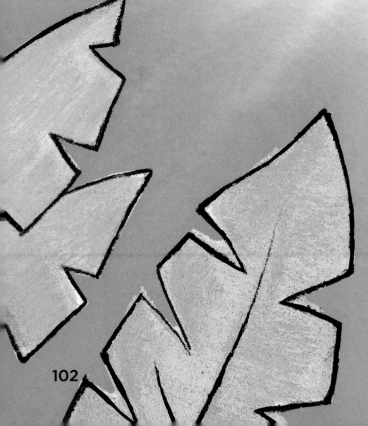

# Pensamiento crítico

Resumir

Usa tu diagrama del cuento para crear un resumen de *La noche de San Juan*. Explica el problema de Evelyn y los pasos que dio junto con sus hermanas para resolverlo.

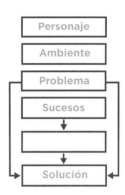

Personaje

Ambiente

Problema

Sucesos

Solución

Pensar y comparar

1. ¿Cuál fue el mayor **problema** que Evelyn tuvo que superar para que José Manuel pudiera jugar con ella y sus hermanas? Usa detalles de la historia para explicar tu respuesta. **Resumir: Problema y solución**

2. Vuelve a leer la página 101. ¿Por qué Evelyn tomó la mano de José Manuel durante su **irresistible** chapuzón en el mar? Incluye detalles del cuento para acompañar tu respuesta. **Analizar**

3. ¿Te gustaría que una persona como Evelyn fuera tu amiga? ¿Por qué? Explica tu respuesta. **Evaluar**

4. Amalia y las otras niñas le temían a la abuela de José Manuel, pero Amalia se llena de coraje y le hace una pregunta importante a la abuela. Describe por qué a veces es importante expresarse claramente en una situación difícil. **Analizar**

5. Vuelve a leer "Johanna en Jamaica" de las páginas 88 y 89. Tanto Evelyn como Johanna quieren cambiar la opinión de un adulto acerca de algo. Compara las estrategias que usa cada una. Usa detalles de las dos selecciones. **Leer/Escribir para comparar textos**

Atrapa una ola

Kai-nalu Ferry

En la actualidad, muchas personas disfrutan el **surf** sobre las olas de California. ¿Conoces el origen de este deporte tan popular?

El nacimiento del surf

La primera referencia escrita sobre el surf, apareció en un diario de navegación de 1779, del teniente británico James King. La descripción de King de los hawaianos surfistas fue la primera visión que el mundo occidental tuvo de ese deporte, hacía miles de años que éste se practicaba a lo largo del Pacífico. Tanto los peruanos como los polinesios aseguran que el surf fue una ocurrencia de sus antepasados. Sin embargo, muchos historiadores creen que los primeros surfistas fueron pescadores que se subían a las olas para llevar su pesca a la costa con mayor rapidez. Cuando el capitán James Cook y James King llegaron a Hawai en 1778, el surf era una actividad importante de la vida diaria y estaba profundamente arraigada en la cultura hawaiana.

Cambia la marea

A comienzos del siglo veinte, había disminuido la cantidad de surfistas en Hawai. Pese a ello, fue cerca de esta época que este deporte llegó a la costa californiana. Si bien se cree que los marineros hawaianos fueron los primeros en desplazarse sobre las olas de California, un hombre llamado George Freeth se ganó en 1907 el título de "el primer hombre que practicó surf en California".

El atleta olímpico Duke Kahanamoku y dos fotógrafos especializados en surf, Tom Blake y John "Doc" Ball, contribuyeron a la popularización de este deporte. A comienzos de los años 60, la revista lanzada por el californiano LeRoy Grannis, *Surf Magazine*, y la organización ambiental Salven el Surf, fundada por John Kelly, mostraron cómo se intensificaba la influencia de este deporte.

El surf hoy

En los últimos cuarenta años, el surf ha alcanzado nivel de deporte, de industria y, recientemente, de ciencia. Hoy en día, un **pronosticador** de surf utiliza los mismos **satélites** que un meteorólogo para detectar las olas más grandes. Los pronosticadores identifican el lugar y la hora exacta en que se dan las condiciones ideales, mediante el uso de tecnología espacial que les brinda información e imágenes del océano. Luego, comparan lo recolectado con los datos que aportan los diagramas de oleaje y las boyas.

✦ Leer un diagrama

Este diagrama muestra los lugares precisos de los oleajes y sus alturas a lo largo de la costa del Sur de California.

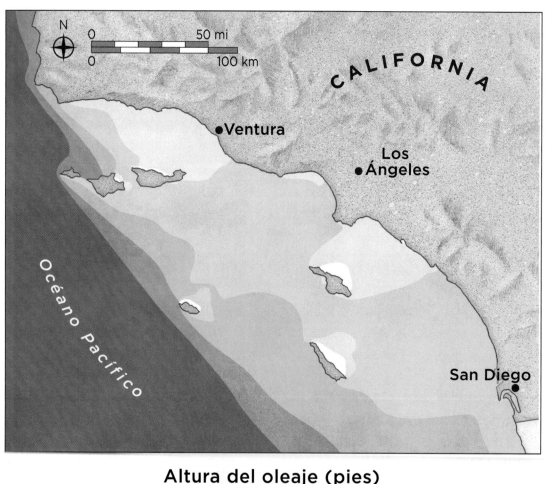

Altura del oleaje (pies)

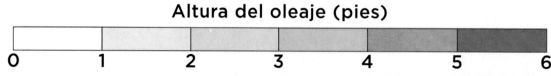

0   1   2   3   4   5   6

Ciencia y surf

Los pronosticadores en los sitios de Internet usan la información para rastrear cuáles fenómenos climáticos en desarrollo, como huracanes y tormentas, crearán las mejores olas.

Estas condiciones climáticas causan vientos fuertes. Cuando soplan por un tiempo, originan olas poderosas que, con la cantidad de energía adecuada, crean un gran **oleaje** que se desplaza con más rapidez y es mayor que las olas pequeñas. Este gran oleaje produce lo que los surfistas consideran la ola ideal. Las más veloces alcanzan 60 pies de altura. A veces avanzan tan rápido, que hay que remolcar a los surfistas con moto acuática para alcanzarlas. Los surfistas profesionales rastrean y viajan a cualquier parte para atrapar la ola perfecta.

Pensamiento crítico

1. Según el diagrama, ¿qué indica el área de color azul oscuro? **Leer un diagrama**

2. ¿Cómo ha modificado la ciencia el surf? **Evaluar**

3. Piensa en "Atrapa una ola" y en *La noche de San Juan*. ¿Qué te cuenta cada selección acerca de lo que siente la gente por las olas del mar? **Leer/Escribir para comparar textos**

 Ciencias

Investiga cómo el océano puede afectar el estado del tiempo. Haz un diagrama que muestre cómo el ciclo del agua influye en el estado del tiempo.

 Busca más información sobre el surf en **www.macmillanmh.com**

Escritura

Tema

El **tema** es la idea o el mensaje general de la historia. En algunas ocasiones el tema está indicado, en otras, debes usar los detalles para hallarlo.

Lee el siguiente pasaje. Observa cómo la autora, Lulu Delacre, se concentra en el tema de su historia.

La autora se concentra en el tema de la amistad al incluir detalles de lo que la niña desea para su nuevo amigo, José Manuel. Sentimos que está emocionada por esta nueva amistad.

Fragmento de *La noche de San Juan*

... Pero mi otra mano quedó firmemente aferrada a la de José Manuel. Cuando mi amigo y yo nos zambullimos por tercera vez en el mar, le deseé buena suerte y que, a partir de ese instante, su abuela lo dejara jugar con nosotras en la calle. Una ola nos levantó por el aire, y en ese momento tuve la certeza de que mi deseo se haría realidad.

Lee y descubre

Lee el escrito de Shayna. ¿Qué hizo para centrarse en el tema de defender lo que uno cree? Usa el Control de escritura como ayuda.

Reciclaje

Shayna R.

¡No podía creerlo! Mi escuela desechaba montones de papel cada día. Fue entonces cuando mi amiga Liz y yo nos pusimos en acción y le escribimos una carta a nuestra directora. Nos sorprendió ver que le encantó la idea. Casi de inmediato, llamamos a una empresa de reciclaje.

El tema de mi párrafo es defender lo que uno considera importante: reciclar

Control de escritura

 ¿Elige la autora un **tema** y escribe mucho al respecto?

 ¿Incluye detalles específicos sobre el tema?

 ¿Crees que puedes imaginarte el plan de Shayna para comenzar a reciclar en su escuela?

HÉROES
JÓVENES
Y VIEJOS

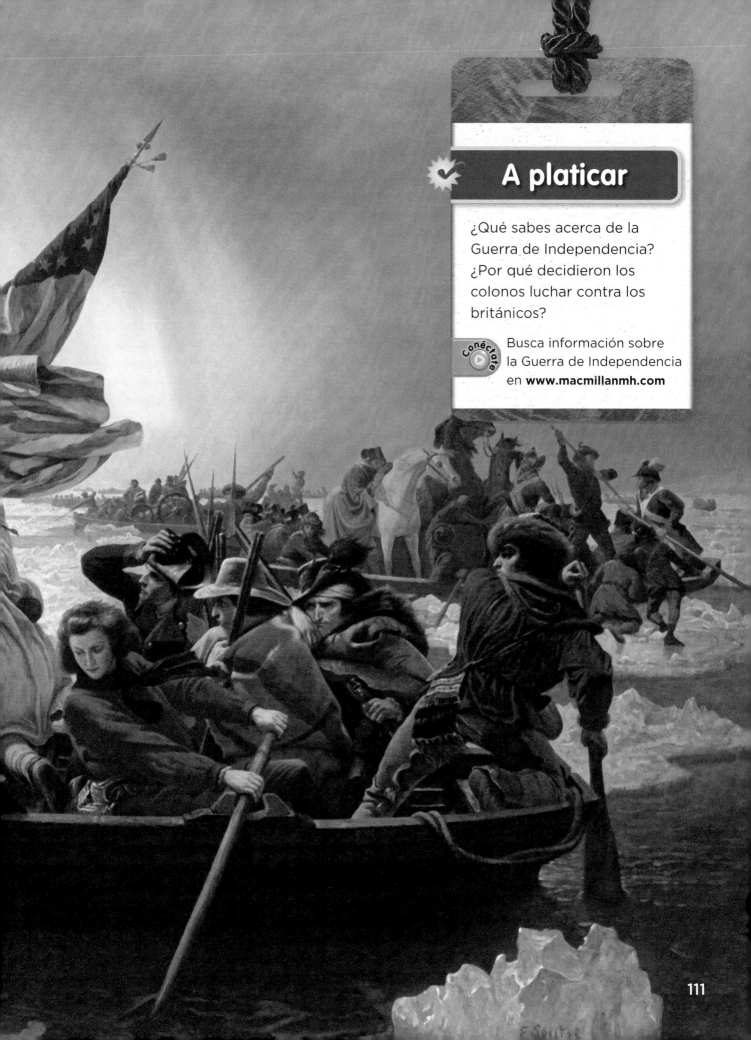

A platicar

¿Qué sabes acerca de la Guerra de Independencia? ¿Por qué decidieron los colonos luchar contra los británicos?

Conéctate

Busca información sobre la Guerra de Independencia en **www.macmillanmh.com**

Vocabulario

navegación arrojo

patriota tirano

desolado gobernador

inspeccionar

Familias de palabras

Conocer familias de palabras aumentará tu vocabulario. Cuando se añade un prefijo o un sufijo a una palabra raíz, cambia su significado. Por ejemplo: *navegación* e *innavegable* tienen *navegar* como palabra raíz, pero tienen significados distintos.

Cartas de la revolución

Aryeh Gross

Londres, Inglaterra
1 de julio de 1772

Querido Richard:

Nos impresionó la noticia del buque británico, *Gaspee,* que se hundió en las costas de Rhode Island. ¿Vives cerca de allí? ¿Conociste a alguien que estuviera a bordo? Es difícil creer que las maniobras de **navegación** de un barco de un colono hayan hundido el *Gaspee.* Ese pequeño barco empujó al *Gaspee* hacia unas rocas y luego giró rápidamente para atacarlo mientras se hundía.

¿Quién tendrá el **arrojo** de ordenar a los colonos que actúen de esa manera? Sólo puede haber sido el líder rebelde. Oí decir que es muy vanidoso. Lo están protegiendo y dicen que es un gran **patriota** porque quiere más a Rhode Island que a Inglaterra. No es bueno que tantos colonos se hayan vuelto en contra del rey Jorge; todos debemos ser súbditos leales. Por favor, regresa a Inglaterra.

Saludos,

Tomás

Rhode Island

10 de septiembre de 1772

Querido Tomás:

Muchas gracias por tu carta, pero estás equivocado acerca del *Gaspee*. El comandante británico de la colonia era un **tirano** cruel que gobernaba como quería. Antes éste era un lugar próspero, ahora estas tierras se ven **desoladas**. Cuando nuestro líder, el **gobernador** de Rhode Island, se quejó, el comandante británico no le prestó atención; entonces, los colonos tomaron el asunto en sus propias manos. Creo que nuestras pequeñas colonias han demostrado gran coraje al combatir a la poderosa Inglaterra.

No estoy de acuerdo con los comentarios en tu carta. Nosotros sí nos enorgullecemos de nuestros actos de levantamiento, en mar abierto y contra Inglaterra. Esto es patriotismo, y llegué a Rhode Island para quedarme. Te invito a venir para que tú mismo **inspecciones** la situación.

Deseo lo mejor para ti, la tía y el tío.

Saludos,

Richard

Volver a leer para **comprender**

✔ **Hacer inferencias y analizarlas**

Sacar conclusiones

Para sacar conclusiones, debes hacer inferencias acerca de dos o más datos de un cuento y llegar a una nueva comprensión de un personaje o suceso. Una tabla de conclusiones puede ayudarte a usar información del cuento para sacar una conclusión. Úsala mientras vuelves a leer la selección.

Pistas del texto	Conclusión

Comprensión

Género

La **ficción histórica** narra una historia en la cual personajes inventados participan en hechos históricos reales, con gente del pasado.

Hacer inferencias y analizarlas

Sacar conclusiones

Al leer, completa la tabla de conclusiones.

Pistas del texto	Conclusión

Lee para descubrir

¿Cómo era la niñez en Boston durante la Guerra de Independencia?

EN TRINEO en BOSTON COMMON

Un cuento de la Guerra de Independencia

LOUISE BORDEN
ilustraciones de ROBERT ANDREW PARKER

Selección premiada

En diciembre de 1774, los tiempos eran difíciles para todos nosotros en Boston. Algunas buenas personas tenían monedas para gastar cuando pasaban por la tienda de mi padre en la calle King… el mejor lugar para comprar juguetes ingleses y holandeses, gafas, flautas o los mapas que mi padre dibujaba a mano.

A veces él me dejaba colorear los mapas con sus pinturas y plumas.

"Henry, en unos pocos años, tu mano firme será mejor que la mía". Eso era lo que decía mi padre, William Price.

Meses antes, el primer día de junio, los británicos habían cerrado nuestro puerto…

por orden del rey de Inglaterra, George III.

El rey George quería castigar a aquéllos que hablaban en Boston en contra de las leyes que se creaban del otro lado del océano: los **patriotas** como Sam Adams y John Hancock, y otros líderes del pueblo… y patriotas como mi padre y sus amigos… Por todo Boston, al norte y al sur, las personas no estaban contentas con el rey George III.

Ni con nuestro nuevo **gobernador** real, el general Thomas Gage. Gage era el general principal del rey George, el comandante de todos los soldados británicos en América del Norte. Desde mayo, había estado viviendo en una de las casas más grandes y más altas de todo Boston. Siempre que iba con mis hermanos a la escuela, pasábamos por el frente de ladrillos rojos de la Casa Province. Yo miraba siempre la veleta que indicaba el clima, arriba en la cúpula: un arquero indígena dorado que brillaba con el sol. Thomas Gage era, en verdad, un hombre poderoso.

Sacar conclusiones
¿Por qué el cierre del puerto ocasionó tiempos difíciles para las personas de Boston?

El día que él cerró nuestro puerto, las campanas de la iglesia repicaron en cada colonia de Norteamérica. Los patriotas de otros pueblos dijeron: "Apoyaremos a Boston en estos tiempos difíciles. Todos los norteamericanos estamos unidos."

Desde entonces, sólo los barcos del rey podían entrar o salir del puerto, por eso no había comercio. Los trabajadores tenían poco que hacer en el muelle Long Wharf, que había sido el puerto más concurrido de Nueva Inglaterra, repleto de los altos mástiles de barcos que habían zarpado a China y a España, a las Antillas, y habían vuelto. Ahora sólo quedaba el olor salado del mar y el chillido de las gaviotas en el puerto vacío.

Cada día había más y más soldados del rey marchando en el parque Boston Common. O caminando con arrogancia en sus trajes rojos por las calles de la ciudad. O cortando nuestras cercas y árboles para sus fogatas. El rey George quería que el general Gage se asegurara de que estábamos cumpliendo con sus nuevas leyes y pagando impuestos a Inglaterra. Cada centavo. Mi padre decía que ahora había en Boston un soldado Británico por cada cinco de nosotros. La gente los llamaba "espaldas de langosta" por sus trajes rojos. A la mayoría de nosotros no nos gustaba ver a las tropas del general Gage en nuestra ciudad. A la mayoría de ellos tampoco les gustábamos nosotros.

Pero las leyes del rey George no habían cerrado la Escuela de Escritura del Sur en la calle West. Nadie le había dicho a nuestro maestro de escuela, el señor Andrews, que se quedara en su casa y no enseñara. Entonces, mis hermanos, Colin y Ben, y yo teníamos que estudiar nuestras lecciones cada día: primero lectura, luego escritura, luego aritmética y, por último, **navegación**.

Lo que su majestad el rey George no podía detener era la nieve del invierno en la colonia de Massachusetts.

Después de días de escarcha y hielo, la nieve cayó, fina y gruesa, durante tres noches seguidas.

Luego, en mi noveno cumpleaños, las nubes grises desaparecieron hacia el mar y el sol brilló sobre las torres de nuestra ciudad.

Era un día perfecto en Nueva Inglaterra: un día para que cualquier niño o niña que tuviera un trineo se deslizara por el parque Boston Common. Y ahora yo tenía mi trineo propio. Era pequeño, pero era mío, construido con las manos firmes y fuertes de mi padre, con huesos de vaca pulidos como esquíes y un asiento de tabla de madera... un regalo que mi padre me dio durante el desayuno, en aquel año difícil.

Esa mañana en la escuela, practicamos escritura en nuestros cuadernos. Yo había escrito la fecha de ese día cinco veces para el señor Andrews:

22 de diciembre de 1774

Luego, justo antes del mediodía, guardé mi cuaderno, mi pluma y mi frasco de tinta debajo del banco trasero de nuestro salón. Tomé mi abrigo de lana de un perchero alto. Otros estudiantes en la Escuela de Escritura del Sur corrieron a sus casas a través de la nieve para tomar sopa caliente. Pero ni Colin, ni Ben ni yo lo hicimos. Habíamos llevado nuestros trineos a la escuela. Nuestra hermana, Kate, nos esperaba afuera con tres barras de pan de maíz y jalea de manzana. Algunas niñas temían ir al parque Common porque se encontraban las tropas del general Gage. Pero mi hermana adoraba montar en trineo.

Debíamos apresurarnos. El señor Andrews esperaba a todos los niños para las lecciones a las dos en punto.

Cargamos los trineos por las rutas congeladas de la calle West. El viento de diciembre era frío, y yo me alegré de tener puestos los viejos mitones de Kate y las botas remendadas de cuero de Ben.

Cruzamos al Common, un parque amplio y empinado, con nieve nueva y fina y un marco de cielo azul. Nos apresuramos al pasar por la **desolada** fila de tilos que John Hancock había donado a la ciudad.... y pasamos por la Piedra del deseo, pero no tuvimos tiempo para detenernos y desear que el rey George cambiara sus severas leyes.

Por más de cien años el parque nos había pertenecido a *todos* en Boston. Ahora estaba cubierto por los cuarteles de las tropas del general Gage, que se encontraban por todos lados junto con oficiales y soldados, tamborileros y cocineros. Trescientos de ellos permanecían aquí, en Boston Common, colocando sus tiendas, transportando cartas y órdenes, puliendo botas y bayonetas, entrenándose y marchando.

En el parque Common, mis hermanos, Kate y yo oíamos las órdenes que gritaban los oficiales y el ruido constante de las botas británicas.

Nuestro padre nos había dicho que cada vez que fuéramos a ese parque tuviéramos los ojos y los oídos bien abiertos.

—Miren con atención, pero que no parezca que están mirando. Cada patriota que pensara que el rey George estaba equivocado ayudaba de alguna manera a los Hijos de la Libertad*.

De repente me detuve y tiré de la manga de Colin. Algunos de los soldados del general Gage habían colocado sus tiendas y fogatas para cocinar en medio de nuestras pistas de patinaje. Habían roto el hielo en las lagunas del parque. Nadie podía patinar. También habían derribado los fuertes de nieve que los niños del lugar habían construido el día anterior.

Nosotros cuatro estábamos muy enojados. Éste era *nuestro* parque. Éstas eran *nuestras* lagunas para patinar. Y no existían colinas mejores para andar en trineo en ninguna otra parte de Boston. Parecía que las tropas británicas habían hecho *suyo* el parque.

No había ninguna pista para andar en trineo. En cambio, caminamos por los cuarteles y prestamos atención con los ojos y con los oídos. Ben comenzó a contar los galpones nuevos, las tiendas y los caballos. Kate y yo contamos barriles de pólvora y toneles de pescados. Colin contó oficiales.

* Un grupo de patriotas locales de Boston que se oponían a las actividades de los británicos. Por lo general, se reunían secretamente para discutir planes para la independencia.

Kate y yo vimos al general Gage. Se encontraba justo allí, casi tan cerca como para tocarlo. Parecía un general y estaba en pie como un general.

Pero no parecía malo. No como el **tirano** que cerraría nuestro puerto. No como un matón del rey George. Y no como una vieja, como lo llamaban algunos periódicos de Boston. Tenía los ojos azules oscuros y les estaba hablando amablemente a los soldados que se encontraban colocando una tienda. El general Gage se veía como un hombre que sabía escuchar, un buen hombre, un hombre como mi padre.

Pensé que si tan sólo pudiera hablar con el General por unos minutos, él podría ayudarnos. Quizás nos dejaría deslizarnos en nuestro parque. Pero yo no era más que un niño. El general Gage era el gobernador del rey. Yo hubiera tenido que ser tan valiente como los patriotas de Boston que le dijeron al rey de Inglaterra que sus impuestos no eran justos.

Tomé con fuerza mi trineo y respiré hondo.

—Apresúrate —le dije a Kate—. Ve a buscar a Colin y a Ben. Vamos a hablar con el general Gage.

Y eso hicimos justo allí, en medio del parque, con soldados a nuestro alrededor.

Me acerqué al General, jalé fuertemente de su manga escarlata y le pregunté si escucharía una queja de un niño de la ciudad. Algunos oficiales me miraron fija y severamente y nos ordenaron que nos retiráramos. Pero el alto general giró y levantando la mano para detenerlos dijo: —Permítanle hablar a este niño.

Y entonces hablé. Y el General escuchó.

Le dije que el parque Boston Common nos pertenecía a todos nosotros, no sólo a sus soldados. Le dije que sus tropas habían derribado nuestros fuertes de nieve y arruinado nuestras lagunas para patinar, y que habían construido sus fogatas para cocinar en medio de nuestras mejores pistas para andar en trineo.

Luego, con Colin, Ben y Kate a mi lado, dije:

—Y hoy es mi cumpleaños, y desearía poder usar mi nuevo trineo en la colina más empinada de la ciudad. Pero no puedo, como ve, porque están sus hombres. Y debemos regresar a la escuela a las dos de la tarde para las lecciones.

El general Gage cruzó los brazos y miró el parque nevado. Sus oficiales se mantuvieron de pie con rostros de piedra. Nadie dijo una palabra.

El general colocó la mano en mi hombro. Me dijo que tenía un lindo trineo y me preguntó quién lo había fabricado. "Mi padre", le contesté con orgullo.

Se agachó para **inspeccionar** los otros trineos. Luego se puso de pie y dijo con voz de general:

—Soy padre como también soy soldado de mi rey... tengo hijos e hijas, también —agregó, asintiendo con la cabeza y mirando a Kate—. Y sé que mis propios hijos desearían deslizarse por esta colina si estuvieran aquí. Pero se encuentran en Inglaterra, en la escuela.

Entonces, el general Gage me preguntó mi nombre.

—Henry, señor —le contesté, tratando de mostrarme lo más alto que podía—. Henry Price.

—Henry —el General asintió—. En efecto, es un buen nombre. Me saludó con la mano, de hombre a hombre. —Mi hijo mayor se llama Henry.

—Soy el menor de la casa —dije.

El general agregó:

—Podrás ser el menor, pero tienes el coraje de un buen soldado y también el **arrojo** de los rebeldes locales.

Giró lentamente sobre sus talones hacia uno de sus oficiales.

Sacar conclusiones
El general Gage tenía hijos. ¿Cómo podría influir esto en su decisión de permitirles o no a los niños usar los trineos?

—Ordene a todas las tropas que les permitan a los niños del lugar deslizarse por donde quieran. Y no toquen el hielo en aquellas lagunas. Dígales a los hombres que tienen que despejar un buen trecho. Y háganlo rápido. Es el cumpleaños de mi joven amigo, y necesita probar su nuevo trineo antes de las dos de la tarde de hoy.

Nunca olvidaré la primera vez que bajé por la colina en mi propio trineo: iba bajando, bajando, sobre el camino de nieve. Las carpas y los barriles pasaban borrosos, los trajes rojos de los soldados pasaban de prisa, y el viento en mi cara y en mis ojos; más y más rápido sobre baches y más baches, más rápido a través del extenso campo de las tropas británicas, hasta que llegué a la parte más baja del parque. Y luego, más lento y más lento hasta que paré de deslizarme, deseando que ese recorrido nunca se terminara.

Una y otra vez, mis hermanos, mi hermana y yo nos deslizamos por la mejor colina de Boston y luego arrastramos nuestros trineos hasta la cima, hasta que llegó la hora de apresurarnos para volver a la Escuela de Escritura del Sur y a las lecciones de la tarde del señor Andrews.

Y desde el 22 de diciembre en adelante, Colin, Ben, Kate y yo nos deslizamos en el parque muchas otras veces. Y también patinamos. Porque el general Thomas Gage era un hombre que cumplía su palabra.

Llegó la primavera. La Guerra de Independencia comenzó en abril de 1775, cuando el general Gage mandó sus tropas a Lexington y a Concord. Nuestro nuevo país estaba en guerra, y los espaldas de langosta de nuestra ciudad pronto estarían en estado de sitio. El octubre siguiente, la buena gente de Boston se alegró cuando el rey George ordenó que su mejor general regresara a Inglaterra. Thomas Gage fue el último gobernador del rey en una colonia que quería elegir su propio gobernante.

La noche en que su barco zarpó del Puerto de Boston con destino a Inglaterra, yo estaba en Long Wharf con mis hermanos y con Kate. Ahora mi familia y yo éramos norteamericanos. Éramos también patriotas de Boston, deseosos de ganar la guerra contra el rey. Pero nunca olvidaremos al general alto que conocimos el día de mi cumpleaños. Él nos había devuelto la laguna y las pistas para trineo en el Boston Common porque tenía hijos propios. Era un buen hombre.

Retrocedamos en el tiempo con
Louise Borden y Robert Andrew Parker

Las historias de **Louise Borden**, por lo general, comienzan con una imagen persuasiva. La idea para este relato se le ocurrió cuando leyó un artículo de revista sobre niños que querían andar en trineo en Boston Common durante la Guerra de Independencia. Louise siguió esa pista e investigó la historia. Hasta se escribió con gente de Inglaterra para obtener información sobre el general Gage.

Robert Andrew Parker vive en una casa vieja, en un valle rodeado de colinas boscosas. En la casa tiene una colección de soldados en miniatura, que lo inspiraron para crear las imágenes del libro de Louise. Su estudio está en la parte trasera, junto al jardín. Allí tiene sus pinturas y un modelo de avión de seis pies que construyó. Cuando no está trabajando en un cuadro o en una ilustración, está en el río que corre frente a su casa.

 ## Propósito de la autora

¿Piensas que la autora sólo quería informar a los lectores sobre lo que sucedió en Boston en el invierno de 1774? Explica tu respuesta.

 Busca información sobre Louise Borden y Robert Andrew Parker en **www. macmillanmh.com**

Pensamiento crítico

Resumir

La tabla de conclusiones te ayudará a resumir *En trineo en Boston Common* con tus propias palabras.

Pistas del texto	Conclusión

Pensar y comparar

1. Saca una conclusión acerca de las características del general Thomas Gage como líder. Usa detalles del cuento para explicar por qué tu conclusión es lógica. **Hacer inferencias y analizarlas: Sacar conclusiones**

2. Vuelve a leer el primer párrafo de la página 116. ¿Cómo afectó a Henry y a su familia el cierre del Puerto de Boston? Incluye detalles del cuento en tu respuesta. **Analizar**

3. Imagina que fuiste uno de los tantos **patriotas** que caminaron por el campamento de soldados en Boston Common prestando mucha atención. ¿Qué podrías haber visto y escuchado? **Evaluar**

4. Henry descubre que la primera impresión sobre los demás puede ser engañosa o incorrecta. ¿Estás de acuerdo? ¿Por qué? Explica tu respuesta. **Analizar**

5. Vuelve a leer "Cartas de la revolución" en las páginas 112 y 113. ¿Con qué carta estarían de acuerdo Henry y su familia? ¿Por qué? Usa evidencia de las dos selecciones para acompañar tu respuesta. **Leer/Escribir para comparar textos**

La **poesía narrativa** es un tipo de poesía que narra una historia o relata hechos.

Elementos literarios

La **métrica** es la distribución armónica de sílabas acentuadas y no acentuadas en un verso.

La **aliteración** es la repetición de la misma letra o sonido inicial en una serie de palabras.

"El viaje de Paul Revere"

adaptado del poema de Henry Wadsworth Longfellow

Paul Revere fue un héroe de la Guerra de Independencia. Junto a otros dos patriotas, cruzó el campo a caballo para advertir a los colonos que venía un ataque británico.

En una sombría noche del año setenta y cinco,
Paul Revere cabalgó con ahínco.
Era un dieciocho de abril, casi nadie lo recuerda
pues no quedan hombres vivos para contar esa gesta.
Los británicos marchaban esa noche
desde el pueblo y debían detenerlos.
Nadie los había advertido.
A un amigo dijo Paul que colgaran dos faroles
arriba, en el campanario, el de la Iglesia del Norte,
para que su luz sirviera como señal y soporte.
Si prendían dos faroles, ellos llegaban por mar.
Si uno solo era encendido, por tierra habían de llegar.
Paul estaría en la costa, atento a esta señal,
para lanzar la advertencia. Y empezaría a viajar.
En un silencio esforzado hasta Charleston remó,
recortado contra el cielo al Somerset divisó.
Casco negro agigantado por su reflejo en el agua,
mástiles y largos palos que a la luna aprisionaban.
En vez de barco, un fantasma que en silencio delataba
las intenciones de aquellos que la gran nave ocupaban.
Al mismo tiempo su amigo, caminos y calles cuida.
Ve en la puerta del cuartel al enemigo que enfila,
marchando con firme pie, a las barcas escondidas.

La repetición de "ca" inicial en este verso es un ejemplo de aliteración.

De inmediato fue a la torre y llegó hasta el campanario,
subió la larga escalera con paso lento y cuidado,
trepó a las altas ventanas y miró el pueblo allá abajo,
enjalbegado de luna, adormecido y cansado.
Y ya sabrán por los libros cómo continuó la historia.
Los británicos, de rojo, en todo bien preparados,
disparaban con sus armas, pero de poco servía
pues rancheros y vecinos, tras los corrales y cercos
devolvían bala por bala y los iban persiguiendo,
atravesando los campos, por caminos y senderos.
A lo largo de la noche, sin descanso ni desidia
se oyó la voz de Revere quien a la gente advertía.
En cada pueblo de Middlesex, en cada puerta y esquina
se escuchó el grito rebelde de quien miedo no sentía.
Un grito que, como un eco, quedó siempre en la memoria
de aquellos que lo escucharon cabalgar hacia la gloria.
Y hoy en horas de peligro, ante la necesidad,
resonará su mensaje, un grito de libertad.

Hay cuatro sílabas acentuadas en este verso. El arreglo de estas sílabas junto a las sílabas no acentuadas es un ejemplo de métrica.

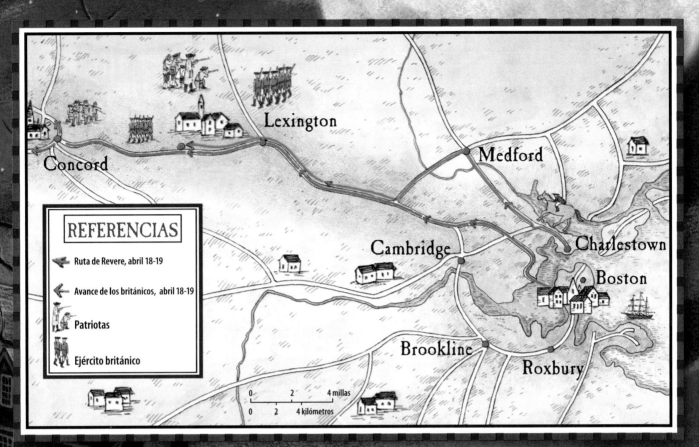

La primera batalla entre los patriotas y los británicos ocurrió en Lexington. Luego, volvieron a luchar en Concord.

 Pensamiento crítico

1. ¿Qué otro ejemplo de aliteración encuentras en este poema? **Aliteración**

2. Lee el poema en voz alta. ¿De qué manera te ayuda la métrica a memorizar el poema? **Analizar**

3. Compara este poema con *En trineo en Boston Common*. Tanto en el poema como en el cuento, el autor describe a los británicos. ¿En qué se parecen las descripciones? ¿en qué se diferencian? **Leer/Escribir para comparar textos**

Conéctate Busca información sobre poesía narrativa en **www.macmillanmh.com**

Conexión: Lectura y escritura

Escritura

Tema

Los buenos escritores eligen un **tema**, o idea principal, para escribir. Los detalles de la historia apoyan el tema.

Lee el siguiente pasaje. Observa cómo la autora, Louise Borden, centra su historia en un tema.

Fragmento de *En trineo en Boston Common*

La autora se concentra en el tema de los cambios importantes en la vida cotidiana. A partir de los detalles que da, podemos imaginar cómo cambia la vida cuando se está rodeado de soldados.

Cada día había más y más soldados del rey marchando en el parque Boston Common. O caminando con arrogancia en sus trajes rojos por las calles de la ciudad. O cortando nuestras cercas y árboles para sus fogatas... A la mayoría de nosotros no nos gustaba ver las tropas del general Gage en nuestra ciudad. A la mayoría de ellos tampoco les gustábamos nosotros.

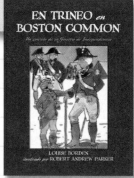

Lee y descubre

Lee el escrito de Molly. ¿Qué hizo para centrarse en el tema de la amistad? Usa el Control de escritura como ayuda.

Mi amigo Seth

Molly F.

Aunque era nueva en la clase, a Seth no le molestó mostrarme la escuela y presentarme a sus amigos. Me di cuenta de que era una persona especial porque no se burlaba de mi cojera. Además, siempre me defendía si alguien lo hacía.

Quise escribir sobre el tema de la amistad... y sobre mi amigo Seth.

Control de escritura

 ¿Elige la autora un **tema** y escribe mucho al respecto?

 ¿Incluye detalles específicos para contar sobre su amistad con Seth?

 ¿Cómo crees que es la amistad entre Seth y Molly?

Una VOZ en la OSCURIDAD

Repaso

Personajes y ambiente
Idea principal y
detalles
Problema y solución
Sufijos
Fotografías y leyendas

Marco le temía a ese día. Él solía ir al colegio corriendo, sin embargo, hoy casi se arrastraba. Su amiga Brianna iba junto a él.

—¿Por qué el señor Crawford dice que es un viaje de campo? —preguntó Brianna—. ¡Vamos a una cueva, no al campo!

A Marco, nada más escuchar la palabra "cueva" le dio escalofríos. El señor Crawford le había contado a la clase que la excursión sería una gran aventura. "¡Aprenderemos mucho sobre la historia de la Tierra y al mismo tiempo nos convertiremos en espeleólogos!", le dijo a los estudiantes. "Los exploradores de cavernas descubren todo tipo de cosas extrañas".

A Marco le gustaban las ciencias, pero la idea de meterse debajo de la tierra en la oscuridad le aterraba.

—Me pregunto si iremos muy abajo —dijo Brianna—. ¿Crees que veremos murciélagos? ¿Y si hay monstruos ahí abajo? Brianna levantó las manos y golpeó el suelo, abriendo la boca en un gruñido aterrador.

—¿Por qué eres tan dramática? —preguntó Marco.

Brianna se detuvo en la acera.

—¿No quieres ir?

—La verdad, para ser sincero...

Después de un silencio, Marco le explicó a Brianna sus sentimientos.

—No te preocupes —dijo ella—. Quédate cerca de mí y estarás bien.

Marco no dejó de pensar en eso durante todo el camino hacia la cueva. Era un día de otoño, fresco, seco y soleado. El aire estaba más cálido cuando llegó el autobús de los estudiantes. Aun así, el señor Crawford les aconsejó que llevaran las chaquetas.

—Las cosas son un poco diferentes allí abajo —dijo.

El guía saludó a la clase y le dio una linterna a cada uno. Les dijo que se mantuvieran juntos durante el recorrido, y luego entró en la caverna. Brianna tomó a Marco de la mano.

—¡Es muy emocionante! —dijo.

Dentro de la caverna, la oscuridad rodeó a la clase. El aire era mucho más frío. Brianna dijo que tenía la misma sensación que en el sector de alimentos congelados del supermercado.

Uno a uno, los estudiantes encendieron las linternas. Cada vez que el guía se detenía para explicar algo acerca de alguna formación rocosa extraña, Brianna le susurraba a Marco algo divertido. Mientras caminaban, le contó la historia de su primera mascota, de un viaje a la playa que había hecho el verano pasado y de una película que su familia había alquilado.

Marco pensó decirle que se callara, pero su voz lo calmaba. Le hacía olvidar la oscuridad y el frío de la caverna. Lo hacía sentir cálido y seguro. Comenzó a prestar más atención a lo que decía el guía y se rió sin miedo cuando el Sr. Crawford rugió para asustar a la clase.

Casi al final de la excursión, Marco se dio cuenta de que Brianna se había quedado quieta durante unos instantes. Se detuvo para mirarla. Ella sonrió.

—Te dije que no había de qué preocuparse —dijo.

—Gracias —dijo Marco—. Te debo una.

Se rieron. Luego apuraron el paso para unirse a sus compañeros que salían de la caverna en dirección a la luz.

LA HISTORIA DE LA RADIO

Seguramente la escuchas en el carro o en tu casa. Presionas un botón o giras el dial y el sonido llena el aire. De inmediato, escuchas la última canción o un mensaje sobre un día libre en tu escuela. La radio es un aparato sorprendente.

¿Cómo funciona?

Todas las radios tienen dos partes: un transmisor y un recibidor. Primero, el sonido se convierte en ondas de radio. Luego, se transmiten esas ondas. Las señales pasan a través de objetos sólidos, como paredes o árboles, y cuando se reciben se convierten otra vez en sonido.

Hace casi 150 años, J.C. Maxwell descubrió las ondas de radio. Se usó este conocimiento para ingeniarse cómo enviar señales. El científico italiano Guglielmo Marconi fue el primero en enviar una señal de radio a través del océano. En 1901 envió mensajes entre Inglaterra y Canadá. Los primeros mensajes eran sonidos que representaban letras; no eran música, ni conversaciones.

La primera vez que se oyeron voces y música en la radio fue el 24 de diciembre de 1906. Un hombre en Massachusetts hizo una transmisión en tres partes. Los barcos recogieron la señal. Oyeron que un hombre hablaba, luego el canto de una mujer. Finalmente, oyeron a una persona tocando el violín.

Cerca de 1920, la primera estación radial, KDKA, comenzó a transmitir en Pittsburgh. Pocos años después, todos buscaban radios para escuchar música y noticias. La primera transmisión "mundial" se oyó en 1930. Las señales de radio viajaron de torre en torre por todo el mundo. Era la edad dorada de la radio.

En los días previos a la Segunda Guerra Mundial se transmitieron por radio los discursos importantes del presidente. El mundo entero se sintonizaba para oír las noticias de la guerra en ultramar.

La radio se volvió aún más importante cuando Estados Unidos se incorporó a la guerra. Los soldados y los marineros usaron radios de dos direcciones para comunicarse entre sí.

La radio también era una gran fuente de entretenimiento, como la televisión hoy en día. Familiares y amigos se reunían en torno a la radio para escuchar música, programas humorísticos o de concursos y novelas dramáticas. Las compañías norteamericanas que fabricaban productos de limpieza patrocinaban algunas de esas novelas; por eso se les llamó en inglés, *soap operas* ("novelas de jabón").

La radio hoy

A principios de los años cincuenta, la televisión asumió el liderazgo en entretenimiento hogareño, pero no todos apagaron sus radios.

Es probable que tus padres tengan una estación favorita que toque la música de su adolescencia. Pero tú seguramente prefieres una estación que toque los éxitos más recientes. Presiona un botón o sintoniza el dial. ¡Es fácil encontrar algo que te guste!

En la edad dorada de la radio, las familias se reunían con frecuencia en torno a la radio. Todos dejaban lo que estaban haciendo para escuchar su programa favorito.

Pensamiento crítico

Responde a las preguntas 1 a 4. Basa tus respuestas en la historia "Una voz en la oscuridad".

1. **¿Qué piensan Marco y Brianna de ir a la caverna?**

   A   Ambos tienen miedo.

   B   Ambos están entusiasmados.

   C   Marco tiene miedo, pero Brianna está entusiasmada.

   D   Marco está entusiasmado, pero Brianna tiene miedo.

2. **¿Cuál es el principal problema de Marco en la historia?**

   A   Tiene que entrar en una caverna y le tiene miedo a la oscuridad.

   B   Brianna está enojada con él y no le habla.

   C   Su maestro, el Señor Crawford, lo grita.

   D   Su linterna deja de funcionar cuando está dentro de la caverna.

3. **¿Qué palabra de la historia tiene un sufijo que significa "de manera"?**

   A   miedo

   B   maravilla

   C   extraordinariamente

   D   caverna

4. **¿Cómo resuelve Brianna el problema de Marco? Usa detalles e información de la historia para apoyar tu respuesta.**

Responde a las preguntas 1 a 4. Basa tus respuestas en el artículo "La historia de la radio".

1. **¿Qué afirmación resume *mejor* el papel de Guglielmo Marconi en la radio?**

   A   Transmitió sonidos que representaban letras.

   B   Trabajó enviando señales de radio en 1901.

   C   Envió mensajes entre Inglaterra y Canadá.

   D   Fue el primero en enviar una señal a través del océano.

2. **La edad dorada de la radio comenzó**

   A   a principios de los años veinte.

   B   a principios de los años treinta.

   C   hace aproximadamente 150 años.

   D   a comienzos de los años cincuenta.

3. **Las personas de la fotografía probablemente están escuchando**

   A   una comedia.

   B   un programa de noticias serio.

   C   la primera transmisión radial.

   D   transmisiones de radio de dos direcciones.

4. **¿De qué forma la radio resolvió un problema durante la Segunda Guerra Mundial?**

   A   Las empresas patrocinaban las radionovelas.

   B   Radios de dos bandas ayudaban a los soldados a comunicarse durante las batallas.

   C   El presidente habló por radio.

   D   Estados Unidos entró en la guerra en 1941.

A escribir

SUGERENCIAS ¿Por qué fue importante la radio durante la Segunda Guerra Mundial? Usa detalles del artículo para apoyar tu respuesta. Escribe durante 5 minutos. Escribe todo lo que puedas, lo mejor que puedas.

La gran pregunta

¿Cómo cambió el Oeste norteamericano durante los primeros años de nuestro país?

Busca información sobre el Oeste norteamericano en **www.macmillanmh.com**

En el año 1848, la población de California no superaba los 15,000 habitantes. California era un territorio remoto y salvaje, alejado de todo. Pero después del descubrimiento del oro, la población de ciudadanos estadounidenses e inmigrantes europeos y asiáticos aumentó rápidamente.

La fiebre del oro modificó el estado para siempre y lo convirtió en una potencia económica. Luego, a principios del siglo XX, la industria del entretenimiento, ubicada en Los Ángeles, aseguró una vez más la posición de California como el estado con mayor población y uno de los más ricos de la Unión.

Aprender sobre el origen de tu estado te ayudará a comprender mejor el papel que éste cumplió y el que cumple actualmente como parte de Estados Unidos. Averigua sobre otros estados del Oeste de la nación y también sobre su desarrollo.

Actividad de investigación

En esta unidad recibirás información sobre el Oeste de Estados Unidos. Investiga un evento que dio forma al Oeste de Estados Unidos. Escribe un artículo explicando por qué fue importante ese evento.

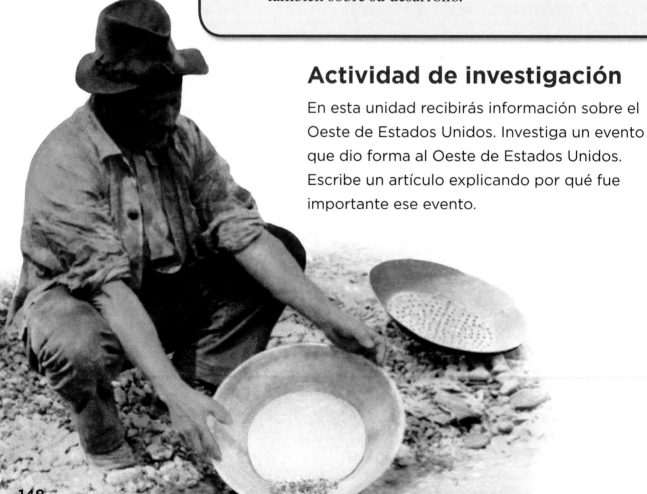

Anota lo que aprendes

Al leer, toma nota de todo lo que estás aprendiendo sobre el Oeste norteamericano y de cómo éste cambió a través del tiempo. Usa el Boletín en acordeón para organizar tus ideas. Escribe el tema de la unidad en la parte superior: **El Oeste norteamericano**. Luego, en cada sección anota lo que aprendas sobre el Oeste norteamericano en tus lecturas durante cada semana.

MODELOS DE PAPEL

Ayudas de estudio

Tema de la unidad | Semana 1 | Semana 2 | Semana 3 | Semana 4 | Semana 5

Taller de investigación

Haz la investigación de la Unidad 2 con:

Guía de investigación

Sigue esta guía paso a paso para completar tu proyecto de investigación.

Recursos de Internet

- Buscador por temas y otras herramientas de investigación
- Videos y excursiones virtuales
- Fotos y dibujos para presentaciones
- Artículos y recursos relacionados en Internet

Busca información en
www.macmillanmh.com

Gente y lugares

Junípero Serra
Misionero
Fraile franciscano. Fundó la Misión de San Diego, en 1769, y ocho misiones más en diferentes lugares de California.

LOS ESPAÑOLES EN LA
~ANTIGUA~
CALIFORNIA

A platicar

¿Cómo vivían los antiguos colonos españoles en California?

Conéctate
Busca más información sobre la antigua California en **www.macmillanmh.com**

151

Desde California

Steven Ruiz

Vocabulario

refugio	proyecto
obvio	obediencia
ignorar	imagen
detestar	cortejar

Diccionario de sinónimos

Un **diccionario de sinónimos** te sirve para hallar sinónimos de una determinada palabra. Por ejemplo, la palabra *refugio* tiene los siguientes sinónimos: *protección, amparo* y *asilo.*

---

5 de julio de 1846

Querida Sara:

Después de viajar durante meses y haber estado a punto de morir de frío en el camino, por fin llegué a California. He encontrado **refugio** en el rancho de una empresaria llamada Juana Briones.

Para mí es **obvio** que ella es una mujer amable. Cuando vine a pedirle trabajo, apenas podía mantenerme de pie: tenía fiebre y hambre. Otras personas me habían **ignorado** porque parecía demasiado débil para trabajar. Un hombre se hizo el sordo cuando le hablé. **Detesté** tanto tener que suplicarle trabajo a esa gente.

La señora Briones fue diferente. Primero, su cocinera me dio un gran plato de sopa y un pedazo de pan. Cuando terminé de comer, me preguntó qué sabía hacer.

Le conté los **proyectos** que había hecho en casa. Le dije que sabía construir graneros, cabañas y casas. Y por supuesto, después de haber viajado por el país, ahora sé arreglar una carreta.

La señora Briones tiene 4,400 acres. Me ha dado trabajo y asilo. Es por eso que recompensaré su generosidad con trabajo arduo y **obediencia**.

Junto con esta carta, te mando una **imagen** de este lugar donde he pintado algunos de los indígenas que trabajan aquí.

Te extraño a ti y a la familia. Aunque ya eres mayor y seguramente te estará **cortejando** algún chico, te pido que ayudes a mamá y cuides a los más pequeños.

Tu hermano,

Pablo

Volver a leer para **comprender**

✔ Verificar la comprensión

Causa y efecto

Una causa es un acontecimiento o acción que hace que algo ocurra. Un efecto es lo que sucede como consecuencia de un acontecimiento o acción. Un lector puede verificar su comprensión pensando en cómo un acontecimiento o acción conduce a otro. Usa tu tabla de causa y efecto para anotar efectos importantes de la selección y sus causas.

Causa	➔	Efecto
	➔	
	➔	
	➔	
	➔	

Comprensión

Género

En un artículo de **ficción histórica**, personajes inventados participan en hechos históricos reales.

Verificar la comprensión

Causa y efecto

Al leer, completa la tabla de causa y efecto.

Causa	→	Efecto
	→	
	→	
	→	
	→	

Lee para descubrir

¿De qué manera escribir un diario cambia la vida de María Rosalia?

El valle de la Luna

Sherry Garland
ilustraciones de Kristina Rodanas

María Rosalia y su hermano menor, Domingo, quedaron huérfanos cuando eran muy pequeños y fueron educados por el padre Ygnacio en la Misión Rafael, en Alta California. Los niños se convirtieron en criados del Rancho Medina. El padre Ygnacio le enseñó a escribir a María Rosalia y hace poco, ella comenzó a escribir un diario sobre su vida en el rancho.

10 de octubre de 1845

Esta noche comienzo a escribir mi primer diario. La familia Medina está durmiendo y no se oye nada en el rancho; sólo el viento que choca contra las paredes de adobe y el aullido de los coyotes a lo lejos interrumpen el silencio. Estoy en un rincón de la cocina, rodeada por canastos de maíz seco, listo para moler. Siento el piso de losa frío bajo mis pies descalzos, pero no me importa porque sé que nadie me encontrará aquí.

Tengo este diario porque la hija mayor de los Medina, Miguela, lo arrojó por el balcón al patio. Mis manos lo rescataron rápidamente, antes de que se ahogara en la fuente. La señorita Miguela lo botó en un ataque de resentimiento, cuando se lo regaló un admirador norteamericano, el señor Henry Johnston. Con los ojos negros y brillosos, gritó que una muchacha necesita leer y escribir tanto como una serpiente necesita pendientes de oro. Dijo que el diario era un insulto a su belleza y encanto, y también rechazó al señor Johnston.

El señor Johnston me da pena... él o cualquier hombre que tenga la mala suerte de **cortejar** a la testaruda de Miguela, pero no me apena tener en mis manos el diario que ella arrojó. No debo dejar que nadie me vea escribiendo, porque soy una criada, huérfana, medio indígena y mujer. Se supone que sólo debo conocer el trabajo y la **obediencia**. Los Medina se sorprenderían si supieran que un viejo padre me enseñó a escribir, a muchas millas de aquí, en la Misión Rafael. Quizás algún día se los cuente.

> **Causa y efecto**
>
> ¿Por qué María Rosalia debe ocultar que sabe leer y escribir?

157

11 de octubre

He pensado en el padre Ygnacio durante todo el día. Él fue quien nos encontró a Domingo y a mí hace ocho años junto a nuestra madre a punto de morir, en el jardín de rosas de la Misión Rafael, cerca de la Bahía de San Francisco. Tenía el cuerpo destrozado por la viruela, y yo le había colocado rosas en la cara. Creo que yo tenía cinco años y mi hermano, dos, pero nadie sabe realmente qué edad tenemos.

El padre Ygnacio me llamó María Rosalia, por la Virgen bendita, y por las rosas. A mi hermano lo llamó Domingo porque era una mañana de domingo. De apellido nos puso Milagros, porque de hecho había sido un milagro que no hubiésemos muerto de la horrible plaga que se cobró la vida de tantos indígenas en Alta California. Dicen que de cuarenta mil suisunes, sólo sobrevivieron doscientos. Algunas tribus pequeñas desaparecieron. Cómo sobrevivimos Domingo y yo es uno de los muchos misterios de mi vida.

Cuando el padre Ygnacio nos encontró, no hablábamos bien español y él no sabía nuestro dialecto indígena. Pero estaba seguro de una cosa: Aunque mamá tuviese la piel color bronce de los indígenas, nuestra piel era del color marrón claro de los mestizos: mitad indígena y mitad español. Era **obvio** que nuestro padre era un hombre blanco. Nadie sabe si era un terrateniente español adinerado, un soldado español del presidio de San Francisco, un cazador de pieles ruso o un marinero comerciante estadounidense.

Lupita, la cocinera, es lo más cercano que tengo a una madre. Su marido, Gregorio, es el jefe de los vaqueros del rancho y supervisa a los hombres que se ocupan del ganado y los caballos. Gregorio fue quien nos encontró a Domingo y a mí en la Misión Rafael hace cuatro años y nos trajo al rancho de los Medina: el Rancho Agua Verde. Lupita y Gregorio no tienen hijos, pero han criado a varios huérfanos. Sé que me quieren, pero siento el corazón vacío. Si no conozco mi pasado, ¿cómo puedo planear mi futuro? Debo dejar de pensar en esas cosas y volver a trabajar. Si no termino de moler este maíz, mañana no habrá tortillas.

159

Domingo 12 de octubre

No tengo lugar para esconder este diario. Mi cuarto está en el área del servicio y es tan pequeño que casi no puedo moverme. Lo comparto con Ramona, la costurera. Dormimos sobre el suelo en jergones de paja tejida que enrollamos en las mañanas. Nos turnamos para sentarnos en la única silla que hay junto a una pequeña mesa. La que no se sienta en la silla, lo hace en el cubo de madera. Las paredes de adobe y el techo tienen manchas negras del hollín de la chimenea y de las velas de sebo.

Pero nuestros cuartos no son tan feos como algunos. Ramona guarda trozos de tela de los **proyectos** de costura. Nuestras paredes están llenas de color: tenemos un tapiz de lana, uno finamente bordado con una **imagen** de la Santa Virgen y otro que reluce con flores. Hasta el piso tiene una alfombra de lana hecha con los restos de la esquila de ovejas de la primavera. Hay ganchos en las paredes para nuestra escasa ropa y canastas que cuelgan de las vigas de madera, donde guardamos comida y otros objetos. Es mejor que el cuarto que compartía con otros cuatro huérfanos en la Misión Rafael.

13 de octubre

Las Medina hoy me vieron con el diario en el patio. Miguela se rio y dijo que podía conservarlo. "Quizás puedas usarlo para encender el fuego, Rosa", dijo moviendo sus rizos negros. Miguela tiene diecisiete años y hace dos que está disponible para casarse. Es muy hermosa, pero ha **ignorado** a todos los hombres que la quieren y ha rechazado varias propuestas. Si yo fuera rica, pagaría a un hombre cada peso que tuviera para que se la llevara de este rancho.

Rafaela, la hija del medio, que tiene quince años, es amable y dulce, pero enfermiza. Siempre se resfría y tiene la piel más pálida que las azucenas. Le dijo a Miguela que no fuera tan cruel conmigo porque soy más como de la familia que una criada. ¡Bendita sea, cómo me gustaría que fuera cierto!

Gabriela, que tiene once años, es como mi hermanita menor, y me dice que ignore a Miguela. Todos saben cómo es Miguela, pero sus palabras hieren.

160

14 de octubre

Estoy en el corral de las cabras, aprovechando un momento para escribir en mi diario. Ordeñé las cabras más rápido que un rayo para tener un momento libre. Llevo el diario conmigo todo el tiempo, atado a la cintura con una faja y oculto debajo de la falda. No me atrevo a escribir en mi cuarto por la noche, porque Ramona tiene el sueño liviano. No tengo tinta, así que uso jugo de remolacha. Deja un color rojo desigual, pero sirve hasta que consiga tinta de verdad. Como lapicera, uso una pluma negra afilada de la cola de Paladín, el gallo de riña favorito del señor Medina. Domingo robó la pluma del gallinero y me la dio. Lo único que pienso cuando hago mis quehaceres es en el momento en que abra el diario y escriba en él. Es la isla donde me **refugio** en un mar de trabajo.

15 de octubre

El señor Johnston volvió otra vez. Me agrada su forma de ser, me habla de manera amable y no me mandonea. Es dueño de un comercio en el pequeño pueblo de Yerba Buena, en la Bahía de San Francisco, al sur. Ahora que tiene veintiocho años y está establecido, busca una esposa. Se decidió por la señorita Miguela (¡Dios lo ayude!) y este año visitó el Rancho Agua Verde muchas veces.

El señor Johnston está esperando a su hermano y a su familia, que vienen en la caravana desde Missouri, para reunirse con él en California. Primero, llegarán al Fuerte de Sutter, en el Valle de Sacramento, donde Johnston se encontrará con ellos. Hace algunos años, había muy pocos extranjeros en Alta California, sólo algunos marineros y cazadores de pieles. Ahora llegan cada vez más: la mayoría son granjeros de Missouri. Hay cientos de ellos, especialmente en el Valle de Sacramento, al noreste de aquí.

Causa y efecto
¿Por qué tantos granjeros van a Alta California?

Lupita no confía en los norteamericanos. Dice que deberían convertirse en ciudadanos mexicanos leales, aprender a hablar en español y convertirse al catolicismo, a cambio de tierra. Pero ninguno cumple con su palabra. El que peor le cae es Johann Sutter, que anima a otros extranjeros a venir a California de manera ilegal, sin permiso del gobierno mexicano. Ya hay ocupantes ilegales en las tierras del señor Medina. Lupita cree que en poco tiempo tomarán el control de Alta California.

Pero no me importa lo que diga Lupita. El señor Johnston me cae bien, aunque sea norteamericano. No deja de hablar de la llegada de su hermano, está muy entusiasmado. Pero también está preocupado. En poco tiempo, comenzará a nevar en la cima de las montañas de Sierra Nevada, al este, lo que hace que sea peligroso cruzar los pasos de terrenos empinados y rocas cubiertas de hielo. Si la familia Johnston no pasa las montañas antes de fin de mes, se puede esperar lo peor.

16 de octubre

Hoy pasé una agradable mañana trabajando en el patio, que está rodeado por las gruesas paredes de la casa grande por los cuatro lados. Me pregunto si la casa Medina se terminará alguna vez. Todos los años, los trabajadores indígenas agregan un poquito más. Cuando se construyó la casa principal, era una estructura simple de un solo piso, como casi todos los ranchos del norte de Alta California. Pero cuando la señora Medina y Miguela vieron el gran rancho que el General Vallejo estaba construyendo en Petaluma, a varias millas de aquí, insistieron en construir un segundo piso con balcones y enredaderas de rosas trepadoras. Hasta el momento, la familia Medina es la única que tiene habitaciones en el piso de arriba, con balcones. Todo el resto, los sirvientes y los invitados, duermen en el de abajo. A mí no me importa, porque subir y bajar las escaleras me hace doler las piernas.

Llevé diez cubos de agua del pozo para regar las hierbas, los frijoles, los calabacines, las calabazas, los melones, las cebollas y los ajíes picantes del jardín, cerca de la puerta de la cocina. Barrí la galería, que está cubierta con losas de cerámica marrones. Podé las rosas trepadoras de Castilla que llegaron hasta los postes de los balcones de las habitaciones de arriba. Recolecté las peras maduras de los árboles preferidos del señor Medina. Estoy cansada, pero aprovecho para escribir durante la siesta, mientras

164

todos descansan. ¡Escribir me hace más feliz que dormir! Nada me puede poner más contenta que escribir todo el día y toda la noche.

17 de octubre

¡Madre mía! ¡Descubrieron mi secreto! Hoy, mientras escribía en el patio, apareció el señor Johnston, de la nada. Temí que se enojara y me lo quitara, pero abrió sus grandes ojos azules como un búho. Me dijo en el mejor español que pudo (aunque, lamento reconocer que no habla muy bien): "¡Rosalia, no puedo creer que estés escribiendo! ¿Cómo aprendiste a hacerlo?"

Le rogué que no le dijera a nadie, ya que sólo me traería problemas. Le expliqué que el padre Ygnacio les enseñaba a los niños indígenas a leer y escribir en la Misión Rafael; que dejaba que me sentara en silencio al fondo de la habitación para ayudar a Domingo, que **detestaba** las clases y estar encerrado. Las misiones de California estaban por cerrarse, de todos modos, y al padre no le importaba si las reglas decían que las niñas no debían recibir educación. Decía que si una niña quería leer y escribir, no la detendría. Era muy generoso y tolerante con los indios de la misión.

Johnston estaba tan asombrado que metió la mano en su saco de cuero y me entregó una botella de tinta, una hermosa punta de metal y dos plumas de pavo. Ahora, la tinta fluye por las páginas casi tan rápidamente como las palabras en mi mente.

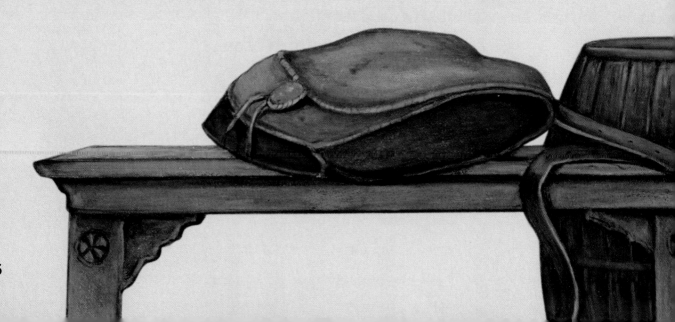

Una mirada al pasado con
Sherry Garland y Kristina Rodanas

Sherry Garland se crió en Texas y es la menor de nueve hermanos. Comenzó a escribir cuando estaba en la secundaria y su primer libro se publicó en el año 1982. Le encanta investigar y le gusta viajar a diferentes lugares para buscar información sobre un tema. Por lo general, le toma un año realizar una investigación para un nuevo libro. Sherry dice que saca ideas "de hechos reales, cosas que aparecen en los periódicos, en la TV, o cosas que de verdad sucedieron hace años".

Kristina Rodanas disfruta escribiendo e ilustrando. Ha escrito e ilustrado varios cuentos folclóricos sobre los indígenas americanos y le gusta conocer diferentes culturas. Vive en Orleans, Massachusetts.

Propósito de la autora
¿Cuál es el propósito de Sherry Garland al escribir *El valle de la Luna*? Explica tu respuesta usando ejemplos de la historia.

Busca más información sobre Sherry Garland y Kristina Rodanas en **www.macmillanmh.com**

Pensamiento crítico

Resumir

Usa tu tabla de causa y efecto como ayuda para resumir *El valle de la Luna*. En tu resumen, incluye el efecto que tuvo el diario en la vida de María Rosalia.

Acción	→	Opinión
	→	
	→	
	→	
	→	

Pensar y comparar

1. Vuelve a leer la página 160. ¿Qué **efecto** tuvo en María Rosalia lo que dijo Miguela sobre el diario? ¿Qué respuesta **causaron** sus palabras en su hermana? **Verificar la comprensión: Causa y efecto**

2. Piensa en las palabras y acciones de Miguela y del Señor Johnston. ¿En qué se diferencian? ¿Cómo afectan el argumento de la historia las diferencias entre estos dos personajes? **Analizar**

3. María Rosalia debe escribir en su diario a escondidas. ¿Cómo te sentirías tú si tuvieras que ocultar el hecho de que sabes leer y escribir? **Aplicar**

4. La autora usa anotaciones de diario para contar la historia de María Rosalia. ¿Por qué es eficaz esta técnica para crear **imágenes** en la mente del lector de la vida en California en el siglo XIX? **Aplicar**

5. Vuelve a leer "Desde California" y *El valle de la Luna*. Describe las semejanzas y las diferencias entre Pablo y María Rosalia. ¿Qué características tienen en común estos personajes? Usa detalles de ambos textos para fundamentar tu respuesta. **Leer/Escribir para comparar textos**

169

La colonización del OESTE

En el año 1821 México obtuvo la independencia de España. En ese momento, México era un país mucho más grande que en la actualidad. Abarcaba los actuales estados de Texas, Nuevo México, Arizona, Utah, Nevada y California. Esas tierras estaban alejadas del gobierno mexicano, ubicado en la Ciudad de México, y pocos mexicanos querían establecerse allí.

LA INDEPENDENCIA DE TEXAS

El gobierno mexicano decidió ofrecer tierras en Texas que estaban prácticamente despobladas. Sin embargo, los nuevos pobladores debían hacer muchas promesas. Debían convertirse tanto en ciudadanos mexicanos como en católicos romanos, ya que esta era la religión de la mayoría de los mexicanos. Además, la esclavitud era ilegal en México y en consecuencia los nuevos pobladores no podían llevar esclavos africanos a trabajar a Texas.

La mayoría de los nuevos pobladores provenía de Estados Unidos. En el año 1835, 25,000 estadounidenses se habían asentado en Texas. Muchos de estos estadounidenses nunca habían pensado en convertirse en ciudadanos mexicanos y se negaban a convertirse al catolicismo. Se quejaban de las leyes mexicanas y criticaban las medidas del gobierno mexicano. También querían que se legalizara la esclavitud.

El 2 de marzo de 1836, los pobladores de Texas declararon su **independencia** de México. Los texanos fueron vencidos en la batalla de El Álamo, pero pronto derrotaron al soberano mexicano, Antonio López de Santa Anna. Obligaron a Santa Anna a reconocer la independencia de Texas. La **frontera** sur de Texas sería la causa de luchas continuas.

Los nuevos ciudadanos de Texas querían formar parte de Estados Unidos. No obstante, el gobierno estadounidense temía que esto ocasionara una guerra con México. Además, los pueblos de los estados del norte no querían otro estado esclavista en la Unión.

Este mapa de mediados del siglo XIX muestra el Oeste de Estados Unidos dividido en territorios.

LA GUERRA CON MÉXICO

El conflicto por la frontera entre Texas y México se extendió durante años. En abril de 1846, se desataron los enfrentamientos. El presidente James K. Polk quería apoderarse de las tierras del norte de México para que Estados Unidos se extendiera desde el Atlántico hasta el Pacífico. Estados Unidos le declaró la guerra a México.

Cuando estalló la guerra, los estadounidenses que estaban en California organizaron una **rebelión** y se declararon independientes. Las tropas estadounidenses rápidamente convirtieron a California en parte de Estados Unidos.

La Guerra con México finalizó en 1848. México se vio obligado a aceptar que el Río Grande fuera la frontera con Estados Unidos. También obligaron a México a cederle a Estados Unidos las tierras que actualmente constituyen California, Nevada, Utah, y partes de Nuevo México, Arizona, Colorado y Wyoming.

¡OREGÓN O NADA!

Estados Unidos también poseía tierras en el norte. Este **territorio** se extendía desde el sur de Alaska hasta el norte de California. Formó parte de la compra de Luisiana pero España, Rusia y Gran Bretaña también reclamaban estas tierras.

Lewis y Clark exploraron esta región entre los años 1804 y 1806. Más tarde, los colonizadores estadounidenses les enviaban cartas a los amigos y familiares que tenían en Estados Unidos. Sus descripciones de tierras fértiles y clima templado sedujeron a tantos estadounidenses que se llegó a decir que el país tenía la "fiebre de Oregón".

Entre los años 1841 y 1846, la cantidad de estadounidenses asentados en el territorio de Oregón aumentó de 400 a 6,000. Los nuevos pobladores querían que el territorio de Oregón formara parte de Estados Unidos. Gran Bretaña seguía reclamando gran parte de esta tierra. El presidente Polk no quería entrar en guerra con Gran Bretaña; entonces propuso una conferencia para acordar la división del territorio de Oregón. El resultado es la actual frontera entre Estados Unidos y Canadá. El sector estadounidense se dividió más tarde en los estados de Washington y Oregón.

Los pioneros llenaron carretas con todas las provisiones que necesitarían para empezar una nueva vida.

Lectura de una línea cronológica

Lee la línea cronológica de izquierda a derecha, según el orden de las fechas.

Sucesos importantes en la colonización del Oeste

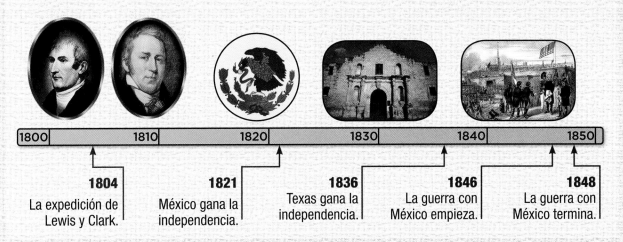

1804
La expedición de Lewis y Clark.

1821
México gana la independencia.

1836
Texas gana la independencia.

1846
La guerra con México empieza.

1848
La guerra con México termina.

Pensamiento crítico

1. Según la línea cronológica ¿qué acontecimiento importante ocurrió en 1846? **Leer una línea cronológica**

2. ¿Cómo modificó la extensión de Estados Unidos la guerra con México? **Analizar**

3. Piensa en *El valle de la Luna*. ¿Cómo cambiaría el diario de María Rosalia si lo hubiera escrito después de que California se convirtiera en un estado, como se describe en "La colonización del Oeste"? **Leer/Escribir para comparar textos**

 Estudios Sociales

Investiga sucesos importantes en la historia de California. Haz una línea cronológica que describa e ilustre esos sucesos.

 Busca más información sobre la colonización del Oeste en **www.macmillanmh.com**

Escritura

Punto de vista

Los buenos escritores usan el **punto de vista** para mostrar a los lectores lo que los personajes ven, oyen y perciben en ciertos momentos de la historia.

Conexión: Lectura y escritura

Lee el siguiente pasaje. Observa cómo la autora, Sherry Garland, muestra en la historia el punto de vista de María Rosalia.

Fragmento de
El valle de la Luna

La autora nos muestra lo que María Rosalia percibe mientras escribe. Al incluir las observaciones particulares de María Rosalia sobre la noche, nosotros vivimos ese momento a través de sus ojos y oídos.

La familia Medina está durmiendo y no se oye nada en el rancho; sólo el viento que choca contra las paredes de adobe y el aullido de los coyotes a lo lejos interrumpen el silencio. Estoy en un rincón de la cocina, rodeada por canastos de maíz seco, listo para moler. Siento el piso de losa frío bajo mis pies descalzos, pero no me importa, porque sé que nadie me encontrará aquí.

El valle de la Luna
Sherry Garland
ilustraciones de Kristina Rodanas

174

Lee y descubre

Lee la historia de Anand. ¿Cómo nos muestra su punto de vista? Usa el Control de escritura como ayuda.

Una excursión con mi clase

Anand U.

Lee sobre mi exhibición favorita en el acuario.

La mejor exhibición del acuario fue el gran estanque del arrecife de coral. Era un rectángulo alto y delgado, de dos pisos de altura. Los peces nadaban en círculos por el estanque. Lo gracioso era que todos los peces nadaban en el mismo sentido. Desde los coloridos peces payaso hasta los enormes tiburones, todos nadaban en sentido contrario a las manecillas del reloj.

Control de escritura

 ¿Muestra el escritor su punto de vista sobre ese momento?

 ¿Muestra el escritor detalles sobre lo que le llamó la atención?

 ¿Crees que el **punto de vista** del autor está basado en su observación personal?

LOS VAQUEROS

A platicar

¿Qué sabes sobre la historia de los vaqueros?

Conéctate

Busca más información sobre los vaqueros en **www.macmillanmh.com**

Vocabulario

patriotismo	**tribuna**
multitud	**ágil**
fricción	**ráfaga**
tumulto	**pericia**

Analogías

Las **analogías** comparan dos pares de palabras. Algunas veces las analogías usan *antónimos*, que son palabras de sentido opuesto o casi opuesto. Por ejemplo, *ágil* es a *torpe* lo que *fuerte* es a *débil*.

Una oficina especial

Pedro Ríos

Las grandes ciudades ofrecen a sus habitantes todo lo necesario para trabajar, estudiar y divertirse. Aunque apenas son puntos en el mapa de cualquier país, tienen muchos edificios y gente apurada entre el **tumulto** de carros, bocinas y timbres telefónicos. Allí todo parece urgente.

Hasta los lugares de diversión son agitados. En las **tribunas** de los estadios, los parques de juegos o los conciertos de música son comunes las **multitudes** ruidosas.

El campo, por otro lado, nos parece un paraíso de tranquilidad donde las actividades son muy diferentes.

Cuando asistimos a las charreadas y presenciamos las demostraciones de habilidad y **patriotismo** de los charros en los desfiles, olvidamos que la **pericia** que los charros muestran sobre sus **ágiles** caballos es parte esencial de su trabajo de todos los días. Pues estas pruebas son mucho más que un bonito espectáculo.

El caballo del charro (también del *cowboy* estadounidense o del llanero venezolano) es más su "oficina" que su medio de transporte o de paseo.

Al igual que un habitante de la ciudad en su oficina, el charro pasa gran parte del tiempo sobre su caballo. Como en cualquier trabajo, hay días tranquilos y días agitados. Algunas veces sólo recorre el campo; otras, debe volar como una **ráfaga** tras un novillo rebelde o un potro salvaje.

¿Y qué oficina sería ésta si no tuviera un escritorio? Pues lo tiene: ¡la montura!

Una montura charra lleva muchas cosas necesarias para la labor. No hay en ella computadoras ni teléfonos, pero no falta, por ejemplo, la reata para enlazar un toro o un potro. El charro siempre carga un sarape que pueda usar de abrigo o de cama. El machete, que es de gran ayuda para abrirse paso en el monte espeso, la manilla, que le evita que la **fricción** de la reata le hiera la mano y las vaquerillas que protegen el caballo contra las cornadas de un toro enfurecido.

Claro que esta oficina tiene algo muy especial, pues, para el charro, su caballo no es sólo su mejor compañero de trabajo, también es su mejor amigo.

Volver a leer para **comprender**

✔ Verificar la comprensión

Hacer inferencias

Cuando se hacen inferencias, se toman pistas que da el autor y se combinan con lo que uno ya sabe. Esto ayuda a entender por qué los personajes se comportan de cierta manera y cómo el autor desarrolla el argumento. Usa la tabla de inferencias al volver a leer la selección para hacer inferencias sobre los personajes y los sucesos del argumento.

Pistas del cuento	Lo que sabes	Inferencias

Comprensión

Género

Un artículo de **no ficción** da información sobre gente, lugares, situaciones o eventos reales.

Verificar la comprensión

Hacer inferencias

Al leer, usa tu tabla de inferencias.

Pistas del cuento	Lo que sabes	Inferencias

Lee para descubrir

¿Qué se necesita para ser charro?

CHARRO

George Ancona

Don Pablo

Don Pablo es un ranchero que vive en la ciudad de Guadalajara en México. Todos los días maneja su camioneta a su rancho. Aunque lleva puesta una cachucha, a su lado en el asiento está su viejo sombrero de charro. "Es difícil entrar y salir de la camioneta con sombrero", dice don Pablo con una risita. Al llegar al rancho se cambia de sombrero y sale a caballo a revisar su ganado premiado.

Cuando terminan las tareas de la mañana, don Pablo y los hombres y muchachos se juntan para descansar. Uno de los jóvenes empieza a florear, es decir, a hacer flores en el aire con una reata. Su hermano mayor lo acompaña montado a caballo. Por supuesto, don Pablo no se aguanta y él también se pone a brincar dentro y fuera girando su reata. "Esto es lo que siempre hemos hecho para relajarnos después de un día de trabajo duro", dice don Pablo. "La habilidad de montar y lazar que se necesitaba para trabajar el ganado se ha convertido en un deporte nacional que se llama la charrería".

Caballos y ganado fueron algunos de los animales que los españoles trajeron al Nuevo Mundo. En México construyeron haciendas para criar ganado. Los que manejaban los ranchos se llamaban hacendados y los vaqueros que rodeaban el ganado para lazar y marcarlo se llamaban charros. El origen del traje de charro de hoy se puede ver en el vestido de los antiguos hacendados. Muchas veces en la historia de México los charros han montado a caballo para defender a su país. El charro, con su gran sombrero, reata y caballo, es símbolo del orgullo y **patriotismo** de los mexicanos.

Hacer inferencias
¿Qué claves en el texto te muestran que la figura del charro es parte importante de la historia de México?

184

La charreada ✤

Un mar de sombreros llena el lienzo, el estadio donde se hace la charreada. Encima del ruedo están las **tribunas** para el público, muchos de ellos vestidos en trajes tradicionales. La charreada comienza cuando los charros y charras llenan el lienzo para cantar el himno nacional.

Entonces comienzan las suertes. Éstas son los eventos que prueban al charro en su destreza a caballo, con su reata —y su valor.

La primera suerte es *la cala de caballo*, la prueba que muestra cómo el charro maneja el caballo. Cada charro entra en el estadio a todo galope. Frena su caballo bruscamente y el caballo se apoya en sus cuartos traseros y resbala para parar. Enseguida el charro da vuelta a su caballo, primero a la derecha y después a la izquierda. Entonces, tirando suavemente de la rienda, hace caminar el caballo hacia atrás. La suerte se termina con un saludo a los jueces, y después el charro sale del ruedo a todo galope.

Piales —la próxima suerte— quiere decir lazar un animal. Charros montados se turnan a lazar las piernas traseras de una yegua salvaje que galopa. El objeto no es tropezar al caballo sino frenarlo hasta que se pare. Si el charro logra poner el pial debajo de las patas del caballo, le da vuelta a la soga en la perilla para retardar la yegua. Humo sale con la **fricción** de la soga que hila la perilla.

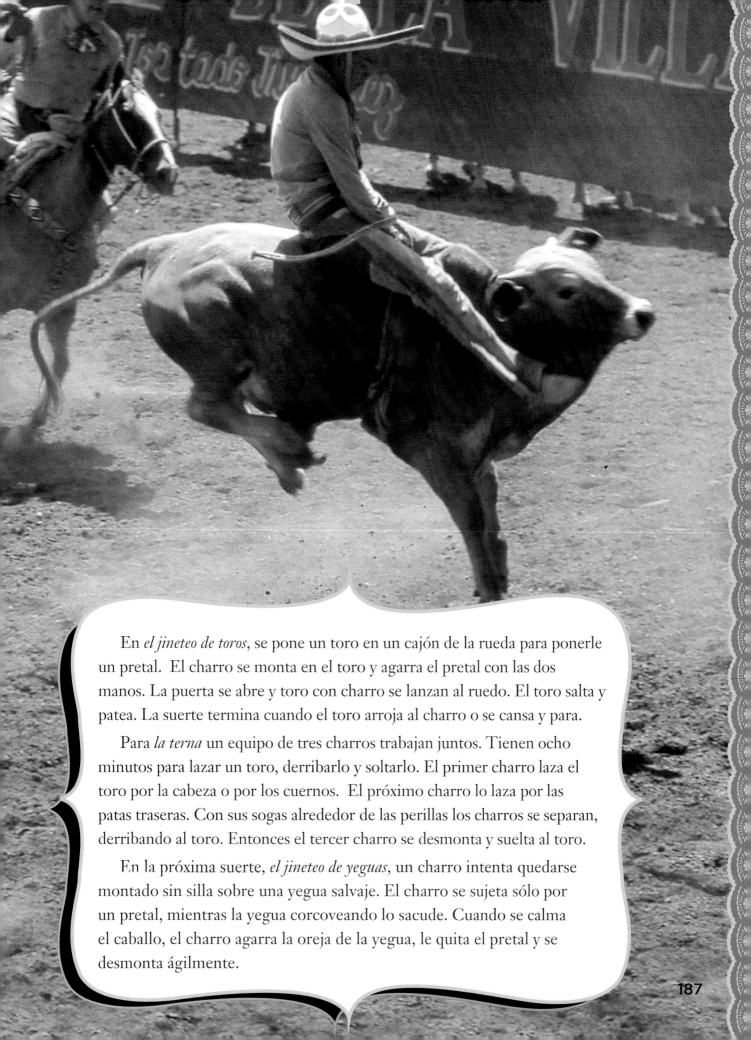

En *el jineteo de toros*, se pone un toro en un cajón de la rueda para ponerle un pretal. El charro se monta en el toro y agarra el pretal con las dos manos. La puerta se abre y toro con charro se lanzan al ruedo. El toro salta y patea. La suerte termina cuando el toro arroja al charro o se cansa y para.

Para *la terna* un equipo de tres charros trabajan juntos. Tienen ocho minutos para lazar un toro, derribarlo y soltarlo. El primer charro laza el toro por la cabeza o por los cuernos. El próximo charro lo laza por las patas traseras. Con sus sogas alrededor de las perillas los charros se separan, derribando al toro. Entonces el tercer charro se desmonta y suelta al toro.

En la próxima suerte, *el jineteo de yeguas*, un charro intenta quedarse montado sin silla sobre una yegua salvaje. El charro se sujeta sólo por un pretal, mientras la yegua corcoveando lo sacude. Cuando se calma el caballo, el charro agarra la oreja de la yegua, le quita el pretal y se desmonta ágilmente.

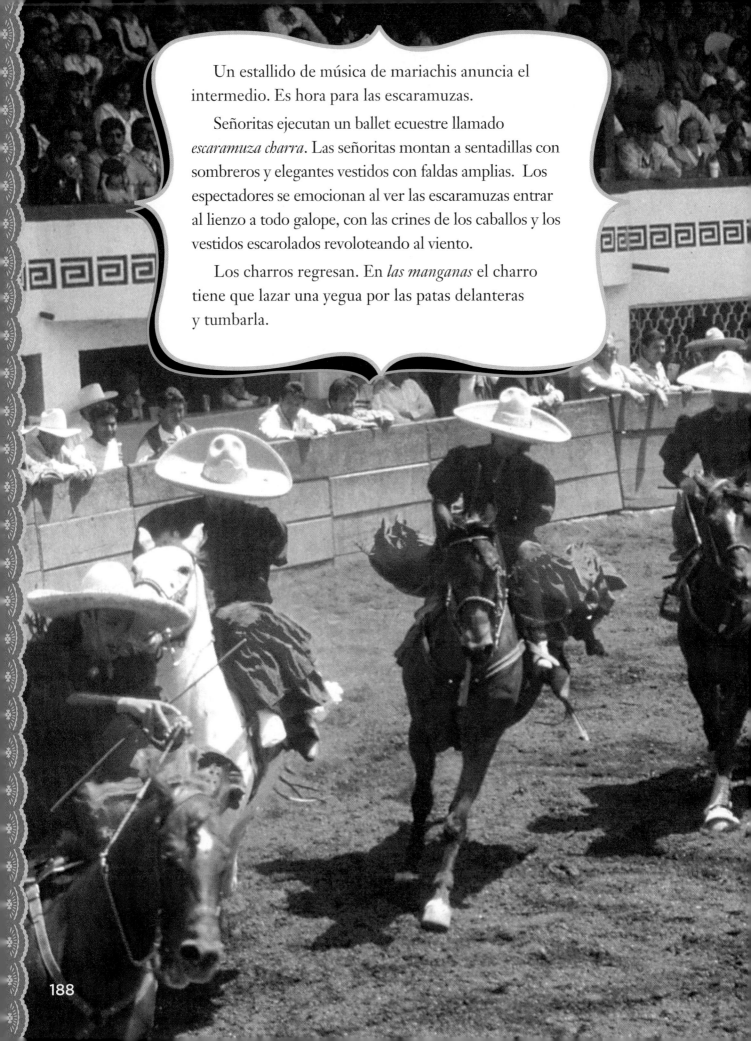

Un estallido de música de mariachis anuncia el intermedio. Es hora para las escaramuzas.

Señoritas ejecutan un ballet ecuestre llamado *escaramuza charra*. Las señoritas montan a sentadillas con sombreros y elegantes vestidos con faldas amplias. Los espectadores se emocionan al ver las escaramuzas entrar al lienzo a todo galope, con las crines de los caballos y los vestidos escarolados revoloteando al viento.

Los charros regresan. En *las manganas* el charro tiene que lazar una yegua por las patas delanteras y tumbarla.

El charro comienza a florear, brincando por el lazo de un lado al otro hasta que la yegua se acerca. Entonces arroja el lazo hacia el caballo. Si el lazo atrapa las patas, el charro se asegura y aprieta la soga, lo cual tumba la yegua. Uno de los compañeros se desmonta y suelta la yegua que trota al corral. Las manganas también se hacen a caballo.

La última suerte y la más peligrosa es *el paso de muerte*. Mientras tres compañeros arrean una yegua salvaje, el charro montado sin silla se le acerca. Subiendo a rodillas, el charro brinca sobre la yegua agarrándose por los pelos de la crin. La yegua empieza a patear y a saltar para tirar al jinete. Sujetándose sólo por los pelos de la crin y sus piernas, el charro tiene que seguir montado hasta que se canse la yegua y logre desmontar con calma.

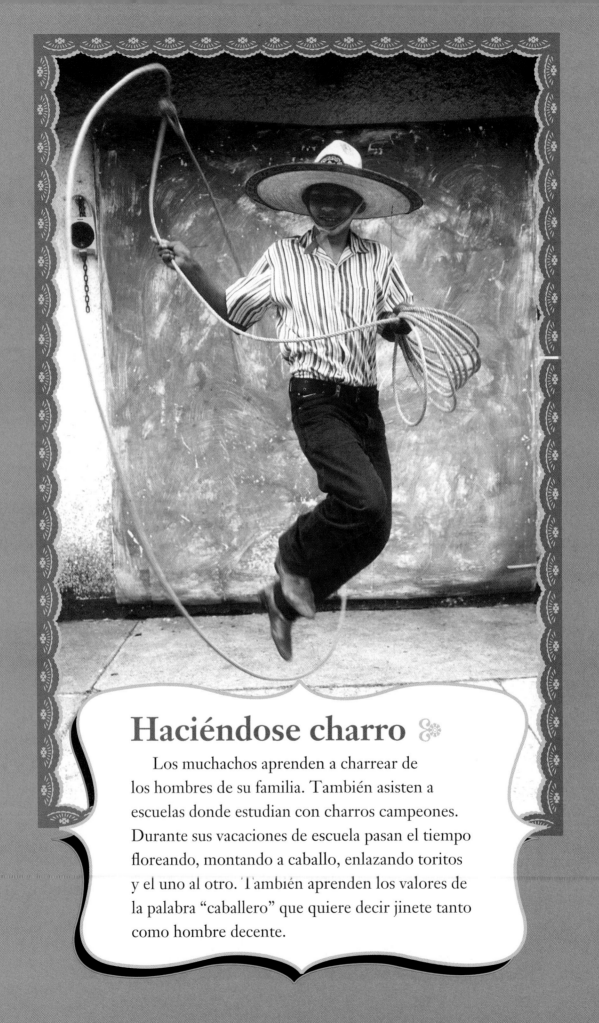

Haciéndose charro ❀

Los muchachos aprenden a charrear de los hombres de su familia. También asisten a escuelas donde estudian con charros campeones. Durante sus vacaciones de escuela pasan el tiempo floreando, montando a caballo, enlazando toritos y el uno al otro. También aprenden los valores de la palabra "caballero" que quiere decir jinete tanto como hombre decente.

Haciéndose charra

Mientras los muchachos mejoran su **pericia** con la reata, las muchachas ensayan montar a caballo. Una escaramuza de muchachas ensaya en *blue jeans* para la charreada de mañana. Las señoritas se montan altas a sentadillas. La pierna derecha está en un soporte enfrente de la silla y el pie izquierdo cabe en un estribo. Los caballos están entrenados a responder rápido a las riendas y sus pasos son **ágiles** y ligeros.

Mañana es un gran día para todos pero en particular para la más joven charrita. Ésta es su primera participación en la charreada. Es el día del charro, el día en que se celebran los charros por todo México.

Hacer inferencias
¿Qué claves en el texto te muestran que para ser charro hay que practicar mucho?

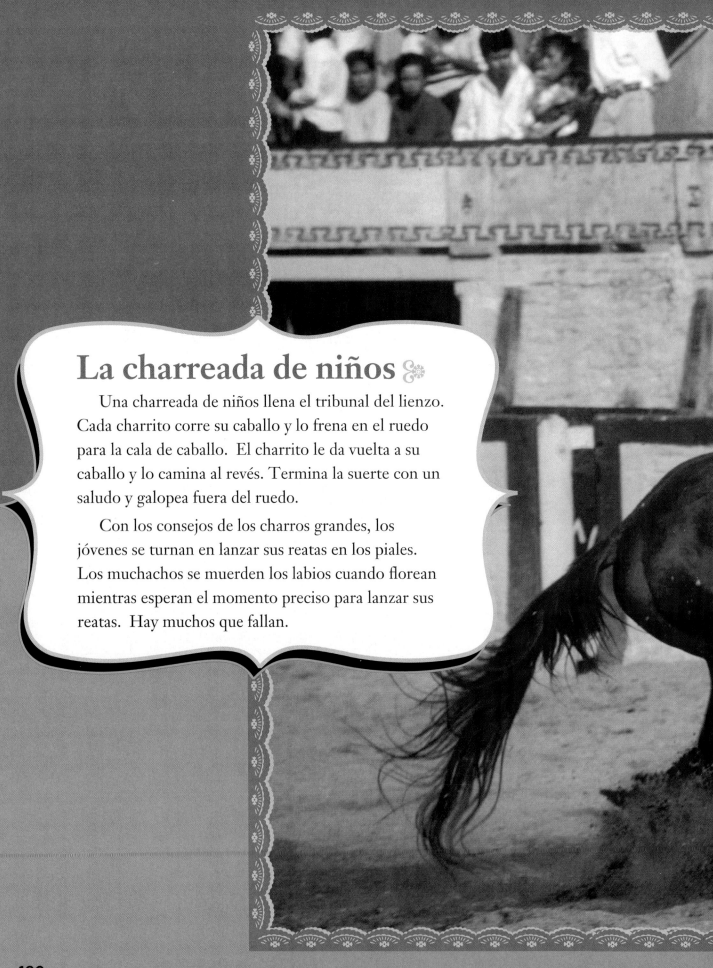

La charreada de niños ❧

Una charreada de niños llena el tribunal del lienzo. Cada charrito corre su caballo y lo frena en el ruedo para la cala de caballo. El charrito le da vuelta a su caballo y lo camina al revés. Termina la suerte con un saludo y galopea fuera del ruedo.

Con los consejos de los charros grandes, los jóvenes se turnan en lanzar sus reatas en los piales. Los muchachos se muerden los labios cuando florean mientras esperan el momento preciso para lanzar sus reatas. Hay muchos que fallan.

En *el jineteo* de toros, los toros son más pequeños que en la charreada adulta pero para un niño el recorrido es igual.

Sueltan otro toro y el equipo montado comienza la terna. El primer charrito laza la cabeza del toro y lo sujeta mientras su compañero lanza el pial debajo de las patas traseras. Entonces los dos jinetes arrancan las patas y tumban el toro.

Un **tumulto** estalla en el lienzo. El aire se llena de gritos.

Atrás de las puertas del ruedo los padres preparan a sus hijas para la escaramuza. Cuando el último toro regresa al corral, la música llena el lienzo. Las puertas del ruedo se abren y las señoritas entran cabalgando.

Las muchachas cabalgan alrededor del estadio. La **ráfaga** de sus vestidos se mezcla con el polvo que los caballos levantan. Las escaramuzas se dividen en dos líneas y se cruzan una a otra. Después del último galope alrededor del lienzo, se voltean y salen del lienzo seguidas por la música y los aplausos del público.

Ahora el lienzo se pone muy quieto porque el paso de muerte va a comenzar. Parientes y compañeros miran con ansia a los tres jinetes que arrean una yegua por el ruedo. Un joven corre su caballo al lado de la yegua. Dobla sus piernas hasta que está montado de rodillas. Aspira aire y salta —y desaparece entre los caballos.

La **multitud** boquea y por un momento todos están quietos mientras que el muchacho queda tendido en la tierra. Pero de repente alza la cabeza y se pone de rodillas. Está bien, sólo un poco asustado. Se sacude el polvo y monta su caballo de nuevo. Los aficionados aplauden su valor.

Se hace tarde. Poco a poco el lienzo se llena de sombra. La gente en el tribunal se pone de pie para saludar a los jóvenes cuando forman cola para recibir sus premios.

Otra charreada ha terminado. Pero los hombres, mujeres y niños de México montarán otra vez para charrear y celebrar sus tradiciones, porque scr charro es ser mexicano.

A CHARREAR CON GEORGE ANCONA

George Ancona nació en Brooklyn, Nueva York, de padres mexicanos. Estudió en Nueva York y en Ciudad de México. Ha escrito más de ochenta libros infantiles. Sus vívidos ensayos fotográficos invitan a los niños a descubrir nuevas culturas, a explorar nuevas ideas, a valorar el mundo del trabajo y a apreciarse a sí mismos y a los demás. George ha recibido muchos premios y reconocimientos.

Otros libros de George Ancona

Busca información sobre George Ancona en **www.macmillanmh.com**

Propósito del autor
¿Cuál fue el propósito del autor al escribir este relato?

198

Pensamiento crítico

Resumir

Haz un resumen de las distintas suertes que realizan los charros en una charreada. Usa la tabla de inferencias como ayuda para incluir la información importante de este relato.

Pistas del cuento	Lo que sabes	Inferencias

Pensar y comparar

1. ¿De dónde surge el vestido de los charros? ¿Qué **inferencias** puedes hacer sobre la figura del charro? Usa pasajes de la selección para acompañar tu respuesta. **Verificar la comprensión: Hacer inferencias**

2. Haz una lista de las palabras y frases que el autor usa para describir la **pericia** de los charros en la charreada. ¿Cómo adquieren los charros la habilidad para hacer suertes? Usa pasajes de la selección para acompañar tu respuesta. **Analizar**

3. ¿Te gustaría intentar la suerte del *jineteo de toros*? Explica por qué. **Evaluar**

4. Vuelve a leer la página 189. Allí se explica en qué consiste *el paso de muerte*. ¿Qué crees que se necesita para poder hacer esta suerte? Explica tu respuesta. **Evaluar**

5. Vuelve a leer "Una oficina especial" de las páginas 178 y 179. ¿En qué se parecen las actividades del vaquero en el campo a las actividades del charro en el lienzo? ¿En qué se diferencian? Da ejemplos de las dos selecciones. **Leer/Escribir para comparar textos**

El pasado común de charros y cowboys

La figura del *cowboy* que dirige una **hacienda**, cruza un arroyo de montaña o aparece recostado en su montura junto a una fogata está completamente integrada a la cultura popular de Estados Unidos y representa a los estadounidenses en el mundo entero. Sin embargo, los orígenes del *cowboy* están en México y España.

El explorador español Francisco Vásquez de Coronado dirigió una gran expedición de más de 300 soldados y 1,000 indígenas que, entre 1540 y 1542, recorrieron los actuales estados de Arizona, Nuevo México, Texas, Oklahoma y Kansas.

Los primeros exploradores que recorrieron América del Norte durante el siglo XVI eran españoles que llegaban por México y traían consigo ganado y caballos. Estos animales pastaron y se reprodujeron libremente en las fértiles praderas del continente. En ese entonces, todo el sur, el centro y el oeste del territorio norteamericano pertenecía al Virreinato de Nueva España, una colonia española que muy pocos colonos habitaban.

A partir de 1590, los colonizadores del territorio que hoy es México avanzaron hacia el norte en busca de nuevas tierras y oportunidades. El ganado salvaje, del que obtenían carne, cuero y grasa para vender, comenzó a ser criado en un sistema de "rancho abierto". Los hombres a caballo rodeaban y marcaban los animales para indicar que, desde ese momento, tenían un dueño. Para esta labor se necesitaban jinetes expertos en el manejo del ganado, ágiles y muy fuertes.

Al principio, en el Virreinato de Nueva España, a los indígenas se les prohibía montar o poseer caballos. Sin embargo, ante la demanda de jinetes expertos para la crianza y transporte de ganado, se les concedió el permiso de montar si estaban empleados en un rancho. Los indígenas y mestizos se convirtieron pronto en jinetes expertos a los que se llamó vaqueros.

Con el tiempo, los hacendados mexicanos agregaron adornos a las vestimentas vaqueras, imitando los trajes típicos de la provincia española de Salamanca. A los **originarios** de ese lugar se les llama "charros", y ese nombre también pasó a México. Con el tiempo, los charros mexicanos fueron adaptando el traje a sus propios gustos y necesidades, hasta llegar al estilo que los caracteriza.

Las ilustraciones del artista Frederic Remington influyeron mucho en la imagen que se crearon los estadounidenses del Oeste y los vaqueros. El cine tomó luego estas imágenes y las mostró en el mundo entero.

Durante dos siglos, los charros se encargaron del manejo de las haciendas, principalmente en Texas y California. A comienzos del siglo XIX, se produjo el encuentro de dos culturas que dio origen al *cowboy*. Los jinetes estadounidenses y europeos, provenientes del Este, al encontrarse con los charros adoptaron gran parte de sus costumbres, arreos, avíos e incluso vocabulario, y continuaron con sus técnicas de cría del ganado: el sistema de rancho abierto y rodeo.

Luego de la Guerra Civil, que dividió a Estados Unidos entre 1861 y 1865, se abrieron nuevas rutas para el comercio que unieron a Texas con los estados del norte. El trabajo de los cowboys, a quienes se les seguía pagando tan mal como a los charros, era fundamental para estos largos traslados. Un solo viaje desde Texas hasta un punto de entrega en el norte podía tardar hasta seis o siete meses.

En los grupos que hacían estas travesías también había mujeres (*cowgirls*) que hacían prácticamente los mismos trabajos que los hombres. En realidad, eran como pequeños ejércitos, encargados de proteger el ganado de las incursiones de los **cuatreros** que recorrían los caminos.

Hoy en día, han cambiado los métodos para la cría de ganado. Ya no se hacen los traslados por campo abierto. Las nuevas tecnologías han hecho el trabajo de los charros y *cowboys* modernos menos agitado y peligroso que hace 150 años. Computadoras, camiones y hasta helicópteros forman parte de la vida de los rancheros de hoy.

Sin embargo, el caballo, la silla de montar y el lazo todavía se utilizan en rodeos y charreadas. Estos dos espectáculos recrean un mundo rudo en el que la fuerza física, la agilidad y el coraje de los antiguos vaqueros eran esenciales para el trabajo diario.

El charro es ante todo un jinete, heredero de antiguas tradiciones ecuestres y un ícono de la mexicanidad.

Pensamiento crítico

1. Observa las imágenes que aparecen en este artículo. ¿En cuál de estas actividades te gustaría haber participado? Explica por qué. **Fotografías y leyendas**

2. ¿Qué dificultades enfrentaban los vaqueros que viajaban varios meses para llevar el ganado a través del Oeste de Estados Unidos? **Evaluar**

3. Piensa en este artículo y en *Charro*. ¿De qué manera han formado parte del mundo de los charros y *cowboys* las mujeres? Explica. **Leer/Escribir para comparar textos**

Estudios Sociales

La charreada mexicana y el rodeo estadounidense son diferentes. En cada uno, los jinetes deben realizar distintas pruebas llamadas "suertes". Investiga cuáles son. Busca dos fotografías de suertes de una charreada y dos de un rodeo. Escribe una leyenda que explique cada una.

Busca más información en
www.macmillanmh.com

Punto de vista

El **punto de vista** representa la perspectiva del autor. El punto de vista nos ayuda a comprender las experiencias e intereses del autor.

Conexión: Lectura y escritura

Lee el siguiente pasaje. Observa cómo el autor, George Ancona, nos muestra el punto de vista de los jóvenes charros.

Fragmento de _Charro_

El autor revela cómo se sienten los charritos, en vez de decirnos qué sienten. Mientras leemos, compartimos el punto de vista de los charros jóvenes.

Con los consejos de los charros grandes, los jóvenes se turnan en lanzar sus reatas en los piales. Los muchachos se muerden los labios cuando florean mientras esperan el momento preciso para lanzar sus reatas. Hay muchos que fallan.

Lee y descubre

Lee el artículo de Dakaja. ¿Qué hizo para mostrarte su punto de vista? Usa el Control de escritura como ayuda.

Avergonzada
Dakaja C.

Cuando la maestra me dijo, frente a toda la clase, que me había equivocado, me hundí en la silla. Escondí la cabeza entre los brazos y no quise mirar a nadie, ni siquiera a mi mejor amiga, Anasia. Ella sabía que no era un buen momento para hablar.

Lee lo que me imaginé que pasaría si alguien señalara mis errores enfrente de otros.

Control de escritura

 ¿Muestra la autora lo que hace y lo que siente?

 ¿Evita la autora decir cuál es la emoción que sintió?

 ¿Puedes experimentar el **punto de vista** de Dakaja?

A platicar

¿Cómo nos beneficia explorar lugares nuevos?

Conéctate

Busca información sobre expediciones en www.macmillanmh.com

Expediciones

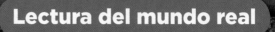

Paul Cox recoge uvas
de una parra a gran
altura en Samoa

Vocabulario

inculcar   conjunto

naturalista   diverso

desierto

El poder sanador de las plantas

Desde que era niño en Utah, Paul Cox era un apasionado de las plantas. En su invernadero coleccionaba plantas extrañas, devoradoras de insectos.

Cox estudió para ser etnobotánico. Él explica que un etnobotánico es "una persona que ama las plantas y a la gente, y estudia la relación entre ellas". Lo que más le interesa a Cox es cómo usar las plantas para sanar.

Cuando se ganó un importante premio de ciencia, Cox usó el dinero para "ir a vivir con los sanadores naturales y aprender de ellos". Él, su esposa y sus cuatro hijos se mudaron a un pueblo en Samoa, una nación en una isla del Pacífico Sur. Vivieron durante un año en una cabaña sin electricidad ni agua corriente.

Allí, Cox investigó cómo la gente de Samoa usa las plantas para tratar las enfermedades. Un sanador le enseñó sobre un árbol que algún día podría usarse para fabricar una droga valiosa. Si así fuera, "el pueblo entero del sanador compartiría las ganancias", dice Cox. El reino de las plantas está lleno de tesoros. El trabajo de Cox y el conocimiento de los sanadores creará medicinas que salven vidas.

Enseñar a "CUIDAR LA TIERRA"

Por más de 27 años, Joseph Andrews ha intentado **inculcar** en sus alumnos el amor por la naturaleza. "Trato de conectar todas las materias con la naturaleza", explica. Andrews enseña en una clase **conjunta** de cuarto y quinto grados en la Escuela Elemental Jones Lane, en Gaithersburg, Maryland.

Sus alumnos lo ayudaron a construir un salón de clases en medio de la naturaleza, donde disfrutan de un prado y un arroyo mientras estudian. Artes del lenguaje, Estudios Sociales y Ciencias de la Tierra cobran vida en ese salón. A veces, los alumnos leen poesía y cuentos indígenas americanos. Otras veces sólo escuchan los sonidos de la naturaleza y esperan para ver los ciervos o zorros que viven cerca de la escuela.

"El señor Andrews nos llama sus cuidadores de la Tierra", dice Emmanuel Maru, alumno de quinto grado. Según Andrews, llamarlos así los ayuda a comprender que tienen un papel importante en la protección del medio ambiente.

Los cuidadores de la Tierra ayudan a construir un área para sentarse al aire libre y senderos campestres.

LA "BIODIVERSIDAD"

Edgard Osborne Wilson siempre fue un naturalista. De niño, en Alabama y el norte de Florida, amaba estudiar la naturaleza. A los 13 años hizo su primer gran hallazgo científico. En un lote desierto en Mobile, Alabama, descubrió la primera colonia de hormigas coloradas en Estados Unidos. E. O. Wilson comenzó su carrera como entomólogo (científico que estudia los insectos) y luego, se convirtió en uno de los científicos más respetados del mundo. Se hizo famoso por alertar al mundo sobre la importancia de la biodiversidad. "Bio" significa "vida". "Diversidad" viene de la palabra "diverso" que significa diferente o que tiene otras características. La palabra "biodiversidad" describe la compleja red de la vida con muchas especies diferentes de animales y vegetales que son necesarias para la salud de la Tierra.

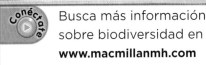

Busca más información sobre biodiversidad en **www.macmillanmh.com**

209

Un viaje histórico

Comprensión

Género

Un artículo de **no ficción** en un periódico o una revista presenta datos e información acerca de gente, lugares y hechos reales.

Hacer inferencias y analizarlas

Causa y efecto

Una causa es lo que hace que algo suceda; el efecto es aquello que sucede.

¿En qué forma hicieron historia los exploradores y científicos, líderes de la expedición, Lewis y Clark?

EN 1803, el presidente Thomas Jefferson le pidió al capitán Meriwether Lewis que llevara a cabo la exploración de un área enorme de Norteamérica conocida como 'Compra de Luisiana'. Estados Unidos estaba a punto de comprarle esas tierras a Francia, con el objetivo de duplicar el territorio de Estados Unidos. Pero se sabía muy poco sobre esas tierras. Jefferson esperaba que tuvieran una ruta de agua entre el río Mississippi y el océano Pacífico, lo que contribuiría al desarrollo del comercio de la nación.

Además de evaluar la geografía de la Compra de Luisiana, se le pidió a Lewis que hiciera un informe acerca de la gente, la flora y la fauna que habitaban ese vasto territorio.

Meriwether Lewis

Trayecto hacia el Oeste realizado por Lewis y Clark, 1804 – 1805

Compra de Luisiana

William Clark

Acompañó a Lewis en aquella aventura su mejor amigo, el capitán William Clark. A lo largo de su viaje histórico, estos dos capitanes de armada demostraron ser excelentes **naturalistas**. Llevaron mapas y registros exactos de todo lo que veían y aprendían. Fueron los primeros en escribir acerca de las tribus indígenas que habitaban el territorio. Sus esfuerzos **conjuntos** produjeron descripciones de la **diversa** vida animal y vegetal del territorio: 122 especies de animales y 178 tipos de plantas.

¿Ardillas ladradoras o ratas terrestres?

La expedición comenzó en mayo de 1804. El equipo de 33 personas de Lewis y Clark partió de St. Louis, Missouri. En septiembre, el equipo se fijó en un mar infinito de pequeños animales que los miembros franceses del equipo llamaron *petite chiens* ("perros pequeños" en francés). Los planes de continuar el viaje se postergaron hasta que se investigaran en detalle estas criaturas a las que Lewis llamó "ardillas ladradoras". Clark prefirió llamarlas "ratas terrestres". Su nombre actual ("perros de las praderas") es posterior. El equipo capturó un perro de las praderas vivo y lo envió al presidente Jefferson en Washington.

perro de las praderas

Diagrama realizado por William Clark de las cataratas Handsom en el río Missouri.

¿A dónde van los búfalos?

El río Missouri, desde St. Louis hasta lo que hoy es Dakota del Norte, ya había sido recorrido varias veces por cazadores y comerciantes. Pero Lewis y Clark recogieron nuevas especies de plantas y animales, y dibujaron un mapa detallado de la ruta.

En el verano de 1804, mientras más avanzaba la expedición hacia el norte, más búfalos encontraban. Sin embargo, en el otoño, grandes manadas comenzaron a desplazarse hacia el sur. Unos meses después, los banquetes de búfalo sólo eran un recuerdo grato. Afortunadamente, los exploradores disfrutaban de la hospitalidad de dos tribus de indígenas americanos, los mandan y los hidatsa. Los venados reemplazaron los búfalos como fuente de carne para los exploradores.

En 1805, la expedición navegó al noroeste por el río Missouri hacia Montana. Allí, encontraron menos campos abiertos. La tierra estaba dividida por surcos y arroyos.

Había únicamente arbustos y matorrales. El terreno escarpado del oeste de Dakota del Norte sorprendía y desafiaba a la expedición. Cruzaron los Badlands (una zona árida y casi **desierta,** con cerros y poca vegetación) y pasaron a las planicies. Allí, encontraron paisajes maravillosos. El 16 de septiembre de 1805, Lewis escribió en su diario: "…por donde miráramos, veíamos grandes manadas de búfalos, venados, alces y antílopes alimentándose".

Registrar el avance mientras se avanza

Tras 500 días de viaje y 4,000 millas, Lewis y Clark llegaron al Pacífico. Clark (que cometía muchos errores de ortografía) escribió en su diario: "¡Vemos el oseano! ¡O! ¡qué lindo!"

Lewis y Clark nunca encontraron la ruta de agua que Jefferson esperaba, pero fueron los primeros estadounidenses en explorar el Medio Oeste y el Oeste: las Grandes Planicies, las irregulares Rocallosas y el deslumbrante Pacífico. Le dedicaron mucho tiempo a registrar todo lo que veían cada día.

Tal vez el logro más importante de la expedición de Lewis y Clark fue la apertura del territorio de Estados Unidos, al oeste del río Mississippi, a otros exploradores y colonos. Gracias al coraje, la resistencia y la aguda observación de Lewis y Clark, hoy en día podemos retroceder en el tiempo y ver la tierra como era en ese momento. Los registros del viaje contribuyen a **inculcar** en los estadounidenses de hoy los sentimientos de admiración y aventura que los exploradores vivieron hace más de doscientos años.

 Pensamiento crítico

1. ¿Por qué Jefferson envió a Lewis y a Clark a hacer la expedición?

2. Según este relato, ¿cuál fue el resultado más importante de la expedición?

3. ¿Te hubiera gustado ser parte de la expedición de Lewis y Clark? ¿Por qué?

4. ¿Qué tema en común encuentras en todas estas selecciones? ¿En qué se interesan los individuos de cada selección?

Lewis y Clark acamparon cerca de lo que hoy es Montana. Al fondo, se observan las Rocallosas.

El autor y yo

La respuesta no es evidente. Tienes que pensar en lo que has leído para responder.

Compara la figura de estas gaviotas con la de un avión.

Diseñados por la naturaleza

¿Qué les permite a las aves volar? ¿Está el secreto en las plumas? ¿En la forma de las alas o de la cola? Desde tiempos remotos el hombre ha soñado volar, y los científicos e ingenieros han estudiado las aves para ayudarlo a realizar su sueño.

No nos sorprende entonces que los aviones, como las aves, tengan alas y cola, necesarias para el vuelo, y que su diseño esté inspirado en el cuerpo de las aves. Los ingenieros todavía están tratando de que los aviones hagan todas las cosas que pueden hacer las aves mientras vuelan.

Si te sientas en la playa unos minutos y observas las gaviotas, verás el desafío. Una gaviota desciende en picada hacia la arena, de pronto cambia de dirección, se detiene en el aire, aterriza y vuelve a despegar: todo en unos segundos. Un avión no puede hacer lo mismo, y los científicos no saben cómo las aves hacen ciertos movimientos.

Al entender cómo las aves realizan sus piruetas aéreas podemos mejorar el diseño de las aeronaves. El diseño de los aviones ha cambiado mucho a través de los años. Los ingenieros se han basado en las formas de muchas clases de aves para diseñar las estructuras de los aviones, por supuesto añadiendo pilotos y pasajeros. Los diseños también dependen de los materiales y combustibles disponibles.

Se espera poder construir aeronaves más seguras, eficientes y maniobrables, que puedan cambiar de dirección. Algún día, es probable que se fabrique un avión con alas completamente diferentes a las que existen hoy, alas que puedan adaptarse o cambiar de forma durante el vuelo.

Ahora responde a las preguntas 1 al 5. Basa tus respuestas en "Diseñados por la naturaleza".

1. **Los ingenieros que diseñan aviones se inspiran en las aves porque**

    A   quieren diseñar alas más macizas para los aviones.

    B   los pájaros pueden interferir en los vuelos durante las migraciones.

    C   quieren construir aviones que hagan movimientos similares.

    D   quieren hallar la manera de mantener a los pájaros alejados de ciertos lugares.

Consejo

Piensa en el pasaje completo para escoger la mejor respuesta.

2. **Algunas cosas que las gaviotas pueden hacer y los aviones no pueden hacer son:**

    A   volar rápido y llevar carga

    B   despegar y aterrizar en una pista de aterrizaje

    C   subir y bajar el tren de aterrizaje en vuelo.

    D   detenerse en el aire y cambiar la dirección repentinamente

3. **Los científicos y los ingenieros trabajan para ayudar a volar a las personas porque**

    A   les gusta ver volar a los pájaros.

    B   les divierte probar nuevos materiales y combustibles.

    C   es importante que las personas puedan volar rápido y con seguridad.

    D   algún día podremos volar sin aviones.

4. **Usa información y detalles del artículo, la foto y la leyenda para explicar cómo observar a las aves ayuda a los ingenieros a diseñar aeronaves.**

5. **Los aviones han cambiado con el pasar de los años, desde aviones con alas simples, en forma de caja, hasta jets supersónicos. ¿Qué importancia tienen los vuelos hoy en día? Los aviones, ¿deberían seguir cambiando? Explica tu respuesta.**

A escribir

Muchas nuevas tecnologías se basan en la naturaleza. Piensa en alguna nueva tecnología que esté basada en la naturaleza. Escribe para explicar cómo esa tecnología se basa en la naturaleza.

La escritura expositiva explica, define o indica cómo hacer algo.

Para establecer si te piden que uses escritura expositiva busca palabras clave, como explica o indica cómo.

Observa cómo responde un estudiante a las indicaciones de arriba.

El escritor usa detalles para apoyar su respuesta a las instrucciones.

Los doctores siguen probando nuevas medicinas para que los enfermos se recuperen. Muchas nuevas medicinas trabajan con la naturaleza. Con el tiempo y más investigación, los médicos y otros científicos tratan de ayudar a los enfermos basándose en la naturaleza. Antes de que existiera la medicina moderna, la gente confiaba en los sanadores y las medicinas naturales. Por ejemplo, los antiguos sanadores griegos recetaban masticar corteza de sauce, un árbol que tiene los mismos químicos que se encuentran en la aspirina actual.

Instrucciones para escribir

Responde por escrito a la sugerencia del recuadro. Escribe por 8 minutos. Escribe todo lo que puedas, lo mejor que puedas. Revisa las pautas antes y después de escribir.

Muchos creen que es importante aprender por medio de la observación de la naturaleza. Piensa en algo que hayas aprendido al observar la naturaleza. Ahora, escribe para explicar lo que has aprendido con esta observación.

Pautas para escribir

☑ Lee atentamente la sugerencia.

☑ Organiza tus ideas para planificar tu escrito.

☑ Fundamenta tus ideas dando razones o usando más detalles.

☑ Combina oraciones para dar variedad y mostrar emociones.

☑ Escoge palabras que ayuden a los lectores a entender tus ideas.

☑ Revisa tu escrito y corrígelo si es necesario.

PAUL BUNYAN
WELCOMES YOU TO THE
TREES-MYSTERY

A platicar

¿Qué personajes legendarios del Oeste norteamericano conoces? ¿Qué cualidades debe tener una persona para convertirse en leyenda?

 Busca más información sobre leyendas fantásticas en **www.macmillanmh.com**

Leyendas fantásticas

219

Los cuentos de la abuela

Daniel Fritz

Mi abuela vive en un pueblo de Tennessee cerca del lugar donde nació Davy Crockett. Es pariente lejana de él y hasta tiene un cuadro en el que Davy **posó** junto a su cabaña. Ella cree que la gente debe conocer los hechos **originales** de su leyenda tal como sucedieron. **Asimismo** está decidida a extraer la verdad de todas las historias disparatadas que se cuentan sobre él. Dice que esas historias se parecen a un **aviso**: son exageradas y tratan de convencer a los lectores de que Davy Crockett podía lograr hazañas imposibles. Afirma que

Davy era un hombre lleno de energía y entusiasmo, pero quiere que las personas recuerden que era simplemente un ser humano talentoso… ¡no un superhéroe!

La última vez que me contó una historia sobre Davy Crockett era una noche fría y nevosa. Estábamos sentados en el sofacama, bebiendo chocolate caliente, y ella comenzó a contarme sucesos de la vida de Davy.

Davy Crockett nació en 1786 —dijo—. Los bosques eran hermosos en aquel entonces, pero la vida no era fácil. Su familia se mudó muchas veces.

—¿Davy era todavía un niño cuando atrapó una bola de fuego en llamas que **surcaba** el **firmamento**? —pregunté— ¿Fue cuando capturó una serpiente de cascabel y la usó como lazo? —continué, tratando de **impresionar** a la abuela con mis conocimientos. No asintió ni se rió.

—Davy se casó y tuvo hijos. Fue agricultor y cazador, y se unió al ejército. Se interesó en la política y fue **electo** congresista. Siempre siguió esta regla: "asegúrate de estar en lo correcto y luego actúa" —contó la abuela.

—Cuando abandonó la política, Davy decidió explorar Texas —continuó—. Fue entonces cuando tuvo su última gran aventura.

— ¡Sí! —dije—. Fue allí donde murió como un héroe en la famosa batalla de El Álamo.

Al escuchar ese dato, la abuela sonrió.

—ESO sí es correcto —afirmó satisfecha. Luego, se acercó lentamente al gorro de piel de mapache que estaba sobre la repisa de la chimenea y me lo puso en la cabeza.

Volver a leer para **comprender**

✔ Analizar la estructura del cuento
Argumento y ambiente

El argumento es la serie de sucesos que ocurren en una historia. El ambiente describe dónde y cuándo ocurren. Al volver a leer "Los cuentos de la abuela", usa la tabla de argumento y ambiente para descubrir cómo los detalles del ambiente influyen en la estructura de la historia y en el desarrollo del argumento.

Argumento	Ambiente

Comprensión

Género

Una **leyenda fantástica** tiene un personaje fabuloso cuyas acciones exageradas pueden producir un efecto cómico.

Analizar la estructura del cuento

Argumento y **ambiente**

Al leer, usa la tabla de argumento y ambiente.

Argumento	Ambiente

Lee para descubrir

¿Qué problema resolvió Davy Crockett?

Davy Crockett Salva el Mundo

Rosalyn Schanzer

Supongo que debes haber oído hablar de Davy Crockett, el más grandioso leñador que jamás existió. Podía vencer una pila de gatos monteses diez veces más pesados que él y beberse todo el río Mississippi. Se peinaba con un rastrillo, se afeitaba con un hacha y era capaz de correr tan rápido que, cuando salía, los árboles se hacían a un lado para evitar ser arrollados.

La tradición popular recoge muchas de las hazañas de Davy Crockett, pero la más importante de todas fue la de salvar el mundo. En esta historia, en la cual cada palabra es verdad a menos que sea falsa, se relata exactamente cómo lo hizo.

Argumento y ambiente
¿Qué pistas te ayudan a identificar dónde y cuándo ocurrió esta historia?

225

En la época en que comienza nuestra historia, el mundo tenía graves problemas. Con sus telescopios, los científicos habían descubierto, más allá de las nubes, de todas las estrellas y los planetas del espacio exterior, la más grande y peor bola de fuego, hielo y azufre que alguna vez hubiera **surcado** el **firmamento**.

Era un cometa llamado Halley que se lanzaba a gran velocidad directamente hacia Estados Unidos. Su cola solamente medía dos millones de millas. ¡Si chocaba contra la Tierra, todo el mundo volaría en pedazos!

El presidente de Estados Unidos comenzó a recibir muchas cartas pidiéndole que detuviera al Halley antes de que fuera demasiado tarde. Emitió una ley diciendo que el cometa no debía chocar contra la Tierra, pero el cometa no le prestó atención. Simplemente continuaba acercándose y cada día se veía más y más grande.

Finalmente, el Presidente tuvo una idea. Había oído hablar de un hombre valiente, llamado Davy Crockett, que vivía en algún lugar de las montañas. Entonces puso un **aviso** en todos los periódicos de Norteamérica que decía:

BUSCADO
POR EL PRESIDENTE
DE ESTADOS UNIDOS
DAVY CROCKETT
PARA ARRANCARLE LA COLA AL
COMETA HALLEY

Mientras tanto, nuestro héroe no sabía nada de ningún cometa. Ni siquiera tenía idea de que el planeta se hallaba en peligro, ya que nunca leía los diarios. Estaba en el bosque con su oso Mañoso aprendiendo a bailar para **impresionar** a Sally Sugartree, una muchacha muy bonita y experta bailarina.

Le llevó dos semanas aprender los últimos bailes y cuando ya los sabía, se peinó bien con su rastrillo, se afeitó cuidadosamente con su hacha y salió caminando lentamente en dirección a la cabaña de Sally.

Mientras tanto, por supuesto, el cometa Halley se acercaba cada vez más a la Tierra y se movía más rápidamente a cada minuto.

Ahora bien, Sally no sólo era bonita, sino también bastante lista. Leía el periódico de principio a fin todos los días, por eso sabía acerca del cometa Halley y había visto el aviso del Presidente.

Se trepó a un nogal de cincuenta pies de altura y comenzó a buscar a Davy Crockett. En poco tiempo lo divisó a lo lejos, en el bosque. Lo llamó agitando el periódico tan fuertemente como pudo. Cuando él la vio, sonrió y caminó más rápido.

En cuanto Davy se acercó, Sally saltó del árbol. Davy la atrapó entre sus brazos y le dio un abrazo tan fuerte que ella sacó la lengua medio pie y los ojos se le salieron como los de una langosta. Entonces le mostró el aviso del Presidente.

Davy no sabía lo que era el cometa Halley, pero si el Presidente de Estados Unidos quería verlo, él se iría a Washington sin perder tiempo. Ensilló a Mañoso y partió como un poderoso huracán. El baile con Sally podía esperar.

Su oso era tan veloz que parecía volar, y al pasar dejaba volando a rocas, árboles, vacas, serpientes y toda clase de animales.

> **Argumento y ambiente**
> ¿Por qué es la decisión de Davy de ir a Washington un suceso importante en el argumento?

Cuando llegó a la Casa Blanca, el cometa Halley estaba tan cerca que no había un minuto que perder.

El Presidente le pidió a Davy que subiera de inmediato a la montaña más alta que pudiera trepar y le arrancara la cola al cometa antes de que éste destruyera la Tierra. A continuación, **posaron** para los fotógrafos con un falso aire de calma.

Davy se peinó con su rastrillo, se remangó la camisa y se comió un enorme plato de cerebro de culebra frito con relámpagos para que le diera energía. Luego comenzó a trepar hacia la cima del Eagle Eye, en las montañas Great Smoky.

Ese pico era tan alto que desde él se podían ver ríos y estados como en un libro de geografía, y **asimismo** se veía el espacio exterior.

Cuando Davy llegó a la cumbre ya era de noche.

El cometa Halley localizó a Davy enseguida. Voló de un salto y pasó velozmente entre todas las estrellas y planetas. ¡Luego se rió y fue directamente hacia él, como una bala de cañón al rojo vivo!

¡Lanzaba rayos y truenos por los ojos! ¡Volaban tantas chispas de su cola que, a pesar de ser de noche, se iluminó todo el campo y los gallos empezaron a cantar!

235

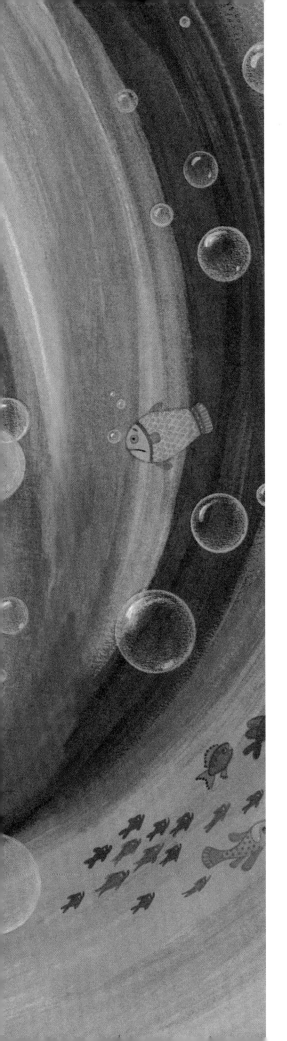

Seguramente el cometa pensó que Davy estaba delicioso: ¡se relamió por anticipado! Aulló más fuerte que cien tornados y rugió con la boca totalmente abierta.

Todo esto enojó tanto a Davy que saltó directamente por encima de los hombros del cometa y, colgándose en su espalda, le hincó los dientes en el cuello. Aunque Halley dio vueltas y vueltas como un remolino no pudo sacarse al leñador de encima.

Después el cometa trató de ahogarlo sumergiéndose en el océano Atlántico. ¡El agua se calentó tanto que comenzó a hervir! El mundo entero se cubrió de vapor y el sol brilló con menos intensidad durante un mes.

Pero, justo a tiempo, el océano apagó el fuego del cometa y derritió todo su hielo. Quedó a la orilla de una isla y antes de que volviera a su tamaño **original**, Davy tomó lo que quedaba de la cola, le dio al cometa unas diecisiete vueltas y lo lanzó de regreso al espacio exterior. El cometa Halley quedó tan confundido que la siguiente vez que viajó en dirección a la Tierra, se equivocó por 39 millones de millas.

Y así fue como Davy Crockett salvó el mundo. Su trabajo fue tan estupendo que hubo un gran desfile en su honor, se casó con Sally y luego fue **electo** para el Congreso.

Por supuesto, la infernal bola de fuego había chamuscado su cabellera. Cuando le creció, fue en forma de cresta, como el césped, y se le enredaba tanto que no podía peinarse sin romper su rastrillo.

Es por eso que desde entonces Davy Crockett siempre usa un gorro de piel de mapache.

Ve a explorar con
Rosalyn Schanzer

Rosalyn Schanzer ama la aventura tanto como Davy Crockett. Nadó con tiburones en Belice, remó en un kayak junto a las ballenas de Alaska, pescó pirañas en América del Sur y hasta navegó por el Triángulo de las Bermudas. Cuando quiere crear un nuevo cuento, recorre una región distinta del mundo en busca de una aventura extraordinaria.

Antes de comenzar a escribir, Rosalyn realiza las ilustraciones de sus libros. Mientras viaja hace preguntas, toma fotografías e investiga datos que luego le servirán como inspiración artística. Después de ilustrar sus nuevas ideas y aventuras, Rosalyn da vida a la historia con sus palabras. Parece totalmente lógico que Rosalyn, que ha experimentado aventuras únicas, tenga un método tan original y arriesgado para crear libros.

 Busca información sobre Rosalyn Schanzer en **www.macmillanmh.com**

 Propósito de la autora

Además de querer hablar del cometa Halley, ¿con qué otro propósito escribió la autora esta historia?

 **Pensamiento crítico**

Resumir

Usa tu tabla de argumento y ambiente como ayuda para resumir *Davy Crockett salva el mundo.* Asegúrate de incluir en el resumen sólo los sucesos y los personajes más importantes.

Argumento	Ambiente

Pensar y comparar

1. ¿De qué manera el **ambiente** del océano Atlántico contribuye al desarrollo del **argumento**? **Analizar la estructura del cuento: Argumento y ambiente**

2. Vuelve a leer la página 224. ¿Qué detalles aprendes sobre Davy Crockett? ¿Se supone que los creas todos? ¿Por qué? Basa tus respuestas en detalles del texto. **Analizar**

3. Si fueras presidente, ¿a quién elegirías para salvar el mundo? Explica tu respuesta. **Evaluar**

4. Si la historia de Davy Crockett sucediera hoy, ¿qué diría el **aviso** del presidente? Explica. **Analizar**

5. Vuelve a leer "Los cuentos de la abuela" de las páginas 220 y 221. Describe de qué manera reaccionaría la abuela al leer *Davy Crockett salva el mundo*. Usa detalles de los dos cuentos para explicar tu respuesta. **Leer/Escribir para comparar textos**

LAS LEYENDAS SE EXTIENDEN

Kyle Seulen

¿Alguna vez visitaste o viste fotos de Puget Sound, en el estado de Washington o las Colinas Negras de Dakota del Sur? En ese caso, has visto algunas de las obras más importantes de Paul Bunyan. Un día, al dirigirse hacia el Oeste, Paul arrastró su azadón gigante detrás de él y el surco que dejó fue el Gran Cañón. Quizás esta anécdota **exagere** los hechos un poco. Paul Bunyan no creó esos hermosos lugares, pero los cuentos que tanto nos gustan sobre él lo convierten en uno de los héroes de las leyendas estadounidenses.

Este es un enlace para más información sobre Pecos Bill.

Inicio | Examinar | Buscar | Leyendas

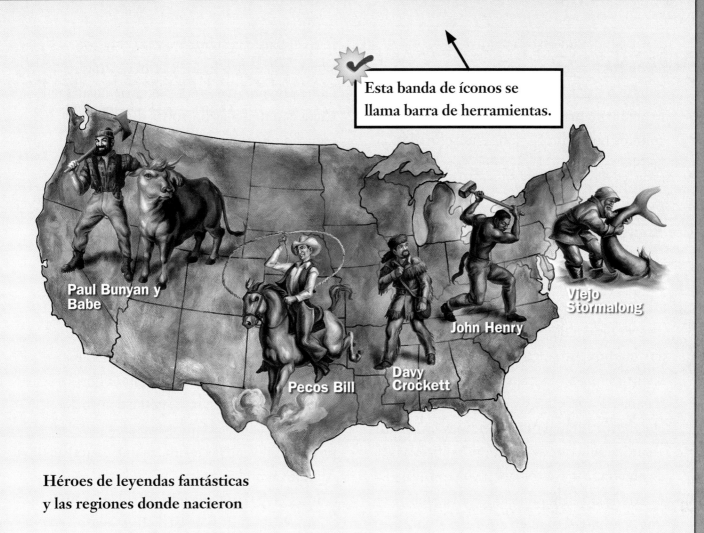

Esta banda de íconos se llama barra de herramientas.

Paul Bunyan y Babe

Pecos Bill

Davy Crockett

John Henry

Viejo Stormalong

**Héroes de leyendas fantásticas
y las regiones donde nacieron**

¿Qué es una leyenda fantástica? Es una historia que debe tener cuatro **características**. Primero, el héroe debe ser grandioso y tener habilidades **sobrehumanas**. Segundo, por lo general el héroe tiene un trabajo determinado que hace mejor que cualquier otra persona: puede ser leñador o vaquero, por ejemplo. Tercero, debe resolver un problema de manera que sorprenda al lector o haga reír a la audiencia. Cuarto, los detalles del cuento se exageran para que parezcan más importantes de lo que realmente son. Por lo común, los héroes tienen mucho coraje y están dispuestos a superar cualquier tipo de dificultad. Son duros por afuera aunque suelen tener un corazón tierno, un alma sensible y poseer las cualidades más admirables. Son serviciales, están siempre dispuestos a resolver problemas y decididos a construir un mundo mejor para sus vecinos y amigos.

¿Cómo comenzó la tradición de inventar cuentos con personajes fantásticos como protagonistas? Probablemente comenzó cuando los colonos poblaron las zonas inexploradas de Norteamérica. La vida en la frontera era difícil, agotadora, peligrosa e incierta. El futuro era desconocido y aterrador. Al final del día, los pioneros se reunían alrededor del fuego en busca de descanso y diversión. Contar cuentos se convirtió en su pasatiempo favorito. Era un tipo de arte práctico que se usaba como entretenimiento e inspiración. Las historias que se contaban ayudaban a que las personas sintieran que podían superar el peligro, al igual que sus héroes favoritos.

A medida que se repetían las historias, de alguna manera tomaban vida propia y se extendían y mejoraban cada vez más. Por ejemplo, si alguien atrapaba a un oso feroz y lo arrastraba por todo el pueblo, la siguiente vez que se contaba que había atrapado el mismo oso, lo arrastraría por

todo el país. La siguiente vez, el héroe arrastraría el oso hasta la Luna. Aunque nadie creyera que un oso llegaría hasta la Luna, sin duda las personas disfrutaban escuchando el cuento tanto como el narrador disfrutaba contándolo.

Por lo general, el héroe de la leyenda era la persona que la contaba o alguien de su "vecindario". Pero a medida que la historia se hacía más famosa, las personas comenzaban a creer que no era "correcto" que un relato extraordinario tuviese como protagonista a alguien común. Los pioneros decidieron que estas historias asombrosas debían tener héroes fantásticos. Por lo tanto, comenzaron a colocar personajes famosos en los papeles protagónicos de las leyendas que contaban. Algunos eran héroes reales de la época, como Davy Crockett o Jim Bridger. Otros, como Paul Bunyan y Pecos Bill, eran producto de la imaginación de buenos narradores.

Además, una buena leyenda podía estar influenciada por los sucesos de la región en la que se originaba. Las personas que vivían del mar querían oír historias de aventuras del viejo Stormalong y su barco. Los trabajadores ferroviarios preferían historias de John Henry, quien martillaba picos de ferrocarril más rápidamente que cualquier otro. Los rancheros y vaqueros disfrutaban al oír historias sobre Pecos Bill, que atrapó un puma,

se subió a él y recorrió cien pies en un solo paso.
También les gustaban las historias sobre Slue-foot
Sue, quien montó un bagre por el río Grande...

Y hablando de atrapar animales, si quisieras,
podrías tratar de dar una vuelta por la aldea montado
sobre Babe, el buey azul de Paul Bunyan; no debería
ser muy difícil de atrapar. La distancia entre sus
cuernos es mayor que siete mangos de hacha. Una
vez que lo atrapes y te lleve
a la aldea, relájate junto a la hoguera.
¡Probablemente, los leñadores del lugar
tengan otra leyenda para compartir contigo!

 ## Pensamiento crítico

1. Si estuvieras en esta página de Internet, ¿qué elemento seleccionarías para hallar información sobre Babe, el buey de Paul Bunyan? **Usar barras de herramientas y enlaces**

2. Si escribieras una leyenda fantástica, ¿quién sería el héroe? Explica tu respuesta. **Sintetizar**

3. Analiza "Las leyendas se extienden" y *Davy Crockett salva el mundo*. ¿Cómo sabes que *Davy Crockett salva el mundo* es una leyenda fantástica? **Leer/Escribir para comparar textos**

 ### Estudios Sociales

Usa una enciclopedia electrónica para aprender más sobre alguno de los héroes de la página 243. Escribe una leyenda fantástica sobre alguien que elijas. Recuerda exagerar el cuento.

 Busca información sobre leyendas fantásticas en **www.macmillanmh.com**

Detalles secundarios

Los **detalles secundarios** nos dan más información sobre el tema. Los escritores usan los detalles secundarios para ayudar a los lectores a entender el tema.

Conexión: Lectura y escritura

Lee el siguiente pasaje. Observa cómo la autora, Rosalyn Shanzer, usa detalles secundarios para dar apoyo al tema de su leyenda fantástica.

Fragmento de
Davy Crockett salva el mundo

El autor selecciona detalles sobre Davy Crockett que son exagerados, pero que nos muestran cómo quiere el autor que nos imaginemos a Davy.

Supongo que debes haber oído hablar de Davy Crockett, el más grandioso leñador que jamás existió. Podía vencer una pila de gatos monteses diez veces más pesados que él y beberse todo el río Mississippi. Se peinaba con un rastrillo, se afeitaba con un hacha y era capaz de correr tan rápido que, cuando salía, los árboles se hacían a un lado para evitar ser arrollados.

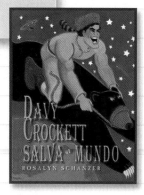

246

Lee y descubre

Lee el escrito de Rotem. ¿Cómo usó los detalles para ayudarte a imaginar el momento? Usa el Control de escritura como ayuda.

Caos en la cafetería

Rotem M.

La cafetería de nuestra escuela se parece al lejano Oeste: un caos total. A la hora del almuerzo, todas las clases deben caminar en filas ordenadas y silenciosas, pero cuando se abren las puertas de la cafetería, todos corren a buscar mesa y empiezan a charlar con sus amigos. Intercambian comida pasándosela de una mesa a la otra o se la roban de las bandejas de los otros.

> Observa cómo usé los detalles para mostrar ¡el caos que reina en la cafetería de mi escuela!

Control de escritura

 ¿Usa la autora **detalles secundarios** para apoyar su idea principal?

 ¿Tienen algo en común los detalles secundarios?

 ¿Te ayudan a comprender que la autora observa el caos de la cafetería?

El derecho a votar

A platicar

¿Por qué deben votar las personas? ¿Por qué crees que a las mujeres les costó tanto obtener el derecho al voto en Estados Unidos?

Conéctate ▶ Busca información sobre el voto de las mujeres en **www.macmillanmh.com**

MRS. PANKHURST LEADER of the ENGLISH SUFFRAGETTES

VOTES FOR WOMEN

Diccionario

En algunos diccionarios, además de la definición, encuentras el origen de una palabra, es decir, dónde y cómo empezó a usarse. Busca el origen de la palabra *representante* en el diccionario.

Edificio del Capitolio en Washington, D.C., Estados Unidos

TU VOTO
TU ELECCIÓN

Wyatt Thatcher

La palabra *democracia* proviene de dos palabras griegas que, cuando se unen, significan "el gobierno del pueblo". La principal **noción,** o creencia, de cualquier democracia es que los ciudadanos son los que hacen las leyes.

En Estados Unidos, es imposible que todo el mundo se reúna y vote cada una de las leyes. Por esta razón, los Padres Fundadores crearon una clase especial de democracia, en la cual los ciudadanos eligen un **representante** que hable por ellos.

Cada individuo juega un papel muy importante en la democracia representativa. Una de sus principales responsabilidades es la de votar cuando hay una elección. Todos, desde un maestro hasta un **coronel** del ejército, tienen derecho a votar mientras sean ciudadanos.

Antes de la década de 1970, había que ser mayor de 21 años para votar. Sin embargo, muchos pensaban que la edad debía reducirse a 18 años. Entonces, un **abogado** presentó el caso en los tribunales. Otros abogados llevaron el caso hasta la Corte Suprema. Finalmente, el debate se resolvió en el Congreso, que creó una nueva ley que reducía a 18 años la edad mínima para votar en todas las elecciones.

Desafortunadamente, en los últimos años cada vez menos estadounidenses van a votar. Cuando comenzó el siglo veintiuno, sólo un tercio de aquéllos que **calificaban** y podían votar se habían registrado para hacerlo. Los votantes más jóvenes son, de todos los grupos, los que menos concurren a las urnas.

Quienes tienen edad suficiente para votar no deberían **posponer** su inscripción o tendrán que **someterse** a leyes con las que no estén de acuerdo. En Washington, D.C. y en la capital de cada estado, los legisladores deciden las leyes futuras. Quizás estas leyes no te resulten **satisfactorias**, pero si votas, el gobierno puede oír tu voz. De esta forma, TÚ puedes conseguir un cambio.

Volver a leer para **comprender**

✔ Evaluar
Hecho y opinión

La tabla de hecho y opinión te ayuda a diferenciar las explicaciones que pueden comprobarse (hechos) y las que expresan los sentimientos o creencias de una persona (opiniones). Usa la tabla de hecho y opinión mientras vuelves a leer "Tu voto, tu elección", para evaluar cuáles son los hechos y cuáles las opiniones en la selección.

Hecho	Opinión

Género

Una **biografía** nos cuenta la historia de la vida de una persona y está escrita por otra persona.

Evaluar

Hecho y opinión

Al leer, usa la tabla de hecho y opinión.

Hecho	Opinión

Lee para descubrir

¿Qué opina la autora sobre Esther Morris?

CUANDO ESTHER MORRIS SE FUE AL OESTE

CONNIE NORDHIELM WOOLDRIDGE
ILUSTRACIONES DE JACQUELINE ROGERS

Selección premiada

Se llamaba Esther Mae Hobart McQuigg Slack Morris y en 1869 se fue a South Pass City, en el Territorio de Wyoming. Tenía cincuenta y cinco años.

South Pass City era un lugar que surgió de la nada cuando mencionaron la palabra "oro". El espacio alrededor era grande y completamente despejado. Eso era muy bueno porque la Sra. Morris era una mujer corpulenta, de grandes ideas, que necesitaba más espacio del que podría haber tenido en Nueva York o Illinois, de donde venía. Ya ven, ella pensaba que las mujeres debían tener derecho a votar y a ocupar cargos públicos, al igual que los hombres.

> **Hecho y opinión**
> Encuentra un ejemplo de hecho y otro de opinión en esta página.

Una vez instalada en South Pass City, fue a visitar a un hombre con quien ya había tenido una fuerte discusión por la misma nueva y loca idea que traía desde el Este. El hombre era el **coronel** William Bright, quien consideraba sensato que las mujeres votaran y ocuparan cargos públicos. Debido a que era un miembro electo del Consejo del Territorio de Wyoming, propuso la Ley para garantizar a las mujeres del Territorio de Wyoming el derecho a votar y a ocupar cargos públicos.

Un joven y batallador abogado, Benjamin Sheeks, se oponía al coronel Bright. Sheeks era otro **representante** de South Pass City, y creía que la idea era descabellada. Su plan era evitar que la ley se votara alguna vez. Presentó una moción para **posponer** la discusión hasta el Cuatro de Julio, día que cualquier tonto sabía que era feriado.

Pero el Sr. Ben Sheeks perdió la oportunidad y el insólito acontecimiento, hasta ese momento, sucedió. En los últimos meses del año 1869, la legislatura, repleta de hombres, votó a favor de conceder a las mujeres de Wyoming ciertos derechos que ninguna otra mujer en el mundo tenía: podrían votar y ocupar cargos públicos como los hombres.

"Lo lograron", decía uno de los periódicos. "Damas, ¡preparen sus papeletas!", decía otro. "¡Imprudentes culebras viperinas!" decía un tercer diario, en referencia a los legisladores que habían votado a favor de algo tan absurdo. Mientras tanto, en South Pass City, el juez de paz renunció.

Hecho y opinión
Uno de los diarios llamó a los legisladores "imprudentes culebras viperinas". ¿Es un hecho o una opinión? ¿Cómo lo sabes?

Ahora que las mujeres tenían derecho a votar, era hora de probar que también podían ocupar cargos públicos. La Sra. Morris no tenía anhelos de poder o de títulos rimbombantes. Sin embargo, sabía que las ideas (incluso aquellas que se habían votado y convertido en ley) no tenían sentido si sólo quedaban como palabras escritas en un papel. Sus hijos habían crecido y ya era hora de que ella se alejara un poco de la cocina y la jardinería e hiciera algo que ayudara a las mujeres en el futuro. Fue entonces que la Sra. Morris se presentó para ocupar el puesto de Juez de Paz de South Pass City. Los habitantes del Territorio de Wyoming quedaron sorprendidos. Sin embargo, su único oponente para ocupar el cargo no **calificó**. Y así fue que se convirtió en jueza y en la primera mujer en la historia de Estados Unidos en ocupar un cargo público.

Pronto, el mismo hombre al que ella reemplazaba la puso a prueba por primera vez: no quería entregarle la agenda del tribunal. No creía que la Sra. Morris debiera tenerla. No creía que ninguna mujer debiera tenerla.

—Puedes quedarte con tu sucia agenda —le dijo la Sra. Morris, y consiguió una agenda nueva.

Luego, el joven Ben Sheeks, que había retomado la abogacía, presentó un caso en el tribunal de la Sra. Morris. El **abogado** opositor estaba en su apogeo peleando cada pequeño detalle, y logrando así que el Sr. Sheeks perdiera los estribos. Cuando no pudo aguantar más, el Sr. Sheeks sacó a su oponente fuera de la corte.

Cuando el Sr. Sheeks regresó a la sala del tribunal, sabía lo que había hecho. Su opinión sobre el tema de las mujeres no era ningún secreto, y se había comportado mal frente a la primera mujer jueza del país. Era hora de mostrarse más humilde y eso no era fácil para Ben Sheeks.

—Su Señoría —dijo—. Pido disculpas por mi comportamiento y me **someto** a cualquier castigo que usted quiera imponer sobre mí. He cometido un desacato.

La Sra. Morris no sabía demasiado sobre leyes, pero había criado tres hijos en lugares arduos y sabía algo sobre la justicia del sentido común.

—Su comportamiento está justificado, Sr. Sheeks—. Fue todo lo que dijo. Y así terminó la conversación.

Junto con otras siete mujeres de South Pass City, la jueza emitió su voto por primera vez el 6 de septiembre de 1870. Luego declaró que su médico personal estaba de su lado, y que él había declarado que la operación de votar no tenía consecuencias adversas sobre la salud de una mujer.

Su cargo terminó el mes siguiente.

—Mi cargo como jueza de paz fue una prueba para demostrar la capacidad de las mujeres al frente de un cargo público —dijo—, y siento que mi trabajo fue **satisfactorio**, a pesar de que siempre lamenté no estar mejor capacitada para ocupar el cargo. Al igual que todos los pioneros, he luchado y trabajado más con fe y esperanza.

Cuando se bajó del estrado, la Sra. Morris entregó la agenda del tribunal al mismo juez que no había querido pasarle su agenda a ella ocho meses antes.

La fiebre del oro que había traído a trescientas personas a South Pass City se desvaneció. El coronel Bright se mudó a Denver y pasó sus últimos días en Washington, D.C.

Ben Sheeks se fue a Salt Lake City y luego al oeste, al estado de Washington. En algún momento, aceptó la **noción** disparatada de que las mujeres debían votar y ocupar cargos públicos como los hombres.

La Sra. Morris se mudó a Laramie, Wyoming, y luego a Cheyenne. Cuando murió tenía casi noventa años.

En el verano de 1920, una profesora de la Universidad de Wyoming se apareció en lo que quedaba de South Pass City. Llevó una carretilla y tomó una piedra de entre las ruinas de la casa de William Bright, el hombre que una vez tuvo el coraje de proponer una nueva y descabellada idea.

Luego tomó otra piedra de la casa de Esther Morris, que había tenido el coraje de mostrar, viviéndola, cómo funcionaba aquella idea. Después, tomó una tercera piedra de la casa de Ben Sheeks, que odiaba la idea, vio cómo era vivirla, y luego tuvo el coraje de cambiar su opinión.

La profesora construyó un monumento apilando las piedras, e invitó al resto de los habitantes de South Pass City a la ceremonia de conmemoración. A medida que el sol se escondía detrás de las montañas, noventa seres humanos, dos perros y una vaca recordaron por un instante que una vez había sucedido allí algo mucho más importante que el oro.

En Washington, D.C., más adelante, en el mismo verano de 1920, el Secretario de Estado anunció una modificación en la Constitución de Estados Unidos. Dijo que las mujeres de todos los estados podrían votar de allí en adelante, al igual que los hombres.

Pero para el estado de Wyoming, no era una idea nueva. Sólo que los habitantes del Este se habían demorado un poco más en aceptarla.

Viaje al Oeste con Connie Nordhielm Woolridge y Jacqueline Rogers

Connie Nordhielm Wooldridge intentó hacer varias cosas antes de comenzar a escribir. Estudió cultura y arqueología en Grecia, trabajó como azafata y enseñó en una escuela de Corea. Pero cuando Connie comenzó a escribir, supo que había encontrado el trabajo ideal. Connie ama escribir historias que expliquen a los niños cómo era la vida antes de que ellos nacieran, y cuánto ha cambiado.

Jacqueline Rogers era la hermana más pequeña de una familia de artistas. Cuando era niña, acompañaba a su madre a las clases de escultura y a sus hermanas a la clase de dibujo. Cuando Jacqueline comenzó a dibujar por su cuenta, se concentró en los caballos. En la actualidad, hace las ilustraciones de libros para niños porque le permiten ser más creativa: "Me motiva y me asusta, y eso hace que mi trabajo sea más emocionante", dice.

✔ Propósito de la autora

¿Piensas que la autora escribió la historia de Esther Morris para informarnos o para entretenernos? ¿Cómo lo sabes?

 Busca información sobre Connie Nordhielm Wooldridge y Jacqueline Rogers en **www.macmillanmh.com**

Pensamiento crítico

Resumir

Usa tu tabla de hecho y opinión como ayuda para escribir un resumen de *Cuando Esther Morris se fue al Oeste*. No incluyas tus opiniones sobre lo que sucedió en la historia.

Hecho	Opinión

Pensar y comparar

1. Identifica dos **hechos** del período en que Esther Morris fue jueza. Luego identifica dos de sus **opiniones** sobre ella misma. Usa detalles de la historia para explicar si los hechos respaldan las opiniones. **Evaluar: Hecho y opinión**

2. Vuelve a leer la página 263. ¿Qué sucedió que es "más importante y mejor que el oro"? Explica por qué la autora compara este acontecimiento con el oro. **Analizar**

3. ¿Por qué pensaba la gente que la **noción** de dar el voto a las mujeres era una locura? ¿Qué habrías hecho para ayudar a las mujeres a obtener el voto? **Evaluar**

4. Explica por qué se necesita coraje para cambiar el modo de pensar de las personas. ¿En qué ocasiones vale la pena? **Sintetizar**

5. Vuelve a leer las páginas 250-251 de "Tu voto, tu elección". Compara y contrasta el deseo de votar de las mujeres en Wyoming en 1869, con la escasa concurrencia a votar en los últimos años. Encuentra evidencia en ambas selecciones para fundamentar tu respuesta. **Leer/Escribir para comparar textos**

Género

Los libros de texto presentan hechos e ideas sobre temas de no ficción.

Elemento del texto

Una línea cronológica es un diagrama de diversos acontecimientos, dispuestos en el orden en que sucedieron. Esta organización visual de los datos simplifica el estudio.

Palabras Clave

sufragio   enmienda

votación

medio de comunicación

El voto para la mujer

Maria Chan

Luego de más de 50 años de arduas luchas y mucho trabajo, finalmente las mujeres obtuvieron el derecho a votar en las elecciones nacionales en 1920. La lucha por el **sufragio**, o el derecho a votar, comenzó en la Convención de Seneca Falls, en el estado de Nueva York, en 1848. Como decía Susan B. Anthony, pionera del derecho al voto, el sufragio era "un derecho esencial, la base de todos los otros derechos". Los líderes del sufragio se fortalecieron en 1870, cuando mediante una **enmienda** de la Constitución de Estados Unidos se otorgó a los hombres afroamericanos el derecho a votar. Entonces, ¿por qué no otorgárselo a todos los ciudadanos?

En 1872, Anthony y un grupo de mujeres fueron a un centro de **votación** en Rochester, Nueva York, y votaron en la elección presidencial; pero fueron arrestadas y multadas. Finalmente, en 1878, tras más de seis años de protestas, se presentó ante el Congreso una enmienda para conceder el sufragio femenino. El Congreso no aprobó la enmienda en 1878. De todos modos, la enmienda volvió a ser presentada en cada sesión del Congreso durante los siguientes 40 años. Las líderes del movimiento del sufragio, como Carrie Chapman Catt, viajaban por todo el país dando discursos y organizando a los trabajadores. Catt lideró una "armada del sufragio" compuesta por 1 millón de voluntarios. Utilizó los **medios de comunicación** para difundir sus ideas, pues los periódicos y las revistas alcanzaban a una gran cantidad de personas.

En 1920, el esfuerzo tuvo recompensa. El Congreso aprobó la Decimonovena Enmienda, que garantiza el derecho a votar de todas las mujeres adultas. El 26 de agosto de 1920, los estados aprobaron la enmienda. Aquí se cita el texto de la Decimonovena Enmienda de la Constitución:

"El derecho de los ciudadanos de Estados Unidos a votar no deberá ser negado o limitado por Estados Unidos o por cualquier estado a causa del sexo." Tras medio siglo de arduas luchas, las mujeres finalmente habían obtenido el derecho a que sus voces fuesen oídas en el gobierno de este país.

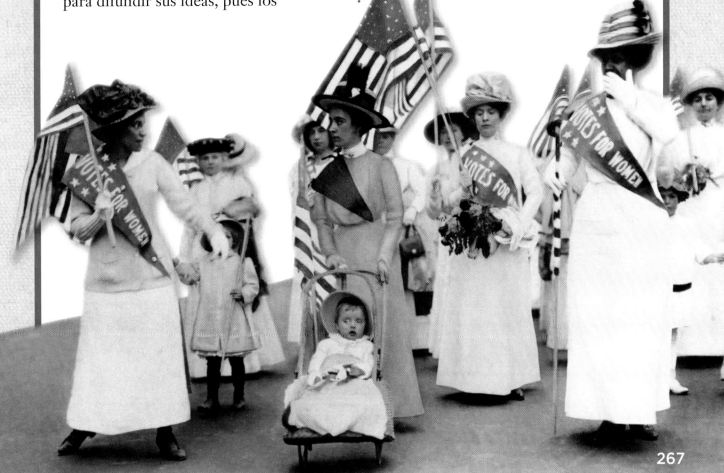

Biografía

Carrie Chapman Catt (Carrie Lane) nació en Ripon, Wisconsin, en 1859. Tras finalizar la escuela, se recibió de maestra en Mason City, Iowa, y luego fue directora de escuelas en 1883. Por esa época, Catt se involucró en la lucha para obtener el derecho a votar.

Con el tiempo, Catt supervisó a miles de voluntarios y dio cientos de discursos en favor del derecho de la mujer a votar. Se desempeñó como presidenta de la Asociación Nacional Estadounidense por el Sufragio de la Mujer de 1900 a 1904 y nuevamente de 1915 a 1920.

Catt luchó contra la corriente, pero se mantuvo firme en su postura. "No habrá democracia verdadera hasta que cada adulto responsable y respetuoso de la ley pueda hacer oír su voz en el gobierno". Cuando las mujeres estadounidenses obtuvieron el derecho al voto en 1920 fue, en gran medida, gracias al trabajo de Catt.

Ese mismo año, Catt fundó la Liga de Mujeres Votantes, que sigue existiendo en la actualidad. También fundó el Comité Nacional sobre las Causas y la Cura de la Guerra en 1925. Murió en 1947.

Leer una línea cronológica

Una forma de repasar los sucesos históricos importantes es verlos en una línea cronológica. Éstas son algunas de las fechas más importantes del movimiento por el sufragio femenino.

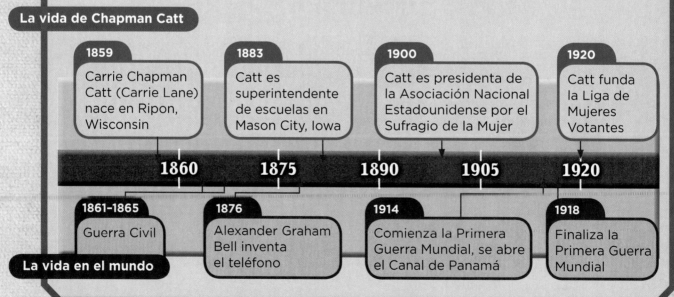

La vida de Chapman Catt

1859
Carrie Chapman Catt (Carrie Lane) nace en Ripon, Wisconsin

1883
Catt es superintendente de escuelas en Mason City, Iowa

1900
Catt es presidenta de la Asociación Nacional Estadounidense por el Sufragio de la Mujer

1920
Catt funda la Liga de Mujeres Votantes

1860   1875   1890   1905   1920

1861–1865
Guerra Civil

1876
Alexander Graham Bell inventa el teléfono

1914
Comienza la Primera Guerra Mundial, se abre el Canal de Panamá

1918
Finaliza la Primera Guerra Mundial

La vida en el mundo

268

Pensamiento crítico

1. Lee la línea cronológica de la página 268. ¿Cuántos años tenía Carrie Chapman Catt cuando fundó la Liga de Mujeres Votantes? **Leer una línea cronológica**

2. ¿Cómo ayudó Carrie Chapman Catt a que las mujeres obtuvieran el voto? **Analizar**

3. Compara *Cuando Esther Morris se fue al Oeste* con este artículo sobre el sufragio de la mujer. ¿En qué se parecen ambas selecciones? ¿En qué se diferencian? **Leer/Escribir para comparar textos**

 ### Estudios Sociales

Investiga sobre otras mujeres líderes del sufragio, como Lucretia Mott, Elizabeth Cady Stanton o Lucy Stone. Escribe un resumen de la vida de una de ellas. Incluye una línea cronológica que muestre los principales acontecimientos en la vida de la persona que hayas elegido.

 Encuentra más información sobre el sufragio en **www.macmillanmh.com**

Conexión: Lectura y escritura

Detalles secundarios

Los **detalles secundarios** dan a los lectores mayor información sobre el tema o idea principal. Los detalles muestran lo que pensó o sintió un personaje en cierto momento.

Lee el siguiente pasaje. Observa cómo la autora, Connie Nordhielm Woolridge, usa detalles secundarios en su historia.

Fragmento de
Cuando Esther Morris se fue al Oeste

La autora incluye detalles sobre titulares de periódicos, y muestra cómo reaccionó un juez ante las noticias. Escoge detalles que nos ayudan a comprender lo que pensó la gente sobre la decisión de permitir que las mujeres votaran.

"Lo lograron", decía uno de los periódicos. "Damas, ¡preparen sus votos!", decía otro. "¡Imprudentes serpientes viperinas!", decía un tercer diario, en referencia a los legisladores que habían votado a favor de algo tan absurdo. Mientras tanto, en South Pass City, el juez de paz renunció.

Lee y descubre

Lee la historia de Darryl. ¿De qué manera usó detalles fuertes para ayudarte a imaginar el momento? Usa el Control de escritura como ayuda.

¿Tienes miedo?

Darryl D.

Las bisagras crujieron fuertemente cuando abrí la puerta. Una corriente de aire helado pasó detrás de mí y se me erizaron los pelos de la nuca. Aunque se suponía que la casa estaba vacía, me pareció escuchar pasos lentos y pesados en el piso, sobre mi cabeza. Entré a la habitación, caminé dos pasos, y la puerta se cerró de un golpe detrás de mí.

> Observa cómo te muestro lo que vi y sentí cuando entré en la vieja casa.

Control de escritura

 ¿Escoge el autor **detalles secundarios** que te muestran cómo se sintió durante los acontecimientos?

 ¿Tienen algo en común los detalles secundarios?

 ¿Te muestran algo sobre la casa?

Un RECODO en el camino

Marta y Joel Braden discutieron durante las primeras tres millas de la excursión. Marta acusaba a Joel de usar zapatos viejos apestosos. Joel culpaba a Marta de acabar el repelente de insectos. Marta le dijo a Joel que olía como un zorrillo. Joel le dijo a Marta que era un alfeñique.

—¿Pueden calmarse y disfrutar de la excursión? —les dijo su padre—. ¡Se están perdiendo unos paisajes maravillosos!

Era cierto. Ni Joel ni Marta habían advertido el oso que su padre había estado espiando desde el comienzo del viaje. Tampoco habían visto el águila que su padre les señaló. Lo peor de todo es que no habían prestado atención a las curvas y recodos del camino mientras peleaban.

—¡Joel me tiró un palito! —gritó Marta.

—¡No es cierto! —respondió Joel a gritos.

El señor Braden ya no pudo contener su enojo:

—¡Paren de discutir, ya! —les gritó.

Al darse vuelta hacia ellos, su pie izquierdo se atoró en una raíz. Tropezó, cayó hacia atrás y rodó por un banco de lodo. Con un chapoteo, cayó dentro del río que corría paralelo al camino.

Marta y Joel corrieron para ayudarlo a salir del agua. Le sacaron la mochila empapada y la pusieron sobre el suelo.

—Creo que estoy bien, pero me faltan los anteojos... —dijo el señor Braden—. Se me salieron cuando me caí al agua.

Marta y Joel volvieron a meterse en el río. Las ramas y las hojas se les arremolinaban en los tobillos antes de irse con la corriente.

—Seguramente los arrastró la corriente —dijo Marta.

—No veo nada sin los anteojos —dijo el señor Braden—. Veo todo nublado. ¿Cómo haremos para volver a casa?

—¡Fantástico! ¡Estamos perdidos! —dijo Joel—. ¡Y les llevará varios días encontrarnos!

—Todo gracias a ti —dijo Marta.

—¡Niños, niños! —gritó el señor Braden—. Cálmense. Estaremos bien. Sólo debemos trabajar en equipo para hallar el camino de regreso. Traigan mi mochila.

El señor Braden buscó a tientas entre las cosas empapadas dentro de su mochila, y sacó un mapa envuelto en una bolsa de plástico y una brújula.

—Joel —dijo—. Tú sabes leer un mapa, ¿verdad? Joel asintió con la cabeza.

—Marta, a ti te enseñaron a usar brújula en el club de campamento, ¿verdad?

Marta asintió con la cabeza.

—Yo recuerdo algunas de las marcas que vi en el camino mientras veníamos aquí. No deberíamos tener problema para volver sobre nuestros pasos.

Joel miró el mapa.

—Si caminamos al lado del río, llegaremos bien aquí —dijo.

Marta miró el lugar que señalaba Joel.

—Desde aquí tomaremos el camino sudeste hasta cruzar el arroyo, y desde allí iremos hacia el sur.

El Sr. Braden sonrió.

—¿Ven? Ustedes arreglarán el problema—dijo—. Después de todo, han resultado ser buenos compañeros de excursión.

UN · TRABAJO · DE
GIGANTES

El tren transcontinental

Hoy en día, puedes tomar un avión en St. Louis y llegar a San Francisco casi cuatro horas después. Hasta puedes disfrutar de una película en el viaje. Sin embargo, hace 200 años, hacer el mismo viaje demoraba semanas. El viaje era incómodo y, a menudo, peligroso. Muchos soñaban con construir un ferrocarril que conectara el Este con el Oeste. Sin embargo, no todos compartían el mismo sueño. Las dificultades para construir un ferrocarril transcontinental eran demasiado grandes.

El sueño toma forma

Los soñadores convencieron a los que dudaban, y pronto se trazaron los planos para un ferrocarril que uniera las vías férreas de las costas Este y Oeste. El primer problema fue decidir la ruta. Los senadores del Norte y del Sur querían que el ferrocarril pasara por sus estados. Pero cuando empezó la Guerra Civil los senadores del Sur abandonaron el Congreso, y los del Norte se hicieron cargo del plan.

De aquí hasta allá

Antes de que empezaran a cimentar las vías, los materiales debían ser enviados por barco (rodeando América del Sur) desde Nueva York hasta San Francisco. Allí, los ponían en botes más pequeños para llevarlos 120 millas hasta Sacramento, California.

Cuando los materiales y las máquinas llegaban al lugar indicado, había que contratar a los trabajadores. La Fiebre del Oro de California y luego la Guerra Civil habían hecho a muchos hombres abandonar sus trabajos, y no estaban disponibles para la construcción del ferrocarril. Si no hubiera sido por los trabajadores que llegaron de China, el ferrocarril nunca se hubiera construido.

Comienzan las obras

En 1863, las obras ferroviarias comenzaron, finalmente. La compañía *Union Pacific* comenzó a construir al oeste del Mississippi y la *Central Pacific* al este de Sacramento. Se avanzaba lentamente. Los equipos de trabajo debían perforar rocas sólidas en algunos lugares. Además, tenían que construir puentes sobre ríos y barrancos.

Mientras unos trabajadores terminaban la vía, otros construían los vagones. Un periodista escribió desde la oficina de *Union Pacific Railroad* en Omaha, Nebraska:

"La madera se trae desde Chicago y se corta de la longitud y el grueso adecuados... Cuando se construye el vagón, se envía al departamento de pintura y luego a la sala de secado. En ese departamento trabajan 350 empleados... y el promedio de los salarios es $3.50 por día..."

Finalmente, se resolvieron todos los problemas. Seis años más tarde, los dos equipos de trabajo se reunieron en Promontory, Utah. Unir el Este y el Oeste de Estados Unidos con un sistema ferroviario se hizo realidad.

La construcción del Ferrocarril Transcontinental fue realmente un desafío heroico. William Tecumseh Sherman (un general famoso de la Guerra Civil) escribió en una carta a su hermano: "Si se llega a construir, será un trabajo de gigantes".

✔ Pensamiento crítico

Responde a las preguntas 1 a 4. Basa tus respuestas en la historia "Un recodo en el camino".

1. **¿Cuál es el problema principal en el argumento de la historia?**

   A   Marta y Joel no paran de discutir.

   B   Marta y Joel no ven el águila ni el oso.

   C   El Sr. Braden le da una brújula a Marta en vez de a Joel.

   D   El Sr. Braden cae al río y pierde los anteojos.

2. **¿Qué puedes inferir sobre el hecho de que Marta y Joel "corrieron a asistir a su padre"?**

   A   Son muy competitivos.

   B   Se preocupan mucho por su padre.

   C   Les gusta correr rápido.

   D   Discuten todo el tiempo.

3. **Lee esta oración de la historia.**

> —No veo sin los anteojos —dijo el señor Braden—. Veo todo nublado.

¿Qué palabra es un antónimo de *nublado* tal como se usa en la oración de arriba?

   A   claro

   B   confuso

   C   neblinoso

   D   húmedo

4. **¿De qué manera el ambiente del campo de "Un recodo en el camino" afecta directamente los sucesos del argumento? Usa detalles e información de la historia para apoyar tu respuesta.**

276

Responde a las preguntas 1 a 4. Basa tus respuestas en el artículo "Un trabajo de gigantes".

1. El artículo trata principalmente de

   A   la compañía *Union Pacific Railroad*.

   B   la compañía *Central Pacific Railroad*.

   C   los trabajadores que llegaron de China.

   D   la construcción del Ferrocarril Transcontinental.

2. El mapa ayuda al lector a

   A   descubrir cuándo comenzó la construcción del tren.

   B   ver rápidamente dónde se construyó el tren.

   C   aprender sobre William Tecumseh Sherman.

   D   hallar más información sobre *Union Pacific Railroad*.

3. ¿Cuándo comenzó finalmente la construcción del ferrocarril?

   A   1869

   B   1836

   C   1865

   D   1863

4. El General Sherman llamó a los constructores del ferrocarril "gigantes" porque

   A   eran extraordinariamente fuertes.

   B   admiraba el trabajo de los constructores.

   C   los trenes eran un gran negocio en el siglo XIX.

   D   se dio cuenta de que debían trabajar muy rápido.

A escribir

SUGERENCIAS ¿Por qué fue difícil construir el Ferrocarril Transcontinental? ¿Qué obstáculos debieron superar? Usa detalles del artículo para apoyar tu respuesta. Escribe durante 8 minutos. Escribe tanto como puedas, lo mejor que puedas.

La gran pregunta

¿Cómo usas tu ingenio para ser más listo que los demás?

Busca más información sobre cómo usar tu ingenio en **www.macmillanmh.com**

Conéctate

Tu ingenio puede ser tu mejor armamento. Las personas suelen creer que sólo una fuerza grande puede combatir el peligro; pero en la mayoría de los casos las mejores herramientas que tenemos para protegernos son nuestra inteligencia y nuestra capacidad para pensar con creatividad.

¡Piensa en los detectives, escapistas y hasta en los científicos! Todos ellos se protegen porque son listos.

Incluso en el reino animal, algunos animales —como el zorro— son reconocidos por sus artimañas y su astucia o por su habilidad para burlar animales más fuertes y más grandes.

Infórmate sobre cómo utilizar tu ingenio para resolver problemas de manera madura y creativa.

Actividad de investigación

En esta unidad, aprenderás cómo el uso de tu ingenio te ayudará a resolver problemas. Investiga a una persona o grupo que haya usado su ingenio para resolver un problema con imaginación.

Anota lo que aprendes

A medida que lees, piensa en lo que estás aprendiendo sobre cómo usar tu ingenio para resolver problemas. Usa el Boletín grande. Cada semana, haz un registro de lo que te han enseñado los personajes de las historias sobre cómo usar tu ingenio.

MODELOS DE PAPEL®
Ayudas de estudio

Semana 5
Semana 4
Semana 3
Semana 2
Semana 1

Tema de la unidad

Taller de investigación

Haz la investigación de la Unidad 3 con:

Guía de investigación
Sigue esta guía paso a paso para completar tu proyecto de investigación.

Recursos de Internet
- Buscador por temas y otras herramientas de investigación
- Videos y excursiones virtuales
- Fotos y dibujos para presentaciones
- Artículos y recursos relacionados en Internet

Conéctate

Busca información en
www.macmillanmh.com

Gente y lugares

Luis Walter Álvarez (1911-1988)

Inventor y Premio Nobel

Diseñó un sistema para que los aviones pudieran aterrizar con poca visibilidad.

CUENTOS DE EMBUSTEROS

A platicar

¿Por qué crees que el lobo de esta foto lleva un disfraz de oveja?

Conéctate Busca información sobre cuentos de embusteros en **www.macmillanmh.com**

283

ANANSI Y EL SENTIDO COMÚN

Una obra de teatro adaptada de un cuento folclórico jamaiquino

Trey Reeves

Personajes

ANANSI   NARRADOR   NIÑA PEQUEÑA

En el escenario hay un árbol alto de un lado y un río del otro.

ANANSI (*está sentado a la orilla del río, pensativo*)

NARRADOR: Anansi, el hombre araña, no fue **instruido** en el valor del trabajo, pero codiciaba poder y riquezas. Por tanto, decidió tenerlos juntando todo el sentido común del mundo.

ANANSI: (*Chasqueando los dedos.*) ¡Eso es! Si tengo todo el sentido común, la gente vendrá a mí con sus problemas. Venderé consejos. Ganaré tanto dinero con mi **género** que necesitaré un **tesorero** para que lo maneje.

NARRADOR: Anansi recogió todo el sentido común que había en el mundo y lo guardó en un calabazo que cerró con hojas secas.

ANANSI: Esconderé este montón de mi valiosa **mercadería** en la parte más alta del árbol más alto que pueda encontrar.

(*Entra la* **NIÑA PEQUEÑA** *y se sienta a la orilla del río.*)

NARRADOR: Anansi ató una soga al calabazo. Luego se ató las dos puntas de la soga al cuello. El calabazo colgaba contra su panza.

(**ANANSI** *intenta treparse en el árbol, se cae, luego intenta nuevamente. La* **NIÑA PEQUEÑA** *lo mira y ríe.*)

ANANSI: (*Girándose en dirección al río.*) –¿Quién anda ahí?

NIÑA PEQUEÑA: Tú necesitas que una maestra te **eduque**. ¿No sabes que es mejor llevar las **cargas** pesadas sobre la espalda?

NARRADOR: Anansi no valoró la ayuda que le ofrecían y no mostró ningún **reconocimiento**.

ANANSI: ¡Calabazo bueno para nada! (*Arrancándose el calabazo del cuello.*) El día que te llené fue verdaderamente triste y **desafortunado**. (*Golpea el calabazo contra el árbol, tan fuerte, que éste se rompe.*)

NARRADOR: Cuando el calabazo se abrió, pequeños trocitos de sentido común se esparcieron por todas partes. Por esa razón, todos tenemos, por lo menos, un poquito de sentido común.

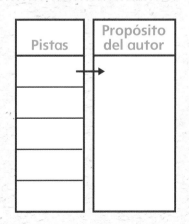

SENTIDO COMÚN

Volver a leer para **comprender**

✔ Evaluar

Propósito del autor Un autor escribe con un propósito. Éste puede ser entretener, persuadir, informar o explicar algo. La tabla de propósito del autor te sirve para identificar las pistas que te mostrarán el propósito que el autor tenía al escribir su historia. Vuelve a leer "Anansi y el sentido común" y usa la tabla para conocer el propósito del autor.

Pistas	Propósito del autor

Comprensión

Género

Una **obra de teatro** es una historia relatada en forma de diálogo, que se escribió para ser representada en un escenario.

Evaluar

Propósito del autor

Al leer, usa la tabla de propósito del autor.

Pistas	Propósito del autor

Lee para descubrir

¿Con qué propósito escribió la autora esta obra de teatro?

286

LA PESCA DEL DÍA

UNA OBRA SOBRE UN TRAMPOSO

Autora premiada

Angela Shelf Medearis
ilustraciones de Wendy Born Hollander

PERSONAJES

GRIOT (NARRADOR)

UN GRUPO DE NIÑOS

NIÑO UNO

NIÑO DOS

PESCADOR

CANASTERA

PANADERO

UNA MUJER CON FRUTAS

UN GRANJERO CON CAMOTES Y
ALGO DE MAÍZ

UN HOMBRE CON BOLSAS DE ARROZ

El *GRIOT* se para en medio de un **GRUPO
DE NIÑOS** sentados en el suelo. Un *GRIOT*
es un narrador africano, guardián de la
historia familiar y de un pueblo. Es el final
de la tarde y ha llegado el momento de
empezar a contar una historia. En África
se acostumbra hacer relatos por las
tardes para transmitir la historia en forma
oral, pasar las tradiciones y entretener,
instruir y educar a los niños del pueblo. El
GRIOT y los **NIÑOS** están ubicados a un
lado del escenario. Toda la acción de la
obra transcurre en el centro.

GRIOT: *(En voz alta).* —¡Jambo[1], niños! ¡Hola!

NIÑOS: —¡*Jambo*!

GRIOT: —Soy un *griot*, el guardián de la historia de mi tribu del oeste africano, un narrador y un maestro. Tengo una historia especial para compartir con ustedes. Es acerca de un pescador tramposo y un puente hecho de un tronco. Cuando esté listo para comenzar, aplaudiré una vez. Cuando ustedes estén listos para escucharme, aplaudirán dos veces. *(El griot aplaude una vez).*

NIÑOS: *(Aplauden dos veces).*

[1] *jambo*: saludo en el idioma *swahili*

GRIOT: —Llegó el momento de empezar nuestra historia. Un día, un pescador hambriento se preparó para pescar algunos peces y venderlos en el mercado del pueblo. Llegó a un puente hecho de un tronco que atravesaba el río.

PESCADOR: *(Camina delante del griot y se para en el centro del escenario).* —Cruzaré este puente hasta el otro lado del río. Allí conozco un lugar que generalmente es muy bueno para pescar. Lo que pesque lo venderé en el mercado. Así tendré mucho dinero para comprar una buena canasta, algo de ropa y quizás pan, camotes y otras cosas para comer.

GRIOT: —El pescador cruzó el puente. Bueno, en realidad no era un puente. Era sólo un tronco que atravesaba el río de lado a lado. La gente del pueblo lo había utilizado por muchos, muchos años. Era el único camino para cruzar. Aún más importante, era el único camino para ir desde el pueblo al mercado.

PESCADOR: —¡Creo que pesqué uno! ¡Sí! ¡Así es!— *(Recoge el sedal).* —¡Nada!

Propósito del autor
¿Con qué propósito hace la autora que el *griot* narre la obra del tramposo?

GRIOT: —El pescador tiró el sedal al río una y otra vez. Estaba cada vez más hambriento, y a medida que el sol se hacía más fuerte, tenía más y más calor.

NIÑO UNO: —¿Pescó algo?

PESCADOR: *(Recogiendo el sedal.)* —¡Nada!

GRIOT: —Así es. ¡Nada! Lo intentó toda la mañana. Usó señuelos con plumas y con insectos, pero no pescó nada. Luego lo intentó con lombrices. Sin embargo, no pescó nada. Siguió intentando por todos los medios pescar algo.

NIÑO DOS: —¿Finalmente pescó algo?

PESCADOR: *(Recogiendo el sedal).* —¡Nada!

GRIOT: —Nuevamente, ¡nada! El sol continuaba cayendo sobre el pobre pescador. ¡Estaba tan hambriento! Sintió que se moriría de hambre si no pescaba algo pronto.

PESCADOR: *(Recogiendo el sedal y moviendo su cabeza con tristeza).* —Mi plan era cruzar el puente de tronco y pescar muchos peces sobre este lado del río. ¡Quería vender el pescado en el mercado y comprar una buena canasta, algo de pan y otras cosas para comer! Pero no conseguí ni un solo pez.

NIÑO UNO: —Entonces no podrá comprar una canasta.

NIÑO DOS: —Ni pan.

GRIOT: —Ni nada para comer. Y estaba hambriento.

PESCADOR: —¡Tengo mucha, mucha, mucha hambre! ¡No puedo creer lo que me ha sucedido! ¡Mi bisabuelo, mi abuelo y mi padre fueron pescadores! Mi familia ha pescado en este río por generaciones. Es así como siempre nos hemos ganado la vida. Si no pesco algo, tendré que pensar en otra manera de comprar lo que necesito.

GRIOT: —El pobre pescador estaba a punto de volver a su casa. Tenía un pie sobre el puente de tronco cuando vio que alguien subía al puente del otro lado del río. Era una canastera con un montón de canastos.

PESCADOR: *(Saludando y bajando del puente hacia la orilla del río)* —¡Jambo!

CANASTERA: *(Llamando al pescador desde el otro lado del río).* —¡Jambo! ¿Cómo estás, pescador? ¿Pescaste algo?

PESCADOR: *(Triste).* —No, hoy no pesqué ni un solo pez.

CANASTERA: —Qué mala suerte. Lo lamento, pero no tengo tiempo para hablar. Debo apurarme para ir al mercado a vender mis canastas.

GRIOT: —De pronto, el pescador pensó en una manera de tener una canasta.

PESCADOR: *(Levantando su mano en señal de advertencia).* —¡Detente! No trates de cruzar el puente.

CANASTERA: —¿Qué sucede?

PESCADOR: —Creo que las últimas tormentas deben haberlo aflojado. Si no sostengo este tronco en su lugar se caerá al río y nadie podrá llegar al mercado.

CANASTERA: —¡Tonterías! ¡Crucé este puente hace dos días! ¡Además tú pudiste cruzar!

PESCADOR: —Arriesgué mi vida cruzando este puente. Además, soy un excelente nadador. Si me caigo, puedo nadar hacia un lugar seguro. Pero por la bondad de mi corazón, decidí esperar aquí para advertirles a las personas que quieran cruzar el puente acerca del peligro que corren.

CANASTERA: —¡No te creo! Voy a cruzar. No me importa lo que digas.

PESCADOR: —Como quieras, pero recuerda que te lo advertí.

GRIOT: —Cuando la canastera comenzó a cruzar, el pescador sacudió el tronco con su pie sin que ésta lo viera.

CANASTERA: *(En voz alta).* —¡Oh, no! ¡El puente se está cayendo! ¡Auxilio! ¡Me voy a caer al río!

PESCADOR: *(Moviendo sus brazos como loco).* —¡Rápido! ¡Regresa! ¡No podrás cruzar! ¡Te advertí que era muy peligroso!

CANASTERA: *(Regresando hacia la orilla del río de donde venía).* —¿Qué puedo hacer? ¡Tengo que ir al mercado a vender mis canastas! Este tronco es la única manera de cruzar el río.

PESCADOR: —¡Ya sé lo que debes hacer! Sostendré este extremo del tronco firme mientras cruzas. Pero, querida señora, creo que está llevando demasiadas canastas. Debe dejar algunas o se caerá al río.

CANASTERA: —Tienes razón. Si llevo todas estas canastas pesadas mientras cruzo el puente podría caer al río. ¡Gracias amigo! Dejaré dos de este lado del río para ti. Por favor, recógelas cuando regreses a tu casa.

PESCADOR: —Oh, no podría hacer eso.

CANASTERA: —Por favor; es una muestra de **reconocimiento**.

PESCADOR: —¡No, no, no!

CANASTERA: —¡Sí, sí, sí!

PESCADOR: —Bueno, si quieres dármelas, ¿cómo puedo rechazarlas? Sostendré el tronco con todas mis fuerzas mientras cruzas. ¡Ten cuidado! ¡Pisa firme! Despacio, despacio, despacio... ¡ya estás a salvo!

GRIOT: —La canastera le agradeció al pescador y se fue rápido al mercado sin darse cuenta de que la habían engañado. Había dejado dos de sus mejores canastas a la orilla del río para el pescador.

PESCADOR: —Ahora tengo dos canastas hermosas. ¡Pero aún tengo tanta, tanta hambre! ¡Debo conseguir algo para comer! Un momento, creo que alguien viene.

GRIOT: —Era el tejedor con un montón de hermosos tejidos kente multicolores. Los había hecho especialmente para el rey y eran muy valiosos.

TEJEDOR: *(En voz alta).* —¡Jambo!

PESCADOR: *(En voz alta).* —¡Jambo!

GRIOT: —Al pescador se le ocurrió que podría conseguir algunos de los hermosos tejidos kente del tejedor de la misma manera que había conseguido las canastas.

PESCADOR: *(Levantando ambas manos y llamando al tejedor al otro lado del río).* —¡Detente! No trates de cruzar el puente.

TEJEDOR: —¿Qué sucede con el puente?

PESCADOR: —Estoy sosteniendo el tronco para que no se caiga al río.

TEJEDOR: —Pero siempre he usado este puente para ir al mercado. Tengo tejidos kente para venderle al **tesorero** del rey. Debo apresurarme si quiero llegar al mercado a tiempo. Tú has cruzado sin problemas, por lo tanto yo también lo haré.

PESCADOR: —¡Te lo advierto! Yo apenas pude cruzar, y la canastera arriesgó su vida cruzando el puente para llegar al mercado.

TEJEDOR: —¡Oh, no! ¿Qué le pasó a la canastera? ¿Por qué hay aquí canastas en el suelo? ¿Se le cayeron cuando se cayó al río?

PESCADOR: *(Lentamente, con tristeza y con una mano en el corazón).* —Bueno, todo lo que puedo decirte es que ya no está entre nosotros.

TEJEDOR: *(Con tristeza).* —¡Qué **desafortunada**! ¡Pobre mujer! Pero debo llegar al mercado. Ya sé lo que haré. ¡Cruzaré el puente rápidamente y llegaré al otro lado sano y salvo!

GRIOT: —El tejedor ajustó el atado de tejidos sobre su cabeza e intentó correr a través del puente. Cuando llegó a la mitad del tronco, el pescador movió su pie a escondidas y sacudió el tronco.

TEJEDOR: *(En voz alta, tambaleándose en la mitad del tronco).* —¡Auxilio! ¡Auxilio! ¡Me caigo!

PESCADOR: *(Haciendo señas como loco).* —¡Regresa antes de que te caigas! ¡Nunca llegarás al otro lado del río! ¡Es muy peligroso!

GRIOT: —El pescador dejó de sacudir el tronco. El tejedor regresó a la orilla de donde había salido, contento de estar vivo.

TEJEDOR: —¿Viste eso? ¡Casi me caigo! ¿Qué voy a hacer ahora? ¡Debo cruzar el puente para poder llegar al mercado!

PESCADOR: —¿Puedo hacerte una humilde sugerencia, amigo mío?

TEJEDOR: —¡Dime, por favor! ¿Qué debo hacer?

PESCADOR: —Yo te aconsejaría que llevaras una **carga** más liviana. Llevas demasiados tejidos. Debes dejar algo o te caerás al agua.

TEJEDOR: —Tienes razón. Si llevo estos tejidos pesados por el puente, podría caerme. ¡Gracias, amigo mío! Dejaré algunos de estos tejidos para ti. Por favor, tómalos.

PESCADOR: —Oh, no podría hacer eso.

TEJEDOR: —¡Tómalos, por favor!

PESCADOR: —De acuerdo. Si quieres dármelos, ¿cómo puedo rechazar tu amabilidad? ¡Ya se qué hacer! Te pagaré el gesto de amabilidad sosteniendo el puente con todas mis fuerzas para que puedas cruzar—. *(El pescador se arrodilla y finge sostener el tronco con fuerza).* —Ya puedes cruzar. ¡Ten cuidado! ¡Pisa firme! Despacio, despacio... ¡a salvo!

GRIOT: —El tejedor agradeció al pescador y partió rápidamente al mercado. Ahora el pescador astuto tenía dos canastas hermosas y algunos tejidos kente preciosos esperándolo del otro lado del río. Estaba a punto de cruzar el puente y recoger sus artículos cuando oyó algo.

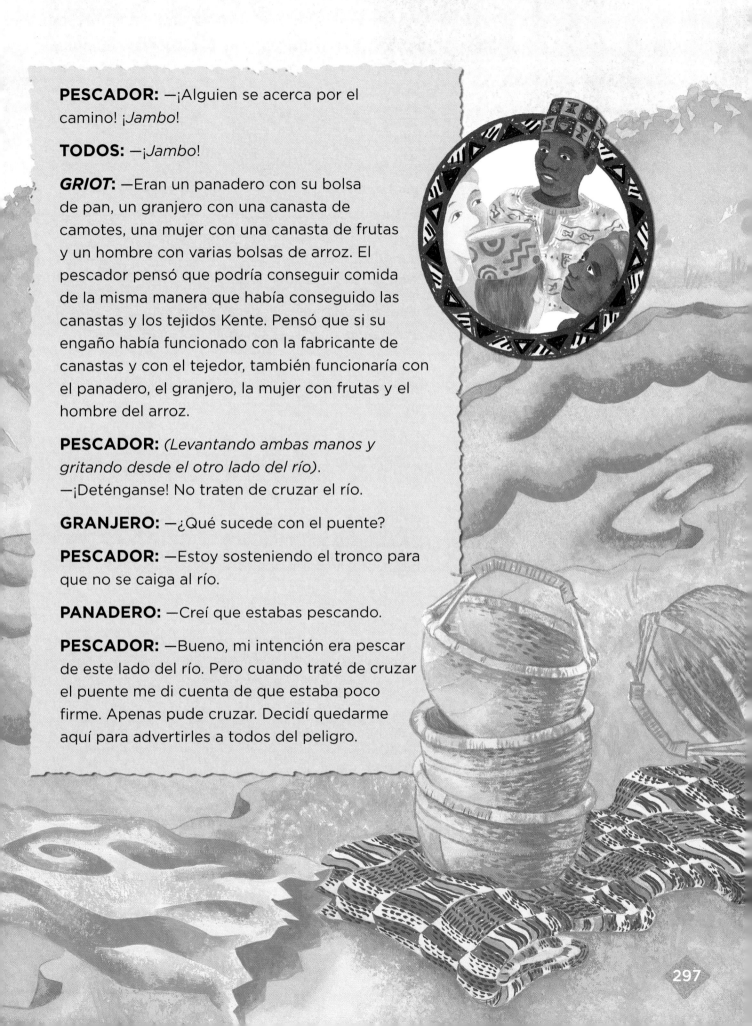

PESCADOR: —¡Alguien se acerca por el camino! ¡*Jambo*!

TODOS: —¡*Jambo*!

GRIOT: —Eran un panadero con su bolsa de pan, un granjero con una canasta de camotes, una mujer con una canasta de frutas y un hombre con varias bolsas de arroz. El pescador pensó que podría conseguir comida de la misma manera que había conseguido las canastas y los tejidos Kente. Pensó que si su engaño había funcionado con la fabricante de canastas y con el tejedor, también funcionaría con el panadero, el granjero, la mujer con frutas y el hombre del arroz.

PESCADOR: *(Levantando ambas manos y gritando desde el otro lado del río).* —¡Deténganse! No traten de cruzar el río.

GRANJERO: —¿Qué sucede con el puente?

PESCADOR: —Estoy sosteniendo el tronco para que no se caiga al río.

PANADERO: —Creí que estabas pescando.

PESCADOR: —Bueno, mi intención era pescar de este lado del río. Pero cuando traté de cruzar el puente me di cuenta de que estaba poco firme. Apenas pude cruzar. Decidí quedarme aquí para advertirles a todos del peligro.

MUJER CON FRUTAS: —¡No hay nada malo en el puente! Lo crucé ayer y estaba tan firme como siempre.

PESCADOR: —Bueno, eso fue ayer, y esto sucede hoy. ¡Les estoy advirtiendo! Este tronco se mueve cuando tratan de cruzar por él. Ustedes pueden ver los canastos que la canastera dejó cuando intentó cruzar el puente y los tejidos que tuvo que dejar el tejedor cuando intentó cruzar el puente, ¿no es verdad?

HOMBRE CON ARROZ: —¿Qué les sucedió a la canastera y al tejedor?— *(Mira hacia el río.)* —¡Oh no! ¿Cayeron al agua?

PESCADOR: *(Despacio, con tristeza y con una mano en el corazón).* —Bueno, todo lo que puedo decirles es que ya no están aquí.

TODOS: *(En voz alta y abatidos).* —¡Oh, eso es terrible! ¿Qué debemos hacer?

PANADERO: —Bueno, ¡tenemos que cruzar este río! Es la única manera de llegar al mercado y vender nuestra **mercadería**. Quizás si cruzamos el puente lentamente y con cuidado, podremos llegar a salvo al otro lado.

MUJER CON FRUTAS: —Creo que debemos intentarlo.

PANADERO: —Vamos, yo los guiaré.

GRIOT: —Cuando llegaron a la mitad del puente, el pescador movió el tronco a escondidas.

TODOS: —¡Auxilio! ¡El tronco se está cayendo! ¡Auxilio! ¡Auxilio!

PESCADOR: —¡Deténganse! ¡Regresen! Les advertí que nunca cruzarían. ¡Es muy peligroso!

TODOS: *(Corriendo de regreso a la orilla del río):* —¿Qué debemos hacer? ¿Nos puedes ayudar?

PESCADOR: —Están llevando demasiada comida. Deben dejar algo o se caerán al agua. Dejen parte del **género** y crucen el tronco formando una fila, de a uno a la vez. Sostendré el tronco con todas mis fuerzas mientras lo hacen.

PANADERO: —Quizás él tenga razón, amigos. Si llevamos esta carga pesada sobre el puente, podríamos caer al río. Dejemos algo de comida aquí para poder llegar a salvo al otro lado.

PESCADOR: —¡Bien pensado! ¡Ahora, crucen! Sostendré el puente para ustedes. ¡Tengan cuidado! ¡Pisen firme! Despacio, despacio, despacio... ¡a salvo!

GRIOT: —El panadero con un pan, el granjero con la canasta de camotes, la mujer con frutas y el hombre con las bolsas de arroz, todos cruzaron el puente mientras el pescador sostenía el tronco. Una vez que todos llegaron al otro lado, agradecieron al pescador y partieron con prisa al mercado. El pescador esperó que se alejaran hasta perderlos de vista. Luego bailó y brincó sobre el puente de troncos. Tomó el pan, los camotes, la fruta, las bolsas de arroz y los tejidos y colocó todo en las canastas que la canastera le había dejado.

PESCADOR: —Ahora tengo una hermosa canasta, algo de pan, hermosos tejidos kente, algunos camotes, fruta y unas bolsas de arroz. Voy a preparar una buena cena y ya no estaré hambriento, hambriento, hambriento.

GRIOT: —El pescador bailó en su camino de regreso pensando en la espléndida comida que disfrutaría esa noche.

NIÑO UNO: —¡Qué pescador tan tramposo! ¡Les hizo creer a todos que el puente era muy peligroso para cruzarlo!

NIÑO DOS: —Así los engañó para que le dejaran la comida, las canastas y los tejidos.

GRIOT: —¡Así es! Pero recuerden, a un tramposo se le puede dar una lección. Cuando la canastera, el tejedor, el panadero, el granjero, la mujer con frutas y el hombre del arroz regresaron del mercado y descubrieron que al puente no le pasaba nada, decidieron darle una lección al pescador.

NIÑO UNO: —¿Qué hicieron?

NIÑO DOS: —¡Por favor, cuéntanos!

GRIOT: —Al día siguiente, la canastera, el tejedor y todas las otras personas a las que el pescador había engañado se encontraron en el pueblo.

CANASTERA: *(Sonriendo).* —Yo sé como darle una lección al pescador que nos engañó.

MUJER CON FRUTAS: —¿Cómo?

TEJEDOR: —¡Sí, dinos cómo!

CANASTERA: —En el pueblo vecino, mi hermano conoce a algunas personas que se ganan la vida pescando. Viajaré allí con mi caballo y mi carreta y les compraré algo de pescado. Mañana nos reuniremos a orillas del río, temprano en la mañana. Traigan un balde.

HOMBRE CON ARROZ: —¿Un balde? ¿Por qué?

CANASTERA: —Ya lo verán.

GRIOT: —Entonces la canastera viajó al pueblo vecino y esa tarde volvió a su casa con más pescado de lo que una persona podía comer. A la mañana siguiente se encontró con la mujer con frutas, el tejedor, el panadero, el granjero y el hombre con el arroz en la orilla del río más cercana al pueblo.

CANASTERA: —El pescador cruza el río todas las mañanas para probar suerte. Tomen cada uno de ustedes dos pescados, pónganlos en su balde y llenen el balde con agua del río. Hice una caña de pescar con esta rama. Ah, justo a tiempo. Ahí viene el pescador. *(En voz alta).* —¡Jambo!

TODOS: —¡Jambo! ¡Jambo!

PESCADOR: —¡Jambo amigos! ¿Qué están haciendo?

CANASTERA: —Estamos pescando, por supuesto. ¡Es un excelente día para pescar! ¡Hemos pescado más de lo que podemos comer!

PESCADOR: —¿Pescando? ¡Pero ese es mi trabajo!

CANASTERA: —¡Vamos! ¡A los peces del río puede pescarlos cualquiera!

MUJER CON FRUTAS: —Sí. Además, qué podemos hacer si estos peces quieren que los pesquen, ¡saltaron desde el río hasta mi balde! *(Le muestra al pescador los pescados en su balde).*

TEJEDOR: —¡Y en mi balde también! *(Le muestra su balde al pescador).*

PESCADOR: —¡Voy a unirme a ustedes! Ayer no pude pescar nada.

CANASTERA: —¡Espera, pescador! Recuerda que el puente está flojo. Mejor te ayudo a cruzar, pero no debes arriesgarte a menos que seas muy buen nadador. El puente podría estar hoy más flojo que ayer.

PESCADOR: —Bueno... sí. Eres muy amable. Soy un excelente nadador y tengo buen sentido del equilibrio.

GRIOT: —El pescador caminó hasta el borde del río, hacia el puente de tronco. Sabía que debía fingir que el puente estaba flojo. La canastera se arrodilló para sostener el puente. Cuando el pescador comenzó a cruzar, la canastera comenzó a sacudir el tronco con la mano.

PESCADOR: *(Nerviosamente)* —¿Qué haces? ¡Me caeré al río!

CANASTERA: *(Pretendiendo estar preocupada)* —¡Uy! ¡El puente está flojo! ¡No puedo controlarlo! ¡Cuidado! ¡Tranquilo! !Despacio, despacito, cuidado... Uppp!

GRIOT: —¡Uy! La canastera sacudió el tronco con tanta fuerza que el pescador se cayó al río.

CANASTERA: —¡Oh! Creo que el tronco estaba aún más flojo que ayer. ¡Lo lamento, pescador!

GRIOT: —Mientras el pescador flotaba en el agua, ¡un pez pasó en frente de su nariz! Estaba enojado con la broma que le habían jugado, pero sabía que no podía decir nada. Seguramente los otros habían descubierto que el puente no estaba flojo y que el pescador los había engañado el día anterior. A la orilla del río, la mujer con frutas, el tejedor, el granjero, la canastera y el hombre con arroz, rieron y rieron. Más tarde ese día, ¡hicieron una cena excelente con pescado!

NIÑO UNO: —¡Ja ja! ¡Creo que el pescador aprendió la lección!

GRIOT: —¡Sí! ¡Esperemos que nunca intente engañar a alguien nuevamente! *(Aplaude una vez).* ¡Esta historia de engaños fue divertida! ¡Y se acabó el tiempo!

Propósito del autor
¿Con qué propósito escribió la autora esta obra de teatro? ¿Alguna clave indica otro propósito más?

Contemos cuentos con
Angela Shelf Medearis

El padre de **ANGELA SHELF MEDEARIS** pertenecía a la Fuerza Aérea, por esto, de pequeña se mudaba mucho. Una de las primeras cosas que hacía Angela cuando llegaba a un nuevo lugar era visitar la biblioteca, porque le encantaba leer y hablar con los bibliotecarios. Ahora, Angela escribe porque le gusta aprender sobre la vida y hacer reír a la gente. "Disfruto la maravillosa sensación que te da cuando tienes una buena idea y deseas empezar a trabajar en ella enseguida", dice. Angela también escribe libros de recetas y libros sobre su herencia afroamericana.

Otro libro de
Angela Shelf Medearis

Jugamos bajo la lluvia

por Angela Shelf Medearis
Ilustrado por Sylvia Walker

 Conéctate

Busca información sobre Angela Shelf Medearis en **www.macmillanmh.com**

✔ Propósito del autor
¿Qué elementos del texto indican que es una obra de teatro? ¿Tendrá la autora otro propósito además de la representación teatral?

Pensamiento crítico

Resumir

Resume *La pesca del día*. Asegúrate de presentar los sucesos en el orden en que ocurrieron.

Pensar y comparar

Pistas	Propósito del autor

1. Algunas veces, los autores tienen más de un **propósito** al escribir una selección en particular. ¿Cuál fue la razón principal del autor para escribir esta obra? Usa la tabla de propósito del autor para explicar tu respuesta. **Evaluar: Propósito del autor**

2. Vuelve a leer lo que dijo el tejedor en la página 295 y a continuación lo que dijo el pescador. ¿Por qué el pescador no dio respuestas específicas a las preguntas del tejedor? **Crítica**

3. ¿Habrías participado del engaño para darle una lección al pescador? ¿Por qué? **Analizar**

4. Darle una lección a un tramposo, como el pescador, ¿puede ser una forma efectiva de hacer que ya no engañe a otros **desafortunados**? Explica tu respuesta. **Evaluar**

5. Vuelve a leer "Anansi y el sentido común" en las páginas 284-285. ¿Es el propósito del autor el mismo que en *La pesca del día* o es diferente? Usa ejemplos de las selecciones. **Leer/Escribir para comparar textos**

El zorro y el cuervo

Mei Kirimoto

Un cuervo hambriento tenía la mirada fija en una familia que merendaba en el campo.

"No puedo creer que vayan a comerse toda esa cantidad de comida", pensaba.

Mientras esperaba que la familia terminara, para pasar el rato, se dio un chapuzón en el estanque. Al cuervo le encantaba admirarse a sí mismo. Era atractivo y pasaba largos ratos mirando su reflejo en el agua. Entretenido con su propia elegancia, no se dio cuenta en qué momento la familia terminó de comer y se fue.

Sin embargo, cuando su estómago se quejó recordó lo hambriento que estaba y voló con rapidez hacia el lugar donde la familia había merendado. Vio que habían dejado olvidado un gran pedazo de queso. Sujetó el queso con el pico y voló hasta una rama de un abedul para disfrutar su bocadillo.

Fue entonces cuando apareció un zorro. Estiró su larga nariz y olió el pedazo de queso. "¿Dónde estará ese queso?", se preguntó. "Tengo que averiguarlo, estoy hambriento".

En seguida vio al cuervo con el queso.

El zorro sabía que el cuervo era muy vanidoso. Lo miró y con gracia le dijo:

—Buenas, señor Cuervo, luce usted estupendo hoy. El sol brilla gloriosamente en sus plumas. Su elegancia es un rayo de sol en un día nublado.

El zorro notó que el cuervo se hinchaba con cada alabanza.

—Sus plumas están hechas del ébano más fino. ¡Ah! Si yo tan sólo pudiera escuchar su voz. Seguramente es magnífica, como su plumaje.

De inmediato, el cuervo quiso demostrar que en efecto tenía una voz impresionante: abrió su pico y comenzó a cantar *cra, cra, cra* a todo volumen. Al empezar a cantar, el queso que tenía en el pico cayó al suelo.

En un abrir y cerrar de ojos, el triunfante zorro recogió el queso y se lo comió.

—Mi querido cuervo —dijo el zorro mientras se relamía—, su voz podrá ser maravillosa, pero es mejor pensar antes de hablar.

MORALEJA: *No confíes en alguien que te adula demasiado.*

> **Una moraleja deja una enseñanza.**

> **Esta metáfora compara la elegancia con un rayo de sol.**

Pensamiento crítico

1. Da un ejemplo del uso de la metáfora en la fábula. Explica tu elección. **Metáfora**

2. ¿Qué es lo que el zorro conoce del cuervo que le permite engañarlo? **Analizar**

3. Piensa en "El zorro y el cuervo" y *La pesca del día.* ¿En qué se parecen la fábula y la obra de teatro? ¿En qué se diferencian? **Leer/Escribir para comparar textos**

 Busca información sobre fábulas en **www.macmillanmh.com**

Conexión: Lectura y escritura

Diálogo y narración

Los buenos escritores usan el **diálogo** y la **narración** para que los lectores conozcan los pensamientos y sentimientos de los personajes por lo que dicen.

Lee el siguiente pasaje. Observa cómo la autora, Angela Shelf Medearis, usa juntos el diálogo y la narración.

Fragmento de
La pesca del día

La autora alterna entre el diálogo del tejedor y el pescador y el relato del *Griot*. En lugar de escribir una parte larga del diálogo y luego una parte larga de la narración, la autora los intercala.

GRIOT: —El tejedor ajustó el atado de tejidos sobre su cabeza e intentó correr a través del puente. Cuando llegó a la mitad del tronco, el pescador movió el pie a escondidas y sacudió el tronco.

TEJEDOR: *(En voz alta, tambaleándose en la mitad del tronco)* —¡Auxilio! ¡Me caigo!

PESCADOR: *(Haciendo señas como un loco)* —¡Regresa antes de que te caigas! ¡Nunca llegarás al otro lado del río! ¡Es muy peligroso!

GRIOT: —El pescador dejó de sacudir el tronco. El tejedor regresó a donde había comenzado, contento de estar vivo.

308

Lee y descubre

Lee el escrito de Carol. ¿En qué forma usó el diálogo y la narración para que vieras y oyeras lo que sucedía en ese momento? Usa el Control de escritura como ayuda.

En apuros

Carol S.

Vi la expresión en el rostro de mi madre.

—¿Por qué piensas que estoy aquí? —me preguntó. Yo sabía que estaba en apuros.

—Emmm... ¿porque la basura todavía está allí? Intenté hacerme la inocente, pero mi mamá era demasiado lista.

—¿Cuántas veces te dije que sacaras esa apestosa bolsa de basura? Su rostro era como una máscara de piedra.

> Observa cómo mezclé el diálogo y la narración para contar mi historia.

Control de escritura

 ¿Cómo usa la autora el diálogo y la narración para mostrar lo que los personajes dicen y hacen?

 ¿Puedes sentir lo que Carol vio y oyó?

☑ ¿Incluye la autora la misma cantidad de **narración** y de **diálogo**?

Pensar antes de actuar

A platicar

¿Qué medios ingeniosos usa la gente para salir de situaciones complicadas?

Conéctate

Busca información sobre los cuentos folcóricos en **www.macmillanmh.com**

Una princesa de verdad

Vocabulario

despedir	intención
gesticular	desesperado
exquisitez	descender
acceder	escoltar

Homófonos

Los **homófonos** son palabras que suenan igual, se escriben diferente y tienen distinto significado. Por ejemplo, los homófonos *casar* y *cazar* suenan igual pero tienen significados distintos.

Tonya Schaeffer

Había una vez un príncipe llamado Vicente, que estaba a punto de cumplir 30 años. Era una edad muy importante, ya que si no se casaba con una princesa para su cumpleaños, los asesores del rey lo **despedirían** de la corte. Lo mandarían a un lugar lejano y nunca podría convertirse en rey.

El príncipe Vicente no tenía **intención** de perder la corona. Sin embargo, con el paso de los años, había roto el corazón de todas las princesas de los reinos cercanos y lejanos. Ahora, estaba **desesperado** por encontrar una princesa de verdad para casarse. El príncipe Vicente había perdido todas las esperanzas.

—¿Qué haré? —le dijo el príncipe a su madre—. No es mi culpa que no queden más princesas.

La reina miraba hacia un lado y otro.

—Es tu culpa por haber tratado tan mal a tantas princesas —le respondió.

En ese momento, una joven se acercó al castillo. Se le habían roto las riendas y no podía pasar el arnés por la nariz del caballo.

La muchacha **descendió** por las grandes escaleras y entró al salón principal. Se presentó como la princesa Araya de Zelnorm. Cuando el Príncipe vio sus ropas sucias y rasgadas, le dijo a su madre:

—Ésta no podría ser la princesa que estoy buscando. De hecho, creo que ni siquiera es princesa.

La reina se quedó pensativa y dijo:

—Ya sé qué podemos hacer para descubrir la verdad. Sin embargo, si resulta ser una princesa de verdad, debes prometer casarte con ella.

—¡Bueno! —dijo el Príncipe. Estaba seguro de que su madre estaba equivocada.

La reina tenía un plan. Le pidió a un sirviente que **escoltase** a Araya al comedor, donde la princesa comió extrañas **exquisiteces** preparadas por el cocinero real. Luego, la reina pidió que le dieran a la dama la mejor habitación.

—Quiero siete colchones de plumas

en la cama —exigió, **gesticulando**—. Coloquen una pequeña piedra debajo de la pila de colchones. Sólo una princesa de verdad la notaría.

A la mañana siguiente, la reina le preguntó a Araya cómo había dormido.

—¡No pude dormir en toda la noche! —dijo Araya—. Vi a una mujer sin hogar, con su hijo, de pie junto a la puerta del castillo, y les di dos colchones. Luego, apareció otro desamparado y le di los otros colchones. Mi padre, el rey Paul, se los pagará.

La reina se quedó callada, pero el príncipe Vicente había descubierto la verdadera belleza de la princesa Araya y le pidió que fuera su esposa. Ella **accedió** a su propuesta y los dos se convirtieron en los reyes más bondadosos del país.

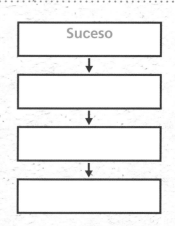

Volver a leer para **comprender**

✓ Resumir

Orden de los sucesos

La tabla de secuencia te ayuda a resumir la información al hacer una lista de los sucesos o hechos según el orden en que ocurrieron. Utiliza la tabla de secuencia al volver a leer la selección, como ayuda para resumir los sucesos en orden cronológico.

Suceso

↓

↓

↓

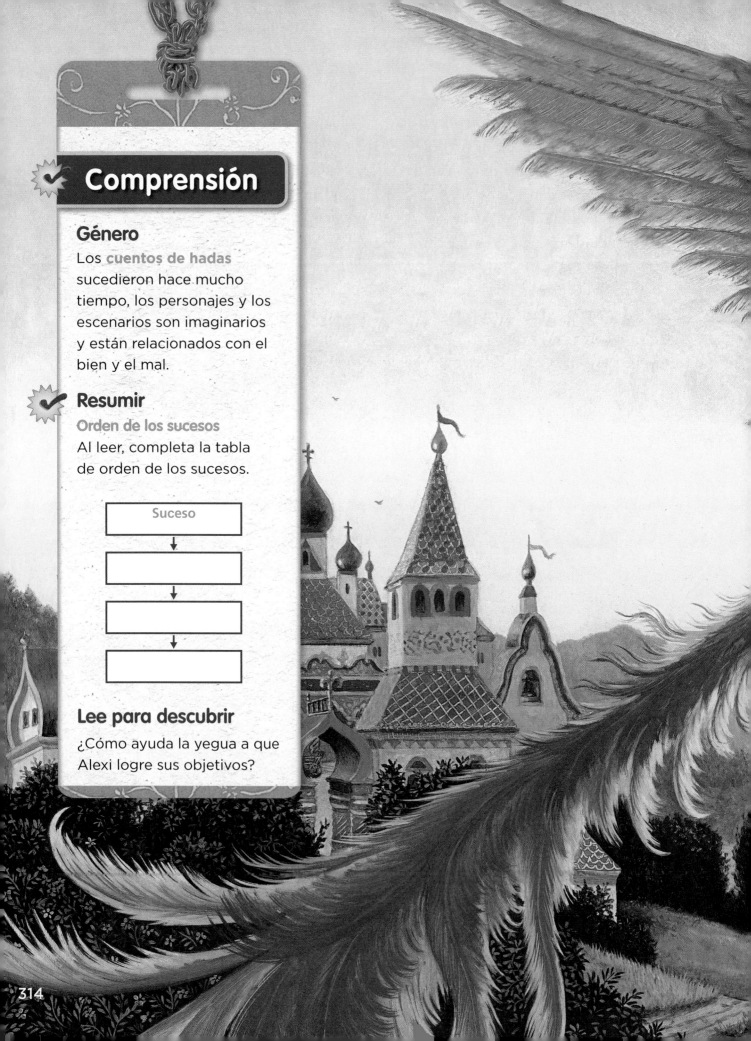

Comprensión

Género

Los **cuentos de hadas** sucedieron hace mucho tiempo, los personajes y los escenarios son imaginarios y están relacionados con el bien y el mal.

Resumir

Orden de los sucesos

Al leer, completa la tabla de orden de los sucesos.

Suceso

↓

↓

↓

Lee para descubrir

¿Cómo ayuda la yegua a que Alexi logre sus objetivos?

314

La yegua dorada, el ave de fuego y el anillo mágico

Ruth Sanderson

Selección premiada

Había una vez, en un lugar donde las bestias mágicas todavía deambulaban por la tierra, un hombre joven llamado Alexi que había dejado su hogar para buscar fortuna y, quizás, embarcarse en un par de aventuras.

Alexi era un excelente cazador pero, luego de una semana de viaje, no había encontrado trabajo ni aventura. Cierta vez, cuando **descendía** la noche y la luna salía, Alexi acampó en un claro del bosque.

Un ruido de cascos en el bosque alertó a Alexi. Como pensó que se trataba de una manada de ciervos o alguna otra criatura, preparó el arco. Sin embargo, el joven cazador no tuvo que usar su flecha, porque la bestia que apareció en frente a él era demasiado maravillosa para dispararle.

Era una yegua dorada, con crines blancas y plateadas que brillaban en la oscuridad.

La yegua dorada se detuvo y miró atónita al cazador, que la apuntaba con la flecha al corazón.

—Deténgase, buen señor, no dispare —dijo la yegua, para gran sorpresa del muchacho. Alexi bajó el arco y se acercó lentamente a la maravillosa yegua.

—Estoy para servirte por haberme perdonado la vida —dijo—. ¿Cuál es tu deseo?

Alexi le contó a la yegua que estaba buscando trabajo y algo de aventura.

—El zar de esta región necesita otro cazador —dijo la yegua—. Mañana te llevaré a su palacio. Si te contrata, te prometo que te serviré bien.

A la mañana siguiente, Alexi improvisó una brida rudimentaria con un trozo de soga, montó la yegua dorada y salió para el palacio del zar.

Muy impresionado con su cabalgadura, el zar contrató de inmediato al joven y le ofreció una suma importante por la yegua.

—Se lo agradezco, señor —dijo Alexi—, pero me temo que ella sólo me aceptará a mí como jinete. El zar se enojó porque Alexi rechazó la oferta y ordenó que le pusieran a la yegua una montura y una brida de verdad. Pero ninguno de los hombres pudo mantenerse sobre el lomo de la yegua dorada.

El zar, que estaba acostumbrado a conseguir lo que quería, miró con furia a Alexi.

—Sé que me servirás *muy* bien —dijo fríamente, pero sin querer **despedirlo**, por si resultaba ser un buen cazador.

En cuestión de semanas, Alexi se convirtió en el cazador más importante del zar. Era buen tirador y la yegua dorada era muy rápida. Quiso la suerte que un día Alexi no encontrara nada para cazar y siguiera andando y andando hasta caer la noche. Estaba a punto de regresar cuando vio que algo brillaba en el camino, delante de ellos. Era una pluma dorada, brillante como el fuego. Alexi se dio cuenta de inmediato de que era la pluma de la gran ave de fuego.

—Le llevaré este presente al zar —dijo Alexi—. Entonces quizás me vea con buenos ojos.

La yegua dorada intentó proteger a su amable amo.

—Si le llevas la pluma del ave de fuego al zar, vas a saber lo que significa el miedo —le advirtió.

Pero Alexi estaba muy confiado en lo que hacía; no escuchó las palabras de la yegua y, al día siguiente, le llevó la pluma al zar.

Orden de los sucesos
¿Qué secuencia de eventos en la historia lleva a Alexi a convertirse en cazador del zar?

Cuando el zar tomó la pluma, vio con codicia una forma de deshacerse de ese insolente cazador, cuya yegua le recordaba constantemente todo lo que no podía tener.

—¡Me traes una simple pluma! —bramó el zar—. ¡Si eres tan inteligente, tráeme el ave completa o haré que me traigan tu cabeza en una bandeja!

Alexi salió de la sala del trono **desesperado** y fue al establo donde estaba la yegua dorada.

—No te preocupes —dijo la yegua dorada—. Pídele al zar que ordene esparcir cien bolsas de maíz en el campo abierto de la colina a medianoche. Yo me ocuparé del resto.

El zar aceptó la propuesta de Alexi y, a medianoche, sus hombres esparcieron cien bolsas de maíz en el campo. Alexi le quitó la montura y la brida a la yegua dorada, que corrió libre por el campo, y luego se escondió entre las ramas de un roble que estaba en la cima de la colina. Esperaron toda la noche.

Cuando los primeros rayos de sol iluminaron el cielo, por la esquina este del mundo apareció volando el ave de fuego. El reflejo de la luz del sol centelleaba en sus alas.

La imponente ave se posó en el campo y comenzó a comerse el maíz. La yegua dorada fue acercándosele poco a poco. Cuando estuvo lo suficientemente cerca, la sujetó al piso poniendo una pata sobre su cola. El ave de fuego intentó en vano volar, pero la yegua la retenía. Alexi saltó de un árbol, ató con una soga el ave que luchaba por soltarse y la colocó cuidadosamente en un saco.

El zar quedó maravillado cuando Alexi llegó con el mítico pájaro y mandó fabricar una enorme jaula con adornos. La gente viajaba largas distancias para ver el ave cautiva, y los zares vecinos estaban celosos de tan valiosa posesión. Sin embargo, Alexi sentía pena por el ave y deseaba no haber encontrado jamás la pluma brillando en el camino del bosque.

Alexi siguió siendo el mejor cazador del zar y le trajo grandes riquezas. Sin embargo, no importaba lo que Alexi hiciera, no podía complacer al zar, pues la yegua dorada sólo lo obedecía a él.

Unas semanas después, el zar lo llamó.

—Ya que tienes talento para realizar tareas imposibles, te pediré que hagas una más —dijo el zar—. En una distante tierra al este, Yelena la Hermosa navega en su bote dorado en el lago del Sol. Encuéntrala y tráela de regreso, pues me voy a casar con ella. Si no lo logras, morirás.

Con el corazón oprimido, Alexi fue a visitar a la yegua dorada. Estaba seguro de que esta vez no lograría cumplir con la tarea.

—Pídele al zar una tienda con brocados y todo tipo de dulces y **exquisiteces** —dijo la yegua—, y te llevaré adonde está Yelena.

El zar le entregó a Alexi una tienda hermosa y comidas excelentes. Alexi las metió en las bolsas de la montura, sobre el ancho lomo de la yegua dorada.

Cuando partieron, a Alexi le pareció que las patas de la yegua apenas tocaban el suelo. Tenía un galope muy suave. Anduvieron siete días y siete noches, a través de bosques, cascadas y montañas. Al octavo día, la yegua se detuvo.

Los rayos del sol dibujaban la silueta del bote de Yelena la Hermosa, que navegaba en el lago del Sol.

Alexi armó la tienda y colocó dentro las alfombras, almohadones y comidas que había llevado. Luego, se sentó dentro de la tienda y esperó a que apareciera Yelena la Hermosa. Al poco tiempo, un bote se fue acercando a la orilla hasta que bajó las velas y tocó la playa. Con paso suave, la dama se acercó a la tienda de aspecto real y vio el banquete que Alexi había preparado.

Yelena y Alexi la pasaron bien comiendo y conversando sobre muchas cosas.

—Mi amo, el zar, es rico y poderoso, y también famoso —fanfarroneó Alexi—. Además, tiene cautiva la legendaria ave de fuego. Quizás quieras ser una invitada de honor del zar. Permíteme **escoltarte** a su palacio.

Yelena la Hermosa quedó impresionada con las palabras convincentes de Alexi y sus modales gentiles, y decidió acompañarlo. Cuando Alexi levantó a la joven y bella dama para subirla al lomo de la yegua dorada, se sintió culpable por no mencionarle las verdaderas **intenciones** del viejo zar.

El zar quedó atónito cuando vio que Alexi cruzaba las puertas del palacio con Yelena la Hermosa.

—¡Mi prometida! —exclamó.

Yelena la Hermosa se sintió mal y se dio cuenta enseguida de que Alexi la había llevado hasta allí con pretexto falso. Miró al viejo zar y luego al joven cazador que la había atrapado.

—No me casaré —le dijo al zar— sin el anillo de casamiento de mi madre, que está bajo una piedra en el fondo del lago del Sol.

—Muy bien —dijo el zar a Alexi, **gesticulando** con impaciencia—, ¿qué estás esperando? ¡Ve a buscar el anillo!

Cuando Alexi se quedó solo con la yegua dorada, le dijo:

—No quiero ir a buscar el anillo de casamiento de Yelena para el zar, porque entonces ella también quedará cautiva como el ave de fuego.

—Yo lo recuperaré —dijo la yegua dorada—. Pase lo que pase, no te preocupes, es un anillo mágico y concede un deseo a quien lo usa.

Cuando llegó al lago del Sol, la yegua golpeó la arena tres veces con la pata y un cangrejo enorme salió del agua.

—En el fondo del lago hay un anillo bajo una piedra —dijo la yegua dorada—. Por favor, consíguelo para Yelena la Hermosa, que lo necesita.

Pacientemente, la yegua dorada esperó en la orilla mientras el cangrejo llamaba al tiempo a todas las criaturas que caminaban por el fondo del lago para que buscaran el anillo. Más tarde, el cangrejo salió del agua con el anillo en una de sus pinzas. Con delicadeza, la yegua dorada tomó el anillo con los dientes y corrió de regreso al establo del palacio donde la esperaba Alexi.

Alexi le mostró el anillo al zar, quien de inmediato se lo entregó a Yelena.

—Ahora tienes el anillo —dijo—. ¡Hagan sonar las campanas matrimoniales! ¡Preparen la fiesta!

—Espera —dijo la inteligente dama, que veía el remordimiento en los ojos de Alexi—. No puedo casarme con un hombre tan viejo... Seguramente, tienes cuatro veces mi edad.

—¿Y qué puedo hacer al respecto? —preguntó el zar.

—De hecho, hay algo que puedes hacer... con mi ayuda —dijo Yelena—. Pon agua a hervir en un caldero y con mis poderes mágicos la convertiré en agua de la juventud. Si te bañas allí, volverás a ser joven.

327

El zar pidió que prepararan el caldero y en poco tiempo el agua comenzó a hervir.

—En primer lugar, probemos el milagro —dijo el zar, astutamente—. Tú, Alexi, serás el primero en entrar en el caldero. Guardias, ¡llévenlo!

Los hombres del zar sujetaron a Alexi con firmeza.

Alexi recordó las palabras de la yegua dorada acerca del anillo y esperó que fueran ciertas, porque ahora conocía el significado del miedo.

Yelena la Hermosa se acercó al caldero y pasó la mano varias veces sobre el agua hirviente. Silenciosamente, pidió un deseo y dejó caer el anillo en el caldero.

—Ya está listo —dijo.

El zar hizo un gesto y los guardias arrojaron a Alexi al líquido hirviente. Se hundió bajo la superficie una vez, dos veces, y, la tercera vez, dio un salto y salió del caldero. Se encontraba en perfecto estado y el agua caliente no le había producido ningún daño. Sólo Yelena se dio cuenta de que llevaba puesto el anillo de oro en su dedo pequeño.

Con la esperanza de ser joven y fuerte como el cazador, el zar dio un salto y se metió en el caldero. En el mismo momento, Alexi pidió un deseo al anillo mágico, pues no deseaba que el zar muriese.

> **Orden de los sucesos**
> ¿Qué elementos clave de la historia conducen al momento en que Alexi es arrojado al caldero?

Para sorpresa de todos, Alexi metió la mano en el caldero y sacó a un pequeño bebé sonriente, sano y salvo. ¡El zar era joven otra vez!

Como el zar ahora era demasiado joven para gobernar, el pueblo decidió que Alexi lo reemplazara. Yelena la Hermosa **accedió** a ser su prometida. De todos modos se casó con el zar. La pareja le dio al zar bebé otro nombre y lo crió como su hijo.

En su primer acto oficial como zar, Alexi pidió que liberaran el ave de fuego, pues no debía estar encerrada en una jaula. Con un gran destello de luz, voló hacia su hogar en el cielo del este. La yegua dorada volvió a correr y ser libre, pero siguió aconsejando a Alexi hasta el final de sus días.

Había una vez con Ruth Sanderson

Con frecuencia, **Ruth Sanderson** leía libros sobre caballos en la biblioteca donde trabajaba su abuela. Esto la llevó a descubrir su segunda pasión: el dibujo. En cuarto grado, los sábados por la mañana Ruth comenzó a dar clases de dibujo a sus amigos. Como era de esperar, cuando Ruth fue más grande estudió en una escuela de arte y se convirtió en escritora e ilustradora de libros de cuentos de hadas y fantasía para niños. Ruth está casada y tiene dos hijas.

 Busca más información sobre Ruth Sanderson en **www.macmillanmh.com**

⭐ Propósito de la autora

Ruth Sanderson entretiene al lector con este cuento de hadas. ¿Qué hace que la historia también sea informativa?

332

Pensamiento crítico

Resumir

Usa la tabla de orden de los sucesos para resumir *La yegua dorada, el ave de fuego y el anillo mágico*. Lleva un registro del orden en que ocurren los acontecimientos, para ayudarte a comprender mejor la historia.

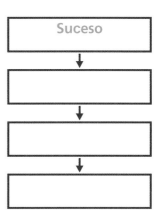

Suceso
↓
↓
↓

Pensar y comparar

1. Describe cómo variaría la historia si la autora cambiara el **orden de los sucesos**. Usa detalles de la historia en tu descripción. **Resumir: Orden de los sucesos**

2. Vuelve a leer la página 325. ¿Por qué Alexi se siente culpable por tratar de convencer a Yelena la Hermosa de que visite al zar? Usa detalles de la historia para fundamentar tu respuesta. **Analizar**

3. Si la yegua dorada te **escoltara** durante toda tu vida, ¿qué le pedirías que te ayudase a hacer? Explica. **Sintetizar**

4. El zar sólo piensa en sí mismo. ¿Cómo crean las personas egoístas situaciones difíciles? Explica tu respuesta. **Evaluar**

5. Vuelve a leer "Una princesa de verdad" en las páginas 312 y 313. Explica los parecidos y las diferencias entre las situaciones de Alexi y el príncipe Vicente. Usa detalles de las dos selecciones en tu respuesta. **Leer/Escribir para comparar textos**

Un cuento contado en todo el mundo

Lateesha Gray

Todo el mundo disfruta los cuentos de hadas. Algunos cuentos de hadas son famosos en un solo país, pero otros lo son en todo el mundo. Hay mas de 500 **versiones** de la historia de Cenicienta. En casi todas, el personaje principal es una joven amable. Entre los otros personajes se encuentran una madrastra, unas hermanastras crueles, un hada madrina y un príncipe.

El argumento es similar en todos los cuentos. La joven tiene que hacer las tareas del hogar, luego alguien le concede un deseo y la ayuda a asistir a una celebración, por ejemplo, a un baile. En el baile, la belleza de la joven atrae a un poderoso hombre que se enamora de ella de inmediato. La verdadera **identidad** de la joven se mantiene en secreto y el hombre debe buscarla por todas partes.

La Cenicienta francesa

El escritor francés Charles Perrault es el autor de la versión de la Cenicienta que todos conocemos. Cenicienta es muy hermosa pero sus hermanastras son feas y celosas y obligan a Cenicienta a hacer las tareas más difíciles del hogar. Un día, el príncipe invita a un baile a todas las mujeres del reino. Cenicienta está a punto de no asistir, hasta que llega el hada madrina y la ayuda.

El hada madrina agita su varita mágica y **transforma** el harapiento vestido de Cenicienta en un traje fabuloso y le da unos zapatos de cristal. El hechizo terminará a la medianoche; por lo tanto, debe irse de la fiesta antes de esa hora. Al irse del baile, Cenicienta pierde un zapato, el príncipe lo recoge y la busca por todo el reino. Finalmente, el príncipe la encuentra y se casa con ella. Al final de la historia, Cenicienta perdona a su madrastra y a sus hermanastras y les pide que vayan a vivir con ella.

Diagrama de Venn

Leer un diagrama de Venn

En un diagrama de Venn, las diferencias se escriben en los óvalos de izquierda y derecha. Las similitudes en el centro.

Versión francesa
- Zapato de cristal
- Baile lujoso
- Príncipe
- Hada madrina
- Madrastra y hermanastras buenas con ella después

Historias de Cenicienta
- Joven maltratada
- Madrastra y hermanastras malvadas
- Recibe ayuda que la transforma
- Debe regresar a su casa a una hora determinada
- Pierde un zapato
- Un hombre poderoso busca a la desconocida y se casa con ella

Versión china
- Zapato de oro
- Festival
- Rey
- Peces que hablan
- Madrastra y hermanastra no la vuelven a ver jamás

La Cenicienta china

En la versión china, Yeh-Shen también tiene una madrastra y unas hermanastras malvadas. Su único amigo es un hermoso pez de ojos dorados. Más adelante, su madrastra mata el pez que habla y lo cocina para la cena. Sin embargo, Yeh-Shen descubre que los huesos del pez son mágicos y los esconde. Luego, los huesos la ayudan a ponerse un vestido hermoso para ir a un festival. Mientras se apura por irse del festival para llegar a su casa a una hora determinada, pierde un zapato dorado. El rey compra el zapato y busca a su dueña. Cuando encuentra a Yeh-Shen, queda deslumbrado por su belleza y se enamora de ella. El rey prohíbe que la madrastra y sus hijas vuelvan a ver a Yeh-Shen.

La Cenicienta egipcia

La versión egipcia de Cenicienta está basada en el casamiento real de una esclava y el faraón, o rey, del antiguo Egipto. En esta versión, otros miembros del servicio doméstico se burlan de Rhodopis, una sirvienta griega. Sus únicos amigos son los animales que viven cerca del río. A menudo canta y baila para ellos. Una noche pierde un zapato. Un halcón se lo lleva y lo deja caer sobre el trono del faraón. El faraón busca en su reino a la mujer que le encaje el zapato. Cuando encuentra a Rhodopis, se enamora y ella se convierte en su reina.

La Cenicienta indígena americana

Algunas historias indígenas americanas contienen muchos **elementos** de la Cenicienta. Una historia famosa cuenta sobre una doncella cuyas manos y pies se habían quemado cuando encendía el fuego. Al igual que la Cenicienta europea, a menudo la dejan fuera de los eventos y se siente como si no perteneciera a ningún lugar. Esta historia utiliza el ambiente y las costumbres de la nación algonquina para contar la historia. En la versión del pueblo zuñi, se añaden pavos parlanchines que la ayudan. El ambiente de esa historia es una aldea en el sudoeste de Estados Unidos.

Pensamiento crítico

1. Mira el diagrama de Venn en la página 335. Encuentra dos detalles de la versión de la Cenicienta francesa que sean diferentes a los de la versión china. **Leer un diagrama de Venn**

2. ¿Por qué piensas que la historia de Cenicienta es tan famosa en todo el mundo? **Analizar**

3. Piensa en *La yegua dorada, el ave de fuego y el anillo mágico*. ¿En qué se parece esa historia a la de Cenicienta y a la de Yeh-Shen? **Leer/Escribir para comparar textos**

Estudios Sociales

Haz un diagrama de Venn que compare y contraste una historia de la Cenicienta de otra cultura con la historia de la Cenicienta que tú conoces.

Busca más información sobre los cuentos de la Cenicienta en **www.macmillanmh.com**

Conexión: Lectura y escritura

Escritura

Diálogo y narración

Los buenos escritores usan el **diálogo** y la **narración** para que los lectores conozcan los pensamientos y sentimientos de los personajes.

Lee el siguiente pasaje. Observa cómo la autora, Ruth Sanderson, usa juntos el diálogo y la narración.

La autora usa el diálogo y la narración. En vez de escribir una parte larga de diálogo y luego una parte larga de narración, los intercala.

Fragmento de
La yegua dorada, el ave de fuego y el anillo mágico

Yelena la hermosa se sintió mal y se dio cuenta enseguida de que Alexi la había llevado hasta allí con un pretexto falso. Miró al viejo zar y luego al joven cazador que la había atrapado.

—No me casaré —le dijo al zar—, sin el anillo de casamiento de mi madre, que está bajo una piedra en el fondo del lago del Sol.

La yegua dorada, el ave de fuego y el anillo mágico
Ruth Sanderson

Lee y descubre

Lee el escrito de Tom. ¿En qué forma usó el diálogo y la narración para que vieras y oyeras lo que sucedía en ese momento? Usa el Control de escritura como ayuda.

Foco de atracción

Tom M.

¡La presentadora del espectáculo de talentos dijo mi nombre! —¡Soy yo! —grité al subir al escenario. —¡Hola, mamá! ¡Hola, papá! —dije por el micrófono.

La presentadora sonrió, puso la mano en mi hombro y dijo: —Se nota que estás contento de estar aquí.

Lee lo que dije y lo que hice cuando me eligieron para el espectáculo de talentos.

Control de escritura

 ¿Puedes sentir lo que Tom vio y oyó?

 ¿Te muestra el autor exactamente lo que dijo e hizo un personaje?

 ¿Incluye el autor la misma cantidad de **narración** que de **diálogo**?

A platicar

¿Qué clase de cuentos te gustan? ¿Cuál es la diferencia entre escucharlos y leerlos o mirarlos?

Busca más información sobre contar cuentos en **www.macmillanmh.com**

Contar cuentos

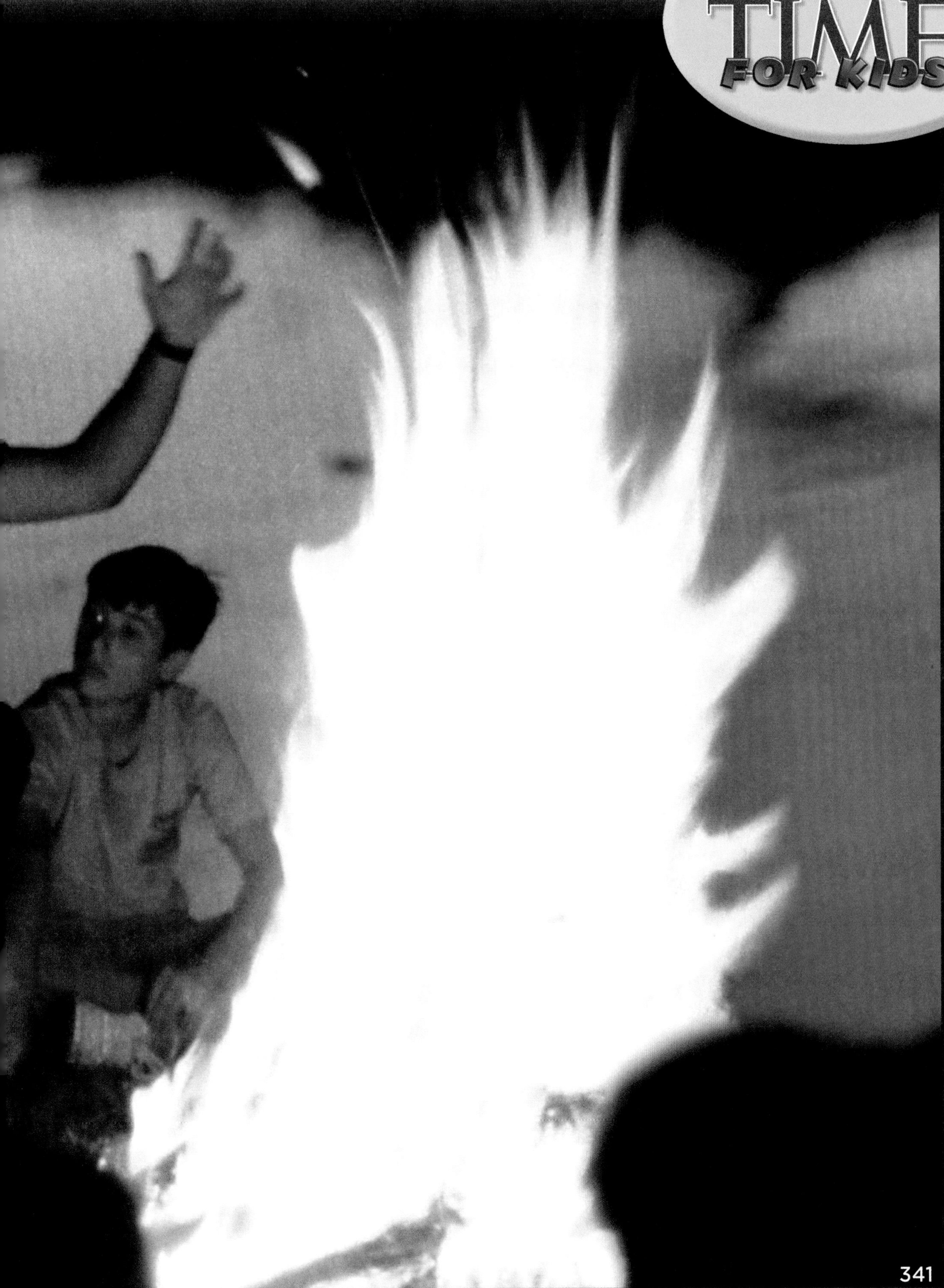

Vocabulario

- generación
- mundo
- preservar
- revelar
- divertido

El Festival Más Allá de la Frontera tiene lugar todos los años en Gales.

Como solía ser

Cuando queremos un cuento, lo buscamos en un libro. Pero mucho antes de que las historias pudieran escribirse, los narradores las transmitían de una **generación** a otra. Los narradores las memorizaban con cuidado y sus palabras sacaban al público de la realidad y lo llevaban a un mundo de héroes y monstruos.

Hoy en dia, un grupo nuevo de intérpretes ha revivido los cuentos y las habilidades de los antiguos narradores. Cada año, por lo menos 70 festivales de contar cuentos tienen lugar por todo el **mundo** y en distintos idiomas. Uno de los más importantes es Más allá de la Frontera, que dura tres días y se desarrolla en Gales, Gran Bretaña. Artistas de lugares tan lejanos como Egipto, Japón y Bangladesh comparten sus cuentos con una audiencia diferente.

Los relatos en vivo parecen pasados de moda en esta época tan visual. Pero Daniel Morden, un joven narrador de Gales, cree que oír relatos es más **divertido** que mirar películas, porque al oír relatos el público tiene que crear sus propias imágenes: "Cada oyente crea imágenes diferentes en su mente, con base en sus propias experiencias. Por lo tanto, cada uno oye una historia distinta".

El experto narrador Tuup, de Guyana, en el Festival Más Allá de la Frontera.

VOCES
DEL PASADO

Esclavos durante la Guerra Civil

Al final de la Guerra Civil, casi cuatro millones de esclavos quedaron en libertad. Más de 130 años después, es posible escuchar sus historias contadas por ellos mismos. En la página web de la Memoria Estadounidense de la Biblioteca del Congreso aparecen veintitrés entrevistas. con afroamericanos liberados.

Entre 1932 y 1975, se entrevistó a estas personas en nueve estados del sur, con el propósito de **preservar** la historia del país. Después de 60 años, los protagonistas cuentan la historia de sus vidas como esclavos y como personas libres.

Según Michael Taft, director del archivo de cultura popular de la biblioteca, las grabaciones **revelan** que "el poder de la voz de una persona es mucho más grande que el de las palabras escritas en papel".

La historia de los Tigres

Los Tigres del Norte

En 1968 un grupo de hermanos mexicanos cruzó la frontera rumbo a San José, California. Más tarde, los hermanos y un primo formaron el grupo musical Los Tigres del Norte, ganaron un premio Grammy y han vendido millones de discos que incluyen una gran cantidad de corridos.

Los corridos, relatos musicales que tratan de las luchas de la vida diaria, se originaron en México por el 1800. También se los denomina música de la frontera por su gran popularidad en ambos lados del límite con Estados Unidos. Los corridos empezaron como informes de noticias para la gente que no sabía leer y describían sucesos importantes, como guerras, crímenes o cambios políticos. Los corridos de hoy en día suelen referirse a temas de ficción.

Conéctate

Busca más información sobre corridos en **www.macmillanmh.com**

Relatos engañosos

¿De dónde proviene el viento? ¿Por qué existe la noche? ¿Por qué tiene manchas un leopardo?

Un cuentista havasupai

Las preguntas sobre la naturaleza y el funcionamiento del mundo han existido siempre y también los cuentos que proporcionan las respuestas. Los cuentos de tramposos se originaron antes de que la ciencia nos explicara fenómenos como tornados e inundaciones. Estos cuentos, cuyos personajes principales usan su ingenio para lograr lo que desean, sirvieron para explicar la naturaleza y el mundo que nos rodea.

Conoce al tramposo

¿Quién es el tramposo? Es un personaje que aparece en muchos cuentos, pero que no siempre se llama igual ni adopta el mismo cuerpo. Suele ser un animal con características de ser humano, por ejemplo, un coyote, un zorro, una tortuga o una araña. El nombre de "tramposo" puede confundir. El tramposo no siempre es el que engaña a los otros, a veces, él es el que cae víctima del embuste.

Robert Greygrass

 El tramposo en los cuentos indígenas americanos toma muchas formas. Por ejemplo, en los cuentos de la tribu crow es un coyote astuto y en los cuentos del Noroeste Pacífico es un cuervo valiente.

Así funciona

Hace poco tiempo, Robert Greygrass, un narrador indígena nacido en California, se presentó en el Festival de Narraciones de Bay Area, en El Sobrante, California. "Estuvo genial", dijo Patrick Whamond, un niño de diez años. "Contó relatos sobre animales y acerca de cómo las cosas llegaron a ser lo que son".

Al igual que los demás cuentacuentos, Greygrass usa relatos de tramposos para enseñar, inspirar y entretener. No sólo habla sobre los indígenas americanos, también describe el lugar que ocupamos en el universo.

A diferencia del material escrito que no se cambia al estar impreso en el papel, todo lo que él cuenta puede cambiar con el paso del tiempo. Un narrador no siempre memoriza palabra por palabra como si se tratara de un guión. Él o ella puede limitarse a contar los puntos relevantes del comienzo, del medio y del final. Por eso no existen dos historias idénticas.

Tradiciones que continúan

La tradición de los pueblos indígenas de compartir relatos tiene una historia muy rica que abarca muchas generaciones. Nadie lo sabe mejor que Tchin (Chin), un indígena americano nacido en Virginia. De pequeño, vivió con parientes en Rhode Island donde aprendió acerca de la cultura y las tradiciones de su tribu narragansett. A los quince años de edad, se mudó a Nueva York. Luego de permanecer diez años en esa ciudad, comenzó a asistir a la Escuela de Diseño de Rhode Island, a la Universidad Brown y luego al Instituto de Arte Americano en Nuevo México.

En la actualidad, Tchin entretiene a públicos de todo el país con sus relatos. "Los indígenas de estas tierras nacemos narradores", comenta Tchin. "Crecemos escuchando historias. Sin embargo, no las llamamos ni cuentos, ni leyendas, ni mitos. Para nosotros, son lecciones, porque explican el universo". Una de las favoritas de Tchin es "El conejo que deseaba la nieve" que revela una visión muy divertida de por qué los conejos tienen orejas largas y patas cortas.

Tchin busca siempre material nuevo, y estudia relatos de tramposos de todo el mundo. "En este momento, estoy investigando sobre el Medio Oriente", explicó Tchin. "Estudié los antiguos griegos, romanos y egipcios, y el resultado de todo eso es una mayor comprensión de los seres humanos".

Relatos de tramposos en todo el mundo

Como lo comprobó Tchin, los indígenas americanos no son los únicos que recurren a los relatos de tramposos. Si bien estos personajes son muy populares en África y Estados Unidos, también son figuras conocidas en mitos de todo el mundo.

A estos personajes astutos se les puede hallar en historias como "El tigre desagradecido" de China, "Los peces que se creyeron demasiado listos" de India y los relatos de Loki de Escandinavia. No importa de qué país provenga, el tramposo suele ser un sinvergüenza que compensa una debilidad física con una inteligencia aguda y solapada.

Los antepasados de Tchin eran siksika y narragansett.

Una historia para el futuro

Uno de los roles más poderosos del tramposo es el de creador. Por ejemplo, el relato "*El coyote y el monstruo*", perteneciente a la tribu nez percé, comienza así: "Mucho tiempo atrás, todavía no había ningún ser humano sobre la Tierra. Un monstruo recorría los rincones, alimentándose de todos los animales, excepto del coyote". El coyote es el personaje astuto en esta historia y al final derrota al monstruo y da origen a los indígenas americanos.

"Los cuentos de tramposos transmiten chistes, enseñan cómo honrar a los muertos, y conservan las figuras retóricas", comenta Ricardo Salmona, que trabajó en el Museo de Arte Folklórico de Nueva York. "Sin embargo, son las historias poderosas como "El coyote y el monstruo" las que aseguran que los cuentos de tramposos perduren a través del tiempo. Son parte de la estructura de nuestras comunidades".

En algunas historias indígenas americanas el lobo es un tramposo.

Pensamiento crítico

1. ¿En qué se parecen y en qué se diferencian los relatos escritos y los orales?

2. Según este artículo, ¿por qué se empezaron a contar los cuentos de tramposos?

3. Piensa en una experiencia personal. ¿Cómo la transformarías en un relato de este estilo?

4. ¿Crees que el autor de "Como solía ser" y Tchin tienen puntos de vista similares sobre contar cuentos? ¿Por qué?

Muestra lo que sabes

Ahí mismo

Marca la respuesta con el dedo. Busca palabras claves en la pregunta y luego encuéntralas en la selección.

Algunas cuentistas se visten con mucho colorido.

Este cuentista capta la atención de todos.

Una gran historia

Cada año, se lleva a cabo el Festival Nacional de Narraciones en Jonesboro, Tennessee. En los comienzos del festival, casi 30 años atrás, el arte de la narración en Estados Unidos se extinguía. "En nuestro primer evento sólo hubo 60 personas sentadas alrededor de un carromato viejo", recuerda Jimmy Neil Smith, fundador de los festivales. Hoy en día, el público ocupa seis carpas enormes. ¿Por qué se hizo tan popular contar cuentos? Tal vez se deba a que las historias nos ayudan a comprender nuestro pasado …y quizá nuestro futuro. "Cuando no había ni libros, ni películas, ni televisión, era tarea del narrador descifrar el universo, explicar por qué hay estrellas en el cielo, por qué reímos y lloramos", dice la cuentista Brenda Wong Aoki.

"Todos podemos ser buenos narradores. Es algo que desarrollamos a diario", dice Syd Lieberman, un narrador excelente de Chicago. "El secreto de un buen relato", aconseja Lieberman, "es no temerle a la verdad. Las historias no siempre cuentan momentos felices", afirma.

Ahora responde a las preguntas del 1 al 5. Basa tus respuestas en "Una gran historia".

1. **¿Cuándo comenzó el Festival Nacional de Narraciones?**

- **A** 10 años atrás
- **B** 30 años atrás
- **C** 40 años atrás
- **D** 60 años atrás

Consejo

Busca palabras clave.

2. **¿Cuál es una de las razones por las cuales la narración de cuentos se ha vuelto popular?**

- **A** La gente está cansada de los libros, las películas y la televisión.
- **B** Cada vez más gente tiene interés en convertirse en narrador profesional.
- **C** Los cuentos son ideales para los que no pueden mantener la atención durante un tiempo largo.
- **D** Las historias nos ayudan a comprender nuestro pasado y quizá nuestro futuro.

3. **Según Syd Lieberman, ¿cuál es la clave para contar bien una historia?**

- **A** No temerle a la verdad.
- **B** Los relatos deben tener siempre un final feliz.
- **C** Los relatos deben empezar por el comienzo.
- **D** La narración de historias debe ser una práctica diaria.

4. **¿Cuáles son los datos del artículo que indican la popularidad que ha ganado el festival de narraciones con el paso de los años?**

5. **¿Por qué crees que a la gente le gusta escuchar historias? Utiliza detalles del artículo para dar tu respuesta.**

A escribir

Un estudiante de una ciudad de Estados Unidos viajará a Rusia para pasar el verano con sus familiares.

Escribe una historia sobre las experiencias del personaje.

La escritura narrativa cuenta una experiencia personal o inventada.

Para establecer si te piden que uses escritura narrativa, busca palabras clave como cuenta sobre alguna vez que... o escribe una historia sobre...

Observa cómo responde un estudiante a las indicaciones.

El escritor usa detalles para desarrollar la historia.

Cuando el autobús se detuvo, Tim no estaba seguro de cómo la pasaría ese verano. Sentía que había aterrizado en Marte, pero su nombre en un cartel lo devolvió a la Tierra: estaba en Rusia.

Su primo, Alexei, sostenía el cartel. Alexei no hablaba bien inglés y el ruso de Tim era peor. Alexei llevó a Tim a la casa de su familia. Allí no había computadora y la televisión tenía sólo tres canales.

Tim empezó a pensar en excusas para volver a casa pronto. Entonces oyó que alguien tocaba una guitarra.

Instrucciones para escribir

Responde por escrito a la sugerencia del recuadro. Escribe por 10 minutos. Escribe todo lo que puedas, lo mejor que puedas. Revisa las pautas antes y después de escribir.

> Imagina un lugar al que alguien podría viajar.
> Ahora escribe una historia acerca de alguien que viaja y no conoce el idioma del lugar adonde va.

Pautas para escribir

☑ Lee atentamente la sugerencia.

☑ Organiza tus ideas para planificar tu escrito.

☑ Fundamenta tus ideas con motivos o más detalles.

☑ Escribe oraciones completas y usa diferentes tipos de oraciones.

☑ Escoge palabras que ayuden a los lectores a entender tus ideas.

☑ Revisa tu escrito y corrígelo si es necesario.

Desafíos

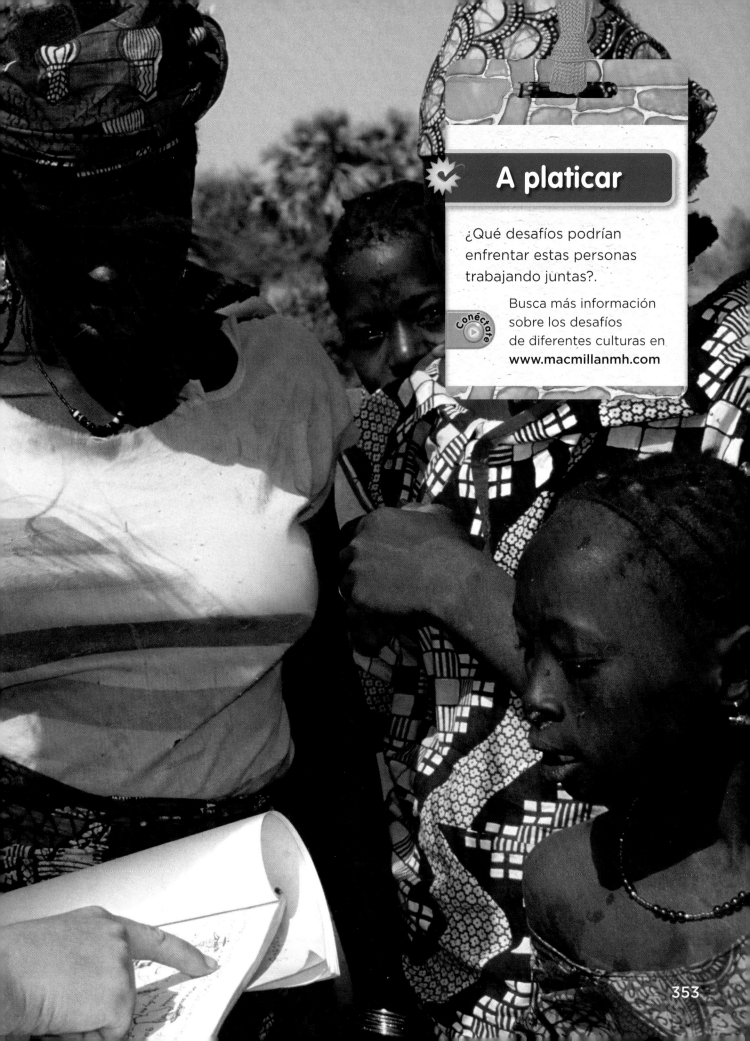

A platicar

¿Qué desafíos podrían
enfrentar estas personas
trabajando juntas?.

Busca más información
sobre los desafíos
de diferentes culturas en
www.macmillanmh.com

Conéctate

353

La fiesta

✔ Vocabulario

prolongado	idéntico
consultar	recuperar
asignar	simiente
inmediato	urgencia

✔ Claves de contexto

Los autores usan el **lenguaje figurado** para crear imágenes más interesantes o emocionantes.

Un **símil** es una comparación que usa la palabra *como*. *Es tan viejo como las montañas.*

Una **metáfora** crea una imagen con palabras sin usar la palabra *como*. *El sol de verano es una enorme pelota dorada.*

Charlotte planeó una fiesta para el cumpleaños de su padre. Cuando no podía dormir, pensaba qué tareas podía **asignar** a su hermano y en las invitaciones, que quería **idénticas** a las que había visto en una revista.

Cuando se acercó la fecha, **consultó** a su madre. Su madre dio un suspiro **prolongado**.

—Es una idea muy linda. Tu padre trabaja mucho y lo merece. Pero no tenemos dinero. La mamá se entristeció, palmeó la rodilla de Charlotte y le dijo que fuera a jugar.

Charlotte quería hacer la fiesta más que nada en el mundo, pero no sabía cómo. Cuando su hermano Luke regresó del entrenamiento de fútbol, se dio cuenta de **inmediato** de que Charlotte estaba muy desanimada y le pidió que le contara el problema.

—Quizás los vecinos puedan darnos una mano —le dijo Luke.

—Los vecinos de este barrio no son muy simpáticos —dijo Charlotte.

—Parecen estar tan ocupados —agregó Luke.

De pronto, Charlotte sonrió y salió afuera. Luke se dio cuenta que su hermana se estaba **recuperando** y la siguió hasta la puerta del señor Romero, el panadero.

—¿Qué necesitan? —refunfuñó el panadero, mirando impaciente a Charlotte y a Luke, que se daban cuenta de la **urgencia** que había en su voz. Charlotte exhaló.

—Vamos a hacer una fiesta especial para el cumpleaños de nuestro padre el domingo. La torta será deliciosa y esperamos que usted pueda venir. Todos nuestros vecinos vendrán a la fiesta.

—Y también habrá globos y un mago —agregó Luke.

El señor Romero se puso pálido.

—¿De dónde sacarán la torta?

—Será una deliciosa torta de vainilla con **simientes** de amapola —dijo Charlotte—. Sus tortas son las mejores, pero usted está muy ocupado.

—Pero no lo suficiente como para no hacer ese trabajo —dijo sonriendo el señor Romero—. Yo haré la torta y ese será mi regalo para su padre.

Charlotte y Luke sonrieron.

—Muchas gracias. Nos vemos el domingo.

—¡Qué buena idea! —le dijo Luke a su hermana, cuando doblaban la esquina—. Anunciando que habrá una gran fiesta, ¡podremos hacer la fiesta en serio! Yo puedo ser el mago —dijo, guiñando el ojo—. ¿Adónde más tenemos que ir?

—A lo de la señora Sommberg, la florista —sonrió Charlotte.

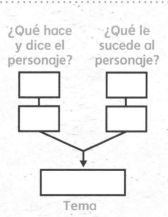

Volver a leer para **comprender**

✓ Visualizar

Tema

El tema es la idea o el mensaje principal que el autor quiere dar en una historia. La tabla de tema te ayuda a encontrar el tema de la historia. Completa la tabla de tema al volver a leer la selección y decide cuál es el tema.

¿Qué hace y dice el personaje?

¿Qué le sucede al personaje?

Tema

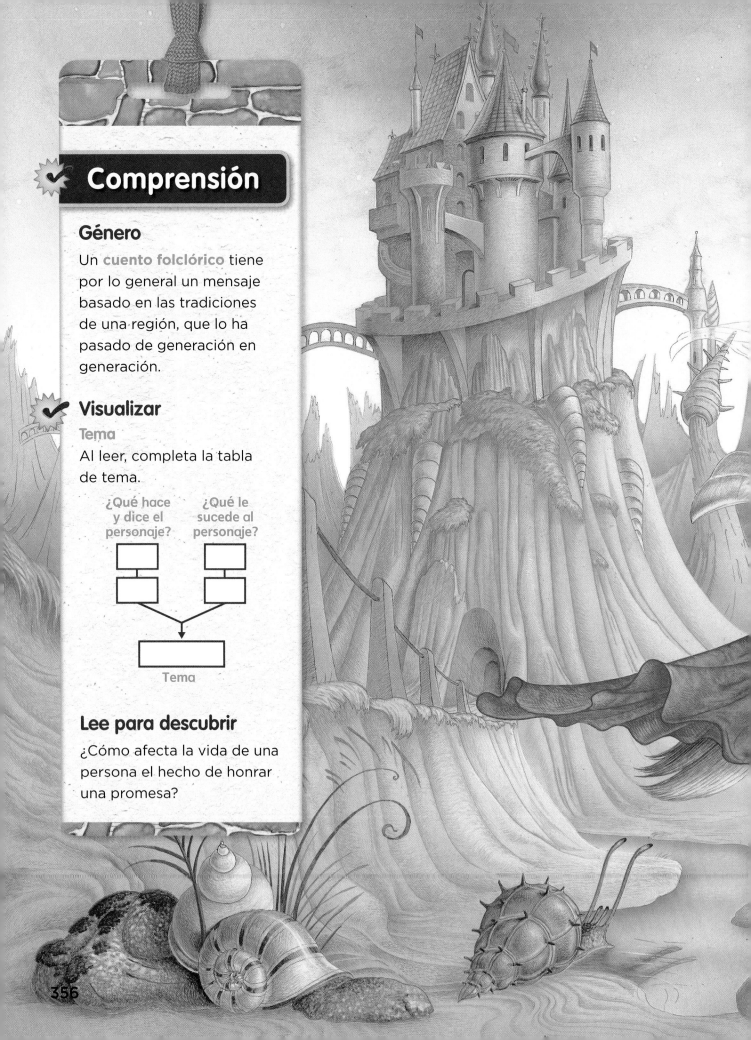

Comprensión

Género

Un **cuento folclórico** tiene por lo general un mensaje basado en las tradiciones de una región, que lo ha pasado de generación en generación.

Visualizar

Tema

Al leer, completa la tabla de tema.

¿Qué hace y dice el personaje?

¿Qué le sucede al personaje?

Tema

Lee para descubrir

¿Cómo afecta la vida de una persona el hecho de honrar una promesa?

Blancaflor

Alma Flor Ada
ilustraciones de Valerie Sokolova

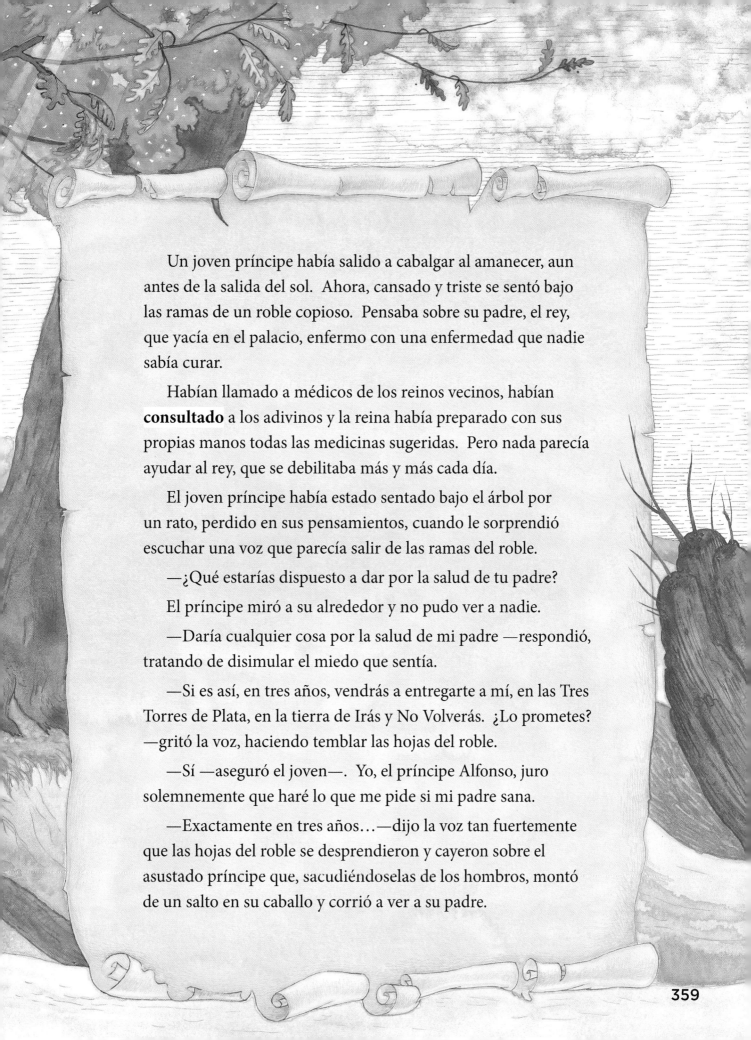

Un joven príncipe había salido a cabalgar al amanecer, aun antes de la salida del sol. Ahora, cansado y triste se sentó bajo las ramas de un roble copioso. Pensaba sobre su padre, el rey, que yacía en el palacio, enfermo con una enfermedad que nadie sabía curar.

Habían llamado a médicos de los reinos vecinos, habían **consultado** a los adivinos y la reina había preparado con sus propias manos todas las medicinas sugeridas. Pero nada parecía ayudar al rey, que se debilitaba más y más cada día.

El joven príncipe había estado sentado bajo el árbol por un rato, perdido en sus pensamientos, cuando le sorprendió escuchar una voz que parecía salir de las ramas del roble.

—¿Qué estarías dispuesto a dar por la salud de tu padre?

El príncipe miró a su alrededor y no pudo ver a nadie.

—Daría cualquier cosa por la salud de mi padre —respondió, tratando de disimular el miedo que sentía.

—Si es así, en tres años, vendrás a entregarte a mí, en las Tres Torres de Plata, en la tierra de Irás y No Volverás. ¿Lo prometes? —gritó la voz, haciendo temblar las hojas del roble.

—Sí —aseguró el joven—. Yo, el príncipe Alfonso, juro solemnemente que haré lo que me pide si mi padre sana.

—Exactamente en tres años…—dijo la voz tan fuertemente que las hojas del roble se desprendieron y cayeron sobre el asustado príncipe que, sacudiéndoselas de los hombros, montó de un salto en su caballo y corrió a ver a su padre.

—¡Hijo! —lo recibió su madre con una sonrisa, la primera que veía en mucho tiempo en aquel rostro tan querido—. Mira a tu padre. Se ve mucho mejor. Y, de hecho, el rey dormido parecía haber **recuperado** su color y su sueño era profundo y sereno.

El rey recuperó la salud en muy poco tiempo. Pero ahora la reina se preocupaba por su hijo. Parecía encantado, como lo estaban todos, de ver al rey recuperado. Y, sin embargo, de vez en cuando, la reina descubría una profunda tristeza en sus ojos.

El rey estaba decidido a que el príncipe Alfonso se casara. La enfermedad **prolongada** lo había dejado con un sentido de **urgencia** frente a la vida.

—Quiero verte empezar una familia. Quiero conocer a mis nietos.

Y aunque el príncipe aseguraba que no estaba listo para casarse, el rey ordenó que le trajeran cuadros de todas las princesas casaderas de los reinos vecinos. Como al príncipe no le interesó ninguna de ellas, el rey organizó banquetes, bailes y paseos para que el príncipe conociera a todas las jóvenes nobles que conseguía invitar. Pero aunque con todo esto el rey le proporcionó muchísimo trabajo a las costureras y los peluqueros del reino, y aunque mucha gente joven se divirtió de lo lindo en los eventos, no logró hacer que el príncipe cambiara de parecer.

361

A medida que pasaba el tiempo la conducta del príncipe se volvía más y más extraña. Se pasaba casi todo el tiempo fuera del castillo, cabalgando. Por las noches escribía poemas y componía música triste en su laúd. Por fin, una mañana, exactamente un mes antes del tercer aniversario del día en que había oído la voz que salía de las ramas del roble, empezó su viaje.

Dejó detrás un montón de poemas que hablaban del amor que sentía por su madre, de la gratitud que sentía hacia su padre y de su cariño a todos y a todo lo que había hasta en el ultimo rincón de su reino. Y les dejó una carta a sus padres, pidiéndoles perdón por causarles dolor, pero asegurándoles que se iba porque tenía que cumplir una promesa.

El rey no podía entender la desaparición de su hijo. Estaba dispuesto a enviar a sus caballeros y guardas a rastrear por todo el mundo hasta que lo encontraran. Pero la reina le pidió que honrara los deseos de su hijo, del mismo modo que su hijo estaba honrando su promesa. Dentro de su corazón de madre sentía que había una conexión entre la cura de su esposo y la partida de su hijo.

El joven príncipe Alfonso cabalgó por muchos días, comiendo apenas de las provisiones que llevaba consigo. Varias veces les pidió a los pastores que encontraba en el camino que le indicaran cómo llegar a la tierra de Irás y No Volverás. Siempre apuntaban en la misma dirección, hacia el sol poniente. Y siempre le preguntaban, "¿Por qué querría alguien ir allí?" Y el príncipe respondía: "Para cumplir mi palabra".

El séptimo día de viaje vio una paloma blanca que parecía indicarle que la siguiera. Y así lo hizo. Pero después de muchas horas de seguir a la paloma se encontró frente a una sima profunda. Mientras observaba el abismo profundo, sabiendo que no podría cruzarlo, ni a caballo ni a pie, un águila majestuosa se posó frente a él y le miró fijamente a los ojos.

—¿Me podrías llevar al otro lado? —le preguntó al águila.

—Sólo si me das tu cadena —respondió el águila.

El joven Alfonso se quitó la gruesa cadena de oro que llevaba la imagen de un águila, emblema de su reino y se la puso al águila alrededor del cuello.

—Es muy apropiado —dijo el príncipe—. He llevado tu imagen conmigo siempre. Ahora debe ser tuya. Entonces el águila lo sujetó fuertemente del cinturón de cuero y voló sobre el abismo.

La tierra del otro lado, donde el águila depositó al príncipe, era desértica y baldía. Las rocas de obsidiana y basalto estaban calientes por los rayos de un sol fiero. A la distancia, sobre los altos acantilados, brillaban tres torres de plata.

Tema
¿Cuál es el mensaje acerca del honor que la autora quiere que los lectores entiendan?

Alfonso apenas había dado unos pasos hacia las torres cuando lo detuvo una voz tronante: —¿Quién se atreve a pisar mi tierra?

—He venido a cumplir con mi palabra —contestó el joven príncipe.

—Así debe ser —replicó la voz—. Y para premiarte, te daré la oportunidad de salvar la vida. Si completas las tres tareas que te voy a dar, te quedarás aquí y te casarás con una de mis hijas. Pero si no las completas, servirás de alimento a mis galgos.

Alfonso respiró profundamente. Alzó los hombros y encontró la fuerza dentro de sí mismo para contestar con voz serena: —¿Qué es lo que quiere que haga?

—Toma este saco de trigo. Camina al valle, siembra el trigo, coséchalo y muélelo. Y con la harina, hornea pan y tráemelo mañana a las once de la mañana. Y, ante los sorprendidos ojos de Alfonso, apareció un pequeño saco de trigo.

El joven levantó el saco y empezó a caminar entre las rocas. ¿Qué podía hacer? Tenía la cabeza gacha y los hombros caídos, porque sabía que no había modo alguno de completar esta tarea. Pero no había caminado mucho cuando se le apareció una joven.

—¿Qué te pasa? —le preguntó—. ¿Por qué estás tan triste?

—Me han **asignado** una tarea imposible. Y mi vida depende de ello.

—Debe ser una triquiñuela de mi padre —respondió ella—. Pero no te preocupes, que voy a ayudarte. Toma este palo y araña con él la tierra. Sigue caminando en línea recta arañando la tierra. Yo echaré las semillas y todo saldrá bien.

Esa tarde, cuando habían acabado de sembrar el trigo, contemplaron la puesta de sol. La muchacha dijo: —Me llamo Blancaflor. Y si confías en mí, salvarás la vida. Ahora tengo que irme o si no me echarán de menos a la hora de cenar.

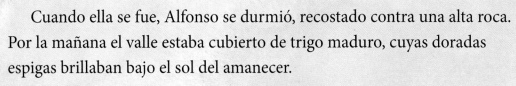

Cuando ella se fue, Alfonso se durmió, recostado contra una alta roca. Por la mañana el valle estaba cubierto de trigo maduro, cuyas doradas espigas brillaban bajo el sol del amanecer.

Alfonso estaba todavía frotándose los ojos cuando apareció Blancaflor.

—Es hora de cosechar el trigo, de molerlo y de hacer pan con la harina —dijo. Y mientras hablaba, el trigo saltó de las espigas y formó una montaña dorada. Y junto a la montaña de trigo aparecieron un molino y un horno de pan.

—Sigue trayendo leña para el horno —le dijo Blancaflor a Alfonso. Y mientras él lo hacía, el molino molió el trigo y las hogazas de pan iban apareciendo listas para ser horneadas. Cuando el olor de pan recién horneado inundó el valle, Blancaflor desapareció.

—Es mejor que mi padre no me encuentre aquí cuando venga a buscar su pan —le dijo a Alfonso antes de irse.

Muy pronto se oyó la voz atronadora.

—O eres un brujo o has conocido a Blancaflor.

Alfonso se quedó callado.

—Bueno, todavía te quedan dos tareas —gritó la voz—. Más vale que empieces. Siembra estas vides y ten el vino listo para mí, mañana a las once de la mañana. Y mientras, las hogazas de pan se movían en el aire, como si las llevaran manos gigantes, Alfonso se encontró con cien cepas de vides a sus pies.

No tardó mucho en aparecer Blancaflor. Y del mismo modo que habían plantado el trigo el día anterior, plantaron las **simientes** de uva. Ese atardecer, mientras contemplaban la puesta del sol, Alfonso le habló a Blancaflor de su padre y su madre y de la promesa que había hecho. Y una vez más la joven le pidió que confiara en ella.

A la mañana siguiente el valle estaba cubierto por vides cargadas con racimos de uvas. Y solamente hizo falta que Blancaflor hablara para que se cosecharan las uvas, se exprimieran y el vino quedara almacenado en grandes barriles de cedro.

Justo antes de las once, cuando Blancaflor ya se había ido, se oyó la voz de trueno:

—O eres un hechicero o has estado hablando con Blancaflor.

Alfonso permaneció en silencio. Pero tembló cuando oyó que la voz se reía.

—Bueno, veremos cómo cumples la última tarea. Tienes que traerme el anillo que a mi tatarabuela se le perdió en el océano. Y si no lo tienes aquí mañana a las once de la mañana, serás alimento para mis galgos.

Cuando Blancaflor llegó Alfonso tenía lágrimas en los ojos.

—No tengo miedo a morir. Pero me apena que a mi madre se le romperá el corazón. Esta tarea será imposible —le dijo.

—No, no lo será. Pero tendrás que confiar todavía más en mí —respondió ella.

Blancaflor llevó a Alfonso al alto acantilado junto al océano.
Allí el joven vio al águila que lo había cruzado sobre el abismo.

—El águila nos llevará al medio del océano. Y allí deberás
dejarme caer —fueron las instrucciones de Blancaflor.

—Pero no podré hacer eso —protestó él.

—Sí, lo harás. Tienes que hacerlo —insistió Blancaflor.

Cuando estaban sobre el océano, Blancaflor le pidió al príncipe
que la soltara. Pero en el último momento él le agarró la mano
desesperadamente. A medida que los dedos de ella se desprendían
de los de él, oyó un crujido y vio que el dedo meñique de la mano
de ella estaba partido.

Alfonso sintió que se le detenía el corazón mientras veía a Blancaflor desaparecer bajo las aguas. Se le llenaron los ojos de lágrimas mientras el águila batía las alas con mayor rapidez aún, y antes de que pudiera darse cuenta estaba de pie en el prado, junto a la roca a la que se había recostado para dormir las dos noches anteriores. Y allí, sobre la roca, estaba un anillo extraordinario. Tenía la forma de un dragón y sus ojos eran dos esmeraldas.

No habían tenido mucho tiempo para admirarlo cuando oyó la voz atronadora: —Así que encontraste el anillo. O eres el rey de todos los hechiceros o Blancaflor te ha ayudado.

Alfonso permaneció en silencio.

La voz continuó: —Sigue el camino hasta el castillo. Esta noche conocerás a mis tres hijas ¡y elegirás una como esposa!

Cuando Alfonso llegó a las Tres Torres de Plata la puerta que daba al inmenso salón estaba abierta. Entró y en la mesa de banquete había tres palomas blancas.

—¡Elige una, ahora mismo! —la voz retumbaba contra las paredes.

Alfonso observó las tres palomas. Eran **idénticas**. Pero se dio cuenta que una parecía tener un ala rota. Y eso le recordó cómo colgaba el dedo meñique de Blancaflor, torcido después de haberse roto.

—Elijo ésta —dijo. Y se acercó a la paloma con el ala rota. De súbito Blancaflor estaba frente a él, rodeada de sus hermanas que eran idénticas a ella. Nadie hubiera podido distinguirlas. Pero cuando Alfonso miró las manos de Blancaflor vio que una de ellas tenía vendado el dedo meñique.

—Allí tienes a tu mujer —ordenó la voz—. Y vamos todos a dormir. Mañana celebraremos la boda.

Blancaflor guió a Alfonso hasta su aposento. Una vez que entraron, cerró la puerta y le susurró: —Nos matarán esta noche. Tenemos que escapar. Y arregló la ropa de cama, para que pareciera que estaban durmiendo. Luego sopló en el vaso de agua que estaba en la mesa de noche y le indicó a Alfonso que la siguiera.

Cuando estaban fuera de la torre le dijo: —Yo me quedaré aquí de guardia, por si viene mi padre. Ve al establo y trae un caballo. Pero fíjate bien. Hay dos caballos allí, Viento, que es joven y fuerte, y Pensamiento, que es viejo y flaco. Asegúrate de que no traes a Viento sino a Pensamiento.

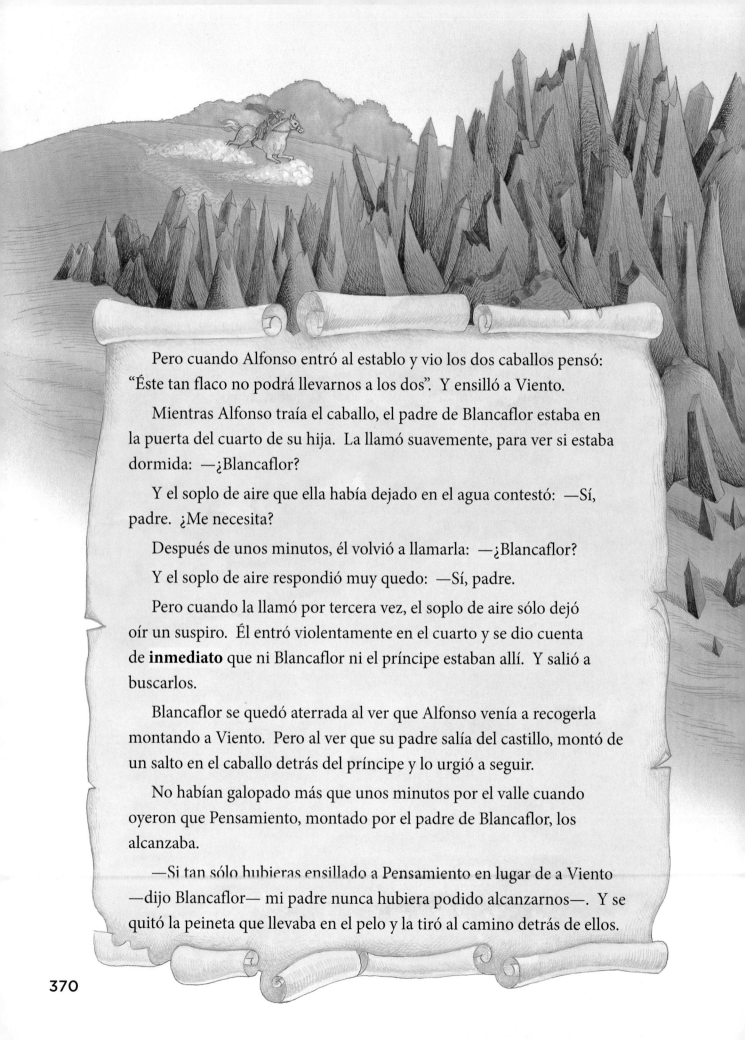

Pero cuando Alfonso entró al establo y vio los dos caballos pensó: "Éste tan flaco no podrá llevarnos a los dos". Y ensilló a Viento.

Mientras Alfonso traía el caballo, el padre de Blancaflor estaba en la puerta del cuarto de su hija. La llamó suavemente, para ver si estaba dormida: —¿Blancaflor?

Y el soplo de aire que ella había dejado en el agua contestó: —Sí, padre. ¿Me necesita?

Después de unos minutos, él volvió a llamarla: —¿Blancaflor?

Y el soplo de aire respondió muy quedo: —Sí, padre.

Pero cuando la llamó por tercera vez, el soplo de aire sólo dejó oír un suspiro. Él entró violentamente en el cuarto y se dio cuenta de **inmediato** que ni Blancaflor ni el príncipe estaban allí. Y salió a buscarlos.

Blancaflor se quedó aterrada al ver que Alfonso venía a recogerla montando a Viento. Pero al ver que su padre salía del castillo, montó de un salto en el caballo detrás del príncipe y lo urgió a seguir.

No habían galopado más que unos minutos por el valle cuando oyeron que Pensamiento, montado por el padre de Blancaflor, los alcanzaba.

—Si tan sólo hubieras ensillado a Pensamiento en lugar de a Viento —dijo Blancaflor— mi padre nunca hubiera podido alcanzarnos—. Y se quitó la peineta que llevaba en el pelo y la tiró al camino detrás de ellos.

La peineta se convirtió en una sierra montañosa que cerraba el camino y les permitió ganar una pequeña distancia. Pero muy pronto se oyeron los cascos de Pensamiento que se acercaba.

Blancaflor se quitó el broche de oro con que se sujetaba el chal y lo tiró al camino detrás de ellos.

El broche de oro se convirtió en un desierto de arenas hirvientes y esto les permitió ganar una pequeña distancia. Pero muy poco después volvieron a escuchar el ruido de los cascos de Pensamiento que se acercaba.

—Si tan solo hubiéramos tomado a Pensamiento en lugar de a Viento —dijo Blancaflor. Y se quitó su chal de seda azul y lo tiró al camino detrás de ellos.

El chal de seda azul se convirtió en un mar de altas olas cubiertas de espuma.

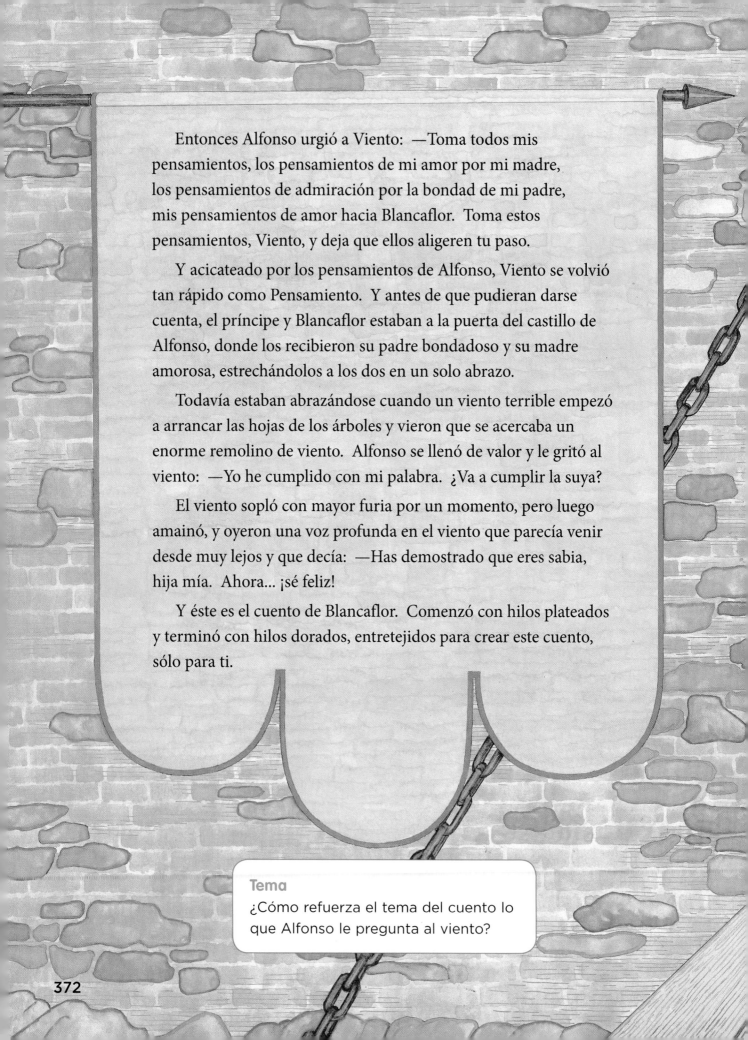

Entonces Alfonso urgió a Viento: —Toma todos mis pensamientos, los pensamientos de mi amor por mi madre, los pensamientos de admiración por la bondad de mi padre, mis pensamientos de amor hacia Blancaflor. Toma estos pensamientos, Viento, y deja que ellos aligeren tu paso.

Y acicateado por los pensamientos de Alfonso, Viento se volvió tan rápido como Pensamiento. Y antes de que pudieran darse cuenta, el príncipe y Blancaflor estaban a la puerta del castillo de Alfonso, donde los recibieron su padre bondadoso y su madre amorosa, estrechándolos a los dos en un solo abrazo.

Todavía estaban abrazándose cuando un viento terrible empezó a arrancar las hojas de los árboles y vieron que se acercaba un enorme remolino de viento. Alfonso se llenó de valor y le gritó al viento: —Yo he cumplido con mi palabra. ¿Va a cumplir la suya?

El viento sopló con mayor furia por un momento, pero luego amainó, y oyeron una voz profunda en el viento que parecía venir desde muy lejos y que decía: —Has demostrado que eres sabia, hija mía. Ahora... ¡sé feliz!

Y éste es el cuento de Blancaflor. Comenzó con hilos plateados y terminó con hilos dorados, entretejidos para crear este cuento, sólo para ti.

Tema
¿Cómo refuerza el tema del cuento lo que Alfonso le pregunta al viento?

Conversemos con
Alma Flor Ada y Valerie Sokolova

Cuando estaba en cuarto grado, **Alma Flor Ada** sabía que algún día sería escritora. "Relaté en voz alta la mayoría de mis historias antes de escribirlas", dice Alma Flor Ada. "Y el hecho de que otras personas me escucharan y se interesaran en mis cuentos me motivó a escribirlos".

Alma Flor Ada se crió en Cuba, pero también ha vivido en España y Perú. En la actualidad, vive en San Francisco, California. Para ella, saber dos idiomas enriqueció su mundo. Cree que todos los niños deberían tener la oportunidad de aprender dos o más idiomas.

Valerie Sokolova nació en Lvov, Ucrania, pero, en la actualidad, vive en Brooklyn, Nueva York. Trabaja como dibujante hace 23 años y ha ilustrado más de treinta libros para niños en Rusia y cinco libros de ilustraciones en Estados Unidos.

Otros libros de Alma Flor Ada

Propósito de la autora
¿Cuál fue el propósito de la autora al escribir esta historia? ¿Piensas que Alma Flor Ada quería enseñar una lección? ¿Por qué?

Conéctate
Busca más información sobre Alma Flor Ada y Valerie Sokolova en **www.macmillanmh.com**

Pensamiento crítico

Resumir

Usa la tabla de tema para resumir cómo logra el Príncipe Alfonso cumplir la promesa que hizo en *Blancaflor*.

¿Qué hace y dice el personaje?	¿Qué le sucede al personaje?
☐	☐
☐	☐

Tema

Pensar y comparar

1. Describe el tema de la historia en una o dos oraciones. Explica por qué el autor usa el tema para relacionar los personajes y los acontecimientos. **Visualizar: Tema**

2. El príncipe Alfonso completó con éxito las tres tareas difíciles que le **asignaron**, pero comete un error. ¿Cuál fue el error y por qué casi le cuesta su vida y la de Blancaflor? **Analizar**

3. El príncipe Alfonso creía que tenía que cumplir la promesa que había hecho para salvar la vida de su padre. En tu opinión, ¿qué tan importante es mantener una promesa? **Sintetizar**

4. Piensa en otra historia que hayas leído cuyo tema sea similar al de *Blancaflor*. Compara y contrasta las dos historias. **Aplicar**

5. Vuelve a leer "La fiesta" en las páginas 354 y 355. ¿En qué se parecen Charlotte y Blancaflor? Usa detalles de ambos textos para fundamentar tu respuesta. **Leer/Escribir para comparar textos**

Estudios Sociales

Género
Un artículo de **no ficción** de una revista da información y datos sobre un tema real.

Elementos del texto
Un **mapa** es un dibujo total o parcial de un área.

Palabras Clave
taller   zacatal

liberar   retribución

La vida en un rancho

Edgar Mera

California fue una vez la tierra de los ranchos, grandes ranchos con **talleres**, cultivos y **zacatales**. Los caballos llegaron a América con los españoles y la vida en un rancho dependía de los caballos. Los caballos también fueron personajes importantes de muchos de los cuentos sobre la vida en los ranchos de California.

En 1821, tras una guerra larga y sangrienta, México se **liberó** del gobierno español y se convirtió en una nación independiente. El nuevo gobierno mexicano decidió dar por terminadas las misiones en California y dividir las tierras de las misiones entre los mexicanos y los indígenas americanos que vivían en California. Los californios, nombre con el que se conocía a los mexicanos de California, convirtieron sus tierras en ranchos y se dedicaron a criar animales.

Las costumbres en los ranchos

El rancho californiano era un lugar lleno de vida. El ranchero, su esposa, sus hijos y otros parientes, vivían allí. De hecho, para dirigir y administrar un rancho eran necesarias casi cien personas. La mayoría de los ranchos estaban alejados entre sí y había que viajar grandes distancias para visitarse. Como una **retribución** por haber viajado tanto, los rancheros y las rancheras daban grandes fiestas a sus invitados.

Había una gran algarabía (abajo) cuando los invitados llegaban al rancho. La fotografía (izquierda) muestra un rancho típico de esos días y a algunos de sus trabajadores.

377

Las fiestas eran parte central de la vida en el rancho. Algunas celebraban casamientos, otras los días festivos. Todos los habitantes se ponían vestimentas muy coloridas y adornaban las sillas de los caballos con plata. Las fiestas ofrecían un descanso del arduo trabajo del rancho y la oportunidad de divertirse.

Trabajar en el rancho

Los trabajadores indígenas americanos hacían la mayor parte del arduo trabajo de los ranchos. Muchos estaban obligados a quedarse viviendo en los ranchos cuando cerraban las misiones. Cocinaban, limpiaban, cultivaban y hacían gran parte del trabajo diario que facilitaba la vida en los ranchos. A cambio de su trabajo, recibían alimentos y un lugar donde vivir, pero tenían pocos derechos.

Los niños no iban a la escuela. La mayor parte del tiempo, trabajaban con sus padres. Las niñas ayudaban a sus madres en el jardín, y a cocinar y coser. Los niños trabajaban con sus padres, quienes, en su mayoría, eran vaqueros o peones de campo.

Los vaqueros mexicanos toman parte en un rodeo de animales.

Rodeos de animales

En general, el ganado deambulaba por los ranchos y pastaba en las praderas. Una vez al año, los vaqueros lo reunían en los rodeos. Allí se organizaban torneos, en los que los vaqueros podían demostrar sus habilidades para cabalgar y enlazar. Los rodeos modernos están basados en los de esa época.

Honrar la tradición

Hoy en día, en varias zonas de California, aún se celebran los días festivos y los rodeos. Los habitantes del lugar se ponen las vestimentas tradicionales, comen sus comidas californianas o mexicanas favoritas en mercados al aire libre y disfrutan de las danzas tradicionales, de los rodeos y de las procesiones típicas.

Tierras de ranchos 1834-1846

Tierras de ranchos

Fronteras actuales

Sonoma
San Francisco
Bahía de San Francisco
San José
Bahía de Monterey
Monterey
Sierra Nevada
Océano Pacífico
Desierto Mojave
Santa Bárbara
Los Ángeles
Islas Channel
San Diego

0   75   150 millas
0   75   150 kilómetros

Pensamiento crítico

1. ¿Dónde estaban ubicados la mayoría de los ranchos en California? **Leer un mapa**

2. Compara tus actividades diarias con las de un niño que vivía en un rancho. ¿En qué se parecen? ¿En qué se diferencian? **Evaluar**

3. ¿Qué papel desempeñan los caballos en "La vida en un rancho" y en *Blancaflor*? **Leer/Escribir para comparar textos**

Estudios Sociales

Investiga sobre la historia de tu pueblo o ciudad. Dibuja un mapa que muestre cómo era tu ciudad en sus primeros días.

Busca más información sobre la vida en los ranchos en **www.macmillanmh.com**

Escritura

Desarrollo de los personajes

En una buena historia, el **desarrollo de los personajes** te ayuda a comprender al personaje. Los pensamientos y las acciones del personaje parecen reales.

Conexión: Lectura y escritura

Lee el artículo de abajo. Observa cómo la autora, Alma Flor Ada, desarrolla un personaje creíble para su historia.

Fragmento de *Blancaflor*

La autora describe las acciones del príncipe de forma creíble. Si nuestros padres estuvieran enfermos, nos sentiríamos tristes y solos, lo que convierte al príncipe en un personaje creíble.

Un joven príncipe había salido a cabalgar al amanecer, aun antes de la salida del sol. Ahora, cansado y triste se sentó bajo las ramas de un roble copioso. Pensaba sobre su padre, el rey, que yacía en el palacio, enfermo con una enfermedad que nadie sabía curar.

380

Lee y descubre

Lee la historia de Derrick. ¿Cómo logró que su personaje fuera creíble? Usa el Control de escritura como ayuda.

La primera vez que patiné

Derrick K.

Observa cómo logré que el personaje de la historia fuera creíble.

Me até los patines. La emoción y el nerviosismo crecían dentro de mí y me hacían temblar las manos. Un soplido de aire salió de mi boca cuando pisé el hielo. Mis pies comenzaron a deslizarse de inmediato para adelante y para atrás y tuve que agarrarme del borde de la pista de hielo. Esto no iba a ser fácil.

Control de escritura

 ¿Hace el autor que el personaje se comporte de una forma que te resulta familiar?

 ¿Son coherentes las acciones del personaje? ¿Se comporta de un modo que tú esperarías?

☑ ¿Se parece el personaje a alguien que tú conoces en la vida real?

H·A·B·L·A·R
EN C·Ó·D·I·G·O

A platicar

Menciona distintos tipos de
códigos. ¿En qué situaciones
te gustaría hablar en código?

Busca más información
sobre códigos en
www.macmillanmh.com

Conéctate

Rita, la narradora

Vocabulario

pasillo   escudo

reserva   ubicación

alistar   transmisión

invasión   arrugado

Claves de contexto

Las **claves de contexto** son palabras o frases que te ayudan a definir una palabra que no conoces. Pueden aparecer en una oración cercana o en alguna otra parte del párrafo.

Nina Gabriel

Mi amiga Rita está muy contenta por el nacimiento de su pequeña hermana. Se ha quedado de pie en el congestionado **pasillo** del hospital mirando a la niña dormir mientras los otros van y vienen.

La nueva hermana de Rita es el miembro más joven de la tribu meskwaki. Algunos integrantes de esta tribu nunca han vivido en una **reserva**, como se llaman las tierras entregadas por el gobierno de Estados Unidos a los indígenas americanos. Los meskwaki están orgullosos de sus propias tradiciones, en especial, la de contar historias.

Los meskwaki transmiten sus historias a los más jóvenes. Rita adora contar historias. Está ansiosa por contarle a su nueva hermana una historia verdadera que aprendió de los mayores. Se trata de los valientes habladores en código meskwakis durante la Segunda Guerra Mundial.

384

En 1941, veintisiete hombres de la tribu meskwaki se **alistaron** en la Armada porque querían defender a su país. De ellos, ocho hombres fueron elegidos para una misión secreta. Se convirtieron en habladores en código y usaron su idioma nativo para enviar mensajes secretos.

Antes de la llegada de los habladores en código, las tropas de Estados Unidos no podían trasladarse en forma segura. El enemigo comprendía los mensajes que se enviaban a las tropas. Estados Unidos recurrió a los meskwaki porque ellos hablaban un idioma que pocas personas comprendían. Así, podían transmitir información importante sin que el enemigo supiera lo que estaban diciendo.

Estos ocho habladores en código fueron enviados al norte de África. Durante una **invasión** ingresaban en campo enemigo. Realizaban la misión en la noche, con la oscuridad como único **escudo**. Usaban transmisores para informar sobre la **ubicación** del enemigo. La **transmisión** se hacía en código y la recibía otro hablador en código que se encontraba en el campamento.

El código nunca se descifró durante la Segunda Guerra Mundial. Los habladores en código ayudaron a Estados Unidos a ganar la guerra, pero recibieron muy poco reconocimiento.

La historia de Rita me entristeció. ¡Se les debería haber tratado como a héroes! Rita vio mi frente **arrugada** y se dio cuenta de mi desilusión.
–¡No te preocupes! –me dijo sonriendo–. Los meskwaki, transmitimos las historias sobre nuestros héroes, ellos siempre serán recordados.

Volver a leer para **comprender**

✔ Hacer preguntas
Perspectiva del autor
La perspectiva del autor es la opinión o el punto de vista que el autor tiene sobre el tema de la selección. Usa tu tabla de perspectiva del autor mientras vuelves a leer "Rita, la narradora" para conocer la perspectiva de la autora.

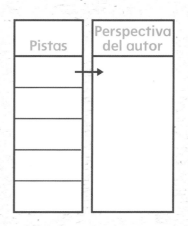

Pistas	Perspectiva del autor

Comprensión

Género

La **ficción histórica** narra una historia en la cual personajes inventados participan en sucesos históricos reales.

Hacer preguntas

Perspectiva del autor

Al leer, completa la tabla de perspectiva del autor.

Pistas	Perspectiva del autor
→	

Lee para descubrir

¿Qué opinión tiene el autor del idioma navajo?

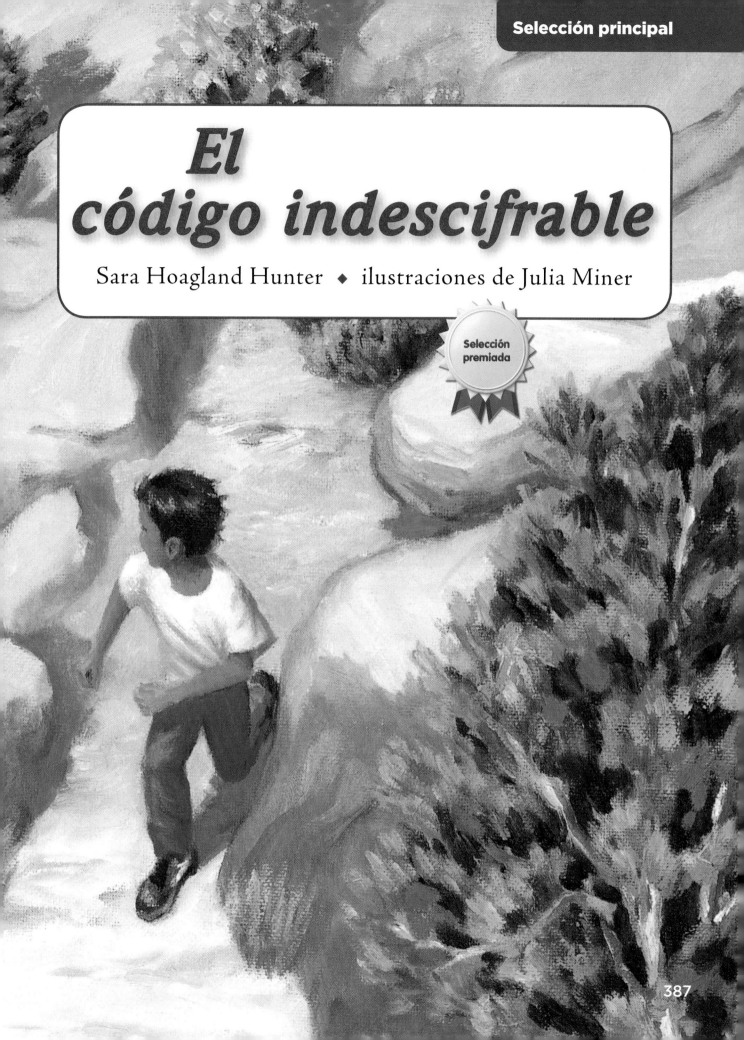

El código indescifrable

Sara Hoagland Hunter ◆ ilustraciones de Julia Miner

Selección
premiada

Juan corrió cuesta arriba, haciendo rodar piedrecitas a su paso.
Cuando llegó a su escondite preferido, cayó al suelo sin aliento.
Aquí, entre el viejo árbol de piñón y las altísimas paredes del cañón se
sentía seguro. El río desbordado por la lluvia del final del verano se
veía como un hilo de plata a través de la granja de su abuelo. En ese
momento lo debían estar buscando, pero él nunca iba a bajar.

Su madre se había casado con un señor de Minnesota. No podía
hacer nada al respecto, pero no iba a ir con ellos. Cerró los ojos y
descansó en la quietud del lugar. El leve balido de una cabra montés
hacía eco en las paredes del cañón.

De repente una voz retumbó sobre él:

—¿No deberías estar empacando?

Los ojos de Juan se abrieron de par en par. Era su abuelo a caballo.

—Tu padrastro vendrá con su camioneta en una hora.

—No iré —respondió Juan.

—Tienes que ir, la escuela comenzará pronto —dijo el abuelo, mientras se bajaba del caballo—. Volverás el próximo verano.

Juan hundió la puntera del zapato en la tierra.

—Quiero quedarme contigo.

Los ojos marrones y cálidos del abuelo desaparecieron en los pliegues de una sonrisa. Juan pensaba que eran los ojos más amables que había visto en su vida.

—Estarás bien —le dijo el abuelo—. Conoces un código indescifrable.

—¿Qué es eso? —preguntó Juan.

El abuelo se sentó y comenzó a hablarle suavemente en navajo. Los sonidos se mecían de arriba abajo, de adentro afuera, tan cálidos y familiares como los estampados de una de las mantas del abuelo. Juan se recostó en la rodilla de su abuelo.

—El código indescifrable es lo que salvó mi vida en la Segunda Guerra Mundial —dijo—. Es el idioma navajo.

Juan dejó caer los hombros. El navajo no podía ayudarlo. Nadie en su nueva escuela hablaba navajo.

—Probablemente olvide cómo hablar navajo —susurró.

—El navajo es tu idioma —le contestó su abuelo secamente—. Nunca debes olvidar el navajo.

A Juan se le hizo un nudo en la garganta y estaba a punto de llorar.

—¡No sabes lo que es estar allí! —exclamó Juan.

Su abuelo continuó hablando en navajo con tranquilidad.

—Tuve que ir al internado del estado cuando tenía cinco años. Lo decía la ley. Me dieron un nombre inglés y me cortaron el cabello. No me permitían hablar mi propio idioma. Cualquier persona que hablara navajo debía masticar cubos de jabón. Créeme, mastiqué mucho jabón en esa época. "Habla en inglés", me decían. Pero el navajo era mi idioma, no podía olvidarlo. Cada verano iba a casa para arrear las ovejas y ayudar con las cosechas. Lloraba cuando los campos de algodón se ponían de color dorado y era tiempo de volver al internado.

Finalmente, una noche en décimo grado, estaba trabajando en la cocina cuando oí un boletín en la radio: "Se necesitan indígenas navajos para tareas especiales en la marina. Deben tener entre diecisiete y treinta y dos años, deben hablar perfectamente inglés y navajo, y encontrarse en excelente estado físico." Un poquito antes de que apagaran las luces, pasé por las literas y la puerta hacia la amplia llanura. Me sentía como un caballo salvaje al que le habían quitado el lazo del cuello. Al aire libre, las estrellas bailaban sobre mí y las hierbas rodadoras me tocaban los pies cuando corría. Al día siguiente, me alisté.

—Pero no tenías diecisiete años—dijo Juan.

—La reserva no contaba con registros de nacimiento —dijo el abuelo sonriendo—. Dos semanas más tarde me encontraba en un autobús yendo hacia el campamento de entrenamiento de reclutas de marina junto con otros veintiocho navajos. Miré fijamente por la ventanilla en la oscuridad. Me iba por primera vez en mi vida de las Cuatro Montañas Sagradas.

—¿Tenías miedo? —preguntó Juan.

—Por supuesto —contestó su abuelo—. No sabía hacia dónde iba o de qué se trataba nuestra misión. Pero por sobre todo, no sabía cómo iba a relacionarme allí afuera con las personas de las que tanto había oído hablar.

—¿Cómo lo hiciste? —preguntó Juan mientras se comía una uña.

Su abuelo se echó a reír.

—Éramos conocidos como el pelotón más resistente de todo el campamento. Habíamos marchado tanto en el internado que los entrenamientos no eran un problema. La caminata con una pesada mochila por el desierto de California no era peor que recoger agua del cañón en pleno verano. Y yo lo había hecho desde los cuatro años. Con respecto a los ejercicios de supervivencia, todos habíamos tenido que pasar sin comer algunos días. Un indígena navajo sabe sobrevivir.

> **Perspectiva del autor**
> ¿Qué pistas revelan la opinión de la autora acerca del pelotón navajo?

Un fin de semana nos trasladaron a un nuevo campamento en San Diego. El lunes estábamos marchando hacia un edificio con barras en todas las ventanas. Nos encerraron en una clase al final de un **pasillo** largo y angosto. Un oficial nos dijo que nuestra misión era secreta. No teníamos que contarle nada a nuestras familias. Necesitábamos desesperadamente que la **invasión** a las Islas del Pacífico fuera exitosa. Por aquel entonces, los japoneses ya podían interceptar y decodificar todos los mensajes estadounidenses en sólo minutos. Esto significaba que no se podía intercambiar información entre los barcos, los aviones y las fuerzas en tierra estadounidense. El gobierno pensó que el idioma navajo podía ser usado como un arma secreta. Solamente algunos extranjeros habían llegado a aprenderlo, y lo más importante era que nunca se había escrito. No existía un alfabeto que los japoneses pudieran descubrir o decodificar.

El abuelo continuó:

—Nos dieron una lista con más de doscientos términos militares para codificar. Debíamos memorizarlos todos. No debía encontrarse rastro del código por escrito. Viviría o moriría con nosotros en el campo de batalla. Cuando salí de la clase, un indígena navajo que se encontraba a mi lado se echó a reír y exclamó: "¡Todos estos años nos dijeron que olvidáramos el navajo y ahora el gobierno lo necesita para salvar al país!"

Nos hacían marchar todos los días a la clase. Nunca nos permitían dejar el edificio. No podíamos usar solos el servicio. Todas las noches, un oficial colocaba en una caja de seguridad nuestras notas. El código debía de ser simple y rápido. Solamente tendríamos una oportunidad para enviar cada mensaje. Después de eso, los japoneses estarían rastreando nuestra **ubicación** para bombardearnos o tratar de grabar el código. Elegimos palabras de la naturaleza, que fueran fáciles de recordar en la línea de fuego. Como el navajo no tenía alfabeto, inventamos el nuestro. 'A' significaría *wollachee*.

—*Ant*, que es hormiga en inglés —dijo Juan.

El abuelo asintió con la cabeza.

— 'B' era *shush*.

—*Bear*, que es oso —dijo Juan.

— 'C' era *moasi*. 'D', *be*. 'E', *dzeh*.

El abuelo continuó con el alfabeto. Cada vez que el abuelo nombraba una palabra en navajo, Juan contestaba con otra en español.

—A los aviones les dábamos nombres de pájaros. El avión bombardero vertical era un gavilán. El avión de reconocimiento era un búho. El avión patrullero era un cuervo. El bombardero era un zopilote. En las noches solíamos recostarnos en nuestras literas y hacernos pruebas. Al poco tiempo ya soñaba en código.

Ya que íbamos a ser los hombres de la radio, debíamos aprender todas sus operaciones. Nos enseñaron cómo desarmar y armar la radio con los ojos cerrados. Los japoneses combatían de noche, por lo tanto, debíamos hacer la mayor parte de nuestro trabajo en la oscuridad. Hasta la pequeña llama de una cerilla podía ser un blanco. Cuando llegó el día en el que tuvimos que probar el código frente a los oficiales de alto rango de la marina, yo estaba aterrorizado. Me arrodillé en un extremo de un campo con nuestra radio en tierra. Los oficiales marchaban hacia mí. Detrás de un edificio en el otro extremo del campo, otra persona que hablaba el código se sentó debajo de la guardia militar esperando mi **transmisión**. Un oficial me entregó un mensaje escrito:

"Recibiendo fuego de ametralladora constante. Solicite refuerzos."

Sólo me tomó unos segundos hablar por el micrófono en código navajo. El oficial envió a un mensajero al otro lado del campo para verificar la velocidad y la precisión del mensaje. ¡El indígena navajo del otro lado le entregó exactamente el mismo mensaje, escrito en inglés incluso antes de que diera la vuelta al edificio! Nos probaron una y otra vez. No nos equivocamos nunca. El gobierno solicitó doscientos reclutas navajos de inmediato. Dos integrantes de nuestro grupo se quedaron para reclutarlos. El resto de nosotros partió.

—¡Cuéntame acerca del enfrentamiento! —exclamó Juan.

De repente, el rostro de su abuelo pareció **arrugado** y maltratado como las paredes del cañón que tenía detrás. Tras una larga pausa dijo:

—Lo que vi es mejor que quede allí. No quisiera afectar mi hogar o a mi familia con esas imágenes. Antes de que invadiéramos, miré hacia la isla que había sido aplastada y quemada. "Que esto no le ocurra a una hermosa isla otra vez", pensé. Estuve en la cubierta del barco pensando en las ceremonias que estarían haciendo para mí en casa. Invadimos al amanecer. Casi me ahogué en un cráter hecho por una bomba antes de llegar a la costa. Trataba de correr entre el agua y las balas cuando me hundí en un agujero sin fondo. La mochila con la radio, que pesaba ocho libras, me tiró hacia abajo. Perdí mi rifle tratando de subir a la superficie. En la playa, lo único que pude hacer fue sobrevivir. Recuerdo que me encontraba tirado con los disparos zumbando en mis oídos. Un arroyo que corría hacia la playa se veía claro cuando me tiré allí. Al mediodía estaba teñido de rojo.

El abuelo hizo una pausa y agregó:

—Lo peor fue pasar por encima de los soldados caídos para poder seguir adelante. Ni siquiera podía detenerme a decirles que lo sentía. Sólo tenía que pasarles por encima y continuar avanzando. Tenía que moverme por la selva de noche, para transmitir en código desde diferentes ubicaciones. Una unidad necesitaba suministros médicos. Otra necesitaba un refuerzo de soldados con ametralladoras. Había comenzado una transmisión con otra persona que hablaba en código. "¡Arizona! ¡Nuevo México!", llamaba, cuando detrás de mí un soldado estadounidense gritó:

"¿Sabes lo que les hacemos a los espías?"
"¡No dispares!", dije. "Soy estadounidense. Mira mi uniforme." Pero no me creyó. Había oído el idioma extranjero. Había visto mi cabello y mis ojos. Se sabía que los espías japoneses se robaban los uniformes de soldados caídos. Uno de mis amigos saltó de entre los arbustos justo en ese momento y me salvó la vida.

—¿Cómo sobreviviste el resto del tiempo? —preguntó Juan.

—Mi fe era mi **escudo** —contestó el abuelo.

Sacó una billetera gastada del fondo del bolsillo de la camisa.

—Dentro de esto, yo cargaba polen de maíz que me había dado un curandero. "Nunca tengas miedo", me dijo cuando me lo dio. "Nada te tocará." Y nada me tocó. Más de cuatrocientos habladores en código combatieron en algunas de las más sangrientas batallas de la Segunda Guerra Mundial. Casi todos sobrevivimos.

Los japoneses nunca descifraron el código. Cuando finalmente descubrieron qué idioma era, capturaron y torturaron a un pobre navajo. No era un hablador en código y no podía comprender el mensaje que habían interceptado. Les dijo que estábamos hablando de lo que habíamos comido en el desayuno. Nuestra palabra en código para bombas era 'huevos'. Seis meses antes de que la guerra finalizara, durante la invasión de Iwo Jima, los habladores navajos pasamos más de ochocientos mensajes en dos días.

Cuando la bandera estadounidense se izó en la cima de la montaña de Iwo Jima, se anunció la victoria en código para la flota estadounidense. Y el código fue '*Sheep-Uncle- Ram-Ice-Bear-Ant-Cat-Horse-Itch*'.

Juan trató de deletrearlas.

—¿Suribachi? —preguntó.

—Sí —contestó su abuelo—. Monte Suribachi. Cuando volví a casa, caminé doce millas desde la estación del autobús hasta aquí. No hubo desfile ni fiesta. No podía contarle a nadie acerca del código. Miré hacia abajo, al fondo de este hermoso cañón y pensé: "No me iré nunca más."

—¿Pero por qué te fuiste la primera vez? —preguntó Juan.

Su abuelo lo alzó lentamente y lo subió al caballo.

—La respuesta a esa pregunta se encuentra en el código —contestó—. El código para Estados Unidos era 'Nuestra madre'. Uno lucha por lo que ama. Uno lucha por lo que le pertenece.

Se inclinó para subirse detrás de Juan y lo tomó por la cintura para sostener las riendas.

—Guarda mi billetera —dijo—. Te hará recordar el código indescifrable que alguna vez salvó a tu país.

Juan tomó firmemente la billetera con una mano y la crin del caballo con la otra. Ya no tenía tanto miedo de ir a un lugar nuevo. Su abuelo le había mostrado quién era y lo que siempre le pertenecería. Era el nieto de un hablador en código navajo y conocía un idioma que una vez había ayudado a salvar a su país.

> **Perspectiva del autor**
> ¿Qué opinión tiene la autora de los habladores en código navajos? ¿Cómo lo sabes?

Información descifrada sobre Sara Hoagland Hunter y Julia Miner

Sara Hoagland Hunter fue maestra y periodista antes de combinar ambos intereses e iniciar su propia empresa. Hoy en día, escribe y produce libros, videos, guiones y álbumes para niños. Para este libro, Sara entrevistó a los "habladores en código". Descubrió que son amables y fuertes, y sintió que fue un privilegio poder contar su historia.

Julia Miner se interesó por ilustrar este libro cuando su compañera de universidad y colega, Sara Hoagland Hunter, le contó su idea. Hicieron varios viajes a Arizona para reunirse con los verdaderos habladores en código navajos y comprender mejor el espíritu de la experiencia de éstos. Además de ilustrar libros para niños, Julia es arquitecta y escritora. Viaja con frecuencia a distintos países buscando fuente de inspiración para sus ilustraciones.

 Busca más información sobre Sara Hoagland Hunter y Julia Miner en **www.macmillanmh.com**

✔ Propósito de la autora

¿Por qué crees que la autora escribió *El código indescifrable*? ¿Por qué este relato es ficción histórica?

✔️ Pensamiento crítico

Resumir

Comprender el punto de vista del autor puede ayudarte a organizar las ideas y a formular opiniones sobre el texto que estás leyendo. Usa tu tabla de perspectiva del autor para escribir un resumen de *El código indescifrable*.

Pistas	Perspectiva del autor
	→

Pensar y comparar

1. Usa detalles de la tabla de punto de vista del autor para describir la perspectiva del autor respecto de los habladores en código navajo. Explica lo diferente que sería la historia si el autor hubiera tenido otro punto de vista sobre lo sucedido. **Hacer preguntas: Perspectiva del autor**

2. Vuelve a leer la página 398. ¿En qué cree el abuelo? ¿Por qué fue eso como un **escudo** durante la guerra? **Analizar**

3. Describe si te habría gustado o no ser un hablador en código navajo. Explica tu respuesta. **Aplicar**

4. El abuelo dice: "Uno lucha por lo que ama". Explica si estás de acuerdo con su afirmación o no. Incluye ejemplos de tu experiencia en la respuesta. **Evaluar**

5. Vuelve a leer "Rita, la narradora", páginas 384 y 385. ¿En qué se parecen las historias familiares y las tradiciones de Rita y de Juan? ¿En qué se diferencian? Utiliza ejemplos de ambas selecciones que confirmen tu respuesta. **Leer/Escribir para comparar textos**

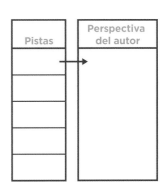

Poesía

Una **quintilla** es un poema con estrofas de cinco versos. Los versos tienen ocho sílabas o menos, con dos rimas consonantes. Un *cinquain* es un tipo de quintilla.

Elementos literarios

Consonancia es la repetición de sonidos finales idénticos en una serie de palabras.

Simbolismo es el uso de objetos concretos para representar o expresar cualidades, ideas o conceptos abstractos.

Los habladores en código navajo

Cinco quintillas

Mary Willie

Tío:
Recuerda que
en código navajo
trajeron fe y salvaron
vidas.

Noche
peligrosa.
Frías las estrellas.
Desde casa son distintas;
todas.

Nuestros
los secretos.
Salva del enemigo
el lenguaje de ancestros.
Secretos.

La repetición del sonido final "os" en nuestros, secretos y ancestros es un ejemplo de consonancia.

Guerra
de valientes.
El código salva,
soldados como hormigas
iban.

Patria.
"Nuestra madre"
en código navajo.
Protegieron la bandera.
Héroes.

Las palabras "nuestra madre" simbolizan los sentimientos de los soldados por su país.

Pensamiento crítico

1. Busca otro ejemplo de consonancia en una de las cinco quintillas. **Consonancia**

2. ¿Qué siente la poeta por los habladores en código? **Analizar**

3. Compara estas quintillas con *El código indescifrable*. ¿Qué detalles de ambos textos te dan pistas sobre cómo se sentían los navajos por pelear en la Segunda Guerra Mundial? **Leer/Escribir para comparar textos**

Busca más información sobre poesía en **www.macmillanmh.com**

Escritura

Desarrollo de los personajes

Los buenos escritores usan el **desarrollo de los personajes** para mostrar de una manera creíble los pensamientos y acciones de los personajes.

Lee el siguiente pasaje. Observa cómo la autora, Sara Hoagland Hunter, desarrolla un personaje creíble en su historia.

Fragmento de *El código indescifrable*

La autora describe las acciones de Juan de forma creíble. Algunas personas se esconden cuando están disgustadas, lo que hace que Juan parezca real.

Juan corrió cuesta arriba, haciendo rodar piedrecitas a su paso. Cuando llegó a su escondite preferido, cayó al suelo sin aliento. Aquí, entre el viejo árbol de piñón y las altísimas paredes del cañón se sentía seguro. . . En ese momento lo debían estar buscando, pero él nunca iba a bajar.

El código indescifrable
Sara Hoagland Hunter • ilustrado por Julia Miner

Lee y descubre

Lee el escrito de Mónica. ¿Cómo logró que su personaje pareciera creíble? Usa el Control de escritura como ayuda.

Tiempo para la prueba

Mónica G.

Patty miró fijamente el cuadernillo de pruebas que estaba sobre su escritorio. ¿A o C? ¿A o C? La dos respuestas parecían correctas. Comenzó a mover la pierna hacia arriba y hacia abajo. Tenía las manos frías y húmedas. Miró alrededor del aula. ¿A o C? Patty clavó la mirada en su prueba, completamente afligida y, entonces, llenó lentamente el círculo al lado de la A.

Lee cómo desarrollé el personaje de Patty en mi historia.

Control de escritura

 ¿Hace la autora que el personaje se comporte de una forma que te resulta familiar?

 ¿Se parece el personaje a alguien que podrías conocer en la vida real?

☑ ¿Es creíble el **desarrollo del personaje**? ¿Se comporta el personaje del modo que tú esperarías?

Repaso

Tema
Causa y efecto
Sacar conclusiones
Claves de contexto
Metáfora
Línea cronológica

J uan amaba los insectos. Adonde fuera, Juan examinaba las plantas y miraba debajo de las rocas para ver qué insectos podía encontrar.

Juan recogía muestras en botellas y frascos. Un día en su casa, cuando un espantoso escarabajo se le escapó, sus padres le dijeron que ya era suficiente, que no recogiera ni tocara ningún otro insecto. Como compromiso, acordaron comprarle una cámara para que, en cambio, pudiera sacarles fotografías.

Juan decidió crear un sitio en Internet para compartir sus imágenes. Sus padres lo ayudaron. También crearon una cuenta especial de correo electrónico para que la gente dejara sus comentarios sobre las imágenes de Juan. Luego de pensar varios nombres, decidieron llamar a la página "El blog de los insectos de Juan".

Todos los días después de la escuela, Juan se conectaba a su sitio de Internet y agregaba una nueva entrada al blog. Sus informes incluían información sobre los tipos de insectos, el lugar donde los había visto y cuántos había encontrado.

Seis semanas después, Juan no había recibido ni un solo correo electrónico acerca de su blog. Se preocupó porque quizás nadie lo leía.

Juan decidió hacer su blog un poco más interesante. "Los insectos asesinos atacan una guardería", escribió Juan como título. Escribió una historia sobre un extraño tipo de insecto al que le gustaba (según sus palabras textuales) "morder bebés".

En menos de un día, Juan recibió su primer correo electrónico. "¡Pobres niños!" escribió el bibliotecario local, a quien Juan le había comentado sobre su sitio de Internet. Al día siguiente, llegó otro correo del profesor Kamil, de la universidad local. Escribió que había estado leyendo "El blog de insectos de Juan" como parte de su investigación sobre la vida de los insectos del lugar. Se sorprendió mucho cuando vio el último título del blog y decidió preguntar si era cierto.

Juan admitió haber agrandado un poco los hechos, pero le aseguró que ciertas partes de la historia eran verdad. Los insectos habían matado a varias plantas jóvenes del vivero local.

El profesor respondió a Juan de inmediato. Hacía tiempo que seguía un nuevo tipo de escarabajo y quería saber de dónde provenía. Ahora lo sabía. Los escarabajos salían de los árboles que vendía el vivero.

Juan le prometió al Profesor Kamil que escribiría exactamente lo que observara y que no volvería a inventar cosas. A cambio, el profesor le pidió a Juan que formara parte de su equipo como investigador de campo de la universidad. Con ese cargo, ¡a Juan no le resultaría difícil que todos leyeran su blog!

El lector

Esta mariposa
que se aferra a una amapola
abre, cierra
su libro de pequeñas
alas de papel.

—*Buson*

Thomas Alva Edison, INVENTOR

La próxima vez que veas una película, enciendas la luz o uses un juguete de baterías, quizás quieras darle las gracias a Thomas Alva Edison. Este famoso inventor es el responsable de al menos 1,000 inventos que usamos todos los días.

Edison nació en Ohio, en 1847. Comenzó a trabajar a los 12 años, vendiendo periódicos y comida a los pasajeros de trenes que iban a Detroit. Cuando tenía 15 años, le salvó la vida al hijo del hombre que administraba la estación de trenes. El muchachito caminaba por las vías y no advirtió que se acercaba un tren. Edison pudo sacar al niño de las vías justo a tiempo.

Como recompensa, el padre del niño le enseñó a Edison a usar el telégrafo. Luego, Edison comenzó a trabajar para la Compañía Telegráfica Western Union. Se fascinó con el telégrafo y comenzó a trabajar para mejorar ése y otros aparatos mecánicos.

El primer invento de Edison fue el teletipo bursátil, que registraba la compra y venta de acciones. En los siguientes cincuenta años, inventó un proyector de películas e hizo mejoras al bombillo eléctrico. Sin embargo, su invención favorita fue el fonógrafo. Edison descubrió que podía grabar sonidos en cilindros envueltos en papel de aluminio. Diseñó una máquina que tenía dos agujas. Una de las agujas registraba el sonido y la otra lo tocaba.

A Edison le gustaba trabajar mucho. A veces, más de veinte horas por día. Dijo: "La genialidad es un 1% de inspiración y un 99% de transpiración". En 1876 decidió realizar una invención importante cada seis meses, y estuvo muy cerca de cumplirlo. Durante su vida, Edison solicitó y recibió al menos 1,093 patentes, la mayor cantidad entregada a una persona. Disfrutaba de hacer nuevos diseños, pero también quería que la gente los usara.

Sin embargo, no todos fueron éxitos para Edison. En 1899, inauguró la Compañía de Cemento Portland Edison. Quería hacer todo de cemento: los muebles, los pianos y las casas. En ese momento, el concreto era muy caro y la idea no se logró. También diseñó máquinas para procesar el hierro, pero no tuvieron éxito.

Los éxitos de Edison facilitan nuestra vida cotidiana. Pocos días después de la muerte de Edison, el 21 de octubre de 1931, el presidente Herbert Hoover ordenó que, en su honor, se apagaran todas las luces eléctricas durante un minuto.

Algunos inventos de Thomas Alva Edison

1869	Teletipo bursátil
1872	Sistema automático de telegrafía
1877	Fonógrafo
1879	Foco de luz incandescente
1891	Proyector de películas
1896	Lámpara fluorescente
1914	Lámpara minera de seguridad

Pensamiento crítico

Responde a las preguntas 1 a 4. Basa tus respuestas en la historia "El blog de los insectos de Juan" y el poema "El lector".

1. **¿Cuál de las siguientes afirmaciones es el tema de "El blog de los insectos de Juan"?**

   A   La gente debería recoger distintos tipos de insectos.

   B   Siempre es mejor decir la verdad que inventar mentiras.

   C   Muchas personas leen blogs.

   D   Es divertido sacar fotografías.

2. **Lee esta oración de "El blog de los insectos de Juan":**

> Juan examinaba las plantas y miraba debajo de las rocas para ver qué insectos podía encontrar.

¿Qué significa *examinar*?

   A   recoger

   B   dejar

   C   oler

   D   revisar

3. **En el poema, "El lector", el poeta compara una mariposa con**

   A   un libro.

   B   un periódico.

   C   una flor.

   D   una puerta.

4. **¿Por qué los padres de Juan le compraron una cámara? Usa detalles e información de la historia para apoyar tu respuesta.**

Responde a las preguntas 1 a 4. Basa tus respuestas en el artículo "Thomas Alva Edison, inventor".

1. **Según el artículo, puedes sacar la conclusión de que Edison**

A   creía que el secreto del éxito era trabajar duro.

B   pensaba que los inventos debían ser divertidos, pero no útiles.

C   no le gustaba ponerse objetivos.

D   disfrutaba viajar en tren.

2. **Lee esta oración del artículo**

> Se <u>fascinó</u> con el telégrafo y comenzó a trabajar para mejorarlo.

La palabra *fascinó* significa

A   frustró.

B   enojó.

C   interesó.

D   aburrió.

3. **La línea cronológica ayuda al lector a**

A   obtener mayor información sobre la infancia de Edison.

B   ubicar rápidamente el año en que algo fue inventado.

C   aprender cómo Edison inventó el fonógrafo.

D   saber en qué año se inventó el teléfono.

4. **La compañía de cemento de Edison no tuvo éxito porque**

A   nadie quería muebles de concreto.

B   el concreto era muy caro.

C   a nadie le gustaban los muebles de concreto de Edison.

D   los muebles de concreto eran demasiado pesados para moverlos.

A escribir

SUGERENCIAS ¿Qué efecto tuvo para Edison trabajar en la Compañía Telegráfica Western Union? ¿Cómo lo ayudó a definir el resto de su vida? Usa detalles del artículo para apoyar tu respuesta. Escribe durante 10 minutos. Escribe tanto como puedas, lo mejor que puedas.

La
gran
pregunta

¿Por qué es útil trabajar en equipo en una situación difícil?

Busca más información sobre personas que trabajan en equipo en **www.macmillanmh.com**

415

¿Por qué es útil trabajar en equipo en una situación difícil?

¿Alguna vez escuchaste el antiguo refrán "La unión hace la fuerza"? Bueno, es cierto. Las personas jóvenes están mucho más seguras si se encuentran en grupos de tres o más.

Si sales de noche, asegúrate de que te acompañen al menos dos amigos. Si sales de excursión, hazlo en grupo y que cada uno lleve un elemento del equipamiento o un suministro —como una linterna, una brújula, agua, un mapa, un teléfono celular, frazadas— que les serán útiles en caso de que se pierdan.

Incluso si viajas para conocer una ciudad o un país, debes estar listo para trabajar en equipo con tu familia o amigos. Aprender a hacer equipo con otros para sobrevivir te ayudará a planificar mejor tu propia vida y a mantenerte seguro.

Actividad de investigación

En esta unidad, recibirás información sobre cómo unirse para sobrevivir. Escoge una situación en la que la gente haya tenido que unirse para sobrevivir y realiza una presentación multimedia.

Anota lo que aprendes

Al leer, toma nota de lo que aprendas sobre el trabajo en equipo. Usa la Tabla en pliegos. En la sección superior, escribe el tema de la unidad: **La unión hace la fuerza**. En las columnas, escribe los datos que aprendes semana a semana sobre el trabajo en equipo.

MODELOS DE PAPEL®

Ayudas de estudio

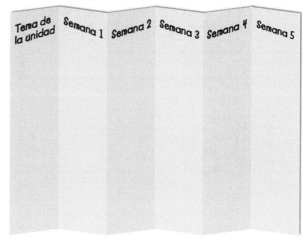

Tema de la unidad	Semana 1	Semana 2	Semana 3	Semana 4	Semana 5

Taller de investigación

Haz la investigación de la Unidad 4 con:

Guía de investigación

Sigue esta guía paso a paso para completar tu proyecto de investigación.

Recursos de Internet

- Buscador por temas y otras herramientas de investigación
- Videos y excursiones virtuales
- Fotos y dibujos para presentaciones
- Artículos y recursos relacionados en Internet

Busca más información en **www.macmillanmh.com**

Gente y lugares

United Farm Workers, UFW
(Unión de Trabajadores del Campo de Estados Unidos).

Es la unión de trabajadores del campo más grande del país. Fue fundada por César Chávez en 1962.

CONDICIONES EXTREMAS

A platicar

Este hombre y sus perros trabajan en equipo para rescatar personas. ¿Por qué es el trabajo en equipo importante en condiciones extremas de calor o frío?

Busca más información sobre cómo sobrevivir en condiciones extremas en **www.macmillanmh.com**

Vocabulario

gélido	**expedición**
riesgoso	**labor**
triunfar	**desarmar**
deshabitado	**abandonar**

Partes de las palabras

Mira las partes de una palabra desconocida para comprender su significado: la **raíz**, el **prefijo**, al comienzo de la palabra, o el **sufijo**, al final.

Por ejemplo, *deshabitado* (*des-habitado*) significa "que nadie habita, o vive, allí".

HIELO y más HIELO

Tamika Washington

La mayor parte del tiempo el termómetro registra temperaturas bajo cero. En invierno, es común que la temperatura llegue a 30° F bajo cero.

A pesar de esas condiciones **riesgosas**, durante siglos muchas personas intentaron llegar al Polo Norte. Hace 100 años aproximadamente, dos hombres **triunfaron** en ese ambiente tan difícil. Robert Peary y Matthew Henson llegaron al Polo Norte el 8 de marzo de 1909. El viaje no fue fácil.

Hay pocas cosas más peligrosas que cruzar el Ártico a pie. Los exploradores deben hacer frente a muchos problemas: temperaturas heladas, tormentas repentinas, incluso hambre. La región, en su mayor parte, está **deshabitada**. Pocas personas pueden vivir en un clima tan severo.

Con frecuencia, se cree que el Polo Norte y el Polo Sur son desiertos congelados muy parecidos. Aunque ambos lugares tienen temperaturas **gélidas** y están habitados por pocas personas, no se parecen mucho.

El Polo Norte no tiene tierra, sólo gruesas capas de hielo. Por lo general, las temperaturas no superan los 32° F, que es el punto de congelamiento del agua.

Se creería que con temperaturas tan bajas durante todo el año, la capa de hielo debería ser gruesa y dura. Sin embargo, esto no sucede en el Ártico. El movimiento de las corrientes oceánicas bajo el hielo cambia continuamente la superficie. A veces el hielo se resquebraja y crea caminos de agua llamados "grietas". Si alguien se cae en una grieta puede ahogarse o morir congelado en cuestión de segundos.

Peary, Henson y otros miembros de la **expedición** enfrentaron este problema constantemente. Aprendieron a moverse en grupos de tres o cuatro hombres, para que siempre hubiera una persona cerca si algo sucedía. Una vez, Henson se resbaló y cayó a una grieta y fue rescatado justo a tiempo por su asistente esquimal, Ootah.

En otra ocasión, cuatro miembros del equipo de Peary quedaron atrapados en una isla de hielo. La isla se formó cuando las grietas se abrieron alrededor del iglú en medio de la noche.

Uno de los hombres se despertó a tiempo ya que, de otra manera, habrían quedado flotando en el océano.

Todas las noches, los hombres construían iglúes para protegerse del viento mientras dormían. Un iglú es una pequeña choza hecha de nieve dura y compacta. Cortar los bloques de hielo era una **labor** dura. A veces el viento era tan fuerte que **desarmaba** los iglúes antes del amanecer.

Algunos integrantes del equipo de Peary se dieron por vencidos y regresaron. Pero Peary y Henson se negaron a **abandonar** su expedición. ¡Y tuvieron su recompensa! ¡Fueron las primeras personas en llegar al Polo Norte!

Volver a leer para **comprender**

✔ Hacer preguntas
Problema y solución

El diagrama de problema y solución te ayuda a formular preguntas para resolver problemas y hallar soluciones en una selección. Vuelve a leer "Hielo y más hielo" y usa tu diagrama de problema y solución para identificar los problemas que plantea el escritor y las acciones necesarias para resolverlos.

Problema

Intentos	→	Resultados
	→	
	→	

Solución

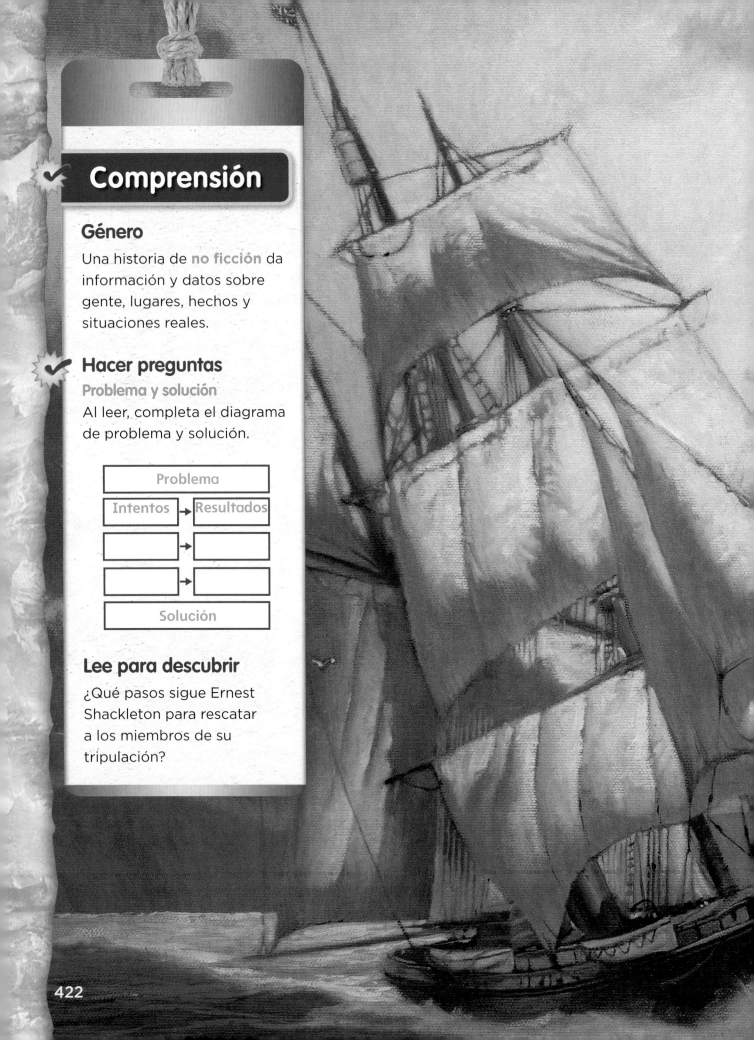

Comprensión

Género

Una historia de **no ficción** da información y datos sobre gente, lugares, hechos y situaciones reales.

Hacer preguntas

Problema y solución

Al leer, completa el diagrama de problema y solución.

Problema

Intentos	→	Resultados
	→	
	→	

Solución

Lee para descubrir

¿Qué pasos sigue Ernest Shackleton para rescatar a los miembros de su tripulación?

ESPÍRITU DE RESISTENCIA

Jennifer Armstrong
ilustraciones de William Maughan

Selección premiada

Cuando Ernest Shackleton era joven, estaba enamorado de los libros y la aventura. A los 16 años, partió a navegar para explorar el mundo. Una de sus mayores aventuras sucedió en la Antártida, en enero de 1915. En su tercera **expedición**, las **gélidas** aguas del Mar de Wedell, que rodea la Antártida, se congelaron. El barco de Shackleton, llamado "Resistencia", quedó atrapado en el hielo. El objetivo de Shackleton era convertirse en el primer explorador en caminar 1,500 millas a lo largo del **riesgoso** continente. ¿**Triunfarían** él y su tripulación? ¿O el hielo sería un obstáculo demasiado difícil?

El clima era terrible fuera de los camarotes del Resistencia. Vientos violentos soplaban sobre el hielo. Las ventiscas lanzaban nieve contra los costados del barco y, a veces, el viento era tan fuerte que empujaba los témpanos de nieve contra el barco. Las vigas de madera del Resistencia crujían de manera inquietante a medida que la presión aumentaba. La fuerza del viento era tan intensa que Shackleton temía que el Resistencia sufriera graves daños. ¿Qué sucedería si se vieran obligados a **abandonar** el barco?

Una noche de julio, en plena tormenta, la presión era más fuerte que nunca. Shackleton comunicó su temor al capitán del barco, Frank Worsley.

—Si tuviéramos que abandonar el Resistencia, encontraríamos la forma de controlar la situación —le dijo Worsley al Jefe.

Shackleton respondió:

—Haremos todo lo que esté a nuestro alcance. Nuestros hombres ya han aguantado lo suficiente. Sin un barco donde refugiarnos de estos terribles vientos y con este frío constante…

No pudo seguir hablando y comenzó a caminar por el camarote. No quería pensar en eso. Pero como comandante de la expedición, Shackleton tenía que estar preparado para lo peor.

Los integrantes de la expedición "Resistencia", en una fotografía tomada cuando el barco viajaba hacia el sur. Shackleton está en el centro de la fotografía, con sombrero y jersey blanco con botones. El segundo oficial al mando, Frank Wild, está de pie detrás del hombro izquierdo de Shackleton. Al lado de Wild, se puede observar al capitán del Resistencia, Frank Worsley (con jersey blanco y gorra de marinero).

Frank Hurley (izquierda) y el meteorólogo, Leonard Hussey, en una partida de ajedrez durante una noche de vigilancia.

El hielo siguió haciendo presión contra el Resistencia durante agosto y septiembre. Algunos días embestía el barco con tanta fuerza que los libros, herramientas y equipo se caían de los estantes, y los mástiles temblaban como las ramas de un árbol. Los marineros estaban asustados y nerviosos. Cada vez que un chirrido o crujido se escapaba del tenso casco del barco, los marineros contenían la respiración.

La tripulación **desarmó** los iglúes para los perros y trasladó a bordo a todos los animales, ya que temían que el hielo se quebrara en el lugar en que estaban los perros. Un día de octubre, el hielo presionó sin parar los costados del Resistencia y empujó el barco por el lado izquierdo. Todo lo que no había sido ajustado con cuerdas se cayó a la cubierta. Durante algunos minutos de terror, los hombres pensaron que el barco no resistiría.

Pero, de pronto, la presión se detuvo y el Resistencia volvió a su lugar. Por el momento, estaban a salvo.

La presión comenzó a sentirse nuevamente en la tercera semana de octubre, y continuó sin darles respiro. El Resistencia se quejaba y crujía cuando el hielo apretaba los costados del barco. La madera se torcía y se rompía. El agua comenzaba a entrar en la bodega.

Fotografía del Resistencia una noche de agosto de 1915, en pleno invierno antártico. El barco está cubierto de escarcha y se ve blanco en contraste con el cielo azul profundo.

La tripulación se turnaba para manejar las bombas y mantener el agua fuera del barco, pero todo fue en vano. El 27 de octubre, Shackleton miró el barco que estaba siendo aplastado como si fuera una nuez y la tormenta fuera un cascanueces.

—No va a resistir, muchachos. Es el momento de partir —dijo.

Entonces, la tripulación del Resistencia abandonó el barco, en medio del mar congelado.

Afortunadamente, el Resistencia se destruyó con lentitud. Esto le dio tiempo a la tripulación de descargar los alimentos y los equipos. A medida que el barco se rompía, la pila de cosas sobre el hielo era cada vez más grande: maletas, libros, relojes, sacos de dormir, armas, bolsas de harina y azúcar, ropas, botes salvavidas, periódicos, hachas, leña, cepillos de dientes, baldes, etcétera. Sacaron del barco todo lo que pudieron. La tripulación trabajó sin descanso. La supervivencia dependía de que alcanzaran a salvar todo lo que pudiera resultarles útil.

Finalmente quedaron exhaustos. Armaron las carpas y se fueron a dormir. Mientras tanto, la madera y los aparejos del Resistencia se rompían y chocaban contra la cubierta de ese barco que moría poco a poco.

Mientras el resto de la tripulación dormía, Shackleton tuvo una conversación con el segundo al mando, Frank Wild, y con el capitán del *Resistencia*, Frank Worsley. No tenían forma de comunicarse con el mundo exterior. Estaban solos. Si sobrevivían, deberían rescatarse ellos mismos.

Entonces inventaron un plan: arrastrarían los tres botes salvavidas por el hielo, llenos de comida y equipos, hasta la isla Paulet, que estaba a 346 millas de distancia. Los hombres reaccionaron con calma cuando Shackleton les informó del plan. Ellos confiaban en su liderazgo. Si él decía que tenían que caminar 346 millas, las caminarían.

Problema y solución

¿Qué plan se inventó Shackleton cuando su tripulación abandonó el Resistencia? ¿Cuáles serán los resultados de su plan?

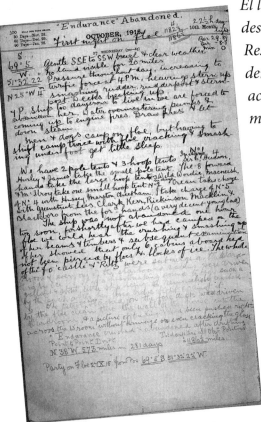

El libro de viaje del capitán Frank Worsley describe el día que abandonaron el Resistencia. "No abandonamos el barco demasiado pronto, pues poco después de acampar en el témpano, oímos que sus maderas crujían y se rompían…"

Los trineos de los perros, cada uno con una carga de 900 libras, iban a la cabeza del grupo. Con hachas y palas, los conductores intentaban abrir el camino a través de la dificultosa superficie de hielo. Detrás de ellos venían los tres botes salvavidas, arrastrados por quince hombres con arneses. Empujaban uno de los botes aproximadamente un cuarto de milla, lo dejaban, y volvían a buscar el segundo bote. Cuando el tercer bote se reunía con los dos primeros, comenzaban a arrastrar el primer bote nuevamente.

Pero era una tortura. La superficie del hielo estaba rota y dispareja, y a veces los hombres se hundían hasta las rodillas y la nieve se arremolinaba en torno a ellos. Luego de dos horas de agotadora **labor**, sólo se habían alejado una milla del Resistencia. A ese paso, nunca llegarían a la isla Paulet. El témpano sobre el que se encontraban era sólido. Acamparían y se quedarían allí.

Ocean Camp sería su hogar durante los siguientes dos meses. Regresaron al Resistencia para buscar más equipos y alimentos. Con la madera que habían rescatado del barco, construyeron una cocina con una estufa de aceite.

Luego, sólo les quedaba esperar. Shackleton sabía que el hielo sobre el que acampaban estaba moviéndose hacia el norte y que eso los llevaría a aguas abiertas. Finalmente, iban a necesitar los botes salvavidas. Cuando las aguas cálidas derritieran el hielo, el témpano no sería un lugar estable para acampar. La única oportunidad de rescate era cruzar el agua. Entonces, el carpintero comenzó a trabajar para reparar los botes y hacerlos apropiados para el trayecto.

Ya era primavera en la Antártida y la temperatura superaba a veces los treinta grados. A los hombres les parecía una temperatura tropical. Continuaron cazando y entrenando a los perros. Además, se mantenían ocupados leyendo, jugando a las cartas y haciendo diversas tareas. El solo hecho de mantener sus cosas secas en Ocean Camp les llevaba mucho tiempo.

Poco a poco, el hielo comenzó a derretirse en la Antártida. Comenzaron a aparecer grandes grietas en el témpano. La superficie se tornó más lisa. El 21 de noviembre tuvo lugar un acontecimiento inolvidable: los restos rotos y retorcidos del Resistencia finalmente se hundieron para siempre. En diciembre, Shackleton decidió comenzar a moverse nuevamente, esperando acortar la distancia que los separaba de la isla Paulet.

Pero el recorrido era difícil: les llevó tres días recorrer siete millas. Luego de dos días más de esfuerzo agotador, parecía que estaban estancados en el mismo lugar. El hielo era resbaloso e inestable. No podían volver. No podían avanzar. Tendrían que acampar nuevamente.

Esta vez, llamaron al campamento "Paciencia" y justamente fue paciencia lo que necesitaron. El año 1915 llegaba a su fin y tenían un nuevo año por delante.

Arrastrando uno de los botes salvavidas del Resistencia por el hielo.

¿Qué les esperaba más adelante? Shackleton no estaba seguro. El viento helado soplaba caprichosamente. A veces los llevaba al norte, otras veces al este o al oeste.

Pasaron enero y febrero.

A principios de abril, el témpano sobre el que estaba asentado el campamento Paciencia era alarmantemente pequeño, y el mar abierto los rodeaba. Las orcas cazaban focas y soltaban grandes chorros de agua. Los hombres podían sentir que el océano subía y bajaba el témpano. Algunos de ellos comenzaron a sentirse mareados.

El 8 de abril Shackleton dio la orden:

—¡Arrojen los botes al mar!

Miles de pájaros volaban en círculos sobre la tripulación que estaba sacando los barcos del hielo. Se sentaron sobre sus cosas y sus últimas latas de alimento y tomaron los remos. Las olas chocaban contra los témpanos. Los tres botes se abrían camino entre las grandes masas de hielo, y se dirigían al norte hacia el océano abierto.

La luz del día se desvanecía. Buscaron un témpano para acampar. Shackleton pronto divisó uno. Afortunadamente, había una gran foca durmiendo allí, y los hombres la mataron y la cocinaron para la cena. Luego armaron las carpas e intentaron descansar.

¡Arrojen los botes al mar! La tripulación, con sus provisiones, se amontona en los tres botes salvavidas... y se dirige a la isla Elephant...

430

Los días siguientes fueron de mucho peligro y arduo trabajo. Cuando dejaron el refugio del témpano de hielo, se encontraron con la violencia del océano abierto que los azotaba como un huracán. Las olas rompían sobre los pequeños botes salvavidas colmados de personas, y los vientos huracanados y el aguanieve azotaban sus rostros. La temperatura comenzó a disminuir. Los hombres podían oír cómo el hielo crujía en su ropa y en las velas de los barcos infladas por el viento. Ya no pensaban en dormir. Casi no tenían agua potable para beber y la comida era escasa. Los hombres comenzaron a perder la esperanza.

Shackleton temía que los botes se separaran y que algunos hombres murieran a causa del cansancio extremo. Pero más adelante, en algún lugar, había un pequeño islote rocoso llamado isla Elephant. Si llegaban ahí, podrían descansar.

Ya al límite de sus fuerzas, los hombres divisaron la isla Elephant entre la niebla. Habían estado siete días en los botes, trepando olas gigantes, tratando de no congelarse: siete días sin dormir, con poca comida y sin agua. Cuando finalmente llegaron a la isla, los hombres se dejaron caer de rodillas en la costa, llorando y riendo.

Era la primera vez en casi un año y medio que se paraban sobre tierra firme.

La isla Elephant era tierra firme, pero también estaba **deshabitada** y el invierno se acercaba. No esperaban que un barco llegara y los rescatara: esto quizás nunca sucedería.

Luego de tres días de merecido descanso, Shackleton anunció que tomaría el mejor bote, el James Caird, y navegaría hasta la isla Georgia del Sur, a 800 millas de distancia, para pedir ayuda. Iría con el capitán Worsley, por su conocimiento de la navegación, y con el carpintero, Harry McNeish, en caso de que necesitaran reparar el bote en el camino; además, se llevarían a otros tres hombres. Cuando llegaran a la estación ballenera, volverían para rescatar al resto de la tripulación.

McNeish reforzó el bote. Los hombres juntaron agua fresca de un glaciar de la isla. El 24 de abril de 1916, el James Caird zarpó.

Durante más de dos semanas, Shackleton y su tripulación, compuesta por cinco hombres, navegaron a través de las más grandes tormentas en el océano. Se encontraron con olas de más de 100 pies, con temperaturas hostiles y con vientos con fuerza de huracán. A menudo el bote de veintidós metros de largo quedaba cubierto de hielo, y los hombres debían arrastrarse por la cubierta para sacar el hielo mientras el barco subía y bajaba.

Se turnaban para dormir y gateaban hasta la proa para poder descansar. Worsley trataba de navegar de la mejor forma posible, aunque las condiciones climáticas eran terribles. Para calcular su posición, tenía que ver el sol del mediodía, pero pasaron tantas tormentas que sólo pudo hacerlo cuatro veces. Si se perdían y no encontraban la isla Georgia del Sur, se dirigirían hacia el inmenso océano Atlántico, lo que significaría una muerte segura. A menudo, las grandes olas que rompían contra el bote los mojaban con agua salada y espuma. El frío les causaba dolor.

Shackleton les daba fuerzas con comidas calientes y bebidas seis veces por día. No era fácil encender la pequeña estufa del campamento en el bote tambaleante, y una vez que el chocolate o el guiso estaban listos, apagaban la estufa para ahorrar combustible. Aprendieron a comer y beber sus alimentos casi hirviendo, para que se calentaran sus cuerpos entumecidos por el frío.

Algunas veces Shackleton temía que sobrevivir fuera imposible, pero no se rendía. Todos los días se sentaba al timón y observaba el horizonte. Gracias a la capacidad casi milagrosa de Worsley con la brújula y el sextante, el abatido bote y su exhausta tripulación llegaron a la isla diecisiete días después.

Sólo había un problema: llegaron a la parte sudoeste de la isla, y la estación ballenera se encontraba al sudeste. El bote estaba demasiado dañado como para arriesgarse a navegar alrededor de la isla en esas aguas tormentosas. Pero el interior de la isla estaba bloqueado por una gran cadena de montañas y varios glaciares. Tendrían que cruzarla a pie.

Dos de ellos estaban completamente exhaustos y un tercero debería quedarse a cuidarlos. Entonces, solo quedaban Shackleton, Worsley y el segundo oficial Tom Crean para hacer la caminata a través de la isla Georgia del Sur.

Problema y solución

Cuando los hombres desembarcaron a salvo en la isla Georgia del Sur, ¿qué problema encontraron? ¿Cómo lo superaron?

Viaje del James Caird. Con sólo veintidós metros de largo, el bote tiene dos mástiles y tres pequeñas velas y es impulsado por una soga atada al timón en un yugo. Worsley calcula la posición del Caird mirando el sol con un instrumento llamado sextante. El corte transversal muestra el espacio que queda debajo, donde un hombre duerme en la proa y dos preparan la comida utilizando una estufa de campamento.

El equipo de montañismo que tenían no era el mejor que hubieran deseado para escalar estas elevaciones. Tenían un hacha y cincuenta pies de soga. Colocaron clavos en las suelas de sus botas para aferrarse mejor a los picos congelados. Descansaron varios días. Luego, con comida para tres días y una pequeña estufa de campamento, iniciaron el viaje y cruzaron el primer campo de nieve con la luz de la luna.

Los meses de mala nutrición e inactividad los habían dejado sin preparación para una caminata tan difícil. Pero como dijo el Jefe mucho después: "Pensar en los hombres que se habían quedado en la isla Elephant nos animaba a continuar… Cuando uno es líder, la persona en la cual otros confían, uno tiene que seguir adelante. Esos pensamientos nos impulsaron a través del huracán y nos ayudaron a escalar esas montañas".

Nunca antes alguien había cruzado la isla Georgia del Sur. No había huellas, no había pistas que indicaran qué camino era seguro y cuál no lo era. Los hombres descansaban, cocinaban algo rápido y luego seguían. El Jefe no se atrevía a decirles que se detuvieran para dormir porque temía que luego no tuvieran voluntad para continuar. Siguieron adelante, hora tras hora, durante la primera noche y el primer día, y luego otra noche. Por las mañanas se despertaban ojerosos, exhaustos y tiritaban de frío, pero nunca perdían de vista la costa este.

Por fin, a lo lejos se oyó el silbato de la estación ballenera. Eran las siete en punto. Habían llegado a salvo.

En la isla Elephant, el resto de la tripulación no estaba enterado del triunfo del Jefe. Cuando el James Caird desapareció de su vista, los veintidós miembros restantes de la expedición comenzaron a trabajar. Frank Wild, que estaba a cargo, propuso la primera tarea. El viento antártico soplaba desde el Polo Sur, y tendrían que refugiarse.

Hurgaron en la playa en busca de rocas y edificaron una construcción baja. Luego tomaron los dos botes restantes, el Dudley Docker y el Stancomb Wills, y los volvieron boca abajo sobre las piedras. Extendieron las velas de tela hechas jirones sobre los botes, y cubrieron las grietas de las paredes con musgo para que el viento no entrara. Construyeron una chimenea con unas pequeñas placas de metal e instalaron la estufa de grasa. Cuando terminaron, tenían una cabaña para pasar el invierno.

Las primeras tormentas no tardaron en llegar. Cuando el viento soplaba fuera de la cabaña, los hombres se hacían compañía en el interior. Una forma común de pasar el tiempo era hacer una lista de sus comidas favoritas: tras comer constantemente carne de foca y pingüino, los hombres soñaban con frutas frescas, tortas y ternera. Las horas pasaban lentamente. Los días pasaban lentamente. Las semanas pasaban lentamente. Camp Wild era un lugar sombrío.

Había cosas para hacer: había que sacar hielo de los glaciares y derretirlo para tener agua potable, había que cazar pingüinos y focas.

Y además, había que hacer una cirugía. El pie de Percy Blackborrow se había congelado durante el viaje en barco a isla Elephant y ahora tenía gangrena. Los dedos del pie estaban muertos y negros. Había que amputarlos. Casi no quedaba equipamiento médico. Sin embargo, los médicos de la expedición, James McIlroy y Alexander Macklin, hicieron la cirugía a la luz de una lámpara de aceite de foca.

Fuera de la cabaña, el viento soplaba sobre el acantilado de la isla Elephant. El hielo del mar crujía en la costa. Sabían que Shackleton no volvería hasta que pasara el invierno.

Wild trató de mostrarse optimista con el resto de la tripulación. Todas las mañanas, enrollaba su bolsa de dormir y les decía:

"Preparen sus cosas, muchachos. Quizás hoy llegue el Jefe."

Camp Wild. El Dudley Docker *y el* Stancomb Wills *fueron vueltos boca abajo y cubiertos con velas para fabricar una cabaña, donde espera el resto de la tripulación a que Shackleton vuelva con un barco de rescate.*

¡Al rescate! Shackleton regresa a la isla Elephant para socorrer a sus hombres. En el fondo, se observa el Yelcho, el barco que Shackleton tomó prestado del gobierno chileno para el rescate.

Pero al pasar los meses, comenzaron a preguntarse si "hoy" llegaría algún día.

Cuando Shackleton, Worsley y Crean entraron en la estación ballenera el 20 de mayo, parecían hombres salvajes. Sus ropas eran harapos, tenían la cara negra, a causa del humo del aceite, y la barba y el pelo muy largos. Los perros comenzaron a ladrar alarmados cuando los hombres se acercaron a la casa del encargado de la estación.

—¿Quién es usted? —preguntó el encargado.

—Me llamo Shackleton —respondió el Jefe.

Hubo un silencio total. No esperaban encontrar a Shackleton con vida, menos que menos que llegara caminando por las cumbres de la isla Georgia del Sur. Pero cuando el Jefe contó la historia, fueron tratados como héroes.

Los tres hombres exhaustos tomaron un baño caliente, comieron una cena caliente y pudieron dormir. Apenas despertaron, Shackleton comenzó a coordinar el viaje de rescate. Worsley salió en un bote con algunos de los balleneros para rescatar a los hombres que estaban en la otra parte de la isla.

Se preparó un barco a vapor para viajar a la isla Elephant, y Shackleton partió de inmediato. Sin embargo, el clima y el océano se unían en su contra. Tuvo que volver a la isla Georgia del Sur. Intentó cruzar el océano dos veces más, pero el invierno del Atlántico era demasiado cruel.

Pasaron junio y julio y Shackleton estaba desesperado por rescatar a sus hombres. Al fin, en agosto, tomó un barco chileno llamado Yelcho y partió una vez más hacia la isla Elephant.

El 30 de agosto, George Marston, el artista de la expedición, estaba mirando hacia Camp Wild. En el horizonte, vio el humo de la chimenea de un barco.

—¡BARCO A LA VISTA! —gritó.

El Yelcho había ingresado a la bahía. Bajaron un bote al costado del barco. Dentro del bote estaba Shackleton.

—¿Están bien? —gritó cuando se encontraba lo suficientemente cerca.

—¡SÍ!

Los hombres rodearon al Jefe cuando llegó a tierra firme, estrechándole la mano.

—Sabíamos que volverías —le dijo uno de ellos.

Todos habían sobrevivido. Shackleton había regresado para llevarlos de vuelta a casa.

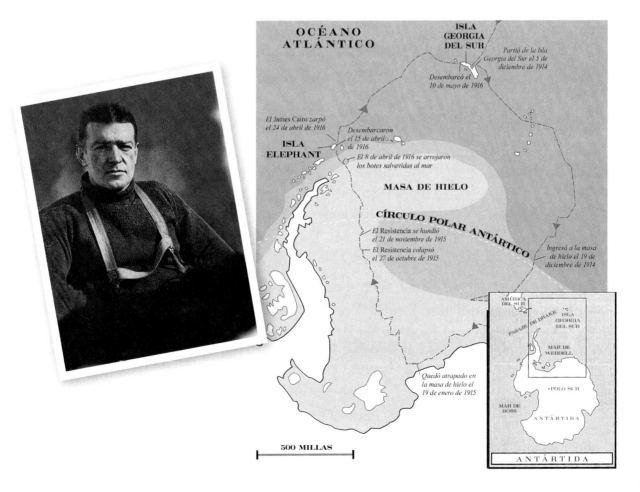

EXPLOREMOS CON JENNIFER ARMSTRONG Y WILLIAM MAUGHAN

JENNIFER ARMSTRONG siempre sintió que tenía alma de escritora, incluso cuando decidió estudiar para ser arqueóloga. Dice: "siempre tuve buena imaginación y amaba inventar historias. Siempre me pareció que mi destino era convertirme en escritora". Mientras investigaba para este libro, se fue de viaje a un destino poco usual: la Antártida. Allí, vio las focas tomando sol, los pingüinos chillando y la "casa" de invierno de Shackleton, todavía en pie, un siglo más tarde. Afortunadamente, Jennifer comió su propia comida y no la comida en lata que había dejado Shackleton. Tras haber sobrevivido en el Polo Sur, Jennifer regresó a su casa de Nueva York.

WILLIAM MAUGHAN es un artista y maestro consagrado. Su obra ha sido incluida en libros y revistas y también en la televisión y en las películas. Cuando William no está ocupado dibujando el viaje heroico de Shackleton, enseña arte a sus alumnos y aprende de ellos al mismo tiempo. "Todos los maestros deberían admitir que aprenden más de sus alumnos que sus alumnos de ellos", dice. William vive en California con su esposa y sus siete hijos.

Conéctate

Busca más información sobre Jennifer Armstrong y William Maughan en **www.macmillanmh.com**

✔ Propósito de la autora

Es claro que Jennifer Armstrong está informando al lector sobre la tercera expedición de Ernest Shackleton a la Antártida. El texto está lleno de hechos verificables. Señala algunos ejemplos en el texto.

Pensamiento crítico

Resumir

Escribe un resumen de *Espíritu de resistencia* usando el diagrama de problema y solución. Asegúrate de identificar los principales problemas a los que debieron enfrentarse Shackleton y sus hombres, y explica cómo los resolvieron.

Problema	
Intentos →	Resultado
→	
→	
Solución	

Pensar y comparar

1. ¿Por qué eligió la autora la estructura de problema y solución para contar la historia de Shackleton? **Hacer preguntas: Problema y solución**

2. ¿Cómo describirías a la tripulación de Shackleton? Usa detalles de la historia en tu respuesta. **Analizar**

3. ¿Qué nombre le pondrías a un barco a punto de comenzar una **expedición** larga y peligrosa como la de Shackleton? **Aplicar**

4. Describe las características de un líder fuerte como Shackleton. Explica por qué es importante que un líder tenga esas cualidades. **Analizar**

5. Vuelve a leer "Hielo y más hielo" en las páginas 420 y 421. Imagina que el viaje de Shackleton hubiera sido al Polo Norte en lugar de al Polo Sur. ¿En qué se habría diferenciado la búsqueda de la tripulación? Usa evidencia de ambos textos para sustentar tu respuesta. **Leer/Escribir para comparar textos**

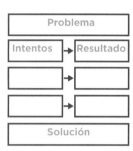

Exploración de la Tierra

DE ARRIBA ABAJO

Mary Ann Williams

La cima del mundo

Los exploradores siempre se han interesado por el Polo Norte y su océano. El océano Ártico es el más pequeño del mundo. Se encuentra en el Polo Norte y está cubierto de hielo todo el año. Las criaturas vivientes dentro y alrededor del océano Ártico deben competir por el alimento para sobrevivir. Plantas, animales y organismos unicelulares, llamados protozoos, conviven en este ambiente.

La cadena alimentaria principal comienza con el *fitoplancton*, que son organismos muy pequeños, similares a las plantas. Éstos son una parte importante del ecosistema del Ártico, pues proporcionan alimentos para el *zooplancton*, o animales marinos diminutos. Los animales más grandes y peces, como el bacalao ártico, se alimentan del zooplancton. Los osos polares son los mayores depredadores, comen peces, aves, focas anilladas, morsas y ballenas beluga.

Un mundo en el hielo marino

El hielo que cubre el océano Ártico también es una parte importante del ecosistema. El hielo marino está formado por agua de mar. Allí viven muchas especies de animales árticos. Las algas del hielo, como la *melosira*, parecen cuerdas de musgo que cuelgan del hielo marino. Con el tiempo, las algas del hielo se sueltan, caen y los animales se las comen. Es muy importante mantener este ciclo. Aunque esté lejos del resto del mundo y cubierto de hielo, ¡es un ecosistema vivo y muy activo!

FUENTE PRIMARIA

Esta carta cuenta información personal sobre una experiencia en el Ártico.

18 de junio

Querido Dan,

Mientras tú pasabas los fines de semana de verano zambulléndote en la costa de Florida, yo estaba investigando el océano. He tenido que hacer hoyos en capas de hielo que medían ¡doce pies! Sí, he viajado al centro de investigación del Ártico que te había contado, y el Polo Norte es un lugar único.

Mi trabajo es controlar los efectos del cambio climático en las criaturas vivientes del lugar. No te imaginas cuánta vida silvestre hay aquí. Bucear es difícil, y no sólo por el frío. ¡Los osos polares no nos quieren! Debemos estar muy atentos, pero no los culpo, sólo quieren proteger su hogar. Me gustaría poder decirles que estamos aquí por ese mismo motivo.

¡Disfruta del calor por mí!

Randy

El fin del mundo

Es difícil creer que alguna parte de la Tierra no haya sido explorada aún. Pero el **continente** de la Antártida, en el Polo Sur, ha conservado muchos secretos. ¿Por qué? Los exploradores deben enfrentar la oscuridad, el frío y el clima hostil en la Antártida. La parte interior del continente, que permanece a oscuras, tiene temperaturas de -126° F. El viento y la nieve crean terribles tormentas en las que el cielo y el suelo se desdibujan y nadie puede distinguir uno del otro.

FUENTE PRIMARIA

Este diario ofrece un registro de la estadía de Jennifer Dewey en un centro de investigación del Polo Sur.

12 de noviembre

Durante millones de años, la Antártida, el quinto continente en tamaño, ha sufrido las consecuencias de una era de hielo. Es la región más ventosa, fría e inhóspita de la Tierra, y me dirijo hacia ella.

"Adiós, Estados Unidos", susurro mientras el avión despega con un ruido ensordecedor. "¡Nos vemos!".

Pingüino dando de comer a sus crías.

24 de noviembre

Base Palmer

La Antártida:

- mide cinco millones y cuarto de millas cuadradas; es más grande que Europa.

- no tiene población humana autóctona.

- contiene dos tercios del agua dulce del planeta en forma de glaciares.

- cien millones de pingüinos viven allí.

- tiene sólo un mamífero: la foca Weddell (tiene el nombre de un explorador), que vive allí todo el año.

- tiene sólo dos plantas que dan flor: el pasto piloso antártico (Deschampsia antarctica) y el clavelito antártico (Colobenthos subulatus).

Investigación en el Polo Sur

A pesar de estas dificultades, los países han establecido centros científicos **permanentes** donde los investigadores viven y trabajan. Jennifer Owings Dewey es una aventurera que, durante cuatro meses, escribió un diario. Los registros de sus **observaciones** y otros sucesos sirven para recordar su experiencia.

Esta información también puede servirles a otros investigadores.

Enfrentando los obstáculos del clima adverso, la distancia y la oscuridad, los exploradores siguen investigando lugares remotos. Su arduo trabajo y registros científicos nos ayudan a comprender nuestro planeta.

✔ Pensamiento crítico

1. Piensa en la información que registró Dewey. ¿Qué valor tiene escribir un diario? **Leer una fuente primaria**

2. ¿Cómo le explicarías a un amigo qué función cumple el oso polar en el ecosistema del océano Ártico? **Aplicar**

3. En *Espíritu de resistencia*, Ernest Shackleton y su tripulación viajaron a la Antártida. De acuerdo con lo que sabes sobre la Antártida y el océano Ártico, ¿qué consejo le darías a alguien que planea una exploración polar? **Leer/Escribir para comparar textos**

 Ciencias

Escoge uno de los océanos de la Tierra, que no sea el océano Ártico, e investiga su ecosistema. Resume tu investigación en dos párrafos.

 Busca más información sobre el Polo Norte y el Polo Sur en **www.macmillanmh.com**

Escritura

Ambiente y contexto

El **ambiente** es el lugar donde transcurre una historia. Los buenos detalles te ayudan a visualizar el ambiente de una historia.

Conexión: Lectura y escritura

Lee el siguiente pasaje. Observa cómo la autora, Jennifer Armstrong, describe el ambiente.

Fragmento de *Espíritu de resistencia*

La autora describe el duro ambiente que debe enfrentar la tripulación del Resistencia. Observa cómo usa verbos y detalles sensoriales para que el lector tenga una idea del frío extremo y pueda imaginarse el ambiente de la forma en que Shackleton y su tripulación lo vivieron.

El clima era terrible fuera de los camarotes del Resistencia. Vientos violentos soplaban sobre el hielo. Las ventiscas lanzaban nieve contra los costados del barco y, a veces, el viento era tan fuerte que empujaba los témpanos de nieve contra el barco. Las vigas de madera del Resistencia crujían de manera inquietante a medida que la presión aumentaba. La fuerza del viento era tan intensa que Shackleton temía que el Resistencia sufriera graves daños. ¿Qué sucedería si se vieran obligados a abandonar el barco?

ESPÍRITU DE RESISTENCIA

Jennifer Armstrong
Ilustraciones de William Maughan

Lee y descubre

Lee la historia de Kevin. ¿Cómo describió Kevin
el ambiente para mostrar el lugar donde sucedió
su historia? Usa el Control de escritura como ayuda.

¡Vacaciones!
Kevin C.

La brisa vivificante y fresca me alivió el
calor. Oía las olas romperse en la playa. Tenía
los ojos cerrados y una toalla sobre
la cara para mantenerla fresca. Las gaviotas
chillaban para que alguien les diera papas
fritas. "¡Ven, hagamos un castillo de arena!"
dijo mi hermano, y me arrojó un poco de arena
a los pies para llamar mi atención.

Lee sobre un día
relajante durante
mis vacaciones
en la playa.

Control de escritura

✓ ¿Describe el autor dónde ocurrió la historia?

✓ ¿Usa técnicas descriptivas como verbos apropiados
o detalles sensoriales para que puedas ir más allá
de "ver" el lugar?

 ¿Puedes imaginarte lo que rodeaba a Kevin en
aquel momento?

EL TRABAJO EN EQUIPO

¿Para qué les sirve a los astronautas en el espacio trabajar en equipo?

Conéctate

Busca más información sobre los astronautas en **www.macmillanmh.com**

Vocabulario

misión   desastre

ambiente   zona

gravedad   laberinto

ajustar   conducir

Claves de contexto

Las **claves de contexto** son descripciones o explicaciones que te ayudan a descubrir el significado de palabras desconocidas.

Latasha Pearson

Durante los primeros años de los viajes al espacio, la tarea de un astronauta era pilotear una nave espacial. En la actualidad, los astronautas deben realizar diversos trabajos. Éstos dependen del objetivo de la **misión**.

Los *pilotos astronautas* controlan y **conducen** el transbordador espacial. El capitán es quien debe asegurarse de que su misión sea exitosa. Su tarea consiste en mantener a la tripulación a salvo, y sabe que el trabajo en equipo evita **desastres** en el espacio.

Los *especialistas de la misión* hacen pruebas y se ocupan del equipamiento a bordo. Cuando es necesario, de acuerdo con la tarea, **ajustan** parte de la maquinaria, caminan por el espacio o manejan el brazo del robot del transbordador.

Los pilotos astronautas y los especialistas de la misión trabajan para la Administración Nacional de Aeronáutica y el Espacio (NASA, por sus siglas en inglés). Aprenden a vivir y trabajar en un **ambiente** poco común. Deben moverse en una **zona** donde no hay **gravedad,** que es la fuerza que atrae las cosas hacia la Tierra. También aprenden a manejar el complejo **laberinto** de equipos del transbordador espacial.

Los *especialistas de carga* no trabajan para la NASA. Estos miembros de la tripulación tienen habilidades específicas y, por lo general, están a cargo de proyectos especiales. Se entrenan con los astronautas y, al igual que el resto de las personas que navegarán en el transbordador, deben acostumbrarse a la vida en el espacio.

Los *astronautas educadores* son maestros que viajan al espacio. Su tarea es animar a los estudiantes a dedicarse a las ciencias y a las matemáticas. Esto servirá para que la próxima generación de astronautas se mueva bien en el espacio y realice su trabajo con éxito.

Volver a leer para comprender

Hacer preguntas
Idea principal y detalles

La idea principal es la idea más importante que el autor tiene sobre un tema. Los detalles que apoyan la idea principal ayudan a explicarla o a describirla. Hacer preguntas sobre la información que has leído te ayudará a reconocer la idea principal. Al volver a leer la selección, usa la tabla de la idea principal.

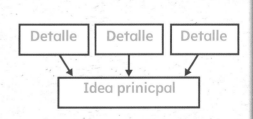

Género

Un texto de **no ficción** proporciona datos acerca de gente, cosas, lugares o hechos reales.

Hacer preguntas

Idea principal y detalles

Mientras lees, completa el diagrama de Idea principal.

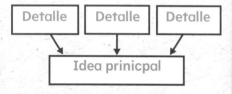

Lee para descubrir

¿Cómo se preparan los astronautas para viajar al espacio?

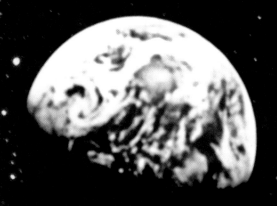

EXCURSIÓN ESTUPENDA

DESPEGUE A LA ACADEMIA ESPACIAL

SUSAN E. GOODMAN

FOTOGRAFÍAS DE

MICHAEL J. DOOLITLE

Cuenta regresiva hacia la aventura

¿Qué es lo mejor de ser astronauta? ¿La emoción de volar fuera de la atmósfera de la Tierra a 25,000 millas por hora? ¿La oportunidad de hacer nuevos descubrimientos científicos? ¿O la aventura de dejar atrás lo conocido e ir, como dijo alguien, "adonde ningún hombre pisó jamás"?

Muy poca gente puede contestar estas preguntas después de haber viajado al espacio. Sin embargo, algunos niños dieron el primer paso cuando fueron a la Academia Espacial del Centro Espacial y de Cohetes, en Huntsville, Alabama.

HECHOS ESPACIALES ASOMBROSOS

Por lo menos la mitad de los astronautas se marea al comienzo del viaje. Por eso, Gus Grissom vomitó después de que John Young le diera un sándwich de carne de ternera, de contrabando, durante la misión Gemini 3. Limpiar en condiciones de 0 gravedad resulta muy difícil.

"No sé si me queda bien", comentó Silvia. "¿Parezco una astronauta?"

Otra de las chicas agregó: "Si tengo urgencia de ir al baño, este traje es un problema".

Durante casi una semana, los niños utilizaron los mismos simuladores que utilizan los astronautas, aprendieron a caminar en la Luna y a trabajar sin **gravedad**. Construyeron sus propios cohetes y visitaron los que se utilizaron para lanzar a los astronautas del Apolo a la Luna. También aprendieron cómo comer, dormir y hasta a ir al baño en el espacio sin gravedad.

Durante ese entrenamiento formaron un equipo, al que llamaron Europa, como una de las lunas de Júpiter. Luego, Europa inició su propia **misión**...

El Hábitat, el lugar donde los chicos dormían, fue diseñado como una estación espacial, con escaleras y barandas para ir de un piso a otro; aunque en el espacio eso se haría flotando.

El salón de entrenamiento

—*E*uropa, el centro de entrenamiento, es una **zona** libre de basura —les dijo Paul, uno de los líderes del equipo—. Aquí las gomas de mascar y las bebidas pueden provocar **desastres**.

Paul **condujo** a los chicos del equipo Europa a través de un **laberinto** de máquinas de apariencia extraña. Mientras caminaban pudieron ver a integrantes de otros grupos brincar tan alto como para encestar una pelota de baloncesto y dar vueltas en lo que parecía un giroscopio gigante. Paul les explicó que los astronautas se entrenaban durante años antes de ir al espacio porque se requiere mucha práctica para aprender a moverse en un **ambiente** tan distinto. Más que a caminar en el aire, deben aprender a flotar dentro de las naves y a, por ejemplo, realizar delicadas reparaciones mientras permanecen cabeza abajo durante las caminatas exteriores.

¿Cómo aprenden estas cosas mientras están anclados por la gravedad de la Tierra? Para averiguarlo, los muchachos de Europa probaron algunos de los simuladores utilizados por los astronautas.

El centro de entrenamiento está equipado con muchos simuladores.

La silla de ⅙ de gravedad

—La Luna tiene solamente un sexto de nuestra gravedad —explicó Paul. Si pesan ciento veinte libras, allí sólo pesarían veinte. Y tendrían que caminar de distinta manera porque no hay tanta tracción.

Para practicar este movimiento, los chicos usaron la silla de ⅙ de gravedad, similar a la de los astronautas del Apolo. Así, el equipo aprendió de las experiencias de los astronautas: las mejores formas de moverse eran un avance lento y el salto del conejo.

John esperó impaciente mientras Paul **ajustaba** la silla en cinco sextos de su peso.

—Haz el salto del conejo —dijo Paul.

—Debes estar bromeando —respondió John—. Apenas puedo llegar al piso.

Sin embargo, pronto estaba dando brincos.

—Parece una buena práctica para el salto alto —opinó Stephanie.

—No, hay que hacer saltos largos, no altos —replicó Paul—. El astronauta Charlie Duke, del *Apolo 16*, trató de establecer un récord de altura. Pero la mochila de supervivencia le cambió el centro de gravedad y lo hizo aterrizar sobre su espalda. No podía levantarse, como si fuera un escarabajo. ¡Si John Young no hubiera estado allí, podría haber quedado así hasta la llegada del *Apolo 17*!

"Sentí como si estuviera en un trampolín", dijo Lindsay, "¡pero no bajaba, sólo subía!"

Idea principal y detalles
¿Cuál es la idea principal en esta página? ¿Está expresada o no? ¿Cómo lo sabes?

El entrenador multieje

—Vacíen sus bolsillos —dijo Bethany, la otra líder del Europa—. Y quítense los collares, para que no se lastimen la cara.

Los chicos se preparaban para el entrenador multieje o MAT (*Multi-Axis Trainer*): algunos se quitaron sus alhajas y otros, simplemente, respiraron hondo. El MAT parece un átomo loco, con tres ruedas circulares que dan vueltas por separado, mientras el ocupante es el núcleo que gira rápidamente. Los astronautas del Mercury lo utilizaron para aprender a recobrar el control de una nave espacial que da tumbos.

El MAT nunca da más de dos vueltas en la misma dirección, para evitar el mareo. Y aunque esto no impidió que muchos chicos se pusieran nerviosos, una vez que lo probaron, los frenillos metálicos de sus dientes brillaron a través de sus sonrisas.

—Fue increíble —dijo Stacy—. Pero la próxima vez, me recogeré el cabello para que no me golpee la cara.

—Fue genial —dijo Stephanie. Y cuando le preguntaron cómo se sentiría haciéndolo durante diez minutos en una nave espacial, agregó—: Tu cabeza da vueltas y vueltas, como loca, pero no te sientes mal.

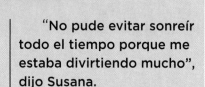

"No pude evitar sonreír todo el tiempo porque me estaba divirtiendo mucho", dijo Susana.

La silla de cinco grados de libertad (5DF)

En la Tierra, cuando saltas hacia arriba, la gravedad te atrae hacia abajo. En el espacio, sigues yendo hacia arriba. Si te alejas de una pared, sigues yendo hacia atrás. Y si te inclinas rápidamente para tomar algo, podrías dar volteretas. Para acostumbrarse a esto, los astronautas del Apolo y el Gemini (y los chicos de la Academia Espacial) usaron la silla de 5 grados de libertad, o 5DF (*Five Degrees of Freedom Chair*), que se desliza por el piso sobre un colchón de aire, como el disco de goma en un partido de hockey aéreo.

—Así es la "actividad extravehicular" —explicó Bethany, mientras inclinaba y hacía girar la silla en todas las direcciones para probar los distintos movimientos.

Ella debía agarrarse bien a la silla 5DF para mantenerse segura, pero en el espacio los astronautas están atados a sus naves. Cuando el astronauta Pete Conrad salió a hacer una caminata espacial y se desligó del Skylab, lo único que evitó que se perdiera flotando en el espacio fue el cordón que lo mantenía unido a la nave.

Sentados en la silla 5DF, los chicos practicaron cómo moverse poco a poco a lo largo de una pared. Por accidente, Lindsay se alejó de un empujón y después no podía regresar.

—¡Tienes que nadar, Lindsay. Nada! —le gritó Courtney.

Lindsay trató de volver a la pared con brazada de pecho, pero fue en vano.

—Bueno -dijo Charles—, ¡está "*Perdida en el espacio*"!

El *Space Shot*

—Ésta es su última oportunidad para arrepentirse —les dijo el operador—. Una vez que el generador esté cargado, no podremos detenernos.

En sólo unos segundos, los chicos serían lanzados en el *Space Shot,* con una fuerza de 4 Gs, una más que la que experimentan los astronautas durante los lanzamientos. Gracias a esa fuerza, durante unos segundos al final del ascenso y antes de que la gravedad los hiciera descender, los muchachos tendrían la sensación de no tener peso.

Al *Space Shot* también se le conoce como "un ascensor en posición de despegue".

HECHOS ESPACIALES ASOMBROSOS

La última vez que los astronautas caminaron sobre la Luna fue en 1972. Sin embargo todas sus huellas siguen allí porque, como en la Luna no hay atmósfera, no hay viento que las borre.

La NASA no utiliza el *Space Shot* como simulador de gravedad; la agencia adiestra a los astronautas en el avión KC-135, que se eleva a gran velocidad y acelera en caída libre una y otra vez. Durante veinticinco segundos, en la cima de cada "montaña rusa", no tienen gravedad. Pero muchos astronautas pagaron un precio por esta experiencia. Con razón el KC-135 es conocido como el "cometa del vómito".

—Quisiera no haber comido tanto en el desayuno —se lamentó Erin, mientras esperaba su turno para subirse al *Space Shot*—. Voy a gritar, eso ayuda a no vomitar.

Pero antes de dar la segunda vuelta, Erin estaba tan entusiasmada que no se sentía mal.

—Me encanta la sensación de lanzarme al aire —dijo al regreso.

—Y de poder levantarme de la silla y flotar durante un segundo —agregó Stacy—. Ojalá durara más tiempo.

> **Idea principal y detalles**
> ¿Cuál es la idea principal que presenta el autor en el texto de la página anterior llamado *Space Shot*?

Así se sentían Frank y la mayoría de sus compañeros mientras se elevaban en el *Space Shot*.

... y así se sentían al bajar. Devin se sorprendió cuando un chico dijo que la experiencia lo ayudaría a superar su miedo a las alturas.

La piscina

Otra forma en que los astronautas simulan trabajar sin gravedad es buceando. En el Centro Espacial Lyndon B. Johnson, de Houston, practican en un enorme tanque de agua que es una réplica del mirador de la tripulación de un cohete espacial. En la Academia Espacial, los chicos fueron a una piscina.

—Su tarea es construir un cubo bajo el agua lo más rápidamente posible —dijo Bethany—. Se requiere trabajar en equipo, habilidad para trabajar sin gravedad y algo que espero que los astronautas no necesiten: contener la respiración.

Cada poste o tubo tenía un lugar específico.

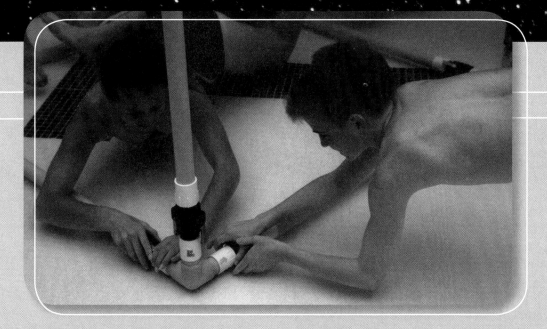

Cuando comenzaron a tomar los postes y sumergirse, el agua se agitó. Y a medida que salían a la superficie para tomar aire, una y otra vez, se agitaba aún más. Poco a poco se fueron dando cuenta de que necesitaban un mejor plan...

—Diez minutos y cincuenta y seis segundos —anunció Bethany cuando terminaron—. Bueno, todo astronauta empieza de alguna forma. ¿Cómo lo hubieran hecho más rápido?

—¿Hablando más entre nosotros? —sugirió Isabel.

—Correcto —respondió Bethany—. Es importante la comunicación, dejar que sus líderes los orienten y trabajar en equipo. Así funciona en la piscina y será indispensable cuando trabajen para hacer que su propia misión espacial sea un éxito.

> Cuando los chicos trabajaron en equipo construyeron el cubo más rápidamente.

HECHOS ESPACIALES ASOMBROSOS

Como tenía desperfectos cuando entró en órbita, el telescopio espacial Hubble fue reparado en 1993 durante una misión que requirió cinco caminatas espaciales. Situado sobre nuestra atmósfera, el Hubble descubre agujeros negros, nuevas galaxias y el nacimiento y la muerte de estrellas en lo profundo del universo. Su "visión" es tan precisa que en la Tierra, podría ver una luciérnaga ¡a diez mil millas de distancia!

DESPEGA CON SUSAN E. GOODMAN

Susan E. Goodman escribe sus historias después de haberlas experimentado. Para esta historia visitó el Campamento Espacial de la Academia Espacial de Estados Unidos, donde aprendió cómo hacer cosas cotidianas, como cepillarse los dientes y "caminar" sin gravedad. Al experimentar distintas formas de vivir, Susan encuentra las palabras correctas para escribir. Se hospedó en un hotel debajo del agua y se balanceó en una viga a cincuenta pisos del suelo para escribir otras historias.

Propósito de la autora

Los autores de historias de no ficción a veces escriben para informar. ¿Piensas que ese fue el propósito de Susan Goodman al escribir **Excursión estupenda**? *Señala los detalles en la selección que te hacen pensar así.*

Busca información sobre Susan E. Goodman en **www.macmillanmh.com**

Pensamiento crítico

Resumir

Usa tu tabla de idea principal para resumir *Excursión estupenda: Despegue a la academia espacial.* Tu resumen debe incluir una idea principal de la selección al principio de cada párrafo.

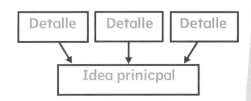

Pensar y comparar

1. ¿Cuál es la idea principal de la página 456 de *Excursión estupenda: Despegue a la academia espacial*? Incluye detalles que apoyen tu respuesta. **Hacer preguntas: Idea principal y detalles**

2. Vuelve a leer la página 455. ¿Por qué el equipo Europa y los astronautas usan la silla de gravedad? Asegúrate de incluir detalles e información que apoyen tu respuesta. **Analizar**

3. ¿Qué actividad del campamento espacial disfrutarías más? Explica tu respuesta. **Evaluar**

4. ¿Crees que una futura **misión** en el espacio mejorará nuestra vida en la Tierra? **Analizar**

5. Vuelve a leer "Trabajar en el espacio" de las páginas 448 y 449. ¿Qué aspectos de los trabajos descritos a bordo de un transbordador espacial estaría preparado para hacer el equipo Europa? Usa detalles de las dos historias para explicar tu respuesta. **Leer/Escribir para comparar textos**

El vuelo de Ícaro

Artes del Lenguaje

Género

Los **mitos** son historias que ayudan a las personas a comprender el mundo. Nos cuentan sobre la vida, los dioses y los héroes de una cultura antigua. Algunos mitos explican las creencias, las prácticas o los acontecimientos del mundo natural.

Elementos literarios

El **simbolismo** usa objetos concretos para representar ideas abstractas o cualidades.

La **moraleja** de una narrativa es la lección que enseña y que el lector puede aplicar a su propia vida.

Un mito griego por Alice Low

Como un pago que se realiza cada nueve años, la ciudad de Atenas debe enviar catorce jóvenes al rey Minos de Creta para que una aterradora criatura mitad toro, mitad hombre, llamada Minotauro, se los devore vivos. El joven Teseo, hijo del rey de Atenas, se presenta voluntariamente para ser uno de los catorce jóvenes y así poder matar al Minotauro y poner fin a los sacrificios humanos. La hija del rey Minos se enamora de Teseo al verlo por primera vez y lo ayuda a planear la muerte del Minotauro y a escapar del laberinto donde vive el monstruo. Teseo triunfa y el rey Minos se pone furioso.

UANDO EL REY MINOS se entera de que Teseo mató al Minotauro y escapó del laberinto, le grita a sus soldados:

—Seguramente, Dédalo ayudó a Teseo a escapar, porque sólo él conoce el plano del laberinto. Traigan a Dédalo y a su joven hijo, Ícaro, a la torre y enciérrenlos. Permanecerán presos allí para siempre.

Pero Dédalo, el gran arquitecto e inventor que había diseñado el laberinto, no perdía las esperanzas, aunque estuviera encerrado en una sombría torre.

—El rey no puede capturar mi mente, —le dijo a Ícaro—, pensaré como escapar.

—Pero si logramos escapar de la torre, el rey Minos nos buscará y nos encerrará otra vez —dijo Ícaro—. No podemos irnos de Creta en barco, porque todos son revisados antes de zarpar, y los soldados patrullan por tierra.

—Existe otra ruta para nosotros —dijo Dédalo—. ¡El cielo! Si pudiéramos volar, nadie podría perseguirnos.

— Sólo los pájaros pueden volar —dijo Ícaro—. Ningún ser humano lo ha hecho.

—Pero podemos aprender de los pájaros —dijo Dédalo—. Ven conmigo al techo.

Allí, Ícaro y su padre observaron los pájaros que volaban cerca de la torre.

—Si hiciéramos alas con las plumas, nosotros también podríamos volar —dijo Dédalo—. Debemos capturar pájaros y usar sus plumas para fabricar alas para nosotros.

En poco tiempo, reunieron una pila de plumas de todos los colores. Les sacaban pocas plumas a cada pájaro, para no dañarlos. Dédalo ordenó las plumas en el techo según el tamaño. Luego, puso las más pequeñas en una fila, las medianas en otra, y las más grandes arriba.

Ícaro miraba sorprendido, mientras las alas de tamaño humano comenzaban a tomar forma.

—¿Cómo lograrás unir las plumas?

Dédalo sacó un carretel de hilo y una gran aguja del bolsillo, que estaba lleno de distintas cosas.

—Un inventor debe tener siempre estas herramientas a mano —dijo, y comenzó a coser y a unir las plumas.

Aquí, los pájaros simbolizan la libertad

465

Luego, Dédalo tomó un poco de cera, la ablandó y la colocó en los extremos, para unir las plumas pequeñas y las grandes. Cuando eso estuvo listo, levantó las alas hechas por él y las dobló para que tomaran la forma de las alas de un pájaro. Después, se ató las alas a los brazos. Cuando movía los brazos, las alas se agitaban.

—Eres un pájaro —gritó Ícaro—. Ahora fabrica rápido unas alas para mi, padre.

Dédalo fabricó un conjunto más pequeño de alas para Ícaro. A la mañana siguiente, temprano, cuando todos dormían, padre e hijo estaban listos para probarlas.

—Yo las probaré primero —dijo Dédalo.

Desplegó las alas, las agitó y trepó alto, hasta la punta de la torre. Se elevaba y planeaba arriba y abajo, y alrededor de la torre, mientras Ícaro gritaba:

—¡Déjame volar a mí también, padre! ¡Déjame volar!

—Ven —dijo Dédalo—. Las alas funcionan perfectamente y volar es una sensación fantástica.

Ícaro desplegó las alas. Se elevó y planeó bien por encima de la torre, alto en el cielo.

—¡Regresa! —lo llamó Dédalo.

Pero Ícaro no volvió enseguida. Volar como un pájaro era demasiado excitante. Cuando al fin volvió, su padre estaba muy enojado.

—Debes hacer lo que yo te digo. Todavía no estamos listos para salir. Debemos practicar todas las mañanas hasta

que tengamos la capacidad suficiente para hacer el largo viaje al interior de Grecia.

Todas las mañanas, el padre y el hijo practicaban el vuelo. Ícaro intentaba alejarse cada vez más, y Dédalo lo llamaba a cada instante, y lo reprendía:

—Debes obedecerme, porque volar es muy peligroso. Mañana por la mañana nos escaparemos; debes estar atento y seguir mis instrucciones.

—Volar es fácil —dijo Ícaro—. Incluso puedo volar sin mirar.

—Nunca lo hagas —dijo Dédalo—. Debes volar con cuidado, y tomar el camino del medio, nunca demasiado bajo, cerca del mar, porque se te mojarán las plumas y no servirán más. Tampoco demasiado alto, cerca del Sol, porque se derretirá la cera que une las plumas. ¿Entiendes?

—¡Por supuesto! —dijo Ícaro, pero no estaba escuchando con atención a su padre. Estaba muy excitado por el viaje y, además, estaba cansado de escuchar sus consejos.

A la mañana siguiente, Dédalo e Ícaro se pusieron las alas. Dédalo se aseguró de que las alas de su hijo estuvieran bien sujetas. Luego, con voz temblorosa, le dijo:

—Ahora debemos partir. Recuerda mi consejo, porque te quiero mucho y temo por tu seguridad.

Desplegaron las alas, las agitaron y comenzaron a volar. Los granjeros y pastores, atónitos, los miraban desde abajo.

"Deben creer que somos dioses", pensó Ícaro, y dio una voltereta en el aire para mostrarle a todos que era el amo de las alas. Luego siguió a su padre, hacia arriba, y se alejaron volando sobre el vasto océano azul.

Sobrevolaron la isla de Delos, a altura media. Pero Ícaro estaba impaciente y no quería seguir a su padre. Quería volar por su cuenta, volar adonde quisiera. Primero, voló en picada hacia el mar, lo más cerca posible del agua, intentando no mojar sus alas. Hizo lo mismo una y otra vez. Era como un juego, y él era el ganador.

"Jugaré al mismo juego con el Sol", pensó. Voló hacia arriba, cada vez más alto y más cerca del Sol. "La cera no se derrite. Mi padre es demasiado prudente".

"Volaré un poco más cerca, hasta que sienta que casi soy parte del Sol. Y en ese momento me sentiré muy poderoso", se dijo.

Agitó las alas con mayor rapidez, hasta que estuvo muy cerca del Sol. Por un momento, se sintió radiante, como un dios. Luego, de pronto, perdió altura. Comenzó a caer y caer, porque la cera de sus alas se había derretido con el calor del sol y las plumas habían comenzado a separarse y a esparcirse en todas direcciones. Se hundió en el mar.

La moraleja de este mito está implícita, no dicha.

Cuando Dédalo miró hacia atrás, Ícaro ya no lo seguía.

—¡Ícaro! —gritó, una y otra vez—. ¿Dónde estás?—. Pero no obtuvo respuesta.

Dédalo voló desesperadamente, buscando en el aire, arriba y abajo. Al final, vio las plumas desplegadas sobre las olas del mar y supo que había perdido a su hijo para siempre.

Dédalo enterró a Ícaro en una isla que llamó Icaria, en su memoria. Luego, voló tristemente a la isla de Sicilia, donde pasó sus últimos días.

Pensamiento crítico

1. ¿Qué simboliza el Sol en este mito? **Simbolismo**

2. Si tuvieras que escribir un mito, ¿cuál sería la moraleja? Explica tu respuesta. **Sintetizar**

3. Analiza "El vuelo de Ícaro" y *Excursión estupenda: Despegue a la academia espacial*. ¿En qué se parecen esos niños del texto a Ícaro? ¿En qué se diferencian? **Leer/Escribir para comparar textos**

 Busca más información sobre el simbolismo y las moralejas en **www.macmillanmh.com**

Escritura

Ambiente y contexto

Usar detalles importantes ayuda a los lectores a "ver" el ambiente de una historia.

Conexión: Lectura y escritura

Lee el siguiente pasaje. Observa cómo la autora, Susan E. Goodman, describe el ambiente.

La autora usa el ambiente en la historia para mostrar lo que los niños ven cuando entran en la academia espacial. Observa cómo describe en detalle lo que ven los niños, para que el lector o la lectora sienta que está allí con ellos.

Fragmento de *Excursión estupenda*

—Europa, el centro de entrenamiento, es una zona libre de suciedad —les dijo Paul, uno de los líderes del equipo—. Aquí las gomas de mascar y las bebidas pueden provocar desastres.

Paul condujo a los chicos del equipo Europa a través de un laberinto de máquinas de apariencia extraña. Mientras caminaban pudieron ver a integrantes de otros grupos brincar tan alto como para encestar una pelota de baloncesto y dar vueltas en lo que parecía un giroscopio gigante.

EXCURSIÓN ESTUPENDA
DESPEGUE A LA ACADEMIA ESPACIÁL
SUSAN E. GOODMAN
FOTOGRAFÍAS DE
MICHAEL J. DOOLITTLE

Lee y descubre

Lee la historia de Shayna. ¿De qué manera usó
el ambiente para mostrar el lugar donde transcurrió
la historia? Usa el Control de escritura como ayuda.

Un viaje a la feria
Shayna R.

Mi imagen se reflejaba una y otra vez en los
espejos. Las luces de colores cambiaban y hacían
que las paredes aparecieran y desaparecieran
a mi alrededor. Percibí el aroma de copos de
azúcar y palomitas de maíz. Giré rápidamente
y me di en la cabeza contra los espejos. Para
seguir el camino, puse la mano en las paredes
ásperas de chapa pintada. Finalmente, el brillo
rojo del cartel de SALIDA me llevó afuera.

¡Lee sobre mi experiencia en la feria!

Control de escritura

 ¿Muestra la autora cómo interactuó con el
ambiente y las características de éste?

 ¿Usa técnicas descriptivas, como verbos
apropiados y detalles sensoriales, para que puedas
ir más allá de "ver" el lugar?

☑ ¿Puedes imaginarte lo que rodeaba a Shayna
en ese momento?

A platicar

¿De qué manera las personas se ayudan unas a otras?

Busca más información sobre ayudar a otros en **www.macmillanmh.com**

470

La cooperación

¡Un tiburón ataca!

Vocabulario

- impacto
- violento
- provisión
- sobrevivir
- involucrarse

Brian Kang conoce muy bien la importancia de hacer surf con sus amigos... Este hombre de 38 años estaba haciendo surf a 200 yardas de la costa en el norte de California cuando... ¡PAF!

"De repente, una fuerza gigante me golpeó...", recuerda Brian. El **impacto** lo tiró de la tabla. Brian se topó con un enorme tiburón blanco. "Me tenía entre sus dientes", dice.

Jennifer Savage estaba con él ese día. "Brian se había caído de la tabla y el agua se agitaba en torno a él, como un **violento** remolino", dice. Vio cuando Brian le daba al tiburón un golpe en el morro, la parte más sensible de su cuerpo. El tiburón, de 18 pies de largo, soltó la cadera y las piernas de Brian, quien volvió a subirse a la tabla sangrando. Pero unos segundos después, el gran tiburón blanco regresó. Una vez más, Brian lo golpeó en el morro. "En ese momento se sumergió", dice.

Entonces, a pesar del dolor, Brian remó hasta la costa, donde lo esperaban sus amigos. Una ambulancia lo llevó de urgencia al hospital. El tiburón le había cortado uno de los tendones de la pierna izquierda y rasgado la carne de la cadera hasta el hueso. Después de tres meses de recuperación, Brian volvió sobre su tabla. Sin la ayuda de sus amigos la historia habría tenido un final muy diferente.

el gran tiburón blanco

Lleva un amigo

Tus amigos siempre deben estar en la "lista obligatoria" cuando planees una excursión o salir de campamento. ¿Qué más debes incluir en esa lista? He aquí algunas cosas que debes hacer y **provisiones** que debes llevar en esos viajes. Como ayuda, te damos la siguiente lista:

KIT de PRIMEROS AUXILIOS: Un buen kit debe llevar vendas, crema antibiótica y otras ayudas médicas importantes.

INVESTIGA EL CLIMA: No dejes que te sorprenda un cambio climático.

PROTECTOR SOLAR: Usa protector solar para evitar las quemaduras dolorosas. En climas cálidos, sal a caminar a la mañana o al final de la tarde, cuando el sol no es tan fuerte.

COMIDA EXTRA: lleva alimentos de más, por si tuvieras que estar fuera más tiempo de lo previsto.

INSTRUMENTOS DE NAVEGACIÓN: No olvides llevar una linterna, una brújula y un mapa.

COMPARTIR TUS PLANES: Informa a un adulto de tus planes en detalle.

GRACIAS, HERMANO

En noviembre de 2003, Justin y Jeremy Harris fueron de excursión al Cañón Chute, en Utah. Justin resbaló y se quebró una pierna. Ya casi era de noche y hacía mucho frío. Necesitaban ayuda.

Jeremy puso a Justin lo más cómodo posible, se despidió de él y partió hacia el campamento. Tuvo que pasar por grandes charcos de agua congelada en medio de la oscuridad. 20 horas después, llegó finalmente al campamento y pidió ayuda.

Mientras tanto, Justin yacía en el cañón oscuro y frío. Les llevó a los rescatistas 36 horas alcanzarlo. Lo ataron a un trineo y lo elevaron por el cañón 450 pies.

Justin y Jeremy Harris sobrevivieron por varias razones. Tenían el equipamiento adecuado y sabían qué hacer en caso de emergencia. Pero, la razón principal es que escalaron juntos, en equipo.

Conéctate

Encuentra más información sobre viajar con amigos en **www.macmillanmh.com**

Dar una mano

Comprensión

Género

Un artículo de **no ficción** de un periódico o revista presenta información real.

Evaluar

Hecho y opinión

Un hecho es algo que puede probarse como cierto. Una opinión es una creencia que quizás no tenga el respaldo de los hechos.

Cuando ocurre un desastre natural, ¿cómo pueden ayudar los niños?

En 2005, la madre naturaleza demostró todo su poder. En Estados Unidos, una de las peores temporadas de huracanes azotó las zonas costeras. Katrina, el huracán más violento de ese año, arrasó la Costa del Golfo. El violento huracán destruyó partes de Mississippi y Alabama y causó una gran inundación en la ciudad de Nueva Orleans.

En el sur de Asia, los ciudadanos comenzaron el año reconstruyendo sus ciudades, luego de que un *tsunami* destruyera la costa que va desde el sudeste de la India hasta la nación insular de Indonesia. El 26 de diciembre de 2004, más de 200,000 personas murieron a causa del *tsunami* y millones de individuos quedaron sin hogar.

Rescatadores buscan víctimas del huracán Katrina.

Los ex presidentes Bill Clinton y George Bush conversan con las personas encargadas de organizar las tareas de reconstrucción tras el *tsunami* en Asia.

En 2005, un terrible terremoto sacudió ciertas zonas de Afganistán, India y Paquistán. El terremoto destruyó poblados completos y dejó un saldo de 80,000 muertos. Además, más de 3.3 millones de personas quedaron sin hogar. Los que lograron **sobrevivir** al desastre, se quedaron sin un lugar donde refugiarse.

Formar equipos

¿Qué tienen en común estos tres desastres? La oleada de generosidad que surgió tras las tres tragedias. Ciudadanos comunes de todo el mundo abrieron sus corazones y billeteras para aquellos que lo necesitaban. Como si fueran héroes, donaron tiempo y dinero para ayudar a los sobrevivientes de estos desastres naturales.

Tras del *tsunami* que azotó Asia, los ex presidentes George H. W. Bush y Bill Clinton recaudaron fondos para la asistencia. Habían sido adversarios, pero sabían que causarían un impacto mayor si actuaban como equipo y no solos. También se unieron para recaudar fondos para las víctimas del Katrina.

Después de los desastres, los rescatadores se enfrentaron a situaciones peligrosas para llevar a los sobrevivientes a un lugar seguro. Además de los adultos, muchos niños se unieron para recaudar fondos en sus comunidades y escuelas. Algunos hasta entregaron alimentos y medicinas.

Los niños se unen para dar una mano

Layo Obamehinti, de Euless, Texas, es un ejemplo; esta niña de 14 años se **involucró** en las tareas de rescate. "Mi escuela, North Hills School, es una de las muchas escuelas de Texas que ayudaron a las víctimas de los huracanes", dijo Layo. Ella y sus compañeros recaudaron dinero para una entidad de caridad que abastecía a las víctimas con alimentos, agua, ropa y otras necesidades básicas.

Layo Obamehinti ayudó a quienes lo necesitaban.

"Además, nuestra escuela alberga a tres víctimas del huracán", agregó Layo. "Si se compara con los cientos de niños que se albergan en otras escuelas, quizás lo nuestro no parezca mucho, pero al menos podemos mejorarles la vida".

En todo el país, diversos grupos de niños se interesaron en el tema y montaron puestos para vender pasteles y refrescos. Avery Hardy, de 12 años, de Santa Bárbara, California, es uno de ellos. Dijo: "Había muchos puestos de limonada en Santa Bárbara. Mis amigos y yo pusimos uno en la playa y ganamos como cincuenta dólares".

Avery dice que se inspiró en el trabajo del Fondo de Primeros Auxilios de Santa Bárbara. Este grupo está compuesto por bomberos y policías. Organizaron un acto para recaudar fondos e informar a los ciudadanos locales acerca del huracán Katrina. También hicieron una colecta y despertaron la conciencia de la gente sobre las víctimas del huracán. El grupo envió $8.9 millones en medicamentos y artículos médicos a Luisiana y a Mississippi.

Muchos niños desarrollaron proyectos para recaudar dinero para las víctimas del Katrina.

Nuevas formas de hacer algo por los demás

La venta de pasteles y los actos benéficos son excelentes ideas. Sin embargo, muchas personas han descubierto nuevas formas creativas de ayudar. En Bethesda, Maryland, un grupo llamado Proyecto Mochila, llenó más de 10,350 mochilas con materiales escolares para los sobrevivientes más jóvenes del Katrina. En escuelas por todo Estados Unidos, los niños participaron en concursos de lectura para recaudar fondos a beneficio de las víctimas del *tsunami*.

Estos fueron sucesos trágicos, pero demostraron todo el bien que se puede lograr si las naciones se unen para ayudar a los sobrevivientes. Países de todo el mundo enviaron alimentos, medicinas y otros recursos para las víctimas. Lo peor de la naturaleza sacó lo mejor de la humanidad.

✔ Pensamiento crítico

1. ¿Por qué Avery ayudó a las víctimas del huracán Katrina?

2. El artículo llama "héroes" a los que ayudaron a los sobrevivientes. ¿Es un hecho o una opinión? Explica tu respuesta.

3. ¿De qué manera tú y tus compañeros de clase podrían ayudar a las víctimas de un desastre natural?

4. ¿En qué se diferencia la situación que Jeremy enfrenta en "Gracias, hermano", de la que enfrentan en este artículo Layo Obamehinti y sus compañeros de clase?

Las hermanas Kantor comenzaron el Proyecto Mochila. En la imagen muestran algunas de las mochilas que fueron donadas.

La mejor vecina del mundo

Muestra lo que sabes

Pensar y buscar

La respuesta se encuentra en más de una parte del artículo. Sigue leyendo para que la encuentres.

Finch (entre los escombros de su casa) dice que el verdadero héroe es Steve Rucker. Fue el único bombero que perdió la vida. "Ni siquiera era su comunidad", dice.

En octubre de 2003, uno de los peores incendios de la historia arrasó con gran parte del sur de California. Murieron 22 personas, más de 3,500 casas quedaron destruidas y se quemaron 746,000 acres. Sin embargo, entre tanta destrucción, se observaron historias de heroísmo.

Carolina Finch es un ejemplo excepcional. Fue una entre los más de 15,000 bomberos que combatieron los arrasadores incendios. Finch vive en Cuyamaca, California, una zona que quedó envuelta por las llamas. Su jefe la envió con el equipo de bomberos designados para proteger el vecindario de Finch.

"Veíamos fuego en las colinas, que se dirigía con gran rapidez hacia mi calle", dice Finch, mientras recuerda cuando iban en el carro de bomberos. "Cuando doblamos la esquina, vi mi casa en llamas."

La casa de al lado estaba en mejores condiciones. Finch dice: "Un árbol y unas malezas que habían caído sobre la casa ardían, pero pensamos que podríamos apagarlos y salvar la casa de mi vecino".

¿Fue una decisión difícil salvar primero la casa del vecino? "Claro", dice Finch. "Quieres correr a tu casa y salvar lo que puedas, pero no puedes hacerlo". Finch sabía que ella y su equipo tenían otro trabajo por delante. "Yo estaba en la línea de mangueras, extinguiendo el fuego de la casa de mi vecino, mientras veía como la mía se caía a pedazos".

Finch perdió tesoros familiares que no podrá recuperar jamás. "Sin embargo, es lindo ver que la casa de mi vecino sigue en pie. Quiero reconstruir mi casa en el mismo lugar, y quiero que mis vecinos estén junto a mí. Hay que tener una actitud positiva".

Sigue ▶

Ahora, responde a las preguntas 1 a 5. Basa tus respuestas en el artículo "El mejor vecino del mundo".

1. **¿Por qué Carolina Finch es una heroína?**

A   Porque ayudó a salvar a sus vecinos.

B   Porque ayudó a salvar la casa de su vecino.

C   Porque manejó un carro de bomberos hacia un incendio arrasador.

D   Porque salvó tesoros familiares del incendio.

2. **¿Cómo reaccionó Finch tras el incendio en su vecindario?**

A   Decidió mudarse de inmediato a otro estado.

B   Decidió dejar el departamento de bomberos.

C   No quería hablarle a su vecino.

D   Planea reconstruir su casa en el mismo vecindario.

3. **¿Qué consejo piensas que le daría Finch a las personas que se recuperan de un desastre?**

A   Que siempre piensen primero en ellos mismos.

B   Que eviten lugares que sufren desastres.

C   Que intenten tener una actitud positiva.

D   Que sólo piensen en lo que han perdido.

4. **¿Por qué el equipo de bomberos decidió rescatar la casa del vecino de Finch?**

5. **¿Cómo podrían los vecinos recompensar a Finch por su heroísmo? Usa detalles del artículo en tu respuesta.**

Consejo

Busca información en varios lugares.

A escribir

Todo el mundo debería saber cómo ayudar en una emergencia. Piensa en algo que tú podrías hacer para ayudar. Ahora escribe y <u>cuenta cómo</u> ayudarías en una emergencia.

La escritura expositiva explica, define o cuenta cómo hacer algo.

Para saber si te piden que uses escritura expositiva, busca palabras clave como: <u>explica por qué</u>, <u>cuenta qué</u> o <u>cuenta cómo</u>.

Observa cómo responde un estudiante a las indicaciones de arriba.

Para seguir las indicaciones, el escritor incluyó detalles específicos.

Mi comunidad enfrenta emergencias causadas por incendios forestales. He aprendido que para proteger nuestras casas, debemos combatir el fuego con fuego. Debemos cortar todos los árboles y arbustos que bordean el vecindario. Así, le quitamos el combustible al fuego y lo detenemos antes de que llegue al pueblo.

También debemos crear un contrafuego. Es decir, quemar los árboles que están entre el incendio y la línea de fuego que nosotros creamos. El viento extenderá el fuego hacia nosotros.

Instrucciones para escribir

Responde por escrito a la sugerencia del recuadro. Escribe por 5 minutos. Escribe todo lo que puedas, lo mejor que puedas. Revisa las pautas de abajo antes y después de escribir.

Las personas pueden ayudar a su comunidad de muchas maneras. Piensa en qué forma tú y tus amigos pueden ayudar a su comunidad. Ahora, escribe en qué forma tú y tus amigos pueden ayudar a su comunidad.

Pautas para escribir

- ☑ Lee atentamente la sugerencia.
- ☑ Organiza tus ideas para planificar tu escrito.
- ☑ Fundamenta tus ideas exponiendo razones o usando más detalles.
- ☑ Usa diferentes tipos de oraciones.
- ☑ Elige palabras que ayuden a otros a entender tus ideas.
- ☑ Revisa tu escrito y corrígelo si es necesario.

Tareas en familia

A platicar

¿En qué tipo de situaciones trabaja una familia en equipo?

Conéctate

Busca mas información sobre tareas en familia en **www.macmillanmh.com**

¿Quién dice que los **robots** no piensan?

Jane Schnelling

Vocabulario

robot	tambalear
defectuoso	invertir
meteoro	pender
rotar	polaridad

Analogías

Una **analogía** compara dos cosas que tienen algo en común. A veces, las analogías usan sinónimos. Por ejemplo, *roto* es a *defectuoso* como *ordenado* es a *cuidadoso*.

Papá y yo estamos mirando los Juegos Olímpicos en la sala de televisión. La pantalla gigante cubre toda una pared. Muevo el nivelador, la silla gira, y quedo frente a la pantalla.

Le pedimos a Silvia, nuestra **robot**, que nos traiga palomitas de maíz y limonada fresca. Ella es sólo una máquina, pero tiene apariencia humana y nos ayuda a hacer las tareas del hogar.

Hoy vamos a cenar palomitas de maíz porque el horno está roto. Tiene un sensor **defectuoso** y se la pasa diciendo una y otra vez que no se acuerda de cómo cocinar. Papá dice que el **meteoro** gigante que pasó por la Tierra hace interferencia con las ondas de radio.

—Vi una estrella fugaz ayer —dijo—. Quizás cambió la **polaridad** en algún circuito de Silvia y es por eso que esta mañana tuve problemas para ponerla en funcionamiento. **Rotó** sobre sus pies una y otra vez, se **tambaleó** cuando quiso dar un paso, y casi se cae de espaldas. Luego, comenzó a caminar hacia mí, pero de pronto **invirtió** la marcha y comenzó a caminar hacia atrás. Pensé que iba a estrellarse contra la pared. Afortunadamente, se apoyó en los adornos que **penden** del techo y recobró el equilibrio.

Finalmente, Silvia llega con nuestras palomitas de maíz y las bebidas. Miro la pantalla y veo cómo la antorcha olímpica arde intensamente. Silvia también la ve. Papá le da como propina unas fichas que son parte de un viejo juego de mesa. Silvia le agradece la gentileza, se da vuelta y se prepara para irse de la sala. Luego, cambia la dirección y regresa adonde estamos sentados. Escucho un zumbido y unos sonidos metálicos. El sonido significa que está buscando información en los chips de la memoria.

—Durante los Juegos Olímpicos, debería recibir medallas, no fichas —dice.

Papá y yo nos miramos. Silvia parece no saber que se supone que los robots no piensan. Entonces, nos echamos a reír y le damos a Silvia una medalla de oro como premio.

Volver a leer para **comprender**

Hacer inferencias y analizarlas
Sacar conclusiones
Hacer inferencias sobre lo que sucede en una historia te ayudará a analizar los personajes y los acontecimientos. Usa las inferencias para sacar conclusiones y comprender mejor la historia. Usa el diagrama de conclusiones mientras vuelves a leer la selección.

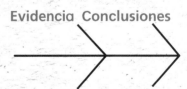

Evidencia Conclusiones

Comprensión

Género

La **ciencia ficción** narra una historia de acontecimientos imaginarios que, por lo general, suceden en el futuro y se basan en temas de ciencia o tecnología.

Hacer inferencias y analizarlas

Sacar conclusiones

Al leer, usa tu diagrama de conclusiones.

Evidencia Conclusiones

Lee para descubrir

¿Qué conclusión puedes sacar al final de la historia de la relación entre los dos hermanos?

ZATHURA
UNA AVENTURA EN EL ESPACIO

Autor
e
ilustrador
premiado

escrito e ilustrado por Chris Van Allsburg

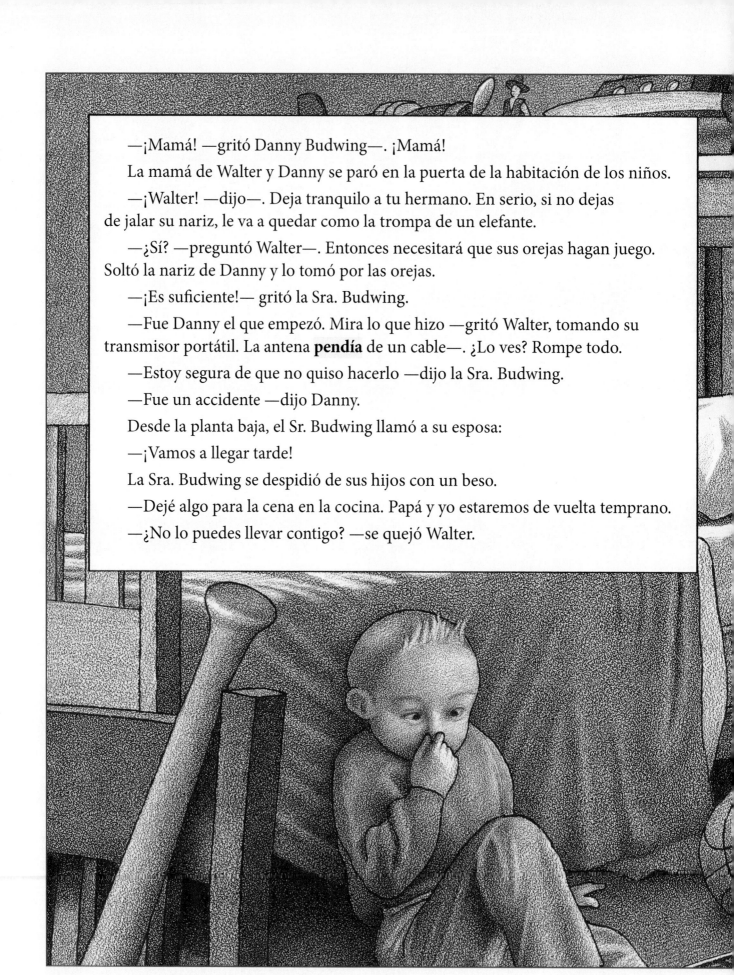

—¡Mamá! —gritó Danny Budwing—. ¡Mamá!

La mamá de Walter y Danny se paró en la puerta de la habitación de los niños.

—¡Walter! —dijo—. Deja tranquilo a tu hermano. En serio, si no dejas de jalar su nariz, le va a quedar como la trompa de un elefante.

—¿Sí? —preguntó Walter—. Entonces necesitará que sus orejas hagan juego. Soltó la nariz de Danny y lo tomó por las orejas.

—¡Es suficiente!— gritó la Sra. Budwing.

—Fue Danny el que empezó. Mira lo que hizo —gritó Walter, tomando su transmisor portátil. La antena **pendía** de un cable—. ¿Lo ves? Rompe todo.

—Estoy segura de que no quiso hacerlo —dijo la Sra. Budwing.

—Fue un accidente —dijo Danny.

Desde la planta baja, el Sr. Budwing llamó a su esposa:

—¡Vamos a llegar tarde!

La Sra. Budwing se despidió de sus hijos con un beso.

—Dejé algo para la cena en la cocina. Papá y yo estaremos de vuelta temprano.

—¿No lo puedes llevar contigo? —se quejó Walter.

Cuando sus padres se fueron, Walter se sentó frente al televisor.

—¿Podemos ir yo y tú afuera y jugar a las atrapadas juntos? —dijo Danny.

—Se dice "tú y yo" —dijo Walter—, no "yo y tú", y la respuesta es no.

Danny realmente quería jugar. Le arrojó su gorra a Walter, pero Walter no le prestó atención. Luego, le lanzó una pelota béisbol y le pegó en la cabeza.

Walter se levantó de un salto.

—Está bien, pequeño hongo. Ahora vas a ver.

Danny salió corriendo de la habitación por el corredor hasta la puerta del frente. Walter lo siguió. Corrieron hacia el parque, cruzando la calle, pero Danny no podía dejar atrás a su hermano. Walter lo tiró por tierra.

—¡Lo contaré todo! —gritó Danny, mientras Walter lo tomaba de la nariz y jalaba de ella. Luego, lo soltó.

—¡Eh! ¿Qué es eso? —dijo. Había una caja delgada y larga contra un árbol junto a ellos. Walter se bajó de encima de su hermano y la recogió.

—¡Oh! Es un juego tonto y viejo. Toma —dijo, mientras pinchaba a Danny con la caja en el estómago—. Es para bebés como tú.

Walter se alejó mientras Danny leía las palabras escritas en la caja. JUMANJI, UNA ADVENTURA EN LA SELVA. Se puso el juego bajo el brazo y corrió hacia su casa, tras su hermano.

De vuelta en casa, Danny miró la caja. Tenía dibujos de animales de la selva. Sacó de su interior unos dados, unas fichas y un tablero muy sencillo. Walter tenía razón, era un juego para bebés y quizás también era aburrido. Iba a dejarlo a un lado cuando descubrió, apretado en el fondo de la caja, otro tablero. Tiró la caja al suelo y el tablero saltó fuera.

491

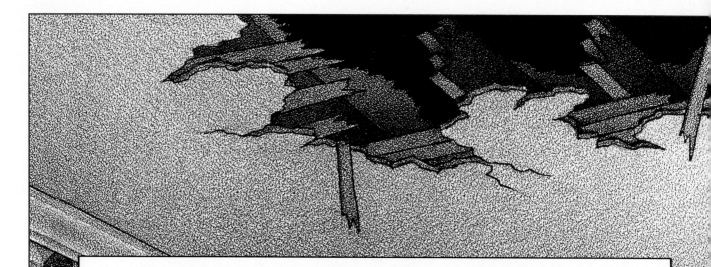

Este tablero era más interesante. Tenía dibujos de platillos voladores, cohetes y planetas del espacio exterior, y un sendero de cuadrados de colores que iba desde la Tierra hasta un planeta púrpura llamado Zathura, y de vuelta.

Danny puso una ficha en la Tierra y arrojó los dados. Cuando movió la ficha sobre el sendero de cuadrados de colores, pasó algo sorprendente: comenzó a salir un zumbido del tablero y, con un clic, del borde saltó una pequeña tarjeta verde, justo en frente de él. La tomó y leyó: "Lluvia de **meteoros**, realiza acción evasiva".

—¡Eh, Walter! ¿qué significa eva...? —Danny fue interrumpido por un ruidoso *rat-a-tat-tat* que salía del techo. Walter estaba frente al televisor. Miró.

—¡Dios mío! —dijo— ¡Debe ser una lluvia de granizo!

—¡No, no es granizo! —gritó Danny, mirando la tarjeta—. ¡Son meteoros!

El sonido comenzó a hacerse cada vez más fuerte, como si fueran mil pelotas de golf golpeando el techo. La habitación se puso tan oscura que Walter tuvo que encender las luces. Entonces, ¡KABOOM!, una roca del tamaño de un refrigerador cayó del techo y aplastó el televisor.

—¿Lo ves? —dijo Danny—. Te lo dije, son meteoros.

Walter miró el agujero que había quedado en el techo.

—De acuerdo —dijo—. Son meteoros. ¿Pero por qué se oscureció de pronto?

A través del agujero podía ver lo que había quedado de la habitación de sus padres y, más lejos, el cielo negro, cubierto de estrellas.

—Es de noche allá arriba.

—No, no es de noche —dijo Danny—. Es el espacio exterior.

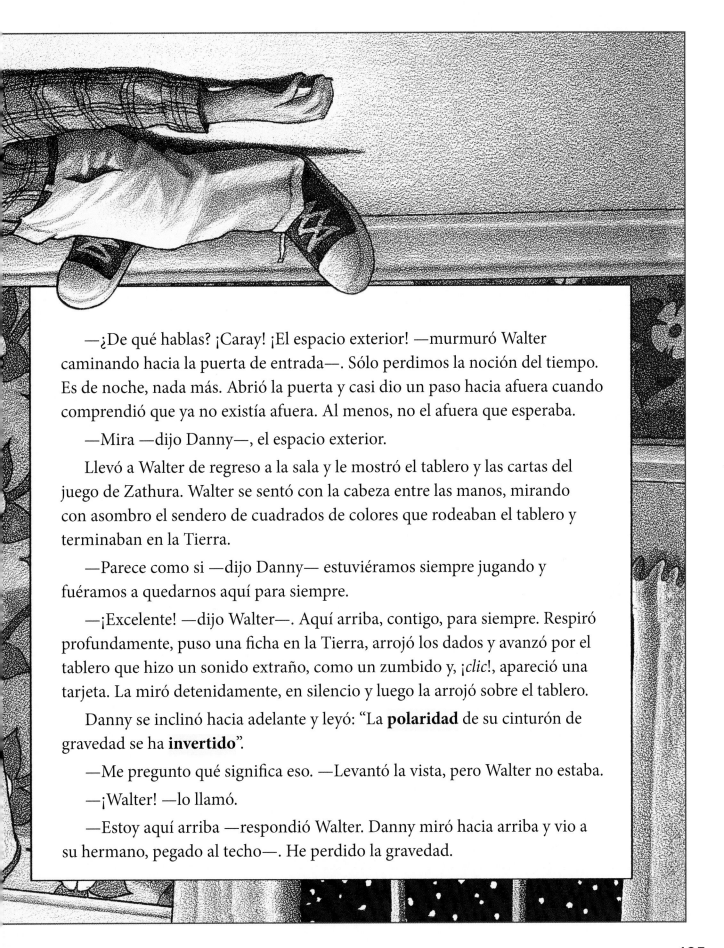

—¿De qué hablas? ¡Caray! ¡El espacio exterior! —murmuró Walter caminando hacia la puerta de entrada—. Sólo perdimos la noción del tiempo. Es de noche, nada más. Abrió la puerta y casi dio un paso hacia afuera cuando comprendió que ya no existía afuera. Al menos, no el afuera que esperaba.

—Mira —dijo Danny—, el espacio exterior.

Llevó a Walter de regreso a la sala y le mostró el tablero y las cartas del juego de Zathura. Walter se sentó con la cabeza entre las manos, mirando con asombro el sendero de cuadrados de colores que rodeaban el tablero y terminaban en la Tierra.

—Parece como si —dijo Danny— estuviéramos siempre jugando y fuéramos a quedarnos aquí para siempre.

—¡Excelente! —dijo Walter—. Aquí arriba, contigo, para siempre. Respiró profundamente, puso una ficha en la Tierra, arrojó los dados y avanzó por el tablero que hizo un sonido extraño, como un zumbido y, ¡*clic*!, apareció una tarjeta. La miró detenidamente, en silencio y luego la arrojó sobre el tablero.

Danny se inclinó hacia adelante y leyó: "La **polaridad** de su cinturón de gravedad se ha **invertido**".

—Me pregunto qué significa eso. —Levantó la vista, pero Walter no estaba.

—¡Walter! —lo llamó.

—Estoy aquí arriba —respondió Walter. Danny miró hacia arriba y vio a su hermano, pegado al techo—. He perdido la gravedad.

—Eso no es todo lo que vas a perder —dijo Danny nervioso, cuando se dio cuenta de que el agujero estaba succionando a Walter hacia el techo: un viaje solitario al espacio exterior.

Walter también se dio cuenta y quiso aferrarse al techo, pero no podía evitar acercarse cada vez más al agujero.

Danny miró a su alrededor. Junto al meteoro estaba el cable del televisor que había quedado destruido. Se lo arrojó a Walter y éste lo ató fuertemente a su cinturón. Danny tomó el extremo del cable y ató a su hermano al sofá.

Danny tiró los dados y movió su ficha. *Clic.* Saltó otra tarjeta que decía: "El giroscopio no funciona bien". De pronto, la casa se inclinó. Todo lo que había en la habitación se deslizó hacia un lado y Danny quedó enterrado bajo una montaña de muebles. Poco a poco pudo salir, pero cuando intentó agarrar el juego, vio que Walter estaba flotando nuevamente cerca del agujero del techo.

Sacar conclusiones

¿Cuál es el propósito de un cinturón de gravedad?

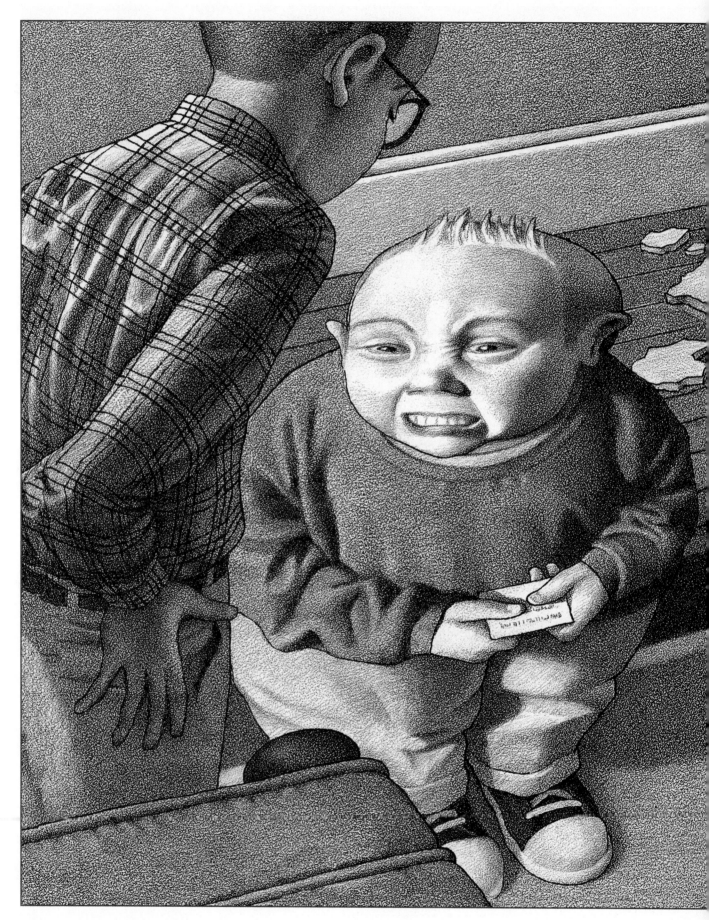

Danny lo ató nuevamente al sofá y le pasó los dados. Walter recuperó la gravedad y después cayó al suelo con un ruido sordo. Danny movió su ficha y le entregó la tarjeta. "Tu **robot** está **defectuoso**", leyó Walter.

Por el corredor se empezó a escuchar un sonido de metal crujiente y un ruido continuo: *clanc, clanc, clanc*. Los niños miraron hacia el pasillo donde apareció un robot plateado. Al robot le resultaba difícil caminar por el piso inclinado. **Rotaba** la cabeza hacia delante y hacia atrás, y se detenía frente a Walter. Los ojos del robot se iluminaron. Habló en un extraño tono metálico:

—Emergencia, emergencia, vida extraterrestre. Deben destruirla. —Sus manos de metal en forma de tenaza se abrían y se cerraban.

—¡Oh! —susurró Danny—. Creo que te habla.

Afortunadamente, cuando el robot dio un paso hacia delante, no encontró la puerta, se estrelló contra la pared y se cayó al piso. Luego, se puso de pie y volvió a hacer lo mismo. Una y otra vez.

—Mejor apúrate y tira los dados —dijo Walter—, antes de que entre aquí.

Danny arrojó los dados y tomó la tarjeta: "Pasaste demasiado cerca de Tsouris 3, nivel de gravedad altamente incrementado".

La habitación comenzó a nivelarse, pero algo extraño le sucedía a Danny.

—¡Dios mío! —dijo Walter. Danny se estaba volviendo cada vez más bajo y más ancho. Pronto, tendría la misma forma que un gran balón de playa.

—Waaaaalter —dijo en voz baja—. Me siento muuuuuy pesaaaado.

—Destruye las vidas extraterrestres —repitió el robot desde el corredor, mientras volvía a pararse. Esta vez, pasó por la puerta y se dirigió a Walter.

Danny le gritó a su hermano: —¡Empújameeeeee!

—¿Qué? —dijo Walter.

—Empújameeeeee —gritó Danny otra vez—. Sóloooo empújameeeeee.

Walter se agachó y lo empujó. Danny rodó por la habitación y, como una bola de boliche gigante, derribó el robot y le aplastó las piernas.

—¿Le di? —preguntó Danny, que no podía ver nada porque había rodado contra una pared y estaba cabeza abajo.

Walter lo empujó nuevamente hacia el tablero de juego.

—Claro que le diste —dijo, tocándole la cabeza—. Estuviste fantástico.

Walter tomó los dados y los arrojó. Tomó la tarjeta y, con la mano temblorosa, leyó: "El pirata Zorgon lanza ataque de fotones".

Los niños vieron una nave espacial por la ventana. Dos rayos de luz salieron de la nave y se dirigieron directamente a la casa de los Budwing. El primero dio en la chimenea y rompió algunos ladrillos. El segundo dio en el baño de la planta alta y el agua comenzó a caer por el agujero del techo.

Walter le entregó los dados a Danny, que tenía dificultades para levantar su corto y pesado brazo. Los arrojó y, mientras Walter movía la ficha por él, su cuerpo comenzó a volver a la forma habitual. Saltó otra tarjeta. Danny la leyó en silencio.

—Esto no es nada bueno —dijo—: "El pirata Zorgon sube a bordo de tu barco".

La habitación temblaba mientras la nave espacial chocaba contra la casa. Luego, los niños escucharon pasos en el techo. A través del agujero, vieron que alguien o algo trepaba e ingresaba en la habitación que estaba justo arriba de ellos. Danny y Walter fueron hasta el corredor y se detuvieron junto al robot aplastado. Se tomaron de las manos y no se movieron. Estaban muy asustados. Comenzaron a escuchar un zumbido que venía del piso. Bajaron la vista y vieron que los ojos del robot se encendían.

El robot levantó la cabeza, clavó la vista en el agujero del techo y dijo:

—Vida extraterrestre; deben destruirla. Sus manos en forma de tenaza se movieron, pero no pudo levantarse.

Danny y Walter lo ayudaron a levantarse. Se **tambaleó** al tiempo que la cola escamosa del pirata y sus piernas de lagartija descendían por el agujero del techo. El robot levantó una de sus tenazas y atrapó la cola de la criatura.

El pirata Zorgon aulló y volvió a meterse por el agujero, con la tenaza del robot aún clavada en su cola. Se retorcía y gemía, chocándose contra las paredes de la planta alta. Luego, con un brazo menos, el robot cayó por el agujero. Los niños oyeron que el pirata se arrastraba por el techo y vieron el brillo de los cohetes cuando la nave se alejaba a toda velocidad.

No había esperanzas. Los ojos del robot se habían apagado nuevamente. Habían jugado durante casi tres horas y las fichas estaban a una galaxia de distancia de Zathura y al doble de distancia de la Tierra.

—Nunca lo lograremos —dijo Walter.

—Sí, lo haremos —respondió Danny, mientras le entregaba los dados a su hermano—. Tú y yo, juntos. Podemos hacerlo.

Walter agitó los dados y suspiró.

—Tú y yo —dijo cansado, y miró a su pequeño hermano que sonreía nervioso—. Tú y yo.

—Correcto —dijo Danny—. Juntos.

Walter tiró los dados: un uno y un dos. Luego movió su ficha al único cuadrado negro del tablero y saltó una tarjeta: "Has entrado a un agujero negro", leyó. "Retrocede en el tiempo, una hora por cada marca del dado".

Se levantó y miró alrededor de la habitación.

—¿Ves algún agujero negro?

Su hermano señaló el piso. Una mancha negra se extendía lentamente bajo los pies de Walter, como si fuera un círculo perfecto de tinta. Al principio, Walter pensó que estaba hundiéndose en la mancha, pero no; el agujero se estaba elevando. Intentó correr, pero no sentía los pies. Luego, cuando el agujero se hizo más alto, ya tampoco sentía las piernas.

—¿Qué es lo que pasa? —gritó.

Danny bajó la mirada hacia el agujero en forma de disco.

—Walter —dijo—: te falta la parte de abajo. A medida que el agujero subía, Walter desaparecía cada vez más, hasta que sólo quedó su cabeza. Danny intentó rescatar lo que quedaba de su hermano, sacarlo del agujero, pero sus manos traspasaron el círculo negro como si estuvieran hechas de humo. Bajó la cabeza y comenzó a sollozar.

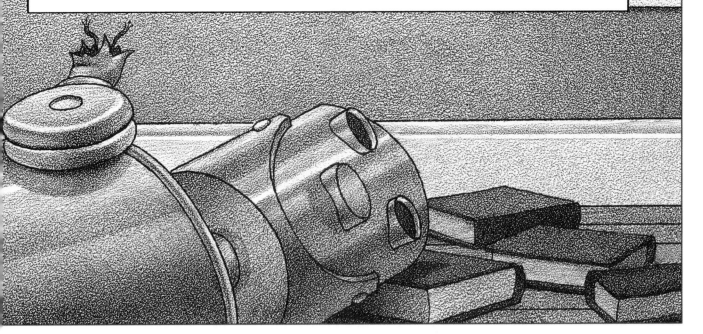

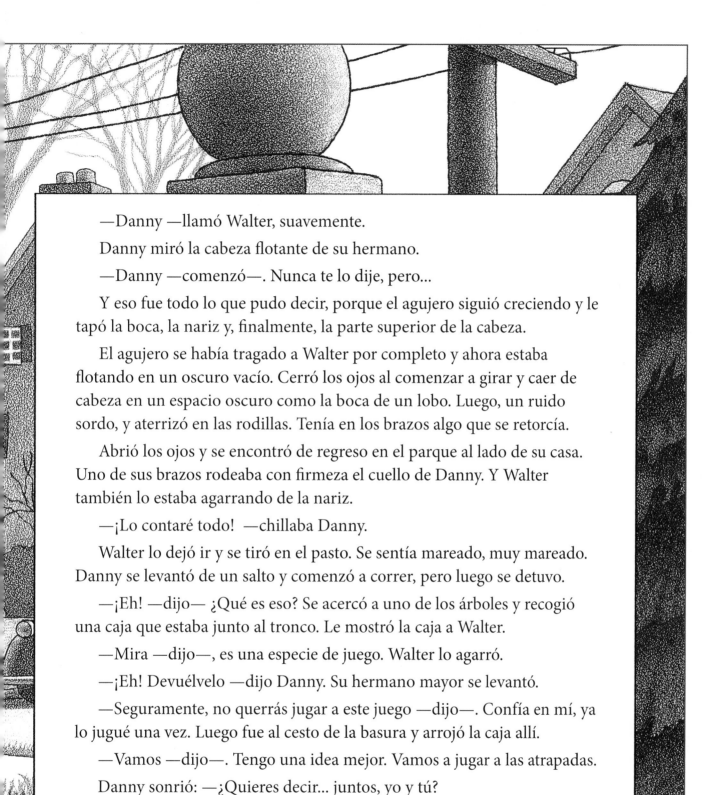

—Danny —llamó Walter, suavemente.

Danny miró la cabeza flotante de su hermano.

—Danny —comenzó—. Nunca te lo dije, pero...

Y eso fue todo lo que pudo decir, porque el agujero siguió creciendo y le tapó la boca, la nariz y, finalmente, la parte superior de la cabeza.

El agujero se había tragado a Walter por completo y ahora estaba flotando en un oscuro vacío. Cerró los ojos al comenzar a girar y caer de cabeza en un espacio oscuro como la boca de un lobo. Luego, un ruido sordo, y aterrizó en las rodillas. Tenía en los brazos algo que se retorcía.

Abrió los ojos y se encontró de regreso en el parque al lado de su casa. Uno de sus brazos rodeaba con firmeza el cuello de Danny. Y Walter también lo estaba agarrando de la nariz.

—¡Lo contaré todo! —chillaba Danny.

Walter lo dejó ir y se tiró en el pasto. Se sentía mareado, muy mareado. Danny se levantó de un salto y comenzó a correr, pero luego se detuvo.

—¡Eh! —dijo— ¿Qué es eso? Se acercó a uno de los árboles y recogió una caja que estaba junto al tronco. Le mostró la caja a Walter.

—Mira —dijo—, es una especie de juego. Walter lo agarró.

—¡Eh! Devuélvelo —dijo Danny. Su hermano mayor se levantó.

—Seguramente, no querrás jugar a este juego —dijo—. Confía en mí, ya lo jugué una vez. Luego fue al cesto de la basura y arrojó la caja allí.

—Vamos —dijo—. Tengo una idea mejor. Vamos a jugar a las atrapadas.

Danny sonrió: —¿Quieres decir... juntos, yo y tú?

Walter rodeó con el brazo el hombro de su hermano.

—Sí, tienes razón —dijo—. Yo y tú, juntos.

> **Sacar conclusiones**
> ¿Qué descubre Walter sobre el juego que Danny encuentra en el parque?

Fuera de este mundo
con
Chris Van Allsburg

Chris Van Allsburg saca ideas para sus historias de las imágenes que forma en su mente. Luego se pregunta: "¿Qué pasaría si...?" ¿Qué pasaría si un niño se subiera a un tren que se transforma en el Expreso Polar? ¿Qué pasaría si un juego sobre el espacio exterior se hiciera real? Chris comenzó a dibujar en la universidad. Dice que su trabajo es "figurativo" (es decir, que es fiel a la realidad), pero siempre agrega algo de misterio a sus dibujos. Como siempre tiene nuevas ideas, no le gusta escribir secuelas. Sin embargo, los niños sí lo hacen: muchos admiradores de Chris escriben las secuelas de sus libros.

Otros libros de Chris Van Allsburg:

✔ Propósito del autor

El propósito de un escritor de ficción es divertir. ¿Crees que ése es el propósito de Chris Van Allsburg? ¿Por qué?

Busca más información sobre Chris Van Allsburg en **www.macmillanmh.com**

Pensamiento crítico

Resumir

Usa tu diagrama de conclusiones para resumir *Zathura*. ¿Cómo cambió el juego la vida de los chicos?

Evidencia Conclusiones

Pensar y comparar

1. **Saca una conclusión** sobre lo que tú crees que haría Walter si Danny volviera a traer el juego a la casa. Usa evidencia de la historia para respaldar tu conclusión. **Hacer inferencias y analizarlas: Sacar conclusiones**

2. Vuelve a leer la página 507. ¿Qué le iba a decir Walter a Danny antes de que se lo tragara el agujero negro? Basa tu respuesta en detalles de la historia. **Analizar**

3. Si fueras a una expedición al espacio durante la cual tuvieras que esquivar **meteoros**, extraterrestres y robots... ¿a quién elegirías para que te acompañara? ¿A Danny, a Walter o a ambos? **Evaluar**

4. Esta historia incluye robots y extraterrestres. ¿Qué otras características tiene del género ciencia ficción? **Analizar**

5. Vuelve a leer "¿Quién dice que los robots no piensan?" en las páginas 484 y 485. ¿Cuáles son las similitudes y las diferencias entre Silvia y el robot de *Zathura*? **Leer/Escribir para comparar textos**

Observar el cielo nocturno

Kyle Seulen

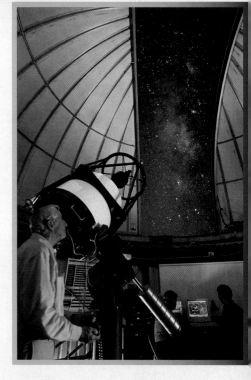

Si alguna vez has visto el cielo estrellado en una noche clara, entiendes por qué los científicos quieren saber más sobre el espacio. Los científicos que estudian las estrellas, los planetas y el espacio se llaman **astrónomos**. Desde la antigüedad, se han dedicado a observar el cielo. Comienzan sus estudios llevando registros precisos de lo que ven. Luego, analizan los resultados y conversan con otros científicos sobre sus hallazgos. Los científicos llevan a cabo distintos tipos de investigaciones, según las respuestas que quieran obtener. Cuando no es posible obtener medidas exactas, los científicos hacen cálculos (o buenas suposiciones), con base en la investigación.

Al llevar registros diarios del lugar donde se hallan los objetos en el cielo, los astrónomos aprenden cuáles **orbitan** otros objetos. Pueden decir a qué velocidad se mueven y a qué distancia se encuentran.

¿Cómo estudiaron los primeros astrónomos el cielo nocturno? Los planetas, los cometas y las estrellas se descubrieron a simple vista. Luego, el **telescopio** permitió ver los objetos que estaban a gran distancia. Mientras más estudiaban los objetos del universo más aprendían sobre la Tierra. Al principio, los científicos creían que la Tierra era el centro del universo. Más tarde, el uso del telescopio demostró que, en realidad, la Tierra es la que gira alrededor del Sol.

El telescopio moderno

Ocular

Lente

Caño del telescopio

Trípode

Edmond Halley

Uno de los primeros astrónomos importantes fue Edmond Halley. En el siglo XVII, vio un cometa en el cielo. Registró su velocidad y apariencia y se dio cuenta de que el cometa era similar a otro que aparecía en los registros de astrónomos del pasado.

Halley usó sus notas y cálculos para mostrar que el cometa era el mismo que habían estudiado antiguos astrónomos. Demostró que el cometa podía verse aproximadaente cada 76 años. Entonces, pudo predecir, o decir con anticipación, cuándo se vería nuevamente el cometa desde la Tierra. Este cometa recibió el nombre de cometa Halley.

La astronomía hoy

Los astrónomos de hoy cuentan con herramientas de alta tecnología que los científicos antiguos nunca se habrían imaginado. Hoy, los científicos usan telescopios poderosos y cámaras guiadas por computadoras para ver el espacio. Estos instrumentos les permiten estudiar la superficie de los planetas, la gravedad, la luz y la existencia de vida en cualquier lugar del universo. Sin embargo, algo no ha cambiado desde aquellos tiempos. Los astrónomos aún se hacen preguntas sobre el universo mientras observan y anotan lo que ven. Luego, analizan los resultados y los comparten. De esa manera, los científicos aprenden unos de otros y siguen haciendo descubrimientos. Ya sea con o sin alta tecnología, los astrónomos de hoy todavía se hacen muchas preguntas sobre el cielo nocturno.

Esta foto del cometa Halley fue tomada con un poderoso telescopio moderno.

Esta banda de íconos se llama
barra de herramientas.

Enlaces relacionados con este tema

Artículos relacionados

▶ El cometa Halley hoy

▶ Telescopios

▶ Astrónomos famosos

Este dibujo del siglo XVIII muestra el cometa Halley.

Pensamiento crítico

1. Si quisieras obtener mayor información sobre observaciones recientes del cometa Halley, ¿en qué enlace buscarías? **Comprender enlaces**

2. ¿Qué pueden aprender los astrónomos sobre un objeto cuando lo miran a través de un telescopio? **Aplicar**

3. ¿Qué tipos de observaciones registraría Walter, en *Zathura*, sobre el espacio exterior después de jugar el juego del tablero? ¿Qué le diría a un astrónomo? **Leer/Escribir para comparar textos**

 Ciencias

Investiga sobre un instrumento que se utilice en astronomía. Escribe un resumen de dos párrafos sobre la historia de éste y sobre cómo ayuda a los astrónomos. Dibújalo y rotúlalo con los nombres de las distintas partes.

 Busca más información sobre astronomía en **www.macmillanmh.com**

513

Ambiente y contexto

El ambiente afecta a los personajes y su forma de reaccionar ante los sucesos de la historia.

Conexión: Lectura y escritura

Lee el siguiente pasaje. Observa cómo el autor, Chris Van Allsburg, utiliza el ambiente para mostrar el modo en que el juego cobra vida.

Al describir lo que los personajes ven a su alrededor (el ambiente), el autor muestra lo que les sucede. Los cambios en el ambiente reflejan los extraños resultados del juego.

Fragmento de *Zathura*

El sonido comenzó a hacerse cada vez más fuerte, como si fueran mil pelotas de golf golpeando el techo. La habitación se puso tan oscura que Walter tuvo que encender las luces. Entonces, ¡KABOOM!, una roca del tamaño de un refrigerador cayó del techo y aplastó el televisor...

A través del agujero podía ver lo que había quedado de la habitación de sus padres y, más lejos, el cielo negro, cubierto de estrellas.

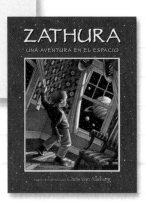

Lee y descubre

Lee la historia de Molly. ¿Cómo mostró la reacción de los personajes a su ambiente? Usa el Control de escritura para ayudarte.

¿Dónde estamos?
Molly F.

—¿Molly? —dijo mi hermana, Vicky, en voz bajita—. ¿Dónde estamos?

Me froté los ojos para despertarme y me senté en el asiento trasero del carro. En lugar de los árboles altos y pequeños arbustos que nos rodeaban cuando nos quedamos dormidas, había algunos cactos pequeños y una bola de barrilla. El cielo se extendía hasta la plana y seca línea del horizonte, en la distancia. Me picaba la nariz cuando respiraba el aire polvoriento.

Lee sobre el nuevo lugar que íbamos a explorar.

Control de escritura

 ¿Te muestra la autora cómo interactuó con el ambiente y sus características?

 ¿Usa técnicas descriptivas, tales como verbos apropiados y detalles sensoriales para que puedas ir más allá de "ver" el lugar?

☑ ¿Puedes imaginar lo que rodeaba a Molly en ese momento?

DE CAMPAMENTO

A platicar

¿Por qué es importante el trabajo en equipo cuando vas de campamento?

Conéctate

Busca más información sobre acampar en **www.macmillanmh.com**

517

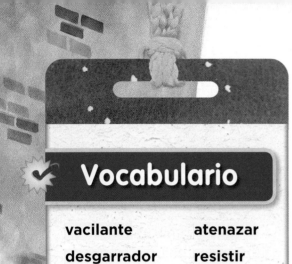

✔ Vocabulario

vacilante	atenazar
desgarrador	resistir
escaparate	escalofrío
delirar	féretro

✔ Diccionario

A veces una palabra tiene varios significados. Un **diccionario** te ayuda a decidir cuál es la definición apropiada. Por ejemplo, *resistir* podría significar *aguantar*, como en "la vieja moto todavía resiste", o también, *oponerse*, como en "Al principio me resistí, pero después fui con Marta".

El equipo del barrio

Cecilia llegó de Brasil hace unos meses. Al principio sólo miraba cómo las demás niñas del barrio corríamos tras una pelota que saltaba, viva y **vacilante**, sobre la tierra desigual.

Jugábamos frente a la tienda de Canavessi, un antiguo futbolista italiano, que nos miraba con cara de pocos amigos.

Laura nos propuso invitar a Cecilia a jugar. Al principio me **resistí**, pero después fui con Marta a decírselo a su casa. Cecilia aceptó de inmediato. Corrió adentro y volvió a salir, con un uniforme y una pelota nuevos.

"Vamos a ver si juega tan bien como luce", pensé yo, mientras corríamos a reunirnos con las demás. En seguida vi que jugaba aún mejor de lo que lucía. Era rápida y fuerte, y el balón obedecía sus arranques y frenadas.

—Cada jugadora es importante en el fútbol —nos decía—, pero un verdadero equipo es mucho más que eso.

Un día, durante un partido, Laura pateó con todas sus fuerzas y la pelota voló hasta el otro lado de la calle e hizo añicos el vidrio del **escaparate** de la tienda. Sentimos que un **escalofrío** nos recorría la espalda.

Marta dio un grito **desgarrador**: —¡La vidriera de Canavessi! Hay que pensar en un plan ya mismo.

—Podríamos conseguir un **féretro** para cada una, lo vamos a necesitar —contesté yo, señalando al gigante que cruzaba la calle con el balón **atenazado** en una mano.

—Supongo que ninguna de ustedes la ha pateado —dijo Canavessi, mostrándonos la pelota.

—Yo lo hice —se adelantó a decir Laura, mientras algunas de nosotras deseábamos correr a casa.

—Si no recuerdo mal, yo también lo hice —dijo Cecilia de pronto, parándose junto a ella. Por un instante pensé que Cecilia **deliraba**.

—Todas lo hicimos —agregamos luego las demás, no muy convencidas.

Entonces, Canavessi le entregó el balón a Cecilia.

—Parece que al fin tendremos un buen equipo de futbolistas en el barrio —nos dijo—. Habrá que mejorar esta vieja cancha.

Y se alejó rumbo a su tienda, sonriendo.

Volver a leer para **comprender**

Verificar la comprensión
Opinar
Opinar sobre las acciones de un personaje en un cuento te ayuda a verificar tu comprensión mientras lees. Un diagrama de opinión te ayuda a valorar si las acciones de un personaje son acertadas. Al volver a leer "El equipo del barrio", usa el diagrama para opinar sobre las acciones de Cecilia.

Acción	→	Opinión
	→	
	→	
	→	
	→	

Comprensión

Género

La **ficción realista** tiene ambientes de la vida real, personajes elaborados y problemas y soluciones realistas.

Verificar la comprensión

Opinar

Al leer, usa tu tabla de opinión.

Acción	→	Opinión
	→	
	→	
	→	
	→	

Lee para descubrir

¿Que decisión tiene que tomar Mateo?

"DÉJAME SOLO, JOE"

Ángela Ionescu

Selección premiada

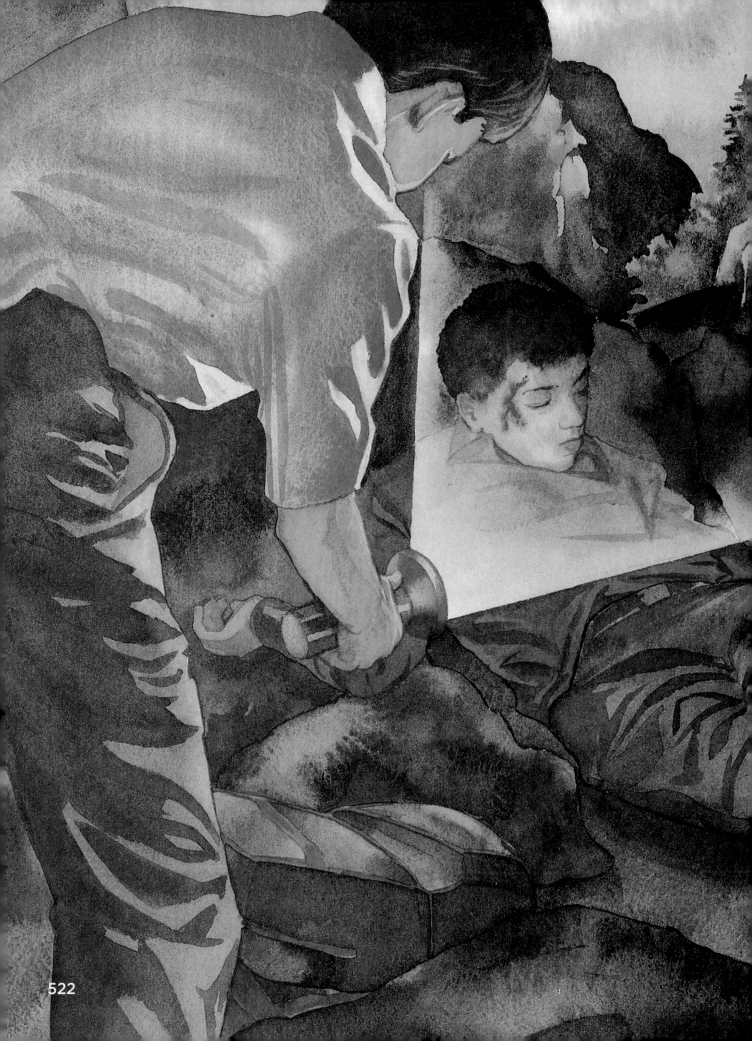

—Debería decirte eso de "Déjame solo, Joe, sigue tú, sálvate, todavía puedes vivir".

—Como en las novelas.

—Y en las películas del Oeste.

—Y de aventuras, de exploradores…

—Y en las de guerra, sobre todo cuando al amigo le han herido de muerte y el otro no le deja…

—Tú no estás herido de muerte.

No respondió, y después de unos segundos, Mateo encendió la linterna y enfocó la cara de su amigo. Estaba muy pálido y el corte de la ceja manaba todavía débilmente, aunque ya no le caía sangre sobre el ojo, como al principio, sólo se mantenía humedecida la herida y alrededor se había hinchado más que la última vez que lo había mirado.

Pero no era eso lo peor, lo que le hacía a Mateo apagar rápidamente la linterna:

—Es la única luz que tenemos, y si se nos agotan las pilas…—había dicho.

Era verdad, pero no era *la* verdad.

Lo que no quería ver era la extraña postura de Simón, como de muñeco roto, como uno de esos maniquíes sin vestir que a veces dejaban en los **escaparates** cuando cambiaban la moda y se quedaban de forma absurda, retorcidos, mirando al techo o al suelo, con los brazos o el tronco o las piernas como no suelen tenerlos las personas.

523

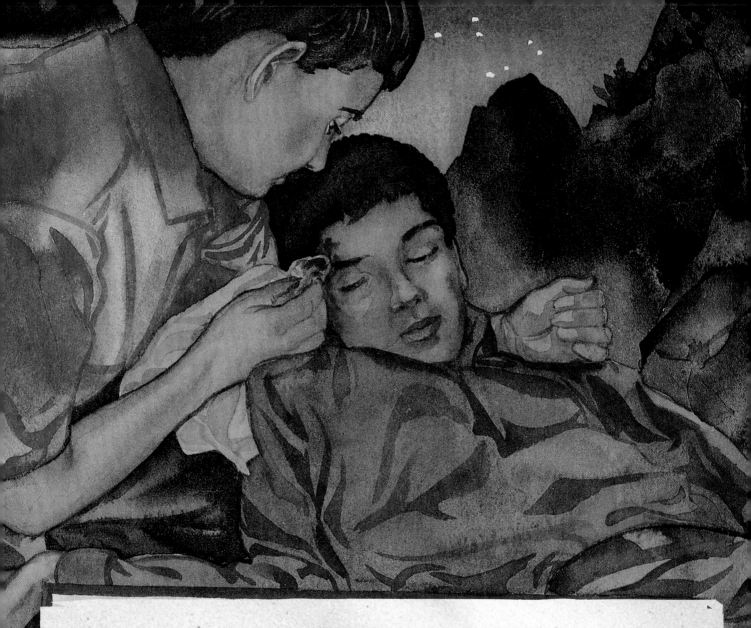

Al caerse habían gritado los dos del susto, la sorpresa y el miedo. Luego él se había levantado y había empezado a maldecir la roca arenisca que los había traicionado, mientras se sacudía el polvo, los hierbajos y los pegotes de barro. Después, a la luz débil y amoratada del anochecer, había mirado a Simón, extrañado de no oírle. Y entonces se había quedado helado y sin respiración porque su amigo estaba recostado contra una enorme piedra, pálido, retorcido de forma rara y con el ojo y la mejilla derechos llenos de

sangre. Se había acercado de un salto a él y sus ojos demasiado abiertos le habían hecho pensar durante un instante que estaba muerto. Pero Simón había murmurado:

—Ahora sí que la hemos arreglado…

Él se había puesto enseguida a limpiarle la sangre, empañando el pañuelo con el agua de la cantimplora. Pensaba que era una herida peligrosa, tan cerca de la sien, ¡y tanta sangre! Cuando le limpió toda la cara y vio cómo era el corte, se sintió algo más aliviado.

—¿Te duele? ¿Te duele la cabeza?

—Estoy un poco mareado —contestó Simón con voz **vacilante.**

—Mira a ver cómo te va si te pones de pie. Todavía hay algo de luz y si podemos trepar y salir de aquí antes de que caiga la noche…

Fue al intentar moverse cuando soltó ese grito agudo y **desgarrador,** ese grito que a Mateo le había dado un largo **escalofrío.** Después se había quedado quieto, en esa postura extraña que no parecía de persona, jadeando levemente, con los ojos otra vez muy abiertos. Durante un rato habían estado en silencio mientras la luz se iba por momentos, dejándolos convertidos primero en manchas claras que apenas se veían, después en bultos oscuros y después en nada; sólo en respiraciones —una jadeante—, en presencias que se adivinaban.

Por fin, Simón volvió a hablar y en la oscuridad su voz parecía como siempre, como si no pasara nada, sólo un poco más cansada.

—No hay nada que hacer.

—Ya. ¿Qué pierna es?

—No es de las piernas. Es algo por dentro, no sé si en el pecho o dónde.

Mateo se movió para acercarse, y en la oscuridad Simón casi chilló.

—¡No vayas a tocarme!

—No, no… No iba a hacerlo…

Mateo pensaba en las horas de la noche que se avecinaba, horas largas y frías, tan alto en la montaña. Pensaba que no sabía qué le ocurría a su amigo, y que quizá esas horas, hasta el amanecer, cuando serían capaces de encontrarlos, podrían ser un terrible enemigo. Un enemigo mortal.

—Ni siquiera habrá luna esta noche —dijo de pronto Simón.

—No, ya lo sé. Me parece que será mejor que no hables, no creo que te convenga.

—Tengo que hablar. Si no, me parece que estoy muerto… o que voy a morirme.

—Pues, muy bien. Habla todo lo que quieras. Recita algo, aunque sea la tabla de multiplicar, si la recuerdas.

—No estoy muy seguro. Con las calculadoras…

Mateo seguía pensando. La espera podría ser un enemigo mortal. Había leído cosas… roturas de algo, de pulmones, los vasos del cerebro, las gangrenas… en fin, había leído cosas sobre gente que se salvaba o se moría por cuestión de horas, o de minutos…

—¿Tú sabes quién inventó la calculadora?

¿Estaría **delirando** Simón? Encendió un momento la linterna, le miró la cara y la encontró normal. La cara, sí. Pero lo otro…

—No me acuerdo, pero podemos intentar hacer memoria. Tenemos bastante tiempo.

Y otra vez se callaron. Si era cuestión de tiempo, el tiempo podía significar la salvación o la muerte. Si él fuera capaz de salir de aquel sitio y buscar socorro… Pero, ¿cómo trepar en la oscuridad? Podía quizá sujetarse la linterna sobre el pecho y así tener las manos libres. No era una altura excesiva, al menos para subir. Sí lo era para caerse. Tenía que conseguir salir. ¿Y después? Andar solo, en la oscuridad, con la linterna que únicamente alumbraba un reducido círculo, sobre aquellas piedras inseguras, algunas areniscas que cedían y se desmoronaban.

En ese momento, Simón gimió sordamente, un gemido ahogado, quizá ahogado por un intento de ocultarlo. Mateo tuvo miedo. Y tenía miedo al preguntar:

—¿Qué ha sido?

Y mucho más miedo mientras esperó unos segundos la repuesta:

—Nada. He intentado respirar algo más hondo y me he movido un poco por lo visto…

—Lo que no entiendo es cómo no te duele al hablar.

—Hablo cogiendo poco aire y procurando no mover más que la boca, y no mucho.

—Buen sistema para clase.

Una vez arriba, encontraría fácilmente el camino y podría ir al refugio a pedir ayuda. Las horas de la noche… Siempre había oído decir que hacia la madrugada se morían los enfermos graves, empeoraban los otros, perdían las ganas de vivir los desesperados… Simón quizá no **resistiría** hasta el amanecer.

En ese momento a Mateo le parecía casi imposible imaginar la habitación caliente e iluminada del albergue, con los chicos sentados en corros, riendo, hablando mucho más fuerte de lo necesario, algunos cantando a voz en grito, otros comiendo enormes bocadillos o calentando conservas en las tarteras sobre hornillos de butano.

Todo eso le parecía demasiado lejano, tan imposible como si fuese irreal. ¿Cómo iba a haber calor y luz, voces, risas y cantos, comida y despreocupación cuando él estaba allí, en un barranco pedregoso, en la oscuridad, con el frío y la humedad que se le metían dentro, escuchando con ansiedad la respiración jadeante de su amigo, con horror de oírla, con miedo de dejar de oírla, sin atreverse a mirarlo a la luz de la linterna? Y entonces Simón dijo:

—Debería decirte eso de "Déjame solo, Joe, sigue tú, sálvate, todavía puedes vivir…"

Y él contestó: —Como en las novelas.

Y siguió todo lo demás.

Después de un rato en silencio, cuando Mateo había apagado rápidamente la linterna, Simón continuó:

—No sé si estoy o no herido de muerte, pero no tengo ninguna gana de decirte que te vayas. Yo no soy un héroe, Joe, y no quiero quedarme solo.

—De acuerdo. Pero el caso es que necesitas que te vea un médico y…

—No me dejes solo, Joe.

—¿Y qué hacemos?

—Esperar. Nos echarán de menos y saldrán a buscarnos.

—Tardarán bastante, todavía, en darse cuenta. Con el jaleo que habrá… Y luego, con esta oscuridad no pueden encontrarnos. Ni siquiera dijimos que íbamos a venir por aquí.

—Bueno, pues nos encontrarán al amanecer.

"¿Y si no resistes hasta el amanecer?", pensó.

Mateo se calló. Faltaban muchas horas… Aún tenía que llegar la medianoche, y después las temibles horas de la madrugada… Y en cada momento podía volver a oír ese grito horrible o dejar de oír esa respiración jadeante.

Y todo dependía de él. La vida o la muerte estaban quizá en su mano.

—…¿O es que tienes mucha hambre? —preguntaba Simón—. ¿Te has dormido, Mateo?

—No, no, estaba pensando…

—¿Qué?

—Qué hacer para que nos encuentren.

—Esperar al amanecer. Pero no te irás, ¿verdad? Tú no vas a abandonar al amigo herido de muerte, mientras las balas del enemigo destruyen todo lo que quedó de nuestro fuerte… ¿verdad, Joe?

—No me iré, Sam. Aquí resistiré, y que vengan esos canallas si quieren, aquí me encontrarán…

Entonces Simón contestó con su voz pequeña, de aliento corto:

—Bien.

Y otra vez hubo un largo silencio. Por encima de ellos, allá arriba, se oyó el graznido selvático de un ave nocturna. Mucho más lejos sonaba el rumor apagado del riachuelo que corría entre piedras y arbustos, en el valle. De vez en cuando soplaba un débil vientecillo que agitaba las hojas en lo alto y apenas les llegaba a dar un poco en la cara.

Pero Mateo no escuchaba esos ruidos que otras veces le fascinaban, que solían hacerlo contener el aliento y preguntarle después en un susurro a Simón:

—¿Qué crees que ha sido eso?

Mateo escuchaba la respiración jadeante que a veces terminaba con un silbido. Le parecía que se había hecho más débil… o quizá más lenta.

¿Se estaría agotando? ¿Estaría a punto de cesar? Un horror helado le **atenazaba** el corazón y le agarrotó los dedos sobre la linterna. Tan agarrotados que no podía conseguir que se movieran y que apretaran el botón.

Sencillamente se negaban, como si nada tuvieran que ver con él y con sus deseos. Con voz ahogada, murmuró:

—Simón.

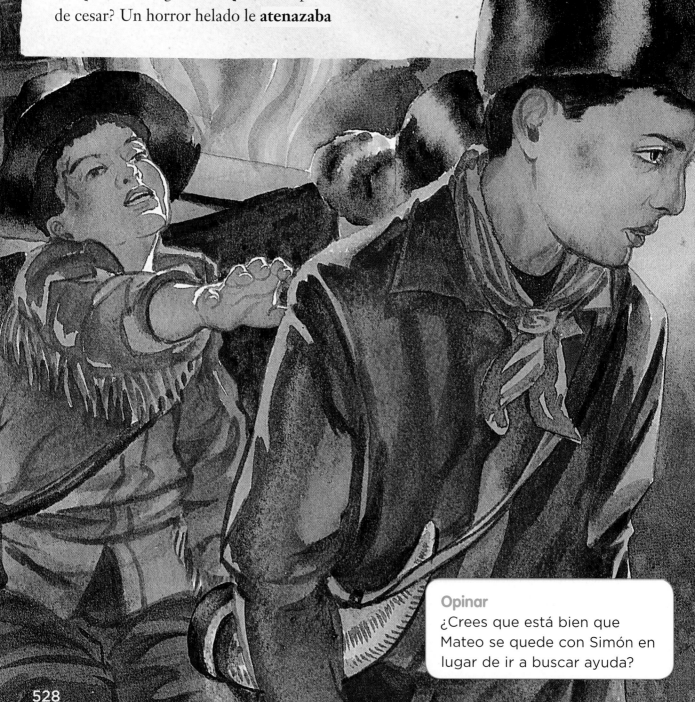

Opinar
¿Crees que está bien que Mateo se quede con Simón en lugar de ir a buscar ayuda?

Pero sólo oyó el silbido que acompañaba la respiración.

Al fin los dedos obedecieron y enfocó la linterna hacia su amigo.

Tenía los ojos cerrados: la cara, todavía más pálida que antes: los labios, azulados. Se había dormido. Mateo pensó que podía irse a intentar pedir socorro.

"Si duerme, no se enterará", pensó. "Puedo estar de vuelta con el salvamento antes de que se despierte. Más tarde puede ser demasiado tarde".

Se puso en pie y se acercó silencioso a Simón. Sin la luz de la linterna, adivinaba apenas la mancha clara de su rostro, pero sabía que allí estaban las mejillas sin sangre, la ceja rota, los labios azulados y los ojos cerrados.

Los ojos cerrados… A Mateo le dio un vuelco el corazón. ¿Por qué estaban cerrados los ojos de su amigo? ¿Porque se había dormido o porque había perdido *ya* el conocimiento?

Apagó la linterna y en ese momento oyó la voz de Simón:

—Mateo.

Se sobresaltó como si no hubiera esperado que pudiera hablarle.

—Soy Joe, muchacho, y aquí estoy.

—Me había dormido.

—Muy cortés. Siento no tener aquí mi banjo para distraerte.

—Pero puedes cantarme baladas… o canciones del viejo Mississippi.

—No tengo ganas de que se desprenda ningún pedrusco y se nos caiga encima.

—Está bien, Joe. ¿Y qué haces ahí de pie? ¿Qué estabas haciendo?

Mateo notó, debajo del tono de sus películas o novelas favoritas, escondido, un acento de ansiedad.

"¿Qué estabas haciendo?", no lo había preguntado el chico bueno abatido por los forajidos ni el defensor del fuerte dispuesto a luchar hasta la última gota de su sangre y a vender cara su vida. Lo había preguntado Simón, su amigo, con voz débil y entrecortada, con un silbido en su respiración fatigada.

—Estaba estirándome un poco. Me había quedado entumecido.

—Claro.

Simón hizo una pausa y luego preguntó de repente:

—No ibas a marcharte, ¿verdad?

Por primera vez Mateo se alegró de la oscuridad. Y procuró contestar rápidamente: —Sam, muchacho, la palabra de un soldado es sagrada.

—Si salimos de ésta, nos ascenderán, supongo.

—Desde luego. El mismo general nos felicitará.

—…Y si no salimos, sobre nuestros **féretros** pondrán una condecoración y unas flores.

—Y la bandera.

—Claro, la bandera.

Esta vez Mateo tuvo aún más miedo del silencio. Otra vez se oía la respiración sibilante, corta y lenta.

"Los que van a morirse tienen ratos de sopor y otros de lucidez, se duermen y se despiertan, se duermen y no se despiertan... Los que se mueren congelados se duermen dulcemente y hasta creen sentir calor... Los que se mueren por falta de alimento se debilitan y también se duermen. Todos ellos se duermen y no despiertan más..."

—Oye, Sam —dijo Mateo con voz fuerte—, sé un muchacho bien educado y no te duermas. Me parece una grosería...

Simón no contestó

"Duerme como antes", pensó Mateo. "Podría irme ahora."

Pero sabía que no podía. Le había prometido que no lo dejaría. Y si se despertaba de pronto en la oscuridad y lo llamaba y nadie le contestaba, ¿qué consuelo podía haber para su soledad y su abandono? ¿Qué consuelo podía haber para el miedo y el desamparo?

Se dio cuenta de que seguía sin contestar. Quizá esta vez y ya no se trataba simplemente de haberse dormido.

—¡Simón!

—Sí, también nos pondrán la bandera...

—Te estaba diciendo que me parece muy grosero dormirse ahora.

—No me he dormido. Decíamos que nos pondrían encima una condecoración y la bandera...

—Pues me temo que tendrás que conformarte con el ascenso y la felicitación del general. Falta poco para el amanecer y entonces nos encontrarán.

—¿Falta poco para el amanecer?

—preguntó Simón con la voz menos apagada—. ¿Cómo lo sabes?

—Por las estrellas. Me fijé dónde estaban antes y dónde están ahora, y por el tiempo que ha pasado puedo imaginármelo...

Mateo no sabía nada de las estrellas, no conocía su posición ni su recorrido, pero se dio cuenta de que había acertado con lo que había dicho: Simón no pensaba para nada que él no podía saber el tiempo que había pasado y ya no quería dormir.

—¿Cuánto falta? —preguntó poco después.

—No sé calcularlo exactamente, pero se empezará a ver un poco de claridad por el Este. Primero muy poca, algo así como si la oscuridad se destiñera, y luego...

—¿Dónde está el Este?

—Justo detrás de ti —contestó inmediatamente Mateo—. ¡Pero no te muevas!

—No puedo moverme, pero avísame cuando notes algo.

—A la orden.

Mateo suspiró y se sentó frente a su amigo, como para estar de cara al este, por donde tenía que llegar la claridad.

"Puede que sea justo del lado contrario", pensó, "pero no importa. Si lo ve antes que yo, tanto mejor"

Le pesaban los brazos y las piernas, y la cabeza parecía llena de algodón y de zumbidos. Zumbidos sordos y zumbidos agudos mezclados con un golpeteo en las sienes y en la nuca.

Volvió a levantarse y entonces la cabeza pareció quedársele repentinamente vacía y muy ligera, demasiado ligera. "Seguramente debería comer algo. Algo con azúcar".

En la mochila tenía todavía algunas galletas. Y había agua en la cantimplora. Eran aquellas estupendas galletas en forma de corazón que a veces le hacía su madrina. Sabían a mantequilla y a miel, eran suaves y crujientes a la vez. El agua debía de estar bien fresca.

Iba a comenzar a rebuscar en la mochila cuando se paró bruscamente. Las galletas tenían unos finos granos que crujían al masticarlos. Y podían dar tos fácilmente. En ningún momento había pensado comerlas solo. Y Simón no podía toser. Quizá ni siquiera podía tragar. Le era imposible moverse, por poco que fuera. Claro que podía explicárselo, y él sin duda lo entendería y no las querría…

"Ni galletas ni agua."

La mochila se quedó quieta y la cantimplora siguió de pie entre las piedras y la tierra húmeda. Los zumbidos se alejaban y volvían, agudos y sordos, mezclados con...

—Mateo.

—A la orden.

—¿No oyes?

Sí, lo que se mezclaba con los zumbidos eran voces. Voces lejanas y silbidos.

—Llegan las tropas de salvamento. Te lo dije, muchacho, no habrá condecoración ni bandera sobre nuestros féretros.

—Y el *sheriff* viene con ellos, va el primero...

Cuando los oyó más cerca, Mateo levantó el brazo con la linterna encendida en la mano y la agitó repetidas veces. Además, gritó hasta que le contestaron.

Empezaba a amanecer cuando los sacaron. Mateo había advertido multitud de veces a todos, especialmente a los enfermeros, que Simón no se podía mover y que el más pequeño cambio de postura le hacía un daño atroz, y que con las horas que llevaba así...

—¿Qué quieres? ¿Que le dejemos que se pudra aquí, como tú le has dejado todo el tiempo? —le contestó uno de ellos muy enfadado, con tono áspero y sin mirarle.

—¡Qué idiota de chico! ¡Tiene aquí al amigo medio muerto y a él no se le ocurre más que quedarse sentado a su lado, descansando y esperando a que vengan a sacarles! —dijo otro.

El tercero preparaba las cosas sin decir nada.

Los demás del equipo de socorro se movían a su alrededor sin objeto y sin saber qué hacer.

—¡No bajéis más! —gritó uno a los que se habían quedado arriba—. ¡No hay mucho sitio aquí!

Los enfermeros se acercaron a Simón, que estaba callado y respiraba fatigosamente. Sus ojos buscaban a Mateo. Lo miró. Sus ojos estaban llenos de miedo, el miedo suplicante de un niño pequeño.

—Por favor, no le agarren de…

—¡Cállate de una vez!

Ya lo habían asido. Simón dio un grito agudo, pero corto y cansado, y perdió el conocimiento.

—¡Idiota! —le decía el segundo enfermero en ese momento a Mateo.

A Simón lo meticron directamente al quirófano.

Opinar

¿Que opinión tienes acerca de lo que le dice el enfermero a Mateo?

A Mateo le dieron leche caliente y varios bollos envueltos en plástico de colores con la cara de un niño muy sonrosado y muy sonriente, que eran mucho peores que las galletas en forma de corazón de su madrina. Lo habían llevado a una habitación en la que había armarios con puertas de vidrio y dentro se veían muchos instrumentos relucientes, horribles instrumentos de los que usaban los médicos y que él no sabía para qué servían; había también una cama alta sobre patas metálicas y un peso con un listón para medir la altura, y en la pared, algo parecido a un termómetro grande del que colgaban unas gomas… En otra pared había una pantalla de vidrio iluminada y sobre ella estaba puesta una radiografía de algunos huesos, quizá de un brazo o de una pierna, no estaba seguro ni tenía ganas de mirarla mucho.

Cuando terminó de comer los bollos y de tomarse la leche, le pusieron una inyección.

Se despertó en una cama alta de patas metálicas. Estaba tapado por una manta que olía a algún desinfectante que le recordaba las prácticas que hacían en el laboratorio de las clases de química. Una monja vestida de blanco se inclinaba sobre él:

—Tu amigo quiere verte. Ya se ha despertado de la anestesia y no hace más que preguntar por ti.

Mateo se incorporó. De lo alto de la cama ni siquiera le llegaban bien los pies al suelo. Se bajó y se puso los zapatos. Tenía agujetas, pero se habían ido los zumbidos y la cabeza ya no parecía de algodón ni demasiado ligera.

—Ven por aquí —dijo la monja.

La siguió por un largo pasillo que olía lo mismo que la manta. Había puertas a un lado y a otro y varios carteles, todos iguales, en los que estaba escrito: SILENCIO. Las puertas tenían número, cifras de metal adheridas a la madera. Se pararon ante la que llevaba el número 106. La monja llamó suavemente con los nudillos, debió de oír algo que Mateo no oyó, y entraron.

Simón estaba en una cama también muy alta, pero bastante más ancha y con una manivela a los pies. La parte sobre la que descansaba la cabeza y la espalda estaba más levantada que el resto. Todavía tenía la cara pálida, pero Mateo pensó que era un color muy saludable comparado con el que tenía la última vez. Y los labios ya no estaban azulados. Tampoco se oía su respiración jadeante acompañada del silbido.

A su lado había un hombre alto, de gafas con montura dorada y manos blancas de dedos largos y fuertes que se apoyaban en la cama. Antes de que empezara a hablar, Mateo estaba seguro de que era el cirujano.

—Ya hemos operado a tu amigo. Le conviene descansar, pero no ha querido parar hasta que te hemos hecho venir. Insiste en que tiene que decirte algo.

"Por lo menos, hasta ahora no me ha llamado idiota, como los enfermeros".

Mateo miró a Simón. Y le dijo con la voz de siempre, no entrecortada, no sibilante, no jadeante:

—Gracias, Joe.

—No hay de qué, Sam.

—¿Por qué te da las gracias?

Mateo le miró un momento y se encogió de hombros.

"Ahora empezará como los otros".

—No lo sé.

Y comenzó a andar hacia la puerta.

—Yo sí.

Mateo se volvió y miró al cirujano que había dejado de apoyarse en la cama y le hablaba desde la cabecera:

—La soledad y el miedo, y sobre todo el sentimiento de abandono, son enemigos muy peligrosos para los enfermos o los accidentados. Para Simón eso habría sido quizá peor que todo lo que se hizo en la caída. Cuando se pierde la esperanza, es fácil morir. Te da las gracias por no haberle dejado solo.

Mateo miró a Simón y volvió a mirar al médico, quien, de pronto, sonrió y dio unos pasos hacia él:

—No soy un general —dijo mientras le tendía la mano—, pero quiero felicitarte, Joe. Eres un orgullo para los que somos tus amigos.

La cara de Simón tenía ya color sonrosado.

El valor de la amistad con Ángela Ionescu

En todos los cuentos y poesías de **Ángela Ionescu** hay partes de su vida. Cuando era niña tenía un amigo muy querido, al que dejó de ver por muchos años cuando se marchó de su país natal, Rumania.

Después de mucho tiempo, cuando comenzaron a escribirse, y después al encontrarse, fue como si nunca se hubieran separado. "Ahora que estamos de nuevo separados, porque mi amigo murió hace poco más de un año, seguimos siendo amigos, y lo seremos siempre, hasta que volvamos a encontrarnos".

"Mi cuento de Joe es un homenaje a la lealtad y a la amistad", dice la autora, "no hay pena que con un amigo no se suavice, ni alegría que con un amigo no se haga mayor".

Conéctate

Busca más información sobre Ángela Ionescu en **www.macmillanmh.com**

✔ Propósito de la autora

¿Por qué se considera *"Déjame solo, Joe"* un cuento de ficción realista? ¿Qué detalles usa la autora para hacer el cuento realista y a la vez entretenido?

Pensamiento crítico

Resumir

Usa la tabla de opinión para ayudarte a resumir las primeras horas de la espera de los dos personajes en el barranco. Los diálogos entre los dos amigos te ayudarán a organizar tu resumen.

Acción → Opinión	
	→
	→
	→
	→

Pensar y comparar

1. Describe cómo cambiarías tu **opinión** sobre los personajes si la historia fuera contada exclusivamente desde el punto de vista de Simón. **Verificar la comprensión: Opinar**

2. En varios pasajes de la selección los dos amigos dialogan aparentando ser personajes de una película o novela. ¿Por qué crees que hacen eso? ¿Qué dice eso sobre la relación entre ellos? Usa detalles de la selección en tu respuesta. **Analizar**

3. ¿Qué ayudó a Simón a **resistir** la difícil situación en la que se encontraba? Explica. **Analizar**

4. ¿Crees que es importante salir de excursión con un equipo para emergencias? Explica tu respuesta. **Evaluar**

5. Vuelve a leer "El equipo del barrio" de las páginas 518 y 519. Compara y contrasta las reacciones de los personajes de ambas selecciones. Usa detalles de las dos selecciones para respaldar tu respuesta. **Leer/Escribir para comparar textos**

Nuestros parques nacionales

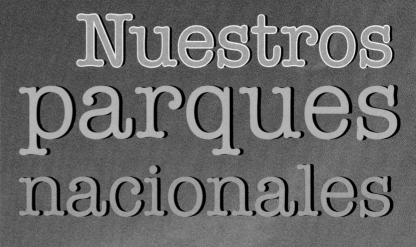

Tanya Sumanga

Los parques nacionales son uno de los mayores tesoros de Estados Unidos. Sus plantas, vida silvestre, **formaciones** rocosas, **géiseres** y aguas termales son maravillas de la naturaleza. Más de 50 parques nacionales atraen a los turistas todos los años. El Parque Nacional Big Bend, en el oeste de Texas, abarca más de 800,000 acres del desierto de Chihuahua, a lo largo de la frontera entre México y Estados Unidos. El parque es famoso por la diversidad de sus hábitats. El río Grande hace una gran curva y crea cañones profundos. El paisaje está compuesto por montañas escarpadas, una planicie desértica y formaciones rocosas fuera de lo común. Asimismo, el Big Bend es reconocido por las extrañas formas de vida animal y vegetal, como el correcaminos y el nopal.

Los 10 parques nacionales más grandes
en los 48 estados contiguos (hasta 1997)

1. **Parque Nacional Valle de la Muerte**
   California

2. **Parque Nacional Yellowstone**
   Wyoming

3. **Parque Nacional Everglades**
   Florida

4. **Reserva Nacional Mojave**
   California

5. **Parque Nacional Gran Cañón**
   Arizona

6. **Parque Nacional Glacier**
   Montana

7. **Parque Nacional Olympic**
   Washington

8. **Parque Nacional Big Bend**
   Texas

9. **Parque Nacional Joshua Tree**
   California

10. **Parque Nacional Yosemite**
    California

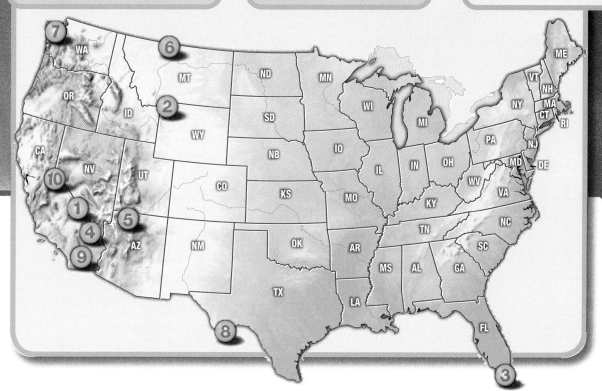

Los **arqueólogos** han descubierto y estudiado pictografías (arte pictórico) y petroglifos (arte tallado), en paredes rocosas y artefactos que tienen aproximadamente 10,000 años de edad y revelan información sobre las culturas indígenas americanas y sobre cómo era la vida hace mucho tiempo.

Las personas que cuidan los parques nacionales y guían a los turistas se llaman guardabosques. Los guardabosques de Big Bend les cuentan a los visitantes cómo ha cambiado el lugar a través de miles de años.

Mucha gente que ama trabajar al aire libre y respetar la naturaleza se convierte en guardabosques. A muchos de ellos les gusta leer sobre la naturaleza y estudiar ciencias.

Nuestro reportero entrevistó a Dan Levitt, un guardabosques que trabaja en el Parque Nacional Big Bend.

Reportero: ¿Qué cosas debes hacer cuando eres guardabosques? ¿Das charlas sobre el parque? ¿Cómo es un día típico de un guardabosques?

Dan: En realidad, no existe un día típico, ya que hacemos muchas cosas distintas. Hacemos presentaciones alrededor de las fogatas, donde mostramos fotografías y contamos historias. Voy a hacer una presentación sobre el río Grande que trata sobre la calidad del agua. Hablamos sobre el agua, la tierra, las plantas y los animales que habitan el parque. También nos ocupamos de los senderos del parque y manejamos los centros de información.

Reportero: ¿Qué estudiaste para ser guardabosques?

Dan: Hice una licenciatura en geografía, pero se puede estudiar cualquier cosa, desde geología hasta paleontología y biología. Empecé como voluntario en distintos parques. Aquí aplico los conocimientos de todos mis cursos de ciencias.

Reportero: ¿Cuáles son los requisitos más importantes para ser guardabosques?

Dan: Dedicación, comprender tus obligaciones, ser leal al parque y querer ayudar a los visitantes.

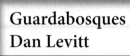

Guardabosques
Dan Levitt

¡SORPRENDENTE NUEVO REPELENTE DE INSECTOS!

¿Está cansado de ser el desayuno, el almuerzo y la cena de los insectos cuando va de campamento?

Entonces, ¡use el "Repelente Caza Insectos" 100% natural!, ¡garantizado para funcionar durante TODO su viaje de campamento!

Fabricado exclusivamente para guardabosques, es la primera vez que se ofrece al público, al muy bajo precio de $19.95.

"El "Repelente Caza Insectos" ¡es el único repelente para insectos en que confío!", dice el joven guardabosques Carlos "Chipper" Cruz.

Pensamiento crítico

1. Vuelve a leer la entrevista en la página 542. ¿Por qué crees que Dan Levitt quiso ser guardabosques? ¿Qué requisitos piensa él que debe reunir un guardabosques? **Leer una entrevista**

2. Menciona una forma de ayudar a preservar los parques nacionales. **Analizar**

3. Piensa en "Nuestros parques nacionales" y *"Déjame solo, Joe"*. ¿Crees que alguno de los niños sería buen guardabosques? Usa ejemplos de los textos para explicar tu respuesta. **Leer/Escribir para comparar textos**

Ciencias

Haz una investigación sobre las ciencias que menciona Dan Levitt. Haz un diagrama que indique el nombre de la ciencia y por qué sería útil para un guardabosques.

 Busca más información sobre parques nacionales en **www.macmillanmh.com**

Escritura

Ambiente y contexto

A veces los personajes de una historia reaccionan a su **ambiente** y eso los hace sentir o comportarse de cierta manera.

Lee el siguiente pasaje. Observa cómo la autora, Ángela Ionescu, describe la reacción de los personajes ante el ambiente.

El autor muestra el malestar de Mateo con respecto al ambiente. Observa cómo Mateo siente que la roca arenisca los ha "traicionado".

Fragmento de
"Déjame solo, Joe"

Al caerse habían gritado los dos del susto, la sorpresa y el miedo. Luego él se había levantado y había empezado a maldecir la roca arenisca que los había traicionado, mientras se sacudía el polvo, los hierbajos y los pegotes de barro. Después, a la luz débil y amoratada del anochecer, había mirado a Simón, extrañado de no oírle.

Lee y descubre

Lee el escrito de Tom. ¿Cómo mostró la reacción de los personajes al ambiente? Usa el Control de escritura como ayuda.

Cenar fuera
Tom M.

Lee sobre mi experiencia en un restaurante elegante.

Cuando entramos al Chez Molière, me separé un poco del resto de mi familia. Había un candelabro de cristal brillante. En las paredes había pinturas al óleo. De pronto, me sentí avergonzado porque mi familia vestía zapatillas de tenis y camisetas. Intenté caminar lo más recto posible hacia una mesa sobre la que relucían los cubiertos de plata.

Control de escritura

 ¿Describe el autor lo que al personaje le llama la atención del ambiente?

 ¿Hace el autor que el personaje diga o haga algo a causa del ambiente?

 ¿Puedes imaginar cómo se siente el personaje con respecto al ambiente?

Repaso

Problema y solución

Comparar y contrastar

Hecho y opinión

Raíces griegas y latinas

Fuentes primarias

Anansi y la adivinanza

Anansi tenía un buen amigo llamado Tacoomah, que se metió en problemas. El rey exigió que lo ejecutaran. Anansi fue a ver al rey y le rogó por la vida de Tacoomah. El rey le dijo: "Si dice una adivinanza que yo no pueda adivinar, le perdonaré la vida". Anansi volvió a su casa y le dijo a Tacoomah que llenara un sombrero con tierra del jardín. Luego le pidió que buscara un par de botas. Anansi colocó monedas de plata en la bota izquierda y monedas de oro en la derecha. Entonces, le dijo: "Ponte el sombrero lleno de tierra y las botas llenas de monedas. Anda a ver al rey y dile:

> "Estoy bajo la tierra y sin embargo mis pasos son de plata y oro."

Tacoomah hizo exactamente lo que le había dicho su amigo. El rey pensó y pensó, pero no halló la respuesta para la adivinanza. Tacoomah le mostró al rey el sombrero lleno de tierra y le explicó que estaba parado sobre oro y plata (las monedas dentro de las botas). El rey rio con ganas y le dijo a Tacoomah que podía irse en libertad.

La adivinanza de la esfinge

En la Grecia antigua, los viajeros debían atravesar unas enormes puertas de bronce para entrar a la ciudad de Tebas. Un día, una terrible criatura se quedó a vivir en el camino polvoriento, frente a las puertas. La criatura, una esfinge, tenía cabeza de mujer, cuerpo de león, alas de águila y cola de serpiente. No dejaba pasar a nadie, a menos que resolvieran una adivinanza.

Si los viajeros no respondían la adivinanza correctamente, la esfinge los devoraba. El camino estaba plagado de los huesos de los viajeros desafortunados. La ciudad de Tebas quedó aislada del mundo, ya que nadie podía resolver correctamente la adivinanza.

Un día, un joven valiente, llamado Edipo, se acercó a la ciudad.

"Quédate donde estás y responde a mi adivinanza", rugió la esfinge.

Allí, entre los huesos, Edipo esperó la adivinanza pacientemente.

"¿Qué criatura se mueve en cuatro patas por la mañana, en dos por la tarde y en tres por la noche?"

Edipo pensó unos instantes, y luego dijo:

"Muy bien, la criatura tiene que ser el hombre. El hombre se arrastra como un animal de cuatro patas al comienzo de su vida; luego camina sobre sus dos piernas durante la tarde y, en el ocaso de su vida, camina con la ayuda de un bastón".

Al oír la respuesta correcta, la esfinge se enfureció y se arrojó desde lo alto de las paredes de la ciudad. Así, Edipo liberó a la ciudad de Tebas.

Los parques nacionales:
Tesoros
de la nación

¿A DÓNDE PUEDES IR para estar al aire libre en un lugar que esté igual que hace 200 años? Aire fresco, lagos brillantes, tierras vírgenes y un escenario asombroso están a tu disposición en los ¡casi 400 parques nacionales de este país!

Parque Nacional Yellowstone

Los cazadores que volvían del Oeste contaban historias acerca de tierras de barro burbujeante y manantiales que despedían agua caliente y vapor. En el Este, estas historias eran de mucho interés. Algunos aventureros salieron a encontrar los lugares que habían inspirado esas historias. En 1871, un equipo integrado por

Thomas Moran y William H. Jackson exploró el área que luego se convirtió en el Parque Nacional Yellowstone. Moran era artista y Jackson, fotógrafo. Descubrieron tierras que 640,000 años antes habían sido formadas por la erupción de un volcán. El Viejo Fiel y otros manantiales de agua caliente sorprendieron a estos visitantes. ¡Las historias que habían oído eran ciertas! Moran y Jackson plasmaron la belleza de Yellowstone en ilustraciones y fotografías. Junto con las fotografías de Jackson, las ilustraciones de Moran se utilizaron más adelante para convencer al Congreso de que Yellowstone debía convertirse en un lugar protegido.

En 1872, el presidente Ulysses S. Grant convirtió a Yellowstone en el primer parque nacional. Este hecho preparó el camino para crear, en 1916, el Servicio de Parques Nacionales, por una ley del Congreso.

La Ley de Antigüedades

El presidente Theodore Roosevelt fue un gran conservacionista. Durante su administración, se protegió una mayor cantidad de tierras federales que en cualquier otra presidencia. Roosevelt dijo:

"El movimiento para la conservación de la vida silvestre, y todo gran movimiento que sea útil para la conservación de nuestros recursos naturales, es un acto puramente democrático en espíritu, propósito y método".

En 1906 firmó la Ley de Antigüedades, mediante la cual se otorgó al gobierno el poder de brindar mayor protección a los parques nacionales y a otros lugares especiales por su belleza o importancia para la historia o la ciencia. Como dijo Stephen T. Mather, director del Servicio de Parques Nacionales de 1917 a 1929:

"Los parques no pertenecen a un solo estado o sector".

Los parques nacionales y tú

Cuando visites un parque nacional, puedes hacer muchas cosas: observar las cataratas naturales en el Parque Nacional Yosemite, contemplar las rocas esculpidas del Parque Nacional del Gran Cañón, aprender cómo la fauna y la flora conviven en un ambiente natural en el Parque Nacional Joshua Tree, y explorar acontecimientos importantes del pasado de Estados Unidos visitando el Parque Nacional Militar Gettysburg. Además, en los Lugares Históricos Nacionales Clara Barton o Frederick Douglass, puedes aprender sobre las personas que contribuyeron a que éste fuera un gran país.

Estos lugares, acontecimientos y personas ayudaron a escribir la historia de Estados Unidos. Al aprender más sobre ellos, comenzarás a comprender y valorar tu propio lugar en el transcurso de la historia de este país.

Thomas Moran, *Gran Cañón del Parque Yellowstone*, 1872

Moran se hizo tan famoso por sus acuarelas de Yellowstone que todos empezaron a llamarlo Thomas "Yellowstone" Moran.

Pensamiento crítico

Responde a las preguntas 1 a 4. Basa tus respuestas en las historias "Anansi y la adivinanza" y "La adivinanza de la esfinge".

1. **¿Cuál era el principal problema de Edipo en "La adivinanza de la esfinge?**

   A   Edipo tenía miedo de la esfinge.

   B   Edipo debía resolver la adivinanza de la esfinge o moriría.

   C   Edipo no quería ir a Tebas.

   D   Edipo no podía resolver la adivinanza de la esfinge.

2. **Anansi y Edipo son parecidos porque**

   A   les gusta hacer trucos.

   B   les gusta ayudar a sus amigos.

   C   les gusta hablar con los reyes.

   D   son muy inteligentes.

3. **Anansi resuelve el problema de Tacoomah al**

   A   hacerle usar un sombrero.

   B   hacerle usar botas.

   C   inventar una adivinanza ingeniosa.

   D   hablar con el rey.

4. **¿En qué se parecen las historias "Anansi y la adivinanza" y "La adivinanza de la esfinge"? Usa detalles e información de la historia para apoyar tu respuesta.**

Responde a las preguntas 1 a 4. Basa tus respuestas en el artículo "Los parques nacionales: Tesoros de la nación".

1. **¿Cuál de las siguientes afirmaciones es un hecho?**

   A   Cuando visitas un parque nacional, puedes hacer muchas cosas.

   B   Estos lugares, acontecimientos y personas ayudaron a escribir la historia de Estados Unidos.

   C   En el Este, estas historias despertaban el interés de las personas.

   D   En 1906 Roosevelt firmó la Ley de Antigüedades.

2. **¿Cuál de las siguientes palabras tiene una raíz latina que significa "bueno"?**

   A   reflejar

   B   beneficiar

   C   explorar

   D   fotogafiar

3. **¿Cuál de las siguientes declaraciones proviene de una fuente primaria?**

   A   Cada parque es especial y cada parque tiene una historia.

   B   El Viejo Fiel y otros manantiales de agua caliente sorprenden a los visitantes.

   C   Los parques no pertenecen a un solo estado o sector.

   D   Moran y Jackson capturaron la belleza de Yosemite.

4. **¿En qué se parecían los presidentes Grant y Roosevelt?**

   A   Ambos trataron de preservar y proteger la tierra.

   B   Ambos firmaron la Ley de Antigüedades.

   C   Ambos conocieron a Moran y a Jackson.

   D   Ambos convirtieron a Yellowstone en parque nacional.

A escribir

SUGERENCIAS ¿Qué papel desempeñaron Moran y Jackson en la protección de las tierras que luego se convertirían en el Parque Nacional Yellowstone? Usa detalles del artículo para sustentar tu respuesta. Escribe durante 15 minutos. Escribe tanto como puedas, lo mejor que puedas.

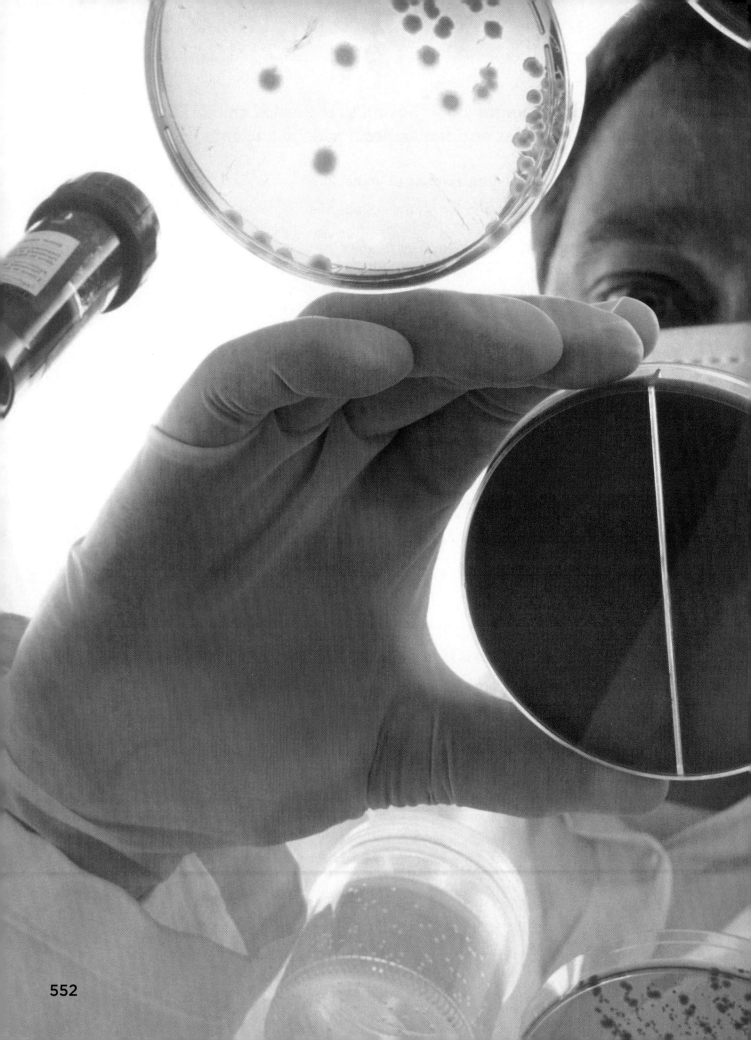

La gran pregunta

¿Cómo aprenden los científicos sobre la naturaleza?

Conéctate

Busca más información
sobre los científicos
en **www.macmillanmh.com**

La gran pregunta

¿Cómo aprenden los científicos sobre la naturaleza? Comienzan por curiosidad. Elaboran una teoría. Luego recogen muestras, las examinan, investigan y realizan informes sobre sus descubrimientos.

Cada vez que sales, tú te comportas como un científico. Usas tus sentidos para descubrir la naturaleza, para recolectar flores o insectos, estudiarlos y luego contarle a la gente lo que has aprendido.

Aprender cómo investigan los científicos el mundo de la naturaleza puede serte útil. Tú también puedes ser un científico o alguien que aprecia el trabajo de los científicos.

Actividad de investigación

En esta unidad, leerás sobre los científicos que estudian la naturaleza. Escoge la selección de ciencias que te interesa más. Luego investiga para conocer más a los científicos que estudian esa parte de la naturaleza. Averigua cómo se involucran las personas en este campo de las ciencias y cuáles son los descubrimientos más recientes.

554

Anota lo que aprendes

Al leer, toma nota de todo lo que aprendas sobre los científicos que estudian la naturaleza. Usa el Boletín en acordeón. En el margen superior, escribe el Tema de la unidad: **Investigaciones**. En cada capa del boletín, escribe los datos que aprendes semana a semana.

Taller de investigación

Haz la investigación de la Unidad 5 con:

Guía de investigación
Sigue esta guía paso a paso para completar tu proyecto de investigación.

Recursos de Internet
- Buscador por temas y otras herramientas de investigación
- Videos y excursiones virtuales
- Fotos y dibujos para presentaciones
- Artículos y recursos relacionados en Internet

Busca información en
www.macmillanmh.com

Gente y lugares

Smithsonian Latino Center
Centro de investigación
Está dedicado a la divulgación de la cultura, el espíritu y los logros de los latinos en Estados Unidos.

CIENTÍFICOS
EN ACCIÓN

A platicar

Si fueras un científico, ¿qué te gustaría estudiar? ¿Qué está estudiando el científico en esta fotografía?

Conéctate

Busca más información sobre oceanografía en **www.macmillanmh.com**

La Dra. Priscilla C. Grew, GEÓLOGA

Josh Taylor

Vocabulario

espécimen	erupción
turbio	inactivo
biología	académico
observador	

Partes de las palabras

Algunas palabras tienen **raíces griegas** o **latinas**. Si conoces el significado de una raíz, puedes descubrir la definición de una palabra. Por ejemplo, *bio-* significa "vida", por lo tanto, la biología es "el estudio de los seres vivos".

La Dra. Priscilla C. Grew es una reconocida científica en el campo de la geología, el estudio de las rocas de la Tierra. En su rol de geóloga, se dedica a la observación de gran cantidad de **especímenes** para aprender sobre los cambios en el planeta en los últimos 4.5 billones de años.

Un buen momento y lugar para investigar estas modificaciones es después de la **erupción** de un volcán. En los instantes posteriores, el aire se torna oscuro y **turbio** por las cenizas. Cuando estas cenizas se asientan, cubren el terreno. En ciertas ocasiones, un volcán también despide lava caliente. Si se produce un derrame de esta clase, el suelo se convierte en un lugar excelente para analizar cómo se forman las rocas y los minerales nuevos. Esto es muy posible en las zonas cercanas a un volcán **inactivo** porque el terreno que lo rodea no ha variado durante largo tiempo.

Las áreas afectadas por terremotos son buenos sitios para encontrar un geólogo. En los comienzos de su carrera, la Dra. Grew ayudó a mucha gente de California a reducir las posibilidades de daños durante terremotos grandes. Luego se mudó a Minnesota donde se convirtió en la primera mujer nombrada geóloga estatal. Ella y su equipo examinaban todo el estado en busca de minerales en los suelos. Cuando los encontraban, los preparaban para los estudios que llevaría a cabo la Dra. Grew.

Luego de dejar Minnesota, fue la primera directora mujer del Museo de la Universidad de Nebraska. Sus visitantes aprenden sobre geología, ciencias de la tierra y **biología**. Disfrutan de las exposiciones de piedras y fósiles.

Durante el desarrollo de su vida **académica**, la Dra. Grew ha intentado establecer una relación entre el mundo de las rocas y los suelos con las necesidades de la gente. Mediante su colaboración con las personas para que se sientan más seguras ante los terremotos y con su búsqueda de minerales importantes en los suelos, la doctora logra una conexión entre sus investigaciones y la realidad. Por eso, es más que una **observadora**. Es una científica en acción que está generando grandes cambios.

Dra. Priscilla C. Grew

Volver a leer para **comprender**

Resumir
Orden de los sucesos

Una tabla de orden de los sucesos te ayuda a resumir información mediante la enumeración de sucesos, o acciones, en el orden en que ocurren. Usa tu tabla de orden de los sucesos mientras vuelves a leer "La Dra. Priscilla C. Grew, geóloga" para establecer el orden de los sucesos en su carrera.

Suceso
↓
↓
↓

559

Comprensión

Género

Una historia de **no ficción** da información y datos sobre gente, lugares y hechos reales.

Resumir

Orden de los sucesos

Busca pistas que indiquen el orden de los sucesos.
Al leer, completa la tabla de orden de los sucesos.

Suceso

↓

↓

↓

Lee para descubrir

¿Qué sucesos influyeron en la carrera de Dennis?

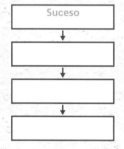

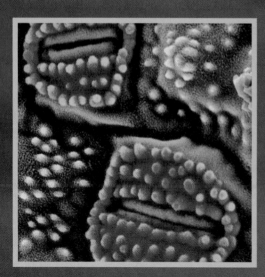

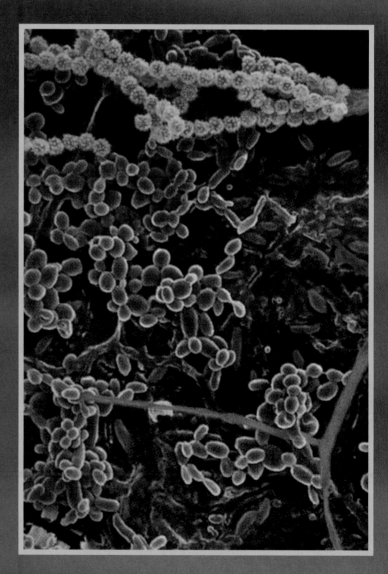

Mundos ocultos

Observaciones a través del microscopio de un científico

Stephen Kramer
fotografías de Dennis Kunkel

561

Convertirse en científico

Dennis Kunkel se crió en los campos de Iowa, donde los maizales se extendían cientos de millas en todas las direcciones. Colaboraba en la huerta familiar con el cuidado de las plantas y el cultivo de vegetales. Durante los fines de semana salía de pesca con sus padres y hermanas, y también atendía las mascotas de la casa. Le encantaban la naturaleza y la vida al aire libre, pero nunca imaginó que algún día llegaría a ser científico.

Un día recibió un obsequio que cambió su vida. "Cuando tenía diez años, mis padres me dieron un microscopio en una Navidad", recuerda. "Vino con una serie de muestras preparadas: patas de insectos, raíces de pelos y diminutas criaturas llamadas protozoos. En cuanto terminé de desenvolverlo, me olvidé de los demás obsequios y empecé a averiguar cómo utilizarlo".

Dennis junto a uno de sus microscopios.

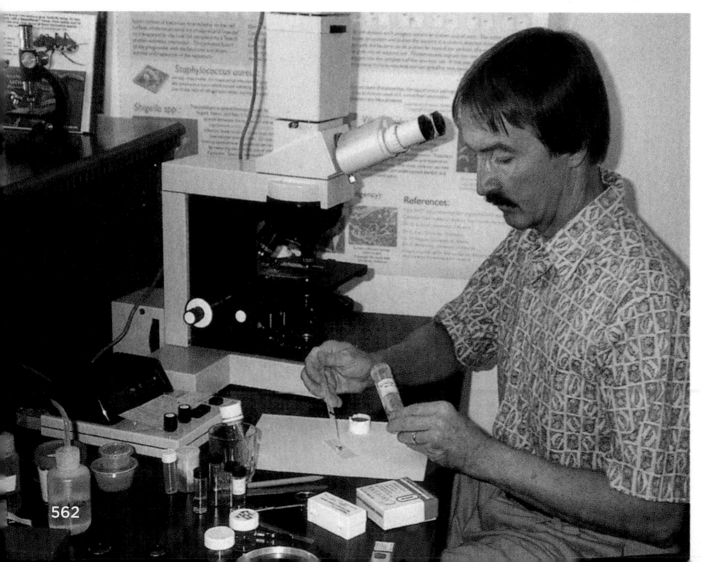

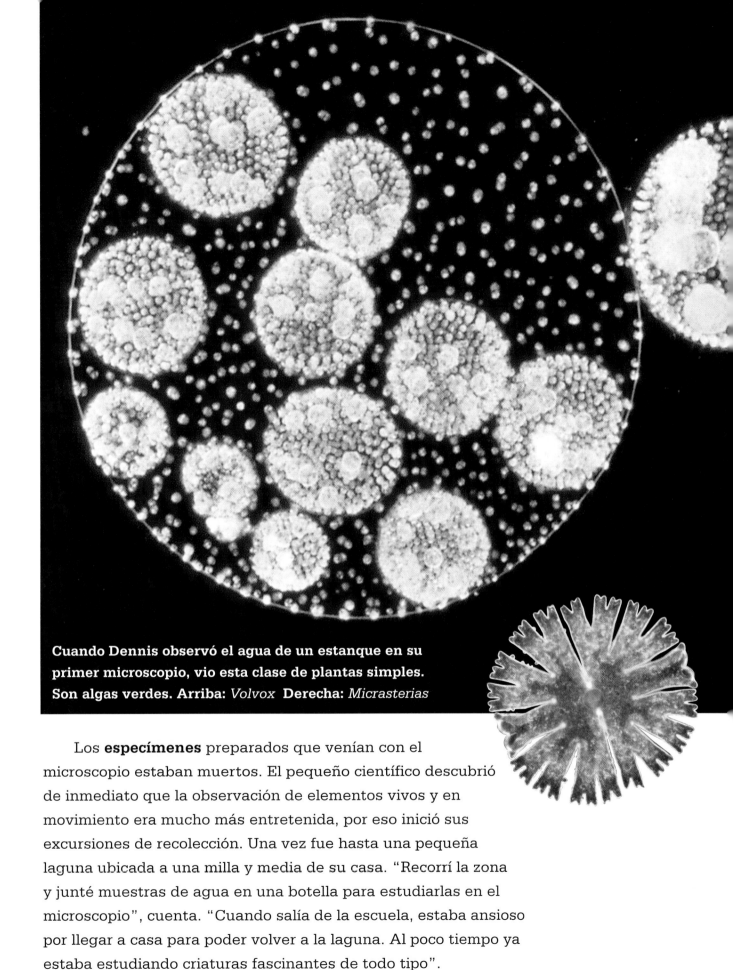

Cuando Dennis observó el agua de un estanque en su primer microscopio, vio esta clase de plantas simples. Son algas verdes. Arriba: *Volvox* **Derecha:** *Micrasterias*

Los **especímenes** preparados que venían con el microscopio estaban muertos. El pequeño científico descubrió de inmediato que la observación de elementos vivos y en movimiento era mucho más entretenida, por eso inició sus excursiones de recolección. Una vez fue hasta una pequeña laguna ubicada a una milla y media de su casa. "Recorrí la zona y junté muestras de agua en una botella para estudiarlas en el microscopio", cuenta. "Cuando salía de la escuela, estaba ansioso por llegar a casa para poder volver a la laguna. Al poco tiempo ya estaba estudiando criaturas fascinantes de todo tipo".

Dennis usaba su instrumento óptico para la observación de todo aquello que cabía debajo de las lentes. Examinaba insectos, muestras de suelo y partes de plantas. Estudiaba el pelaje de sus mascotas y las semillas de los campos cercanos. Hacía dibujos de los elementos analizados y pasaba mucho tiempo leyendo acerca de ellos.

Después de terminar el colegio secundario, se inscribió en una universidad en su pueblo natal. Un profesor de **biología** fomentó su amor por la ciencia y los microscopios. Dennis solía trabajar en el laboratorio después de las clases y utilizaba los equipos que allí había para analizar las muestras recolectadas.

Luego se cambió a la Universidad de Washington en Seattle. Al fin pudo aprender determinados conceptos y llevar a la práctica tareas con las que siempre había soñado. "Tuve la posibilidad de trabajar en laboratorios muy bien equipados", comenta Dennis. "Pasaba horas hablando de ciencia con los profesores y con los otros alumnos. Siempre fue mi ilusión explorar los océanos y estudiar la vida submarina como Jacques Cousteau, pero sólo después de marcharme de Iowa tuve la oportunidad de conocer el mar. En la Universidad de Washington me enseñaron a practicar el submarinismo. Era emocionante sumergirse para observar y recolectar las plantas y los animales que deseaba analizar".

Dennis observa hojas junto a dos pequeñas científicas.

Orden de los sucesos
¿Qué palabras clave usa el autor para indicar el orden de los sucesos en la vida de Dennis Kunkel? ¿Cuáles son esos sucesos?

564

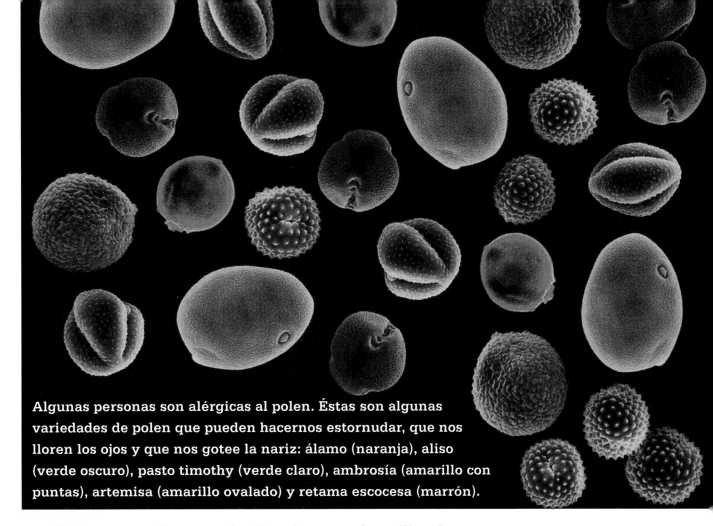

Algunas personas son alérgicas al polen. Éstas son algunas variedades de polen que pueden hacernos estornudar, que nos lloren los ojos y que nos gotee la nariz: álamo (naranja), aliso (verde oscuro), pasto timothy (verde claro), ambrosía (amarillo con puntas), artemisa (amarillo ovalado) y retama escocesa (marrón).

En los cursos de posgrado, Dennis empezó a utilizar los microscopios de electrones del departamento de ciencias para sus propias investigaciones: el estudio de minúsculos elementos vivientes llamados cianobacterias. También usaba los microscopios para colaborar con otros científicos. Ayudó a uno de sus profesores a estudiar y clasificar los granos de polen de distintas especies de flores. Colaboró con uno de sus compañeros examinando la madera con un microscopio de electrones, para descubrir el modo en que las células de las plantas depositan los minerales que dan origen a la madera "dura". También ayudó a otros estudiantes con el estudio de algas, hongos y plantas con flores.

Luego de ocho años de trabajo **académico**, que incluyeron miles de horas de investigación y de pruebas con el microscopio, obtuvo un doctorado en botánica, el estudio de las plantas. Aunque ya había terminado la etapa de su educación formal, era recién el inicio de una vida dedicada al aprendizaje y al descubrimiento.

Dennis participó en proyectos de investigación en la Universidad de Washington y la Universidad de Hawai durante veinticinco años. Ahora realiza muchas de sus tareas en casa, en la isla Oahu, Hawai.

El trabajo de un científico

Los científicos son exploradores. En general, realizan descubrimientos planteándose preguntas e intentando hallar las respuestas. Algunos especialistas las encuentran en los laboratorios, rodeados de equipos e instrumentos. Otros viajan a espacios naturales para obtener lo que buscan. El trabajo de Dennis lo ha llevado por montañas, selvas, desiertos, cuevas, playas y el mar.

Cada vez que inicia un viaje de estudio, Dennis lleva cajas y botellas de recolección. Al volver al laboratorio, están llenas de especímenes interesantes: algas, líquenes, hongos, semillas, hojas, insectos, cortezas, muestras de suelos y flores. Ha explorado mundos ocultos muy variados: ¡desde la zona de explosión de un volcán hasta las bolas de polvo debajo de las camas!

La etapa de ninfa acuática de la efímera. Las adultas son insectos de vuelo ágil que se encuentran en arroyos y estanques.

La probóscide de una mariposa, la parte enrollada de la boca que utiliza para libar néctar.

Dennis y el equipo de científicos recolectan muestras de agua.

El monte Santa Helena

En 1980, un volcán **inactivo** llamado monte Santa Helena hizo **erupción** en el estado de Washington. La explosión arrasó con enormes bosques de árboles altos. Torrentes de barro hirviendo y de agua que provenía de la nieve derretida erosionaron los lechos de los ríos. Una gruesa capa de cenizas cubrió los campos en varias millas a la redonda.

Entre las personas que recibieron autorización para visitar el área afectada estaban los biólogos, científicos que estudian los seres vivos. La destrucción los dejó atónitos. Una de las primeras cuestiones que se plantearon fue determinar si había quedado alguna señal de vida.

Un equipo de científicos de la Universidad de Washington diseñó planes para estudiar los lagos y los arroyos de la zona afectada. Dado que Dennis era un experto en algas (las plantas simples que se hallan en los lagos y los arroyos), lo invitaron a colaborar con la investigación. Los científicos se instalaron en un campamento que armaron en el lado norte del monte Santa Helena. Dos veces al día, un helicóptero los transportaba hasta la zona afectada. Todo lo que se veía, a millas de distancia en todas las direcciones, eran árboles muertos recubiertos por una gruesa capa de ceniza.

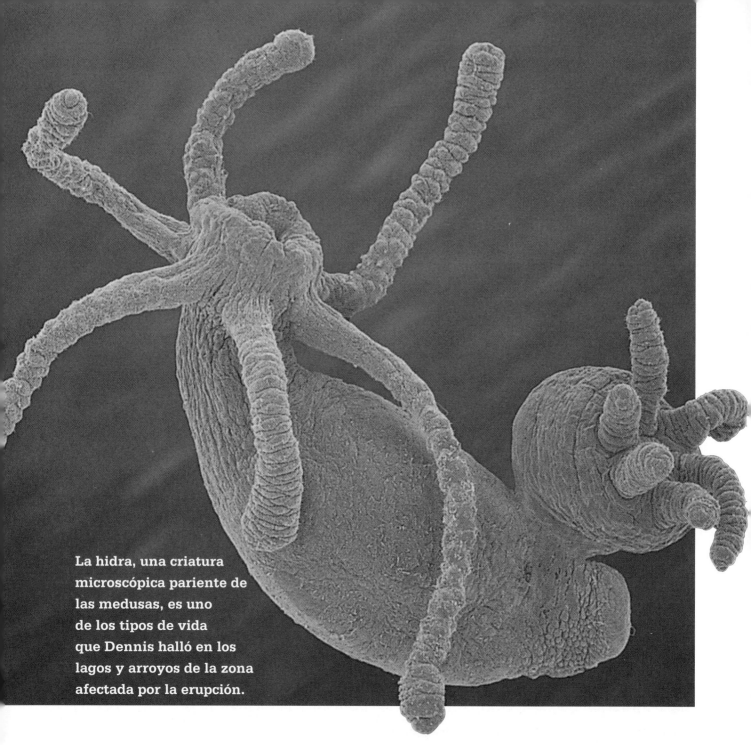

La hidra, una criatura microscópica pariente de las medusas, es uno de los tipos de vida que Dennis halló en los lagos y arroyos de la zona afectada por la erupción.

Los científicos estaban emocionados, porque nunca habían explorado el área que rodea un volcán activo en seguida de una erupción. Nadie sabía en qué momento la montaña podía hacer erupción otra vez. De hecho, no tenían la certeza de que fuera seguro que un helicóptero aterrizara en la zona. Algunos pilotos dijeron que las cenizas revueltas por el movimiento circular de las paletas de las hélices podían atascar el motor. Por esa razón, a Dennis y a los otros científicos no se les permitió descender al área de estudio durante los primeros viajes. ¡Tuvieron que recolectar las muestras de agua mientras el helicóptero estaba en el aire!

Mientras Dennis y los integrantes de su equipo sobrevolaban la zona, mantenían los ojos bien abiertos porque iban en busca de agua. Cuando identificaban un lago o un estanque que había soportado la erupción, el piloto maniobraba para ubicar el helicóptero y mantenerlo en el aire sobre el agua **turbia** grisácea, mientras Dennis bajaba botellas de recolección sujetas con sogas. Tenían un sistema especial de dispositivos que permitían abrir las botellas a distintas profundidades. De esta manera, era posible obtener muestras de agua de las partes más cercanas a la superficie y de las más profundas.

El análisis de las primeras muestras demostró que algunos de los lagos estaban totalmente muertos. Nada había logrado sobrevivir al calor, los gases y las cenizas asfixiantes de la erupción.

Un par de semanas más tarde, Dennis estudió con los microscopios nuevas muestras extraídas de los mismos sitios. Se sorprendió al detectar que había algas, protozoos y bacterias viviendo en el agua. Al cabo de varios meses, pequeños crustáceos (animales que se alimentan de algas y bacterias), comenzaron a reaparecer en algunos de los lagos.

El científico y sus colegas llevaban un registro muy preciso de los tipos de seres vivos que retornaban a los lagos y de los tiempos en que sucedía esto. Identificaban las variedades de algas, protozoos, bacterias y crustáceos que hallaban. Más tarde descubrieron que también había algunas ranas y peces, aparentemente transportados por los arroyos de las cercanías. Sus estudios ayudaron a otros científicos a entender qué le sucede a los seres vivos de los lagos cuando un volcán de la zona entra en erupción, y cómo retorna la vida a las áreas donde la destrucción fue total.

Vorticella, un protozoo unicelular

Orden de los sucesos

Enumera distintas formas de vida que se desarrollaron en los lagos muertos cerca del volcán, en el orden en el que aparecieron.

¿Quieres ser un científico?

Esto es lo que Dennis aconseja a los alumnos a los que les gustaría convertirse en científicos:

*Sean **observadores***. Uno de los requisitos más importantes para ser un buen científico o microscopista es ser un observador muy meticuloso. Busquen una silla cómoda y ubíquenla en medio de su jardín, patio o parque. Permanezcan sentados durante diez minutos, o treinta, o una hora. Miren los insectos que pasan volando o se posan sobre las plantas. Estudien las formas de las hojas, de los tallos y de las ramas. Escuchen los sonidos de las abejas zumbadoras y de los grillos chirriadores. Traten de detectar una imagen o un olor o un sonido que los sorprenda. Utilicen una lupa para ver bien de cerca los objetos interesantes.

Dennis y una alumna de posgrado examinan a una rana sudafricana con garras.

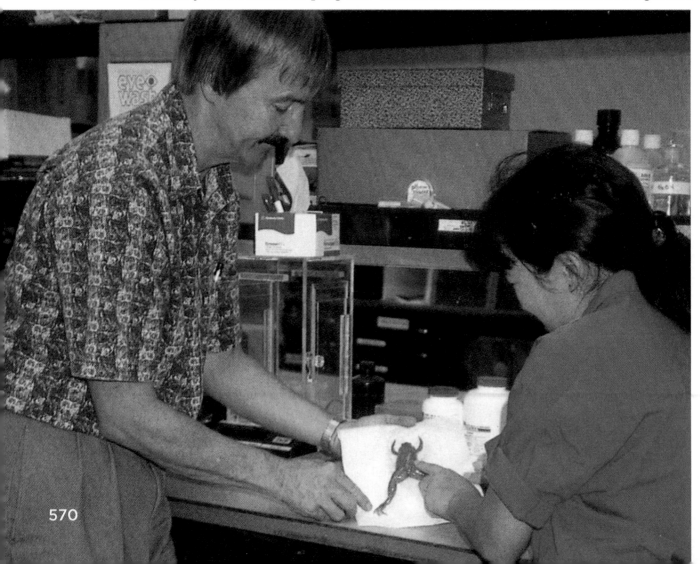

Dennis observa muy de cerca una hoja de helecho.

Aprendan todo lo que puedan sobre aquello que les interese. Por ejemplo, si les gusta investigar las flores utilizando el microscopio, vayan a la biblioteca y saquen libros relacionados con el tema. Vean qué información encuentran en Internet. Recojan algunas flores y sepárenlas con cuidado. Utilicen una lupa para ver de qué manera cada una de las partes constituye un todo. Cuanto más conocimiento adquieran mediante la lectura y la observación, más entenderán cuando observen con una lupa o un microscopio.

Pidan la colaboración de alguien capacitado. Una vez que hayan aprendido todo por su propia cuenta, recurran a una persona que los ayude a responder las preguntas que aún no tienen respuesta. Quizás haya alguien en alguna escuela o museo cercano que sepa mucho sobre insectos, arañas, algas, musgos u otro tema que deseen investigar. Si no tienen un microscopio propio, algún maestro puede ayudarlos a observar sus muestras con los equipos de la escuela.

Busquen a un científico para charlar con él o encuentren un lugar donde se realicen investigaciones. Si todavía sienten ganas de aprender más, hablen con algún especialista de algún instituto, universidad o centro de investigación. Envíenle una carta o un correo electrónico contándole sus intereses. Pregúntenle si pueden ir a visitarlo. La mayoría de los científicos se sienten felices de poder conversar con alumnos que sienten la misma pasión que ellos por la ciencia.

Debajo del microscopio con Stephen Kramer y Dennis Kunkel

Stephen Kramer es escritor y profesor. Cuando no está escribiendo acerca de avalanchas ni acompañando a Dennis Kunkel al interior de un volcán, se encuentra dando clase a alumnos de quinto grado. Sus dos carreras se centran en el amor por la ciencia y la enseñanza. En particular, disfruta contándoles a los niños datos científicos diversos, relacionados con murciélagos, selvas tropicales o máquinas. Stephen vive con su esposa y sus dos hijos en Vancouver, Washington.

Dennis Kunkel suele estar con su microscopio, observando pulgas, bacterias y células sanguíneas. Todo lo que ha visto a través de sus lentes le ha servido para hacer grandes aportes al mundo de la ciencia. A Dennis le fascina la información nueva que revela su microscopio, porque valora la belleza a la que no se puede acceder a simple vista. Sus investigaciones y fotografías han aparecido en revistas, museos, exhibiciones y hasta películas.

Busca más información sobre Stephen Kramer y Dennis Kunkel en **www.macmillanmh.com**

✔ Propósito del autor

¿Cómo sabes que Stephen Kramer tiene un gran respeto por los científicos? Da ejemplos del texto, los títulos o las fotografías.

Pensamiento crítico

Resumir

Utiliza tu tabla de orden de los sucesos para resumir la información importante de *Mundos ocultos: Observaciones a través del microscopio de un científico.*

Suceso

↓

↓

↓

Pensar y comparar

1. Describe los pasos que Dennis considera necesarios para ser un buen científico. **Resumir: Orden de los sucesos**

2. Vuelve a leer la página 569. ¿Por qué crees que Dennis buscó seres vivos después de la erupción del monte Santa Helena? Incluye datos de la selección en tu respuesta. **Analizar**

3. Explica qué harías para poder ser un **observador** meticuloso. Menciona qué lugar observarías y lo que podrías ver, oler, oír y tocar. **Evaluar**

4. ¿Cuál es la influencia que científicos como Dennis Kunkel o Albert Einstein, entre otros, tienen en el mundo? Explica tu respuesta. **Evaluar**

5. Vuelve a leer "La Dra. Priscilla C. Grew, geóloga" en las páginas 558 y 559. Compara y contrasta las experiencias de la Dra. Grew con la carrera de Dennis Kunkel. Incluye detalles de ambas selecciones en tu respuesta. **Leer/Escribir para comparar textos**

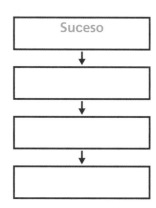

Luna, pez y agua

José Javier Alfaro

Poesía

Género
Un **caligrama** es un poema en que las palabras dibujan el contenido del poema.

Elementos literarios
La **rima** es la repetición de sonidos a partir de la última vocal acentuada de cada verso.

El **esquema de la rima** es el orden en que los versos riman en un poema.

poemas
cuentos
canciones
romances
juegos
refranes
adivinanzas

cantar encantar crear motivar transmitir oír
jugar recrear inventar escribir dialogar jugar
escribir motivar cantar encantar recrear cantar
dialogar inventar sugerir llorar
recitar leer jugar investigar
encantar transmitir oír
cantar
escribir recrear contar inventar leer

luna pez y agua
agua pez y luna

bésame palabras
de una en una

Pensamiento crítico

1. ¿Cómo te ayudan la rima y el esquema de la rima a leer este poema con el tono apropiado? **Esquema de rima**

2. ¿De qué manera la forma de este caligrama te da información sobre el tema del poema? **Analizar**

3. Compara el poema "Luna, pez y agua" con *Mundos ocultos*. ¿Por qué las dos selecciones te enseñan el estudio de la naturaleza? Usa ejemplos de ambas selecciones para apoyar tu respuesta. **Leer/Escribir para comparar textos**

Conéctate
Busca más información sobre poesía en **www.macmillanmh.com**

575

Conexión: Lectura y escritura

Escritura

Evidencia pertinente

Los buenos escritores usan **evidencia pertinente** y detalles importantes para fundamentar sus opiniones.

Lee el siguiente pasaje. Observa cómo el autor, Stephen Kramer, incluye detalles para apoyar su opinión de que recolectar datos es muy importante.

Fragmento de *Mundos ocultos*

El autor muestra que el equipo de científicos de Dennis realmente quería viajar a la zona de la erupción, pero la evidencia demuestra que no tenían acceso total.

Los científicos estaban emocionados porque nunca habían explorado el área que rodea un volcán activo en seguida de una erupción. Nadie sabía en qué momento la montaña podía hacer erupción otra vez. De hecho, no tenían la certeza de que fuera seguro que un helicóptero aterrizara en la zona...
Por esta razón, a Dennis y a los otros científicos no se les permitió descender al área de estudio durante los primeros viajes. ¡Tuvieron que recolectar las muestras de agua mientras el helicóptero estaba en el aire!

Mundos ocultos
La observación a través del microscopio de un científico

Stephen Kramer
fotografías de Dennis Kunkel

576

Lee y descubre

Lee el escrito de Alex. ¿Cómo usó los detalles para mostrar por qué a otros estudiantes les gustaba su dibujo? Usa el Control de escritura como ayuda.

Dibujos geométricos
Alex W.

A Eric le gustaba mi dibujo porque tenía detalles y sombreado. Teníamos que dibujar las cosas pequeñas que observáramos. Dibujé un enchufe. Presté atención a los detalles. Vi que tenía agujeros rectangulares y circulares. Me fijé en los ángulos de los tornillos en la parte exterior. El lápiz tenía la punta afilada y yo dibujé lo que vi.

Lee los detalles que plasmé en mi dibujo.

Control de escritura

 ¿Usa el autor **evidencia pertinente** o detalles para mostrar por qué a Eric le gustó el dibujo?

 ¿Se limita el autor a un solo tema?

☑ ¿Puedes imaginar el dibujo?

Serpientes escurridizas

A platicar

¿En qué piensas cuando escuchas la palabra "serpiente"? ¿Qué sabes acerca de ellas?

Conéctate

Busca información sobre serpientes en **www.macmillanmh.com**

✔ **Vocabulario**

especie	lanzarse
alerta	vibrar
entorno	presa
predador	

✔ **Claves de contexto**

Las **claves de contexto** son palabras o frases que te ayudarán a descubrir el significado de una palabra desconocida. Por ejemplo, en esta selección descubrirás que *especie* significa *tipo* o *clase* de individuo.

Serpientes venenosas

Thomas Kane

En Estados Unidos y Canadá habitan alrededor de 130 **especies** distintas de serpientes. Mucha gente les tiene miedo porque creen que todas son venenosas, pero en realidad sólo cuatro clases de serpientes venenosas viven en Estados Unidos. Una, la serpiente de coral, pertenece a la familia de las cobras y las otras tres son crótalos. Aunque la mordedura de una serpiente venenosa puede ser mortal en la mayoría de los casos, las personas sobreviven si se las trata pronto.

Todas las serpientes tienen características en común. Por ejemplo, ninguna oye bien, pero todas saben cuando el suelo **vibra** o tiembla ligeramente porque están en constante estado de **alerta**. O sea que sienten, no oyen, cuando alguien se aproxima.

víbora cobriza

Las serpientes también tienen un olfato muy agudo y usan la lengua para percibir los olores. Esto les sirve para saber cuándo una **presa** se acerca a su **entorno**. Las serpientes son **predadores**, o sea que cazan otros animales para comérselos. Suelen atrapar animales pequeños y a veces, se los tragan enteros.

serpiente de coral

Serpientes de coral

Las serpientes de coral viven en el sur de Estados Unidos. Son fáciles de identificar por sus brillantes franjas rojas, amarillas y negras. Tienen la cabeza pequeña y en la parte de adelante de la boca se les ven los colmillos. Cuando las serpientes de coral muerden, inyectan veneno en la presa. Poco después, el animal deja de respirar y muere.

Los crótalos

Los crótalos se distinguen por los dos hoyos profundos que tienen a cada lado de la cabeza, a través de los cuales pueden detectar la temperatura de animales de sangre caliente. Cuando percibe la misma temperatura en ambos lados, la serpiente sabe que está frente a su presa y salta hacia ella. Al **lanzarse** le clava sus colmillos al animal. La picadura venenosa provoca pérdida de sangre e hinchazón que conducen a la muerte.

Las tres clases de crótalos que hay en Estados Unidos (en las regiones Sudeste, Oeste y Central) son las serpientes de cascabel, las víboras cabeza de cobre y las boca de algodón. A estas dos últimas a veces se las conoce como serpientes mocasín.

Volver a leer para **comprender**

 Resumir

Idea principal y detalles

La idea principal es la idea más importante que el autor expresa sobre el tema, y la apoyan detalles que la explican o la describen. Al volver a leer la selección, usa la tabla de idea principal y detalles para identificar y resumir las ideas más importantes.

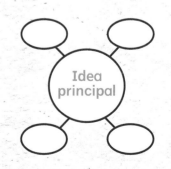

Idea principal

Comprensión

Género

Un artículo de **no ficción** da información y datos sobre un tema.

Resumir

Idea principal y detalles

Al leer, completa la tabla de idea principal y detalles.

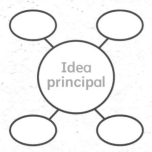

Lee para descubrir

¿Cómo atrapan a su presa las serpientes de cascabel?

¡Serpientes!

Ellen Lambeth

¿Te asustan las serpientes de cascabel? No les tengas miedo. Explora la verdad sobre estos asombrosos reptiles.

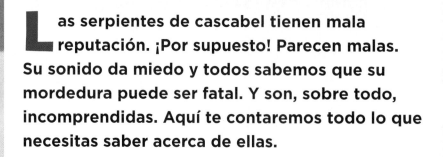

Las serpientes de cascabel tienen mala reputación. ¡Por supuesto! Parecen malas. Su sonido da miedo y todos sabemos que su mordedura puede ser fatal. Y son, sobre todo, incomprendidas. Aquí te contaremos todo lo que necesitas saber acerca de ellas.

¿Cómo son las serpientes de cascabel?

Son un tipo de serpiente con algo que no tiene ninguna otra: un cascabel en la punta de la cola. También tienen cuerpo grueso, cabeza ancha, ojos de gato y unos colmillos largos y huecos que se pliegan dentro del maxilar cuando no los necesita. Sus colores pálidos y sus diseños disparejos las ayudan a confundirse con su entorno.

¿Dónde viven las serpientes de cascabel?

Existen alrededor de 30 **especies**, o tipos distintos, y en casi todos los estados se pueden encontrar al menos una o dos de ellas. También viven en el sur de Canadá, México, América Central y América del Sur.

Las serpientes varían según sus distintos hábitats. Por ejemplo, la serpiente de cascabel que se arrastra de lado habita en el desierto, y la especie de cascabel de madera habita en bosques rocosos. La serpiente de cascabel del cañaveral habita en los pantanos, mientras que la serpiente de cascabel de la pradera habita en las sabanas.

Idea principal y detalles

Nombra dos detalles que apoyen la idea principal en el párrafo "¿Dónde viven las serpientes de cascabel?"

¿Son peligrosas las serpientes de cascabel?

Para sus **presas**, ¡son mortales! Para las personas, su mordida es dolorosa... y *a veces* mortal. Pero es poco probable sufrir una mordedura: por lo general las personas y las serpientes no coinciden en el mismo lugar, en el mismo momento.

Y aun cuando lo hicieran, las serpientes siempre preferirán esconderse o alejarse antes que atacar. En la foto **(a la derecha)**, una serpiente de cascabel de la pradera fue sorprendida por un caminante. Con el sonido de su cascabel le está advirtiendo: "¡No des un paso más!"

¿De qué está hecho el cascabel y cómo funciona?

El cascabel es un conjunto de partes duras de piel **(ver dibujo)**. Otras serpientes pierden toda su piel cuando la mudan. Las de cascabel guardan un poco en el extremo de sus colas. La punta del cascabel se llama botón. Se queda pegado al final de la cola la primera vez que una serpiente cambia su piel, cuando es joven. Y cada vez que muda la piel, se agrega una nueva sección al botón.

Cada una de estas secciones cuelga sobre la anterior. Cuando la serpiente hace **vibrar** su cola, las secciones rozan unas con otras produciendo un zumbido.

¿Se puede saber la edad de una serpiente de cascabel contando las secciones de su cola?

No. Aunque se agrega una nueva sección cada vez que la cascabel muda su piel, algunas lo hacen varias veces al año, y otras no tan a menudo. Al mismo tiempo, también es posible que una o más secciones se desprendan.

botón

Cuando la cascabel muerde, ¿cómo actúa?

Primero ataca lanzándose hacia su presa o enemigo. Abre la boca totalmente y despliega sus colmillos **(ver arriba)**. Cuando alcanza su objetivo hunde los colmillos profundamente. Aunque no lo hace siempre, la cascabel puede bombear veneno a través de cada colmillo. Todo esto ocurre en cuestión de segundos.

¿Puede curarse una persona mordida por una cascabel?

Sí, sobre todo si un doctor la trata enseguida. Si se conoce el tipo de serpiente, se usan medicamentos hechos del mismo veneno de la serpiente. ¿Y cómo se obtiene ese veneno? ¡Pues "ordeñando" a la serpiente! **(ver derecha)**

orificio nasal

orificio sensor
de calor

¿Qué comen las cascabel?

La mayoría se alimenta de pequeños mamíferos, como ratones, ardillas, conejos y, a veces, aves. Algunas se alimentan de lagartijas, y otras de ranas.

¿Cómo encuentran las cascabel a sus presas?

Eligen un buen lugar y esperan. Cuando se acerca una presa todos sus sentidos están en alerta. Primero sienten las vibraciones en el suelo. Luego miran a su alrededor, recolectan moléculas de olor en su lengua y colocan la punta de ésta sobre un órgano especial que tienen en su paladar. Después utilizan unos orificios profundos que tienen en la cara para sentir el calor del cuerpo de la presa. Finalmente, saben exactamente dónde está su objetivo ¡y atacan!

¿Cómo se comen las cascabel a sus presas?

Les hunden los colmillos y les inyectan veneno. Luego las sueltan y esperan. Si la presa, moribunda, se aleja no hay problema porque las serpientes pueden rastrear el olor con su lengua. Luego toman a su presa por la cabeza y se la tragan entera. **(ver arriba)**

¿Las cascabel beben?

Como todas las otras serpientes, las cascabel obtienen el agua de la comida que ingieren. A veces también succionan agua de charcos o estanques, como lo está haciendo esta víbora de cascabel diamante del oeste (**ver abajo**).

¿De qué tamaño son las cascabel?

Hay de todos los tamaños. La víbora de cascabel diamante del este es quizás la más grande. Puede medir seis pies (1.80 m) o más. Pero generalmente no superan los cuatro pies (1.20 m). La mayoría de las especies pequeñas, como la cascabel pigmea, mide menos de 20 pulgadas (50 cm).

¿Las cascabel tienen enemigos naturales?

Por supuesto. Los animales grandes, como el bisonte, muchas veces las pisan, tanto sin intención como a propósito. Otros se alimentan de serpientes de cascabel. El gavilán de cola roja atrapa muchas de ellas. Y también otras serpientes, especialmente la serpiente real **(ver serpiente blanca y negra, arriba)**. Otros animales, como los coyotes, se alimentan de la cascabel de vez en cuando.

¿Cómo pueden los **predadores** comerse una cascabel sin lastimarse? Algunos son lo suficientemente rápidos para evitar que los muerda. Otros parecen no ser afectados por el veneno.

> **Idea principal y detalles**
> Nombra dos detalles que apoyen la idea principal en esta página.

¿Hay alguna cascabel en peligro de extinción?

Hay dos especies en la lista de animales en peligro de Estados Unidos, clasificadas como "amenazadas": la cascabel de lomo rojo de Nuevo México y la cascabel de la isla de Aruba. Esto significa que podrían convertirse fácilmente en especies en peligro de extinción. Por eso deben estar protegidas. Hoy hay muchos más tipos raros de cascabel que antes. Aquí está la explicación:

Los seres humanos han cambiado muchos de los lugares donde vivían las cascabel, por ejemplo, han destruido pastizales o drenando pantanos. Esto hace que les resulte difícil encontrar comida o lugares donde vivir. Muchas personas han matado a las cascabel por su piel o su carne, pero sobre todo por pura "diversión" o por miedo.

¿Ponen huevos las cascabel?

No. Dan a luz a pequeñas serpientes, generalmente al final del verano.

La cascabel puede tener sólo una cría... o ¡más de veinte! Pero el promedio es ocho.

Cada cascabel recién nacida se encuentra dentro de un saco delgado cuando sale de la madre. Enseguida se las arregla para salir. Como la cascabel de madera recién nacida **(izquierda)**, las serpientes jóvenes pueden quedarse cerca de sus madres por varios días, pero luego cada cual sigue su camino.

591

Extraño rescate de una cascabel
—John Cancalosi

La mayoría de las personas quiere saber cómo protegerse de las serpientes de cascabel. Pero un científico y su familia quieren ayudar a protegerlas a ellas de las personas.

Hugh McCrystal es un herpetólogo. Sus dos mejores ayudantes son sus hijos, Rachel y James.

Los McCrystal estudian las serpientes de cascabel de lomo rojo y de rocas, que son tímidas y poco comunes y viven en las montañas al sureste de Arizona. Cuanto más aprendan los McCrystal acerca de ellas, más fácil será protegerlas.

¿Pero cómo se estudia de cerca a una criatura peligrosa? ¡Con mucho cuidado! Cuando Hugh caza una, lo primero que hace es colocarle un tubo de plástico por la cabeza para que no pueda morder. Luego James la escanea con una máquina especial (ver abajo). Si los McCrystal ya la habían cazado, el reptil tendrá una identificación que ellos les colocan debajo de la piel. La máquina funciona como un escáner de almacén que "lee" las etiquetas. Rachel anota de qué serpiente se trata y el peso, la longitud y temperatura del animal. (Si es un ejemplar nuevo le dan un número). También anota otros datos, tales como dónde encontraron a la serpiente y qué estaba haciendo. Luego de esto, la liberan y van en busca de otra. La familia compara la información obtenida con la que ya tenían. De esta manera pueden llevar un registro de cada cascabel y descubrir más acerca de lo que necesitan para sobrevivir.

Vibra con ELLen Lambeth

Ellen Lambeth escribe para revistas, especialmente sobre animales. Además de jugar con monos y evitar picaduras de serpientes, conversa con científicos, mira videos y visita zoológicos. Es una tarea difícil, pero cuanto más aprende, más quiere saber. En su casa tiene como mascotas un perro y un caballo. Les ha enseñado trucos, pero a veces siente que son ellos los que le enseñan a ella.

 Busca información sobre Ellen Lambeth en **www.macmillanmh.com**

Propósito de la autora

Ellen Lambeth usa el formato de pregunta y respuesta. Explica de qué manera ese formato te ayuda a conocer el propósito de la autora.

594

Pensamiento crítico

Resumir

Usa tu red de idea principal para resumir *¡Serpientes!* Asegúrate de incluir sólo la información más importante.

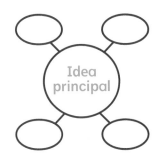

Pensar y comparar

1. ¿Cuál es la **idea principal** de los tres pasajes de la página 588? Para hallarla, haz una lista de los **detalles**. Resumir: **Idea principal y detalles**

2. Vuelve a leer la primera página de *¡Serpientes!* ¿Cuál es la opinión de la autora sobre las serpientes de cascabel? Incluye ejemplos específicos del texto para acompañar tu respuesta. **Aplicar**

3. Explica si crees que existen ideas equivocadas sobre las cascabel y sobre otras serpientes. Comenta si has tenido algún encuentro con una serpiente. **Evaluar**

4. Las serpientes de cascabel están en la lista de **especies** en peligro de extinción. ¿Qué se puede hacer para que estas serpientes no desaparezcan? **Analizar**

5. Vuelve a leer "Serpientes venenosas" de las páginas 580 y 581. ¿En qué se parecen las serpientes de coral y las serpientes de cascabel? ¿En qué se diferencian? Usa datos de las dos selecciones para acompañar tu respuesta. **Leer/Escribir para comparar textos**

Cómo llegó el veneno al mundo

Paul Sirls

La planta es la heroína de esta leyenda.

Hace mucho tiempo, cuando la Tierra era joven, los choctaw disfrutaban de nadar en las frías aguas de un pantano. Pero debían ser muy cuidadosos porque bajo esas aguas crecía una planta venenosa, y los nadadores no la veían hasta que era demasiado tarde.

Sin embargo, la planta no quería lastimar a sus amigos, los choctaw, y a medida que más personas se enfermaban, se ponía más y más triste. Entonces, decidió entregar su veneno y llamó a las jefes de las avispas y las serpientes y les pidió que le quitaran su veneno.

La avispa fue la primera que respondió:

—Pondré un poco de veneno en mi cola. Me ayudará a mantener mi nido a salvo.

Y también prometió zumbar antes de picar a alguien.

La serpiente mocasín acuática que habla es un ejemplo de personificación.

Luego habló la serpiente mocasín acuática:

—Pondré un poco de veneno en mi boca para usarlo sólo si me pisan.

Prometió que, antes de morder a las personas, abriría la boca bien grande para que pudieran ver el veneno y correr.

Finalmente, la serpiente de cascabel se arrastró un poquito y, mientras sacudía su cascabel, dijo:

—Yo tomaré gran parte de tu veneno. Pero haré un ruido fuerte con la cola antes de morder a alguien.

Las hojas de la planta venenosa fueron cayendo y en su lugar crecieron hermosos lirios acuáticos. Las aguas del pantano dejaron de ser peligrosas. Y así es cómo llegó el veneno al mundo.

✦ Pensamiento crítico

1. ¿De qué manera el autor personifica las plantas y los animales? **Personificación**

2. ¿Cuál es el propósito de este cuento folclórico? ¿Qué explica? **Analizar**

3. Analiza "Cómo llegó el veneno al mundo" y ¡*Serpientes!* Compara la manera en que cada autor brinda información sobre la naturaleza. **Leer/Escribir para comparar textos**

 Busca más información sobre cuentos folclóricos en **www.macmillanmh.com**

597

Escritura

Evidencia pertinente

Los buenos escritores usan detalles para sustentar la información de sus escritos.

Lee el siguiente pasaje. Observa cómo la autora, Ellen Lambeth, usa detalles para explicar dónde viven las serpientes de cascabel.

La autora usa detalles sobre los lugares donde viven las serpientes de cascabel para que podamos imaginar cómo las distintas especies sobreviven en distintos lugares.

Fragmento de ¡Serpientes!

¿Dónde viven las serpientes de cascabel?

Existen alrededor de 30 especies, o tipos distintos, y en casi todos los estados se pueden encontrar al menos una o dos de ellas. También viven en el sur de Canadá, México, América Central y América del Sur.

Las serpientes varían según sus hábitats. Por ejemplo, la serpiente de cascabel que se arrastra de lado habita en el desierto y la cascabel de madera habita en bosques rocosos. La serpiente de cascabel del cañaveral habita en los pantanos...

¡SERPIENTES!
Ellen Lambeth

Lee y descubre

Lee el escrito de Temika. ¿De qué manera usa detalles
o evidencia para mostrarnos cuánto le gusta tejer
croché? Usa el Control de escritura para ayudarte.

Hacer croché
Temika R.

Ojalá pudiera dedicar cada día
a hacer cosas para usar o regalar.
Aprendí a hacer croché en una clase
después de la escuela. Me gusta tejer
hilos de mis colores favoritos: violeta
y verde. Cuando hago croché, escucho
música. Tejo una vuelta, luego giro la
aguja para tejer la vuelta siguiente. ¡En
poco tiempo, tengo una bufanda!

Lee por qué me
gusta hacer croché.

Control de escritura

 ¿Se centra la autora en detalles que revelan por
qué le gusta hacer croché?

 ¿Explica por qué le gustan ciertos diseños?

☑ ¿Nos da la autora los detalles necesarios para
que creamos que le gusta hacer croché? ¿Nos
da evidencia que no respalda lo que dice?

A platicar

¿Cómo han mejorado la vida de la gente los descubrimientos científicos?

Busca más información sobre descubrimientos científicos en **www.macmillanmh.com**

Descubrimientos científicos

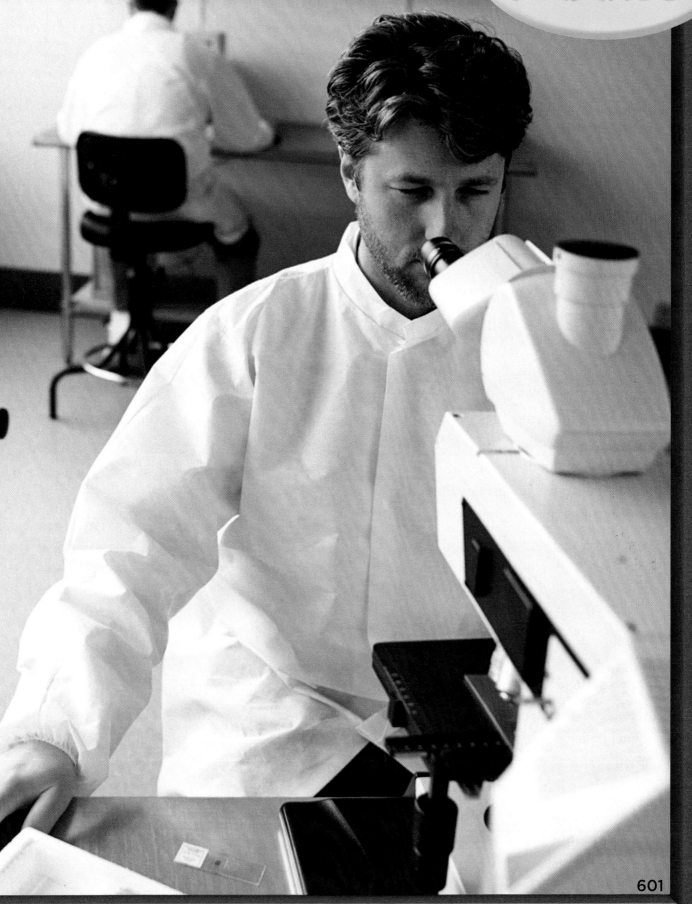

investigar
descubrir
inhibir
combatir
lucidez

En 1953, Watson (izq.) y Crick de pie junto a un modelo de ADN en su laboratorio de Inglaterra.

Descifrando códigos

Quizás sus nombres no sean muy conocidos, pero hace 50 años estos dos hombres cambiaron nuestras vidas para siempre. El 28 de febrero de 1953 James Watson, de Estados Unidos, y Francis Crick, de Inglaterra, hicieron uno de los descubrimientos científicos más importantes de la historia.

"Hemos descubierto el secreto de la vida", anunció Crick. Los dos científicos habían descifrado la estructura del ADN.

¿Por qué fue tan importante? Porque la molécula del ADN contiene la receta de la creación de cada ser vivo. El ADN tiene la forma de una escalera en espiral o una hélice doble. Los peldaños están compuestos por cuatro químicos y tienen una disposición diferente en cada ser vivo.

En 1953, muy pocos científicos **investigaban** el ADN. "A nosotros nos interesaba analizar el ADN más que a nadie," dice Watson. "Era la única cuestión científica que me interesaba".

Los avances en el estudio del ADN ayudan a **combatir** enfermedades, a alargar la vida, y han servido en la batalla mundial contra el hambre. Dice Watson: "Mi ambición es comprender los cambios genéticos que causan cáncer y lograr que la información contribuya a su tratamiento".

Watson y Crick recibieron el Premio Nobel en 1962 por su trabajo. Watson quiere darle un consejo a los niños interesados en hacer sus propios descubrimientos para cambiar el mundo: "Lean mucho", dice. "Y tengan amigos de quienes puedan aprender".

El ADN tiene la forma de una escalera en espiral. Los peldaños están compuestos por cuatro químicos.

602

¿Un héroe con suerte?

¿Fue pura suerte un gran descubrimiento científico? En 1928, Alexander Fleming, un investigador escocés, buscaba la cura del staphylococcus, una bacteria que puede generar infecciones mortales. Se fue de vacaciones dos semanas y dejó un plato rociado con la bacteria en su laboratorio.

Una espora de hongo se depositó en el plato durante sus vacaciones. Al volver, **descubrió** que la bacteria staphylococcus había cubierto todo el plato, menos el sector donde estaba el hongo.

Fleming se dio cuenta de que el hongo **inhibía** el crecimiento de la bacteria. Fleming llamó al hongo penicilina, la sustancia encargada de detener los gérmenes.

La penicilina fue el antibiótico más poderoso contra las infecciones. En la década del cincuenta, contribuyó a combatir las infecciones bacteriales.

El descubrimiento de Fleming parece sólo suerte, pero fue su gran **lucidez** lo que le permitió comprender la importancia del accidente.

¡Oye!
¿CUÁL ES LA
GRAN IDEA?

La historia está repleta de descubrimientos e invenciones sorprendentes. ¿Te inspiran los descubrimientos de la línea cronológica a hacer tus propios descubrimientos?

Entre 3800 y 3600 A.C.	Invención de la rueda
1543	Copérnico demuestra que el Sol, y no la Tierra, es el centro del sistema solar.
1876	Alexander Graham Bell inventa el teléfono.
1903	Los hermanos Wright construyen el primer avión motorizado.
principios de la década del cuarenta	Se crea la bomba atómica.
1981	Se lanza la primera nave espacial.
1983	Se inventa el teléfono celular.
1991	Lee-Berners inventa la red informática.
2003	Se traza el mapa del genoma humano.

Conéctate Busca más información sobre descubrimientos e invenciones en **www.macmillanmh.com**

603

¡Estos ROBOTS son salvajes!

Los robots más modernos parecen insectos. ¿Cómo podrán ayudarnos en el futuro?

Es común imitar la naturaleza cuando se construyen robots, sobre todo para aquellos que trabajan en la nueva generación de robots. ¿Por qué? Cuando se trata de resolver problemas de diseño difíciles, la naturaleza nos lleva millones de años de ventaja.

Con la ayuda de los insectos

La mayoría de las personas consideran que las cucarachas son plagas desagradables. Sin embargo, Roy Ritzmann ha trabajado tanto con ellas, que las ama. "Son rápidas y ágiles", dice Ritzmann.

Al corriente
Joseph Ayers con una langosta. En ella se inspiró para diseñar su invento, el RoboLangosta (en la fotografía, en proceso de construcción en el tanque).

604

Vida de insecto Quinn (izq) y Ritzmann con una primera versión del Robot V, cuyo diseño se inspiró en las cucarachas.

Observar las cucarachas con detenimiento es parte del trabajo de Ritzmann en la Universidad Case Western Reserve, en Cleveland, Ohio. Ritzmann es biólogo y ayuda a otros científicos de la escuela a usar insectos como modelos para construir robots. Esperan que los robots, semejantes a insectos, puedan trabajar en lugares a los que otros robots no tienen acceso.

Examinar insectos

"Muchos ingenieros ya se dan cuenta de lo que pueden aprender de la biología", dice Roger Quinn, director del Laboratorio de Biorrobótica de Case Western. Muchos diseñadores de robots copian las estructuras de los animales. Creen que lo que le ayuda a sobrevivir a un animal puede lograr que una máquina sea más útil.

Los artrópodos son buenos modelos de robots. Entre ellos están los insectos, los crustáceos (langostas y cangrejos) y los arácnidos (escorpiones y arañas), que se desplazan con gran rapidez sobre terrenos rocosos o desiguales. Tienen sensores en la parte externa del cuerpo. Las antenas y los pelos sensibles les ayudan a responder con rapidez ante los cambios en su entorno.

¡Corre, cucaracha, corre!

Ritzmann ha pasado mucho tiempo investigando las cucarachas. Estos repelentes insectos se mueven extremadamente bien. Ritzmann estudia la forma de correr, saltar y girar de las cucarachas, porque quiere saber qué partes del cuerpo usan para sortear los obstáculos que encuentran en el camino. También se pregunta cómo el cerebro de una cucaracha usa esa información para evitar el obstáculo. Inspirado en este insecto, Ritzmann quiere desarrollar el modelo de un vehículo.

Para registrar los movimientos de las cucarachas, Ritzmann coloca pequeños sensores en distintas partes de sus patas. Luego, recopila la información y la hace coincidir con el movimiento de un robot que él ha diseñado. Quiere que el robot camine y trepe como una cucaracha. Por ejemplo, las patas traseras del robot deben tener el mismo rango de movimiento que las de una cucaracha.

Ritzmann también obtiene información de cables que son más delgados que un cabello humano. Los cables registran cómo trabajan los músculos de las patas de una cucaracha, y Ritzmann usa esta información para fabricar engranajes que se muevan de manera similar. Él cree que si un robot camina al menos un 50% como una cucaracha, será el mejor robot del mundo...

Robots espeluznantes
Compara estos robots con las criaturas a las que se parecen.

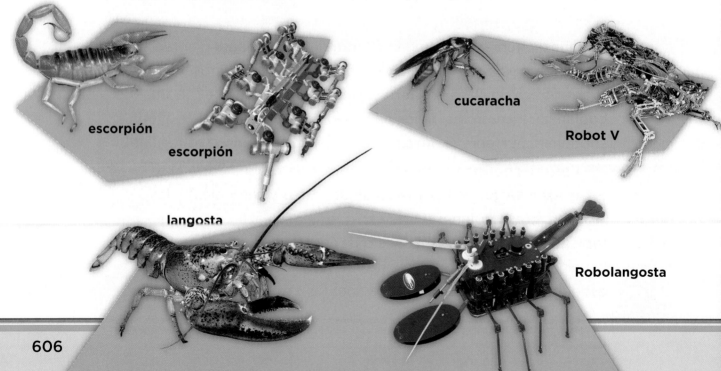

escorpión

escorpión

cucaracha

Robot V

langosta

Robolangosta

Algún día, los robots podrán encontrar sobrevivientes de los terremotos.

Hacer buenas obras

Los nuevos robots podrán desplazarse por cualquier tipo de terreno. Treparán, se deslizarán o nadarán en lugares peligrosos. También podrán encontrar sobrevivientes entre los escombros de edificios derrumbados.

Joseph Ayers es biólogo de la Universidad Northeastern de Boston y diseñó un robot inspirado en una langosta. El sentido del olfato de las langostas les permite rastrear el olor de una presa. Los científicos desarrollan sensores electrónicos con la misma sensibilidad a los olores. Un robot así podría oler explosivos bajo el agua.

La NASA quiere enviar a robots de múltiples patas, similares a los insectos, a explorar planetas como Marte. Comportándose como insectos, estos nuevos robots nos ayudarían a obtener más conocimientos sobre los misterios del universo.

Pensamiento crítico

1. ¿Qué **generalización** puedes hacer sobre el modo en que los insectos han ayudado a los diseñadores de robots?

2. Menciona dos clases de artrópodos.

3. Si tuvieras que diseñar un robot basado en un animal, ¿qué animal elegirías y por qué?

4. Fleming trabajaba solo. Los científicos trabajan en equipo para diseñar robots. ¿Piensas que es mejor trabajar solo o en equipo? Explica tu respuesta.

Muestra lo que sabes

Ahí mismo
Puedes colocar tu dedo sobre la respuesta. Busca palabras clave en la pregunta. Luego, encuentra esas palabras clave en la selección.

Prevención de la poliomielitis

A principios de los años cincuenta, el verano era una época de mucho temor para los padres, porque una enfermedad llamada poliomielitis afectaba a miles de niños. La polio daña los músculos y los nervios y la persona no puede volver a caminar. Los que se recuperan tienen que usar muletas por el resto de sus vidas.

La enfermedad afectó casi a una de cada 5,000 personas; sin embargo, todos temían contraerla. Cuando anunciaron la epidemia, se cerraron las piscinas públicas y los cines. Los padres no dejaban salir a sus hijos de sus casas.

El miedo a la poliomielitis terminó gracias al aporte de un médico llamado Jonas Salk. Salk nació en Nueva York en 1914. Cuando estudiaba medicina, dedicó un año al estudio de la gripe para ver si ese virus podría usarse para fabricar una vacuna, una droga que evitara que una persona contrajese la enfermedad.

En la década del 50, Salk trabajó en la vacuna contra la poliomielitis. Su secreto fue usar el virus de la polio. Con la vacuna, el cuerpo se hacía resistente al virus vivo de la polio. Para probar que la vacuna era segura, Salk se la aplicó a sí mismo y a otros científicos. El gobierno aprobó la vacuna en 1955 y la enfermedad comenzó a desaparecer.

Salk publicó la fórmula gratuitamente. ¿Cuál fue su recompensa? Salvar a la humanidad de esta terrible enfermedad.

Sigue ▶

**Ahora, responde las preguntas 1 a 5.
Basa tus respuestas en el artículo "Prevención
de la poliomielitis".**

1. **¿Por qué a principios de los años cincuenta
todos tenían miedo de contraer poliomielitis?**

    A   Porque algunas personas no podían volver a hablar.

    B   Porque era fácil de curar.

    C   Porque dañaba los nervios y los músculos.

    D   Porque afectaba a los niños cuando estaban
en la escuela.

> **Consejo**
>
> Busca
> palabras
> clave.

2. **¿Qué palabra significa "droga que evita que
una persona contraiga una enfermedad"?**

    A   Poliomielitis

    B   Epidemia

    C   Virus

    D   Vacuna

3. **El secreto de la vacuna de Salk contra la polio fue**

    A   matar el virus de la polio, y luego inyectárselo
a una persona.

    B   inyectar a una persona con el virus vivo de la polio.

    C   fabricar una vacuna para la polio a partir del virus
de la gripe.

    D   que el gobierno haga las pruebas.

4. **¿De qué manera la investigación sobre la gripe
ayudó a Salk a fabricar la vacuna contra la polio?**

5. **¿Por qué crees que Salk no vendió la fórmula
para la vacuna contra la polio? Usa detalles
del artículo para fundamentar tu respuesta.**

A escribir

Los estudiantes disfrutan de distintos tipos de actividades en las clases de educación física. Piensa en nuevas actividades para beneficiar a los estudiantes de estas clases. Ahora, escribe para <u>explicar por qué</u> serían provechosas las nuevas actividades.

La escritura expositiva explica, define y establece cómo hacer algo.

Para establecer si las indicaciones te piden que la escritura sea expositiva, busca palabras clave, como <u>explicar</u>.

Observa cómo responde un estudiante a las indicaciones de arriba.

El escritor resumió su respuesta a las indicaciones en el último párrafo.

El objetivo de la escuela es hacer trabajar nuestro cerebro y nuestro cuerpo. Muchos estudiantes consideran que elegir entre los deportes de equipo y las actividades de campo es una tarea aburrida y poco inspiradora. En vez de unirse a la clase, se sientan a un costado.

Si agregáramos nuevas actividades al programa de educación física, como yoga y ejercicios aeróbicos, muchos más estudiantes se motivarían para "¡ponerse de pie y EN MARCHA!" Quizás tomarían con mayor seriedad la idea del ejercicio físico e incorporarían esa costumbre beneficiosa en su vida diaria.

Instrucciones para escribir

Responde por escrito a la sugerencia del recuadro. Escribe por 20 minutos. Escribe todo lo que puedas, lo mejor que puedas. Revisa las pautas antes y después de escribir.

Algunos estudiantes hacen servicio comunitario. Piensa en un proyecto de servicio comunitario que tú y un grupo podrían hacer. Escribe sobre un proyecto de servicio comunitario que tú y un grupo harían.

Pautas para escribir

- ☑ Lee atentamente la sugerencia.
- ☑ Organiza tus ideas para planificar tu escrito.
- ☑ Fundamenta tus ideas exponiendo razones o usando más detalles.
- ☑ Usa adjetivos comparativos de forma correcta.
- ☑ Escoge palabras que ayuden a otros a entender tus ideas.
- ☑ Revisa tu escrito y corrígelo si es necesario.

Viaje en globo aerostático

A platicar

Hoy en día, se puede viajar en avión a casi cualquier parte del mundo con mucha rapidez. ¿Por qué todavía le gusta a la gente volar en globos aerostáticos?

Conéctate

Busca más información sobre vuelos en globos en **www.macmillanmh.com**

613

Vocabulario

lanzar	partícula
denso	inflar
anclar	acompañante
hidrógeno	

Partes de las palabras

Las **raíces griegas** te servirán para entender familias enteras de palabras. El término hidrógeno tiene la raíz griega *hidr-* que significa "agua". La mayoría de los términos que comienzan con *hidr-* se relacionan con el agua.

La ciencia de los globos de aire caliente

Enriquez Mera

Desde que se **lanzó** el primero en 1783, el globo de aire caliente tuvo muy pocas modificaciones en su forma de volar. Sin embargo, algunos cambios han aumentado las condiciones de seguridad de esta actividad tan popular en todo el mundo.

Tiempo atrás, los globos de aire caliente eran de lino y papel. Hoy en día, la mayoría son de nailon. Para formar la vela se cosen largas franjas (también llamadas *gajos*) de este material. Los aeronautas prefieren el nailon porque es delgado, liviano y no se daña con el calor.

El calor es el elemento básico que se necesita para hacer volar un globo. A medida que el aire se calienta, las pequeñas **partículas** de materia se mueven con mayor rapidez. A medida que la temperatura de las partículas aumenta, el globo comienza a subir. Esto sucede porque el aire en su interior es liviano y el aire que lo rodea es más **denso**. Son las partículas calientes las que logran que el globo flote.

Ha cambiado mucho la manera de calentar el aire para **inflar** los globos. En 1783, una fogata con paja húmeda y lana calentaba el aire del globo, que permanecía **anclado** al suelo. En general, un hombre o una mujer valientes con un **acompañante** subían a la barquilla, cortaban la soga e iniciaban el vuelo.

En la actualidad se reemplaza la paja por el propano, el mismo gas usado en la mayoría de las parrillas al aire libre. El gas sale de un tanque y se acumula en unos tubos de metal. Una vez en su interior, una pequeña fogata calienta los tubos y su contenido. La llama de propano calienta el aire en el interior del globo.

Además de propano, se usa **hidrógeno**, un gas que no tiene ni olor, ni color, ni sabor, y que se quema con facilidad. Una de sus ventajas es que no es necesario calentarlo, sin embargo es un elemento muy caro y se usa más en globos que llevan a cabo estudios científicos para recolectar datos valiosos para los investigadores.

Ya sea por cuestiones de ciencia o por deporte, cada vez es más la gente que se desplaza por los aires en globos aerostáticos.

Volver a leer para **comprender**

Verificar la comprensión
Hacer generalizaciones

Hacer generalizaciones es sacar conclusiones generales de los datos en un texto combinados con los conocimientos previos del lector. Usa tu tabla de generalizaciones mientras vuelves a leer "La ciencia de los globos de aire caliente".

Información del texto	
Palabras conectoras	
Conocimiento previo	
Generalización	

Comprensión

Género

Un artículo de **no ficción** da información y datos acerca de gente, lugares, hechos y situaciones reales.

Verificar la comprensión

Hacer generalizaciones

Al leer, completa la tabla de generalizaciones.

Información del texto	
Palabras conectoras	
Conocimiento previo	
Generalización	

Lee para descubrir

¿Para qué ha servido la invención del globo aerostático?

Por los aires:
La historia del globo aerostático

Patricia Lauber

Autora premiada

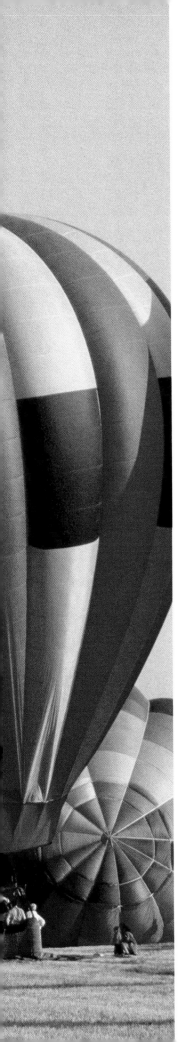

P arece que hoy sábado hará buen día, sin vientos fuertes ni tormentas. Es perfecto para pasear en globo. Los miembros del club de aeronautas llegan temprano y se ponen a trabajar. Unos ventiladores llenan de aire los globos. Los quemadores de gas emiten unas lenguas de fuego anaranjadas que calientan el aire y hacen que los globos se eleven. Los globos se **inflan** y se enderezan. Los pilotos suben a la barquilla, el equipo que se queda en tierra suelta las sogas y... a volar por los aires.

Un globo flota, silencioso como una nube, hasta que el piloto enciende los quemadores para calentar el aire en su interior y ganar altitud. No es posible dirigirlos. Siguen el camino que les indica el viento. Sin embargo, mediante la modificación de la altura, un piloto puede encontrar una corriente diferente que cambie su dirección. Un equipo de apoyo lo sigue desde el suelo, para traer a casa el globo con sus tripulantes una vez finalizado el viaje.

En la actualidad, miles de personas en muchas partes del mundo pertenecen a clubes dedicados a esta práctica, que inició hace más de 200 años un grupo de gente que fabricaba sus propios globos y ponía en riesgo su vida al hacerlos volar.

A medida que los globos se llenan de aire caliente, se ponen en posición vertical. Están listos para elevarse y transportar a pilotos y pasajeros en sus grandes canastas, llamadas barquillas.

GLOBO MONTGOLFIER
Ascenso de un globo
Montgolfier desde
París, alrededor del
año 1864: grabado
de un periódico
inglés.

620

La historia de la aerostación

La gente siempre ha soñado con elevarse como un ave o flotar como una nube. Durante cientos de años, algunas personas creyeron que sabían cómo hacerlo. Teorizaban que cierto tipo de globo grande podría elevarlos. Sería más liviano que el aire y allí flotaría tal como lo hace un bote en el agua. Sin embargo, nadie logró fabricarlo hasta el año 1783, cuando dos hermanos franceses construyeron y **lanzaron** el primer globo aerostático en todo el mundo. Los inventores fueron Joseph y Etienne Montgolfier.

El primer vuelo en globo en todo el mundo

Joseph Montgolfier tuvo una idea al ver el humo cálido que ascendía de una fogata. Quizá ese aire podría lograr que un globo se elevara. Intentó con globos pequeños y descubrió que era posible.

Luego de muchos experimentos, los hermanos construyeron un globo de 30 pies de ancho y 38 de alto. Tenía un marco de madera en la base; estaba hecho de lino y forrado con papel. El 5 de junio de 1783, cerca de la ciudad de Lyon, Francia, hicieron una gran fogata con lana y paja húmeda. El aire caliente comenzó a entrar por la base del globo. Mientras una pequeña cantidad de público observaba asombrada, el vehículo aerostático tomó forma, se infló y finalmente despegó del suelo.

Había ocho hombres en tierra que lo sostenían. Al recibir la orden, lo dejaron ir. Subió alrededor de 6,000 pies y permaneció en las alturas durante diez minutos, hasta que aterrizó suavemente en un viñedo cercano. Fue el primer vuelo de un globo aerostático del mundo.

Los Montgolfier se equivocaron al creer que era el humo, en vez del aire caliente, lo que provocaba el ascenso de un globo. Utilizaron combustible húmedo para generar un humo denso que se escapó durante el vuelo.

El globo de hidrógeno del profesor Charles tuvo un triste final cuando lo atacaron con horquetas y lo arrastraron por el barro.

Un globo más liviano que el aire

Mientras tanto en París, el profesor Jacques A.C. Charles había diseñado un globo extremadamente liviano. Lo llenó con un gas recién descubierto, llamado **hidrógeno**, que pesaba menos que el aire.

El 27 de agosto de 1783, a las cinco de la tarde, el profesor Charles lanzó el globo ante la presencia de una multitud. El globo se elevó 3,000 pies y desapareció entre las nubes.

El profesor Jacques A. C. Charles

Cuarenta y cinco minutos más tarde cayó en un pueblo, a 15 millas de distancia. Los habitantes del pueblo, que jamás habían visto algo como eso, creyeron que era un monstruo caído del cielo. Lo atacaron con sus horquetas. Cuando al fin el monstruo dejó de moverse, los hombres lo sujetaron a la cola de un caballo y lo arrastraron por el barro para asegurarse de que estaba muerto.

Ahora ya existían dos formas de enviar globos al aire: con aire caliente y con hidrógeno. Las fogatas eran sucias y peligrosas, pero la producción del hidrógeno tomaba demasiado tiempo. Por ese motivo, la mayoría de los primeros vuelos se hicieron con globos de aire caliente.

> **Hacer generalizaciones**
> El autor dice que los habitantes del pueblo atacaron el globo creyendo que era un monstruo. Haz una generalización sobre la actitud de los campesinos hacia los globos.

El rey y la reina de Francia presenciaron el lanzamiento del primer globo con pasajeros.

Los primeros globos con pasajeros

Los primeros pasajeros fueron tres animales: un pato, un gallo y un cordero. El 19 de septiembre de 1783, viajaron en una canasta de mimbre, o barquilla, enganchada al globo. Luego de un corto vuelo, el aire en el interior del globo se enfrió y los animalitos regresaron a tierra sanos y salvos.

Era hora de que lo intentaran los seres humanos. Un audaz químico francés fue el primero en hacer la prueba. El 15 de septiembre de 1783, François Pilâtre de Rozier subió 100 pies. El globo estaba **anclado** al suelo mediante una soga. Debajo de la boca, tenía una gran placa de metal con una fogata prendida que enviaba aire caliente hacia el interior. El vuelo fue un éxito. Luego de éste, de Rozier hizo varios vuelos más, anclado, para calcular cuánta paja y lana se quemaban por cada hora que el globo estaba en el aire.

El 21 noviembre, de Rozier estaba listo para realizar el primer vuelo sin anclaje. Una multitud se reunió para observarlo. Se preparó el globo gigante y a la 1:54 de la tarde, él y un **acompañante** volaban por el aire. Al llegar a los 200 pies, los dos tripulantes se quitaron el sombrero y saludaron con una reverencia a los que se encontraban abajo. Luego flotaron sobre París. Volaron una distancia de cinco millas durante 25 minutos antes de aterrizar en un campo fuera de la ciudad.

Los espectadores observan a de Rozier y su acompañante iniciar un vuelo en globo aerostático.

Desde botes cercanos a las costas inglesas y francesas, la gente saludó a Blanchard y Jeffries.

Navegantes valientes

Entre 1783 y 1785, muchos hombres y algunas mujeres hicieron viajes en globo. Algunos por deporte. Otros, los más valientes, quisieron intentar lo que nadie había hecho. Jean-Pierre Blanchard fue uno de ellos. Se propuso cruzar el Canal de la Mancha desde Inglaterra hasta Francia.

El 7 de enero de 1785, el viento soplaba en la dirección apropiada sobre los acantilados de Dover. Blanchard y su amigo estadounidense, John Jeffries, llenaron su globo con hidrógeno, subieron y partieron hacia Francia.

La primera parte del viaje fue tranquila, hasta que el globo empezó a perder gas. El agua se acercaba cada vez más. Para aligerar el peso, tiraron por la borda las bolsas de arena, la comida y bebida y los anclajes. Continuaban cayendo. Finalmente, arrojaron la ropa que tenían puesta y sólo conservaron los chalecos salvavidas.

El tiempo cambió. El aire aumentó de temperatura y calentó el gas. El globo se elevó y navegaron sobre la costa francesa hasta aterrizar en un bosque donde los rescataron.

El 9 de enero de 1793, Blanchard realizó su primer vuelo en Estados Unidos. Salió de Filadelfia y llevó a cabo experimentos científicos a 5,000 pies de altura. Regresó con botellas de aire selladas que demostraron que a esa altura había menos oxígeno que a nivel del mar. También controló los latidos de su corazón y descubrió que estaban acelerados. A nivel del mar su corazón latía a 84 pulsaciones por minuto mientras que a 5,000 pies había latido a 92.

En los años siguientes, otros navegantes valientes siguieron batiendo récords, pero los descubrimientos más importantes sucedieron en 1783, cuando un puñado de gente que soñaba con volar hizo realidad su sueño.

El 4 de junio de 1784, Marie Thible, una cantante de ópera, fue la primera mujer que hizo un viaje en globo. Entonó un aria mientras sobrevolaba la ciudad de Lyon, Francia.

Hacer generalizaciones

Haz una generalización sobre cómo el aire caliente afecta un globo.

Un navegante utiliza un calentador de gas para subir la temperatura del aire.

¿Por qué un globo se eleva y flota?

Cuando colocas un pedazo de madera en agua, éste ocupa un espacio y desplaza el agua. Igual que la madera empuja el agua, el agua empuja la madera también. Esta es una fuerza ascendente que se denomina *flotabilidad* y se encarga de mantener los objetos a flote.

Un globo aerostático se eleva y se mantiene en una masa de aire por la misma razón que el trozo de madera flota en el agua. Posee flotabilidad.

Al igual que toda la materia, el aire está compuesto por pequeñas **partículas** llamadas moléculas. Cuando el aire se calienta, sus moléculas se separan y se mueven a mayor velocidad. Si sube la temperatura del aire en el interior de un globo, algunas de las moléculas se ven obligadas a salir. La parte que queda dentro es mucho menos **densa**. Pesa menos, pero ocupa el mismo volumen. Por tanto, el aire en el interior del globo es más liviano que un volumen idéntico de aire del exterior. La flotabilidad lleva el globo hacia arriba.

Algunos gases son más livianos que el aire porque las moléculas son menos densas. Un ejemplo es el hidrógeno, el más liviano de los gases conocidos. Sin embargo, es muy peligroso y puede encenderse y explotar. Por tal motivo, hoy en día se utiliza el helio, que es un poco más pesado, pero no se enciende ni explota. El helio es el gas que se utiliza para inflar los globos de fiesta.

La ciencia detrás de los globos de aire caliente

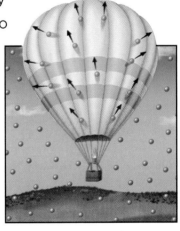

El aire dentro del globo pesa menos que el que está afuera, entonces, el globo asciende por el principio de flotación.

El aire está compuesto por pequeñas partículas llamadas moléculas.

Si se calienta el aire en el interior de un globo, algunas de las moléculas se ven obligadas a salir.

Los globos aerostáticos de ayer y de hoy

Con posterioridad al año 1783, se utilizaron globos para diversos fines, tanto en tiempos de guerra como de paz. Muchos aeronautas compitieron para alcanzar la mayor altitud o realizar los viajes más extensos. A continuación mencionaremos algunos sucesos importantes.

1860:
Durante la Guerra Civil, las tropas de la Unión, como lo hizo antes la Armada Francesa, utilizaron globos aerostáticos para espiar el desarrollo de las batallas detrás de las líneas enemigas.

1900: **A principios del 1900 llegó el dirigible o zepelín. Estaba compuesto por varios globos, motores y propulsores que le permitían al piloto darle dirección. En una cabina ubicada en su parte inferior se podían transportar más de 100 pasajeros para cruzar el Atlántico.**

1875: **Tres científicos franceses que exploraban la atmósfera alcanzaron 25,000 pies de altura. Los hombres habían llevado botellas de oxígeno pero, al tocar tierra, sólo uno de ellos había sobrevivido.**

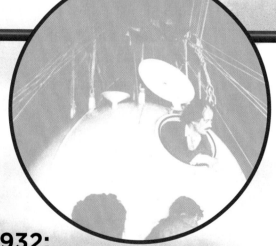

1932:
El hombre que inventó una forma segura de viajar fue un suizo llamado Auguste Piccard: fabricó una barquilla esférica de aluminio. Encerrado en su interior y provisto de tanques de oxígeno, logró alcanzar una altura de 54,000 pies.

1961: Los hombres valientes seguían tomando más y más altura. Dos oficiales de la Marina estadounidense, Malcolm D. Ross y Victor Prather, Jr., subieron hasta 113,740 pies en una barquilla abierta, con el objetivo de poner a prueba trajes espaciales para astronautas.

La actualidad: Ya hace tiempo que los aviones son el vehículo más utilizado para viajar por el aire, pero es común ver un dirigible que transporta a los miembros de un equipo de televisión durante algún partido de fútbol u otro evento deportivo.

1999: Ya otros habían cruzado los océanos, pero Bertrand Piccard (nieto de Auguste) y Brian Jones fueron los primeros en dar la vuelta al mundo sin detenerse. Recorrieron 30,000 millas en 20 días. Su globo era una combinación entre el modelo de aire caliente y el de gas.

Todos los días: Cientos de pequeños globos climáticos exploran la atmósfera y envían sus hallazgos a la Tierra.

Por los aires con Patricia Lauber

Patricia Lauber dice que probablemente nació con el deseo de escribir, pero tuvo que esperar hasta el inicio de su vida escolar para adquirir ciertos conocimientos. Desde entonces nunca ha dejado de escribir, y ya cuenta con cerca de 125 libros. Muchos de ellos tratan sobre elementos del mundo natural, por ejemplo, volcanes, dinosaurios y planetas. A Patricia le encanta investigar sobre todos estos temas porque siempre aprende algo que no sabía. Llena del entusiasmo que le produce un asunto nuevo, transmite los conocimientos adquiridos por medio de sus libros. Patricia Lauber vive en Connecticut con su marido y sus dos gatos, Beemer y Meetoo.

Busca más información sobre Patricia Lauber en **www.macmillanmh.com**

✔ Propósito de la autora

Este artículo de no ficción explica e informa. Indica los elementos del texto que ofrecen información.

Pensamiento crítico

Resumir

Hacer generalizaciones te servirá para organizar la información y resumirla con mayor eficacia. Usa tu tabla de generalizar como ayuda para resumir *Por los aires*.

Información del texto	
Palabras conectoras	
Conocimiento previo	
Generalización	

Pensar y comparar

1. Describe algunas características de un viaje en globo aerostático en la actualidad. ¿Cuáles son las pistas del texto que te sirven para hacer estas **generalizaciones**? **Verificar la comprensión: Hacer generalizaciones**

2. Vuelve a leer la página 625. ¿Por qué los primeros pasajeros de un globo aerostático fueron animales? Incluye datos de la selección en tu respuesta. **Analizar**

3. Los globos aerostáticos transformaron la vida de la gente hace más de 200 años. Investiga un invento reciente que use el **hidrógeno**. Describe el invento y cuenta de qué manera puede cambiar tu vida. **Evaluar**

4. La gente corría grandes riesgos al volar en globos aerostáticos. ¿De qué manera su compromiso con la ciencia contribuyó con el progreso del mundo moderno? **Explicar**

5. Vuelve a leer "La ciencia de los globos de aire caliente" en las páginas 614 y 615. Compara y contrasta las distintas maneras en que pueden volar los globos aerostáticos. Incluye detalles de las dos selecciones en tu respuesta. **Leer/ Escribir para comparar textos**

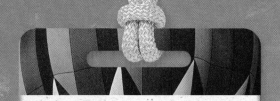

El **haiku** es una forma de poesía japonesa que no tiene rima y que consta de tres versos. El primer verso y el tercero tienen cinco sílabas, y el segundo es de siete.

✔ **Elementos literarios**

Un **símil** compara dos objetos básicamente diferentes, empleando las palabras *cual* o *como*.

Una **metáfora** compara dos objetos básicamente diferentes, sin usar *cual* o *como*.

Haikus sobre globos aerostáticos

Rita Bristol

¡Qué extraña flor!
Con pétalos tan blancos,
tienta un ave.

Globo, tan alto.
Gran burbuja de color
jamás explota.

Ejemplo de
una **metáfora**

Nubes, ¿qué sienten
flotando con el globo
que se aleja?

Vuela cual ave
en la luz de agosto.
Pronto regresa.

Ejemplo de un **símil**

Pensamiento crítico

1. Encuentra otro ejemplo de metáfora en uno de los otros *haikus*.
   Metáfora

2. ¿De qué manera estos haikus ayudan al lector a sentir con más
   fuerza que está frente a un globo o en él? **Analizar**

3. ¿Cuál es la diferencia entre la información en estos haikus y
   la presentada en la selección *Por los aires*? **Leer/Escribir para
   comparar textos**

Busca más información sobre haikus en **www.macmillanmh.com**

Escritura

Evidencia relacionada con el argumento

Los buenos escritores incluyen detalles en sus escritos que ayudan a los lectores a comprender los sentimientos o el punto de vista del escritor.

Lee el siguiente pasaje. Observa cómo la autora, Patricia Lauber, incluye evidencias.

Fragmento de
Por los aires

La autora relaciona los detalles para mostrarnos cómo se lanzó el primer globo aerostático. *Nos cuenta cómo lo hicieron y describe a los espectadores atónitos,* para mostrarnos que era la primera vez que alguien veía algo así.

Joseph Montgolfier tuvo una idea al ver el humo cálido que ascendía de una fogata. Quizá ese aire podría lograr que un globo se elevara. Intentó con globos pequeños y descubrió que era posible. . . .

El 5 de junio de 1783, cerca de la ciudad de Lyon, Francia, hicieron una gran fogata con lana y paja húmeda. El aire caliente comenzó a entrar por la base del globo. Mientras una pequeña multitud observaba asombrada, el vehículo aerostático tomó forma, se infló y finalmente despegó del suelo.

Por los aires:
La historia del globo aerostático
Patricia Lauber

Lee y descubre

Lee el escrito de Luisa. ¿De qué manera usa la evidencia para mostrarnos sus sentimientos o su punto de vista? Usa el Control de escritura como ayuda.

Disfraces

Luisa C.

Cuando me pasé el vestido por la cabeza, me sentí distinta. Los disfraces siempre me hacen sentir diferente y extraña. Luego pensé que en una obra todos parecemos extraños. Miré alrededor, vi a otras personas y ya no me sentí rara. De veras me convertí en el personaje. Era divertido pretender ser otra persona. Cuando me quité el disfraz, volví a ser yo.

Lee sobre cómo me sentía disfrazada.

Control de escritura

 ¿Nos ayuda la autora a comprender exactamente por qué se sentía diferente?

 ¿Nos cuenta lo que la hizo cambiar su perspectiva?

¿Crees que la autora cambió su actitud hacia ponerse disfraces?

Condiciones atmosféricas extremas

A platicar

¿Cuál fue la experiencia climática más extrema que has vivido? ¿Qué pasó y qué aprendiste de esa experiencia?

Conéctate

Busca información sobre climas extremos en **www.macmillanmh.com**

fenómeno
trayectoria
agitación
generar

régimen
procedencia
devastado
deslave

Diccionario

Las **palabras con varios significados** son aquellas que tienen varios significados diferentes. Cuando un significado no se ajusta a la oración, examina las otras definiciones de la palabra.

TORMENTAS en otros PLANETAS

Las grandes tormentas no se producen solamente en nuestro planeta. Se han detectado y fotografiado **fenómenos** atmosféricos similares a los de la Tierra en otros astros del sistema solar. La atmósfera de cada planeta tiene sus propias características, por eso los científicos ya hablan de meteorología de Marte, Plutón o Venus, según a qué planeta se refieran.

Como las **trayectorias** de sus órbitas mantienen estos astros muy alejados de nosotros, necesitamos grandes telescopios o naves espaciales para estudiar sus atmósferas.

Algunas veces los fenómenos son tan grandes que podemos verlos con telescopios caseros, como la Gran Mancha Roja de Júpiter, una supertormenta dos veces y media más grande que el diámetro de la Tierra.

La **agitación** que **genera** el remolino de la tormenta mueve el aire a más de 400 km/h en su capa externa. Este remolino es producido por un **régimen** de franjas de vientos que viajan en sentidos opuestos. Pero la Gran Mancha Roja no tiene un ojo, y por eso no puede ganarse el título de "huracán".

Existió también la llamada Gran Mancha Negra, cuya **procedencia** era aún más lejana. Fue vista y fotografiada en 1989, en el planeta Neptuno, por la sonda espacial Voyager II. El diámetro de la Gran Mancha Negra era similar al diámetro total de la Tierra y la velocidad del viento alcanzaba 1,900 km/h. En 1994 esta tormenta desapareció pero, rápidamente, comenzó a formarse otra similar.

El sistema de vientos más parecido a un huracán lo fotografió la sonda Cassini, en Saturno, en el año 2006. Se trata de un enorme ojo negro rodeado por nubes que giran y alcanzan hasta 75 kilómetros de altura. Allí los vientos llegan a 550 km/h.

Pero este superremolino está estacionado sobre uno de los polos de Saturno. Es decir, que no se mueve como los huracanes terrestres que en su recorrido dejan **devastadas** enormes extensiones y crean otros problemas, como los **deslaves** que resultan de las lluvias torrenciales que los acompañan.

Hasta donde sabemos, los huracanes, tal como los conocemos, son fenómenos que sólo se producen en nuestro planeta.

Volver a leer para **comprender**

Analizar la estructura del texto

Descripción

En un texto de no ficción, los autores organizan la información en diferentes formas. Una manera de hacerlo es con descripciones. Las palabras conectoras, como *primero, después, por último* o *por ejemplo*, llaman la atención del lector sobre hechos descriptivos. Una tabla de descripción ayuda a comprender la estructura de este tipo de texto. Usa la tabla de descripción mientras lees otra vez la selección.

Palabras conectoras	Hechos descriptivos

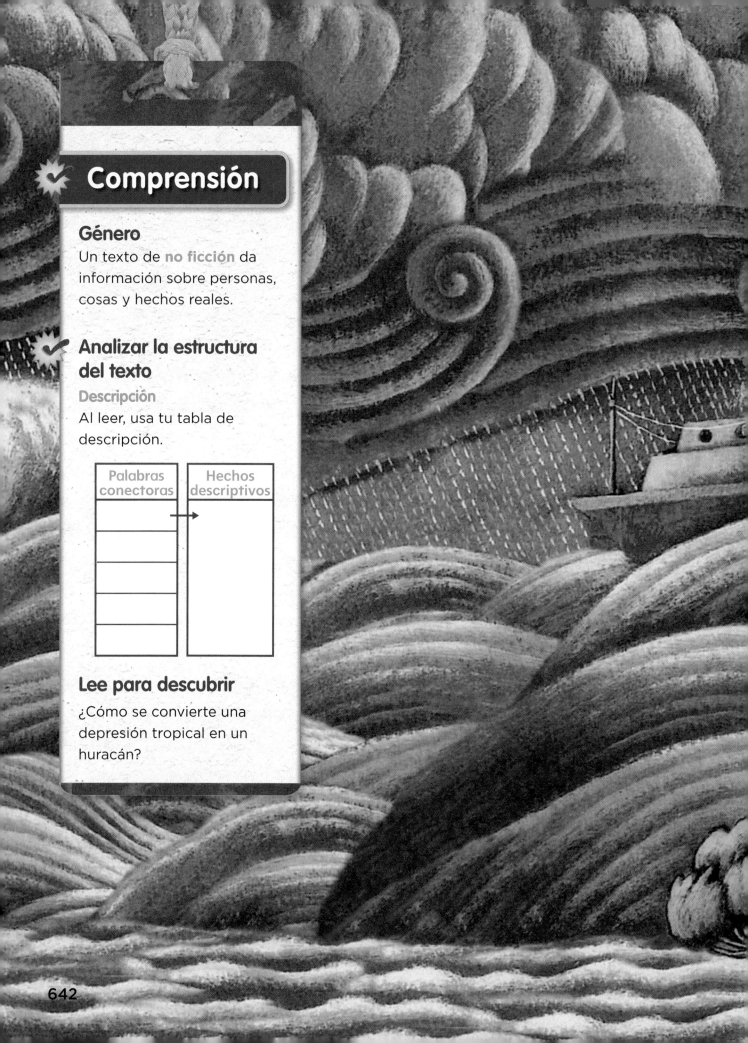

Comprensión

Género
Un texto de **no ficción** da información sobre personas, cosas y hechos reales.

Analizar la estructura del texto

Descripción
Al leer, usa tu tabla de descripción.

Palabras conectoras	Hechos descriptivos

Lee para descubrir
¿Cómo se convierte una depresión tropical en un huracán?

642

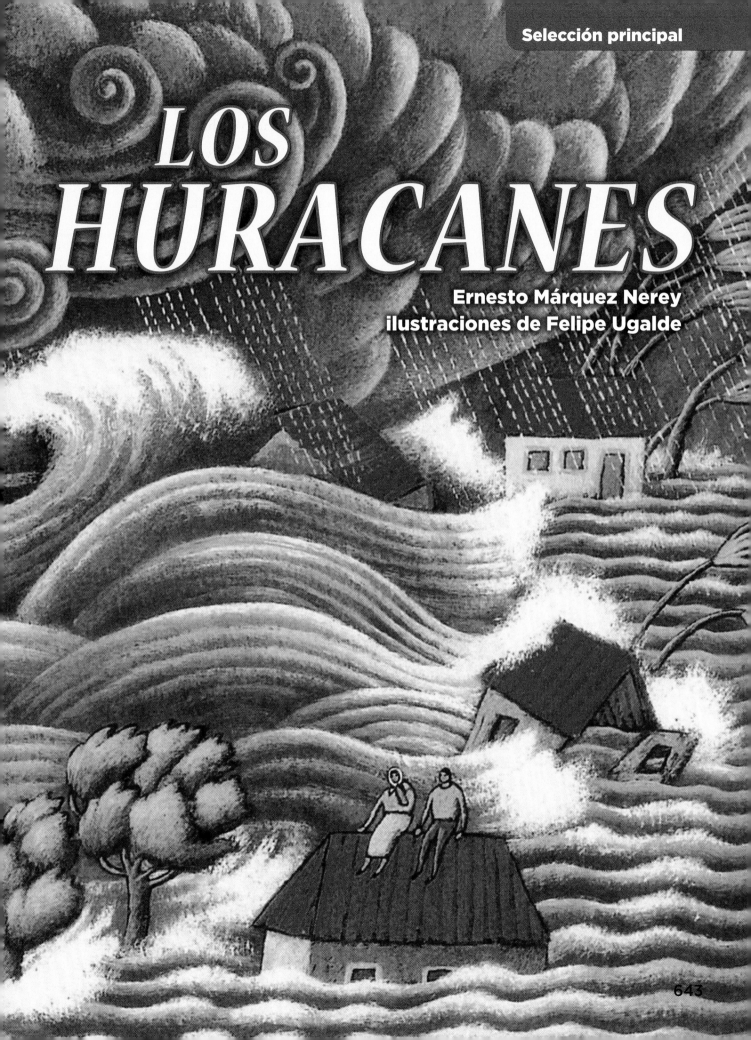

LOS HURACANES

Ernesto Márquez Nerey
ilustraciones de Felipe Ugalde

¡Hola! ¿Recuerdas a Stan, Wilma y Katrina? Los tres tienen algo en común: son los nombres de tres famosos huracanes. Creemos que no debes esperar más para saber cómo son y lo que ocurre cuando uno de ellos se produce.

Durante años, los huracanes han **devastado** ciudades y poblados con vientos enfurecidos y los han inundado con lluvias abundantes. Asimismo, han causado la muerte a miles de personas, destruido comunidades enteras, causando inundaciones y **deslaves**, arruinado sembradíos, hundido barcos y todo esto porque son **fenómenos** severos de la naturaleza. Si quieres saber más acerca de ellos, síguenos.

¿Qué es un huracán?

Un huracán es un viento muy fuerte que se origina en el mar, gira en forma de remolino, acarrea humedad en enormes cantidades y, al tocar áreas pobladas, generalmente causa daños importantes o incluso desastres. A este fenómeno también se le conoce con los nombres de ciclón en la India, baguío en las Filipinas, tifón en el Japón y *willy-willy* en Australia. En México, Centroamérica y el Caribe se le denomina huracán debido a que ese era el nombre del dios mayor del viento entre los mayas.

Debido a la fuerza destructiva de los huracanes, los meteorólogos vigilan constantemente los sitios donde se forman. Estos científicos usan información de aviones y satélites para ayudar a predecir la ruta que los huracanes podrían tomar. Se sabe que los huracanes viajan hacia adelante a una velocidad aproximada de 10 y 25 kilómetros por

hora (km/h). En ocasiones presentan desplazamientos erráticos y a veces se estacionan en un lugar o se aceleran muy rápidamente, a pesar de ello, sí se puede advertir a la población cuánto tiempo tiene antes de que el huracán llegue a tierra. Tales predicciones, aunque no siempre son exactas, ya que un huracán puede cambiar de giro o perder su fuerza, permiten tomar las precauciones necesarias para proteger vidas y propiedades.

Los huracanes tienen nombre

En efecto, los huracanes se llaman como nosotros. Para su identificación, localización y seguimiento se les asigna un nombre por orden alfabético, según su aparición anual, de acuerdo con una lista que elabora cada año el Comité de Huracanes de la Organización Meteorológica Mundial. Por ello, es posible que podamos encontrar un huracán con nuestro nombre. ¿Cómo te llamas? Gabriela, Hugo, Karen, Luis, Andrés, Sebastián. Seguro que ya existió un huracán famoso llamado como tú.

Descripción
¿Cuáles son las características de un huracán?

La idea de nombrar a los huracanes se inició en 1953. Al principio, los meteorólogos sólo utilizaban nombres de mujer, pero desde 1979, también usan de hombre. En 2005, la temporada de huracanes fue catalogada como la más intensa y, por primera vez, los científicos tuvieron que usar letras del alfabeto griego para nombrarlos, ya que se contaron 26 tormentas, siendo la última nombrada como Epsilón.

Para 2006, los meteorólogos escogieron los siguientes nombres para las tormentas tropicales y huracanes del Atlántico Norte, Mar Caribe y Golfo de México: Alberto, Chris, Ernesto, Helene, Isaac, Nadine, Oscar, Patty, Rafael, Sandy, Tony, Valerie, William, etcétera, y para los del Pacífico Nororiental: Carlotta, Daniel, Emilia, Fabio, Héctor, John, Miriam, Olivia, Paul, Sergio, Rosa y Vicente, entre otros.

¿Cuáles son las etapas de un huracán?

Un huracán se desarrolla en tres etapas, según la velocidad de sus vientos, y cada una recibe una denominación distinta. Es importante aclarar que en muchas ocasiones sólo ocurre la primera o la segunda etapa, y muchos fenómenos que parecía que llegarían a convertirse propiamente en huracanes, no lo hacen.

Al principio se trata de una *depresión tropical*, si sus vientos máximos constantes alcanzan una velocidad menor o igual a 63 kilómetros por hora.

Posteriormente se convierte en *tormenta tropical*, cuando la velocidad de sus vientos está entre 63 y 118 km/h; en esta etapa se le asigna un nombre.

La tercera etapa se da cuando la velocidad del viento llega a los 119 km/h o más, y es hasta entonces cuando se le reconoce como *huracán*. En los huracanes más intensos, como el Wilma, los vientos máximos pueden alcanzar una velocidad de giro o rotación cercana a los 330 km/h, lo que ocasiona una espiral que puede ser de 600 km de ancho.

Estructura de un huracán

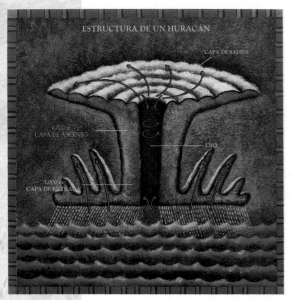

Un huracán está formado por cuatro elementos principales: *ojo*, *capa de entrada*, *capa de ascenso* y *capa de salida*.

Ojo

Éste se localiza en el centro del huracán; es una zona de vientos débiles con pocas nubes y lluvia. Su diámetro va de 25 a 30 kilómetros y alrededor de él se encuentra un área de nubes verticales que constituyen la pared del ojo y ahí se localizan los vientos y la lluvia más fuertes.

Entre la superficie y la parte más alta del huracán se forman bandas de viento en tres capas.

Capa de entrada

Ésta se extiende hasta una altura de 3,000 metros; en ella, las corrientes de aire se dirigen con gran fuerza hacia el centro del huracán y son las más intensas. Los vientos más fuertes soplan a la derecha en relación con la dirección de su desplazamiento.

Capa de ascenso

Se encuentra entre los 3,000 y 6,000 metros de altura. En esta capa el aire sube hacia la región donde está la nubosidad y las bandas de lluvia.

Capa de salida

Ubicada de los 6,000 metros hacia arriba, en ella las corrientes de aire salen del centro hacia fuera, hasta alcanzar los 12,000 metros (o la altura del techo del huracán). La fuerza del viento es de menos de la mitad de la que se presenta en la superficie.

¿Cuándo nace un huracán?

La temporada de huracanes empieza cuando la zona inestable de la atmósfera cercana al ecuador se mueve en dirección de los polos, y lleva consigo aire a altas temperaturas que calienta el aire y el agua de mar. Esto propicia diferencias de temperatura y de presión del aire que ocasionan el giro de los vientos en espiral. Este hecho ocurre normalmente en latitudes tropicales, entre los meses de mayo y noviembre.

Las regiones donde se ubica el nacimiento de los huracanes no son estables, ya que esto obedece a la posición de los sitios de máximo calentamiento marítimo, los que a su vez están influidos por las corrientes frías o cálidas que fluyen en los océanos.

Los huracanes sólo se desplazan en el hemisferio norte debido a la existencia de una masa de agua muy caliente y vientos en calma. Estas dos condiciones no se dan, por ejemplo, en el hemisferio sur donde la temperatura media del agua es muy inferior a las regiones azotadas por los huracanes y el **régimen** de vientos es generalmente más intenso a lo largo del año. Pese a ello, en algunas ocasiones han sido reportados huracanes en el Atlántico Sur, cerca de las costas de Brasil.

Para tener una idea aproximada del tamaño y la fuerza que puede alcanzar un huracán, recordemos que los más grandes llegan a tener un diámetro que oscila entre los 300 y 800 kilómetros y su altura puede llegar a los 15 kilómetros. Se ha calculado que su fuerza es equivalente a diez mil bombas atómicas como la que estalló en Hiroshima, Japón, poco antes de concluir la Segunda Guerra Mundial.

¿Cómo se predice un huracán?

Aunque en términos generales se conocen las rutas tradicionales de los huracanes, sus **trayectorias** presentan variaciones y, por tanto, a pesar de los avances en su predicción, en la mayoría de los casos sólo se puede avisar a la población con aproximadamente 24 horas de anticipación respecto al momento de llegada a un determinado sitio.

La fuerza destructiva del huracán

La capacidad destructiva de un huracán se debe principalmente a cuatro aspectos: los vientos, el oleaje, la marea de tormenta y las lluvias.

Vientos

Los vientos de un huracán son muy fuertes y pueden durar muchas horas o días. Los vientos huracanados ocasionan muchos daños, debido a que su fuerza crece según aumenta su velocidad.

Oleaje

El oleaje se **genera** cuando la energía del viento pasa al mar y produce intensas **agitaciones**.

Marea de tormenta

Ésta se origina por el oleaje que produce un huracán y los vientos fuertes dirigidos hacia la costa; esto provoca que crezca el nivel medio del mar, lo cual puede afectar a las edificaciones y poblados cercanos a la costa.

Lluvias

Los huracanes casi siempre se desplazan acompañados de lluvias intensas. La cantidad de lluvia precipitada durante el paso de un huracán puede llegar a 250 mm, en un periodo de 12 horas. En cualquier caso existe un alto riesgo de inundación pluvial y si en el recorrido de un huracán hay montañas cerca de la costa, la lluvia puede desplazarse como río abajo, arrastrando todo lo que se encuentra en su camino.

Si tú vives en una zona de huracanes, prepárate con anticipación. Las siguientes recomendaciones te ayudarán a proteger tu vida, la de tus familiares y amigos, y a preservar el lugar donde vives.

¿Qué hacer?

ANTES

Acude a la unidad de Protección Civil o a las autoridades locales para saber:

▶ Si la zona en la que vives está sujeta a este riesgo.

▶ Qué lugares servirán de albergues.

▶ Por qué medios recibirás los mensajes de emergencia.

▶ Quiénes pueden integrarse a las brigadas de auxilio, si quieren ayudar.

▶ Qué acciones de respuesta son convenientes.

▶ Cuál es el proceso de recuperación en caso de desastre.

▶ Tú debes informarles cuántas personas viven en tu casa y si hay enfermos que no puedan ver, moverse o caminar.

Platica con tus familiares y amigos para organizar un plan de protección civil, tomando en cuenta las siguientes medidas:

▶ Si tu casa es frágil (de carrizo, palapa, adobe, paja o materiales semejantes), debes tener previsto un albergue (escuela, iglesia, palacio o agencia municipal).

▶ Que un adulto repare lo necesario en techos, ventanas y paredes para evitar daños mayores.

▶ Protege a los animales y coloca los útiles de trabajo en un lugar seguro.

▶ Pídele a un adulto que determine qué transporte se puede utilizar en caso de tener que movilizar familiares enfermos o personas de edad avanzada.

¿Qué artículos debes tener a la mano para casos de emergencia?

▶ Botiquín e instructivo de primeros auxilios (se debe solicitar orientación en el centro de salud más cercano).

▶ Radio y linterna de baterías con los repuestos necesarios.

▶ Agua hervida en envases con tapa.

▶ Alimentos enlatados (atún, sardinas, frijoles, leche) y otros que no requieran refrigeración.

▶ Flotadores (como cámaras de llanta o salvavidas).

▶ Documentos importantes (actas de nacimiento y matrimonio, cartillas, papeles agrarios, etcétera) debidamente guardados en bolsas de plástico y dentro de una mochila o morral.

Ante el aviso de un huracán y de acuerdo con su peligrosidad, puedes quedarte en tu casa si es segura o trasladarte al albergue más cercano. Pero si las autoridades recomiendan evacuar la zona donde vives, hazlo inmediatamente, asegura tu casa y lleva contigo los artículos indispensables.

Descripción
¿Qué palabra en la página anterior te anuncia una lista de descripciones?

¿Qué hacer si te quedas en casa?

▶ Ten a la mano los artículos de emergencia.

▶ Mantén el radio de pilas encendido para recibir información e instrucciones de las autoridades.

▶ Cierra puertas y ventanas; pídele a un adulto que proteja internamente los cristales con cinta adhesiva colocada en forma de X, y corre las cortinas, ya que te protegerán de cualquier astillamiento de los cristales.

▶ Guarda todos los objetos sueltos (macetas, botes de basura, herramientas, etc.) que pueda alcanzar el viento. Que un adulto retire antenas de televisón, rótulos u otros objetos colgantes.

▶ Solicita a un adulto que fije y amarre bien lo que el viento pueda lanzar.

▶ Con la ayuda de un adulto lleva a un lugar seguro a los animales y los útiles de trabajo.

▶ Ten a la mano ropa abrigadora o impermeable.

▶ Pídele a un adulto que limpie la azotea, desagües, canales y coladeras, y que barra la calle limpiando bien estas últimas.

▶ Solicita a un adulto que selle con mezcla la tapa del pozo de agua o aljibe para tener reserva de agua no contaminada.

▶ Pídele a un adulto que tenga el transporte disponible con gasolina y con una batería en buen estado.

DURANTE

▶ Conserva la calma. Una persona alterada puede cometer muchos errores.

▶ Escucha el radio para obtener información o esperar instrucciones.

▶ Desconecta todos los aparatos y el interruptor de energía eléctrica.

▶ Cierra las llaves del agua y gas.

▶ Permanece alejado de puertas y ventanas.

▶ No prendas velas ni veladoras; sólo se deben usar lámparas de pilas.

▶ Si estás en condiciones de hacerlo, atiende a otros niños, ancianos y enfermos que estén a tu lado.

▶ No avances hacia puertas o ventanas de frente, por si el viento las abre de manera inesperada.

▶ Vigila constantemente el nivel de agua cercana a tu casa.

▶ No salgas hasta que las autoridades informen que pasó el peligro. El ojo del huracán crea una calma que puede durar hasta una hora y después vuelve la fuerza destructora con vientos en sentido contrario.

DESPUÉS

▶ Conserva la calma.

▶ Sigue las instrucciones que te proporcionen en el radio u otro medio.

▶ Reporta de inmediato los heridos a los servicios de emergencia.

▶ Revisa cuidadosamente la casa para cerciorarte de que no hay peligro.

▶ No comas nada crudo, ni de **procedencia** dudosa.

▶ Bebe agua en buen estado.

▶ Mantén desconectados el gas, la luz y el agua hasta asegurarte de que no hay fugas, ni peligro de corto circuito.

▶ Cerciórate de que los aparatos eléctricos estén secos antes de conectarlos.

▶ Si tienes que salir, mantente alejado de áreas de desastre.

▶ Evita tocar o pisar cables eléctricos.

▶ Aléjate de casas, árboles y postes en peligro de caer.

Punto final

Ahora que ya sabes más sobre huracanes, puedes tener mayor seguridad para enfrentar los embates de este fenómeno natural. Seguramente habrás escuchado con anterioridad la expresión "vientos huracanados". Ahora puedes contarle a tus amigos qué significa.

Charlemos sobre huracanes con *Ernesto Márquez Nerey*

Ernesto Márquez Nerey estudió Física en la Universidad Nacional Autónoma de México. Ocupó diversos cargos en el Consejo Nacional de Ciencia y Tecnología de México y actualmente trabaja como Director de Investigación y Asesoría del Museo del Papalote y es Presidente de la Sociedad Mexicana de Divulgación de la Ciencia y la Tecnología (SOMEDICYT).

Felipe Ugalde Alcántara nació en Ciudad México en 1962. Estudió Comunicación Gráfica en la Universidad Nacional Autónoma de México. Durante quince años se ha desempeñado como ilustrador y diseñador de textos escolares, de libros de literatura infantil y de juegos educativos para prestigiosas casas editoriales de México. Ha recibido diferentes premios por su trabajo.

Propósito del autor

El propósito del autor es informar. El texto es un artículo de no ficción que explica fenómenos atmosféricos reales. ¿En qué forma contribuyen a explicarlos las ilustraciones?

Conéctate

Busca información sobre Ernesto Márquez Nerey en **www.macmillanmh.com**

 # Pensamiento crítico

Resumir

Usa la tabla de descripción para resumir
Los huracanes. Asegúrate de incluir en tu
resumen datos descriptivos, características
y otros detalles importantes.

Palabras conectoras	Hechos descriptivos

Pensar y comparar

1. Usa la información que aparece en la página 647 para describir
   las diferencias entre las depresiones, las tormentas tropicales y
   los huracanes. Incluye características de cada uno en tu descripción.
   Analizar la estructura del texto: Descripción

2. Vuelve a leer la página 652. ¿Por qué debes seguir las instrucciones
   de las autoridades durante y después de un huracán? **Analizar**

3. Describe en qué consiste la fuerza destructiva de un **fenómeno**
   de la naturaleza tan peligroso como un huracán. Explica tu
   respuesta. **Analizar**

4. ¿Por qué es importante que haya científicos que investiguen la fuerza
   de los vientos de los huracanes? Explica tu respuesta. **Evaluar**

5. Vuelve a leer "Tormentas en otros planetas" de las páginas 640 y 641.
   ¿En qué se parecen las tormentas que se producen en otros planetas
   a las que se producen en la Tierra? ¿En qué se diferencian? Usa detalles
   de las dos selecciones para apoyar tu respuesta. **Leer/Escribir para
   comparar textos**

Poesía

La **poesía rimada** está escrita de acuerdo a un patrón de repetición de sonidos idénticos o similares en dos o más palabras diferentes.

Elementos literarios

La **personificación** se usa para otorgar características humanas a los animales, los objetos y las ideas.

Las **imágenes** son descripciones o comparaciones que crean impresiones vívidas en la mente del lector.

Viento

Octavio Paz

Cantan las hojas,

bailan las peras en el peral;

gira la rosa,

rosa del viento, no del rosal.

Nubes y nubes

flotan dormidas, algas del aire;

todo el espacio

gira con ellas, fuerza de nadie.

Ejemplo de personificación

Ejemplo de imagen

656

Todo es espacio;

vibra la vara de la amapola

y una desnuda

vuela en el viento lomo de ola.

Nada soy yo,

cuerpo que flota, luz, oleaje;

todo es del viento

y el viento es aire siempre de viaje.

✔ Pensamiento crítico

1. Encuentra otro ejemplo de una imagen en otro de los versos del poema. Describe la impresión que ese ejemplo causa en tu mente. **Imágenes**

2. ¿Qué efecto produce la rima en este poema? **Analizar**

3. Compara y contrasta las ideas sobre el viento en este poema con la información provista en *Los huracanes.* ¿En qué se diferencian? ¿Existe alguna semejanza entre ellas? Usa ejemplos de ambas selecciones para acompañar tu respuesta. **Leer/Escribir para comparar textos**

Conéctate ▶ Busca más información sobre poesía en **www.macmillanmh.com**

Conexión: Lectura y escritura

Escritura

Evidencia relacionada con el argumento

Los buenos escritores usan palabras apropiadas y detalles para apoyar sus ideas en su escritura.

Lee el siguiente pasaje. Observa cómo el autor, Ernesto Márquez Nerey, enumera las consecuencias de los huracanes para mostrarnos que son peligrosos.

El autor explica lo que hacen los huracanes para convencernos de que son fenómenos naturales destructivos.

Fragmento de
Los huracanes

Durante años, los huracanes han devastado ciudades y poblados con vientos enfurecidos y los han inundado con lluvias abundantes. Asimismo, han ocasionado la muerte a miles de personas, destruido comunidades enteras, causado inundaciones y deslaves, arruinado sembradíos, hundido barcos y todo eso porque son fenómenos severos de la naturaleza.

LOS HURACANES
Ernesto Márquez Nerey
Ilustraciones de Felipe Ugalde

Lee y descubre

Lee el escrito de Rotem. ¿Cómo prueba que no es una jugadora muy talentosa? Usa el Control de escritura como ayuda.

El mejor juego
Rotem M.

Lee sobre mi capacidad atlética.

Atrapar un disco volador es más difícil de lo que parece. Yo era buena de revés, pero no de derecha. Me di cuenta cuando le pegué a Sofía en el muslo con mi derecha. El disco dio vueltas y giró en la dirección opuesta. Al final del juego, mientras me alejaba caminando, John me arrojó un tiro largo. Salté y lo atrapé con una mano. Era la primera vez que lo lograba.

Control de escritura

 ¿Nos da Rotem un ejemplo específico de cuando jugó mal?

 ¿Nos muestra que el tiempo que pasó jugando afectó su capacidad en forma positiva?

 ¿Piensas que Rotem mejoraría si jugara más?

Repaso

Hacer generalizaciones
Propósito del autor
Opinar
Palabras con varios significados

El perro MÁS HAMBRIENTO

Allí estaba yo, absorto en mis pensamientos. Tenía una buena historia. Había trabajado muy duro en ella. Además, la había terminado dos días antes de lo previsto. No cabía ninguna duda de que yo, Jonathan Block, estudiante de quinto grado, tenía una gran oportunidad de ganar los $200 del Concurso de Cuento de Quinto Grado de la ciudad. ¿De qué se trataba?

Estaba de pie, junto a la caja de madera con un cartel que decía: PON TU HISTORIA AQUÍ. Estaba a punto de deslizar mi historia por la ranura cuando vi que alguien había dejado un papel arrugado y con las esquinas dobladas. Lo recogí. Era una historia para el concurso. No tenía nombre ni título y la portada estaba desgarrada. No sabía por qué alguien había hecho algo tan extraño.

Luego, vi que al pie de página tenía una nota que decía: "*SI ALGUIEN PUEDE USAR ESTA HISTORIA, HÁGALO. Soy estudiante de cuarto grado y no soy apta. Buena suerte, Señorita X.*"

Ah, ¡ahora sí entendía todo! Traté de imaginar a la señorita X, llegando con muchas esperanzas a leer las reglas del concurso: "sólo estudiantes de quinto grado". ¡Diantre!

Decidí leer la historia. No me pregunten por qué. Quizás sólo para ver si... Era sobre un cachorrito. ¡Fiu! Sentí un gran alivio.

No creí que una historia sobre un cachorrito fuera una amenaza seria, verdadera competencia. Seguí leyendo. La historia parecía demasiado simple. Pero hacia el final del segundo párrafo, era evidente que la Srta. X tramaba algo. Me gustó la forma en que describía el perrito, un beagle: lo llamó "el perro más hambriento de Estados Unidos". El perro tenía tanta hambre que abría el refrigerador, descorría los armarios, empujaba las sillas para acercarse a la mesa, "cantaba" para que le dieran de comer como un cantante alocado, canino semi humano. Se había robado un pavo del Día de Acción de Gracias, un jamón para Navidad, un... Me di cuenta de que estaba sonriendo. ¡Perrillo tonto! ¡Perro loco!

Seguí leyendo. Ahora me reía a carcajadas. ¡Lo que hacía ese bandido era increíble! Se robaba conos de helados, pizzas, comida de gatos, chupetines, ensaladas de huevos... ¡De todo! ¡Cualquier cosa! ¡Saltaba, se zambullía, corría, nadaba! Hasta llegó a treparse a un árbol para conseguir comida. ¡A un árbol!

La historia seguía, había mucho más para leer, pero de pronto me detuve. No porque no fuera buena. Al contrario: porque era muy buena. No cabía duda: era mucho mejor que la mía, mejor que "mi obra de arte", sobre la que tanto había trabajado.

¿Qué debía hacer?

Bueno, en primer lugar, debo decir lo que no hice: presentar la historia con mi nombre. Podría haberla destruido. Pero tampoco lo hice. No pude.

¿Entonces, qué hice finalmente? Me fui a casa y boté mi "obra de arte". Y luego me senté a escribir esta historia, la que estás leyendo. No es tan buena como la de la señorita X, pero si no pude usar su historia, al menos ¡puedo describirla!

Y si yo, Jonathan Black, gano el concurso, todo lo que puedo decir es: Señorita X, donde quiera que estés, si gano los $200, te daré la mitad. No me importa que no puedas postularte. ¡Te lo mereces!

661

Un largo
RECORRIDO

¿CUÁL ES LA DISTANCIA MÁS larga que has corrido? ¿Una milla? ¿Cinco millas? ¿Diez millas? Ahora detente un segundo a pensar en cómo sería correr más de 26 millas sin parar. Eso sucede cuando los maratonistas compiten entre sí en un maratón.

Cuenta la leyenda que el primer maratón que se corrió ni siquiera era una carrera. Sucedió en el año 490 a.C. en la Grecia antigua. La armada griega luchó contra la gran armada persa en las planicies de Maratón. Cuando los griegos ganaron la batalla, enviaron un mensajero llamado Filípides a llevar las noticias a Atenas. Filípides corrió sin parar hasta cubrir la distancia que los separaba: casi 25 millas. Después de dar la noticia sobre la victoria, el joven tuvo un colapso a causa del cansancio y murió. Su esfuerzo nunca fue olvidado.

El primer maratón verdadero se llevó a cabo en 1896, en Atenas, cuando comenzaron los Juegos Olímpicos. Los maratonistas cubrieron las mismas 25 millas que Filípides había recorrido originalmente.

Correr maratones se hizo aun más popular en Estados Unidos después de que Frank Shorter ganara una medalla de oro en las olimpiadas de 1972.

En 1906, en las olimpiadas de Londres, Inglaterra, los organizadores cambiaron la distancia de la carrera a aproximadamente 26.2 millas para que la reina y sus hijos pudieran verla. Hoy en día, esa es la distancia estándar en la mayoría de los maratones.

A lo largo de la historia, el maratón ha sido un símbolo de fuerza y decisión. Muchos maratonistas lo consideran el máximo desafío a sus capacidades. Miles de personas se juntan en las líneas de partida de las carreras más famosas. Muchos se rinden antes de cruzar la línea de llegada. Otros, se desmayan en el camino.

Hoy, la mayoría de los maratonistas toman precauciones para evitar ese tipo de inconvenientes. Muchos trabajan con entrenadores para desarrollar fuerza y resistencia. Comen alimentos saludables para mantenerse en forma y dar a sus cuerpos la energía necesaria para correr. También eligen zapatos especiales y vestimenta adecuada que los ayuda a prevenir ampollas, calambres y enfriamientos durante la carrera. Con estas precauciones, correr maratones es más seguro y más popular que nunca.

Hoy en día, el maratón es sólo uno entre una creciente cantidad de deportes de resistencia, en los que se ponen a prueba los límites de los participantes.

Llegues donde llegues, los expertos de la salud están de acuerdo en que los maratonistas deben correr al principio tramos cortos e incrementarlos de manera gradual, hasta alcanzar distancias más largas durante más tiempo. ¿Y si cada día recorres TÚ una distancia mayor? ¿Cuánto tiempo te llevará ganar una medalla de oro en un maratón olímpico?

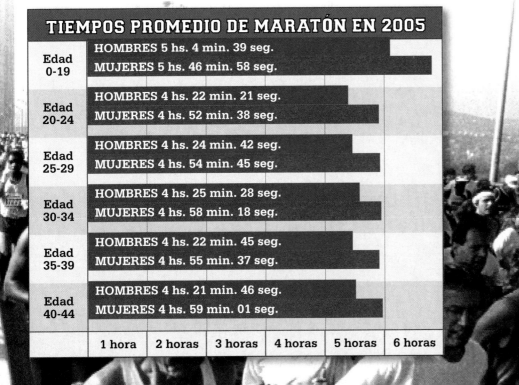

TIEMPOS PROMEDIO DE MARATÓN EN 2005

		1 hora	2 horas	3 horas	4 horas	5 horas	6 horas
Edad 0-19	HOMBRES 5 hs. 4 min. 39 seg. MUJERES 5 hs. 46 min. 58 seg.						
Edad 20-24	HOMBRES 4 hs. 22 min. 21 seg. MUJERES 4 hs. 52 min. 38 seg.						
Edad 25-29	HOMBRES 4 hs. 24 min. 42 seg. MUJERES 4 hs. 54 min. 45 seg.						
Edad 30-34	HOMBRES 4 hs. 25 min. 28 seg. MUJERES 4 hs. 58 min. 18 seg.						
Edad 35-39	HOMBRES 4 hs. 22 min. 45 seg. MUJERES 4 hs. 55 min. 37 seg.						
Edad 40-44	HOMBRES 4 hs. 21 min. 46 seg. MUJERES 4 hs. 59 min. 01 seg.						

Pensamiento crítico

Responde a las preguntas 1 a 4. Basa tus respuestas en la historia "El perro más hambriento".

1. **El autor escribió "El perro más hambriento" para**

    A entretener a los lectores que disfrutan de las historias sobre perros.

    B dar una lección sobre la honestidad.

    C explicar cómo entrenar a un cachorro.

    D mostrar cuáles son los alimentos que causan daño a los cachorros.

2. **¿Qué generalización se puede hacer sobre "El perro más hambriento"?**

    A A todos los estudiantes de quinto grado les gusta leer sobre los perros.

    B Jonathan siempre quiso ganar el concurso.

    C El concurso debería haber aceptado estudiantes de cuarto grado.

    D Jonathan conoce la identidad de la Srta. X.

3. **¿Cuál es el significado de la palabra subrayada en la siguiente oración? La <u>portada</u> estaba arrancada.**

    A un joven mensajero local

    B ubicar a alguien llamándolo por su nombre

    C un acontecimiento histórico importante

    D una hoja de papel en un libro u otro tipo de escrito

4. **¿Piensas que Jonathan hizo mal en usar la historia de la Srta. X? Explica tu respuesta.**

Responde a las preguntas 1 a 4. Basa tus respuestas en el artículo "Un largo recorrido".

1. **¿Cuál de las siguientes afirmaciones es una generalización?**

A   El primer maratón no fue realmente una carrera.

B   Los maratonistas deben comenzar corriendo distancias cortas.

C   El primer maratón olímpico se corrió en 1896.

D   Filípides quedó exhausto con la carrera.

2. **¿Cuál de las siguientes oraciones define el propósito del autor en "Un largo recorrido"?**

A   El autor quiere entretener a los lectores.

B   El autor quiere informar a los lectores.

C   El autor quiere convencer a los lectores.

D   El autor quiere expresar una opinión.

3. **¿Cuál es el significado de la palabra subrayada en la siguiente oración? El primer maratón ni siquiera fue una <u>carrera</u>.**

A   un conjunto de personas que comparten la ascendencia y las características físicas

B   participar en un concurso de velocidad

C   un concurso para ver qué participante es más veloz

D   un conjunto de plantas o animales con características en común

4. **¿Cuál de las siguientes afirmaciones sobre la tabla de la página 663 es verdad?**

A   Las carreras de maratón más rápidas son las que corren los maratonistas más jóvenes.

B   Las maratonistas más rápidas tienen entre 25 y 29 años.

C   Los maratonistas más lentos tienen menos de 19 años.

D   Los maratonistas siempre corren más rápido que las maratonistas.

A escribir

SUGERENCIAS ¿Piensas que los organizadores de los Juegos Olímpicos hicieron bien en revivir la antigua carrera de maratón? Usa detalles del artículo para apoyar tu respuesta. Escribe durante 20 minutos. Escribe tanto como puedas, lo mejor que puedas.

La gran pregunta

¿Qué te haría cambiar tu modo de pensar?

Conéctate

Busca más información sobre cambios de opinión en **www.macmillanmh.com**

A veces parece que las personas nunca cambiarán de opinión. Pero de repente lo hacen, e incluso pueden llegar a convertirse en defensores fervientes de su nueva postura. ¿Por qué? El tiempo modifica el modo de pensar. A veces también aparecen nuevas razones o experiencias que nos hacen cambiar de opinión.

Hace menos de 100 años, las mujeres no tenían derecho a votar en Estados Unidos. Poco a poco las mujeres empezaron a quejarse. Cada vez se sumaban más a las protestas y marchas. Con el tiempo, un grupo suficientemente grande de ciudadanos se convencieron y se modificó la Constitución. En la actualidad, a nadie le parece extraño que las mujeres voten.

Cuando comprendas por qué la gente cambia de opinión, comenzarás a pensar en tus propias opiniones. Quién sabe, ¡quizás cambies tu modo de pensar sobre ciertos temas!

Actividad de investigación

En esta unidad vas a leer sobre personas que cambiaron su punto de vista sobre algo. Busca a alguien a quien una experiencia le haya hecho cambiar su modo de pensar. Escribe sobre esa persona y sobre lo que hizo que cambiara su forma de pensar.

Anota lo que aprendes

Al leer, toma nota de las personas y los personajes que cambiaron de opinión sobre algún tema. Usa el Boletín en capas para organizar la información y tus ideas. En la primera sección, escribe el tema de la unidad: **Cambios**. En cada capa del boletín escribe lo que aprendas cada semana sobre los cambios.

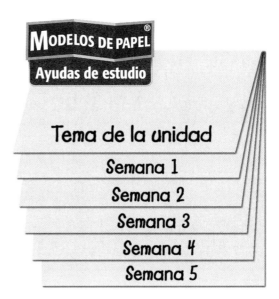

MODELOS DE PAPEL®
Ayudas de estudio

Tema de la unidad
Semana 1
Semana 2
Semana 3
Semana 4
Semana 5

Taller de investigación

Haz la investigación de la Unidad 6 con:

Guía de investigación
Sigue esta guía paso a paso para completar tu proyecto de investigación.

Recursos de Internet
- Buscador por temas y otras herramientas de investigación
- Videos y excursiones virtuales
- Fotos y dibujos para presentaciones
- Artículos y recursos en Internet

Busca información en
www.macmillanmh.com

Gente y lugares

Arturo Alfonso Schomburg (1874-1938)

Historiador, escritor y activista

Se le considera el "Padre de la Historia Negra".

Superar los obstáculos

A platicar

¿Qué haces cuando te enfrentas a una situación difícil?

Busca información sobre superar los obstáculos en **www.macmillanmh.com**

Conéctate

Un sueño cumplido

ilustración de Carl Angel

Vocabulario

azorar   catástrofe

detenimiento   revés

vocación   ilusión

descomponer   sumamente

Claves de contexto

Los **sinónimos** son palabras que tienen significados iguales o muy parecidos. Por ejemplo, *ilusión* y *esperanza* son sinónimos. Cuando leas una palabra nueva o poco familiar, mira a ver si hay un sinónimo cerca que te sirva como clave de contexto.

De niño, Felipe quería ser actor de cine. Un día, su **ilusión** era ser un detective que resolvía casos misteriosos; al siguiente, un pirata que enfrentaba los peligros con su espada y, más tarde, con su máscara y sus guantes de superhéroe, tenía la esperanza de salvar la Tierra de una **catástrofe**. Todo dependía de la película que hubiera visto la noche anterior.

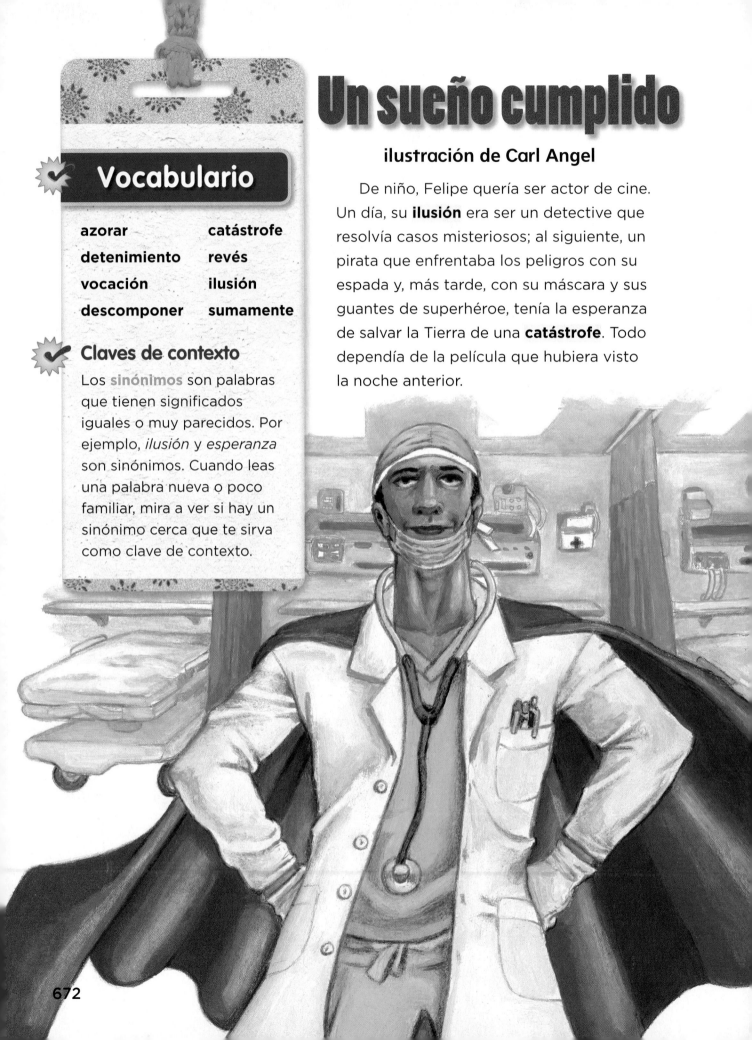

Cuando conoció el teatro, comprendió que su verdadera **vocación** era ser actor "de cine". Le gustó la actuación teatral, pero la primera obra que vio provocó un **revés** en sus planes. En ella, los protagonistas hablaban mucho pero no volaban, ni llevaban una espada. Felipe estaba **sumamente** interesado en aventuras de riesgo, siempre y cuando el peligro fuera de mentira, porque por ese entonces, sólo de ver sangre se **descomponía** hasta desmayarse.

No temía a lastimarse o a que le doliera algo. Ni siquiera lloraba como sus amigos cuando se caía de la bicicleta o se golpeaba jugando. Pero cuando veía sangre, el tiempo se detenía, los sonidos se oían lejanos, veía todo borroso y se desvanecía sin remedio.

Un día, cuando tenía 11 años, vio cuando Paula, su hermanita, se golpeó la cabeza al rodar por las escaleras. Mientras su madre **azorada** llamaba a los paramédicos, Felipe se hizo cargo de la situación y atendió a la pequeña. El paramédico que llegó miró con **detenimiento** la herida en la cabeza de la niña y felicitó a Felipe por haber atendido a su hermana con tanta calma y rapidez.

—Deberías ser médico —le dijo, mientras limpiaba la mejilla de Paula con un algodón.

Felipe notó entonces que sus manos y su camiseta estaban manchadas de sangre ¡y no se había desmayado! Nunca más le pasó y, aunque no lo crean, hoy es un excelente cirujano.

Cuando le preguntan qué pasó con sus sueños infantiles, contesta:

—Bueno, creo que logré cumplirlos —y aclara sonriendo—, aunque no puedo volar, resuelvo casos difíciles con un bisturí, una mascarilla y unos guantes.

Volver a leer para **comprender**

✔ ### Analizar la estructura del cuento
Personaje y argumento

Una tabla de personaje y argumento te ayuda a entender la personalidad de un personaje y la forma en que ésta afecta el argumento. Las características de los personajes y los sucesos son partes de la estructura de un cuento. Usa tu tabla de personaje y argumento mientras vuelves a leer "Un sueño cumplido", para entender las características de Felipe y cómo sus acciones afectan el argumento del cuento.

Personaje	Argumento

Género

La **ficción realista** usa ambientes, personajes y eventos que podrían ser reales.

Estructura del cuento

Personaje y argumento

Al leer, completa la tabla de personaje y argumento.

Personaje	Argumento

Lee para descubrir

¿Cómo afecta el argumento el tipo de persona que Lorna es?

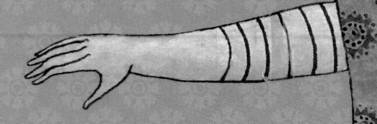

Marte y las princesas voladoras

María Baranda
ilustraciones de Elena Odriozola

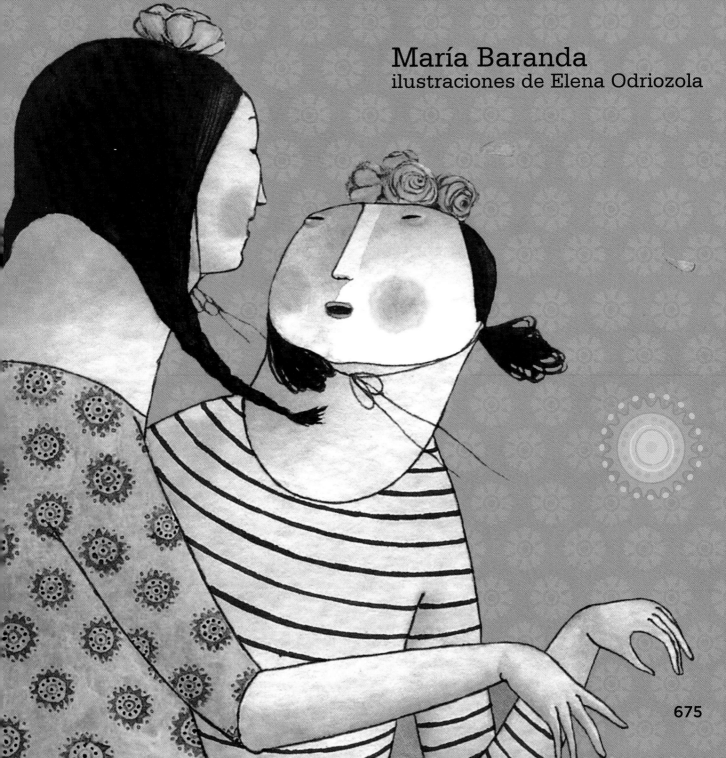

Uno

Rita me contó que el día que nació Mosi, nuestro pato se tragó un tornillo del tamaño de una cucaracha. Mientras mamá y papá estaban en el hospital, Rita le abría el pico a la mascota y metía su mano hasta lo más profundo para rescatar el tornillo. Ese día, mi hermana mayor decidió su **vocación**: sería veterinaria.

Mosi no se parece a mí, que ya voy a la escuela y aprendo cosas como los nombres de los planetas, las divisiones y las multiplicaciones, memorizo las capitales de todos los países, escribo palabras que tengan "v" o "b" y me aburro infinitamente en las clases de inglés.

Mosi tiene la suerte de ir a una escuela en donde le enseñan a recortar figuras de papel rojo, naranja y verde, con formas de círculo o de triángulo; le dicen cómo amarrarse los zapatos, primero por el agujero derecho y después por el izquierdo; le ayudan a coser botones dorados sobre telas brillantes, como de princesas; la invitan a dibujar despacio las letras, de arriba para abajo y de abajo para arriba.

Aunque ya tiene ocho años, uno menos que yo, todavía no se aprende el abecedario. Por eso, algunas tardes, cuando estamos jugando, de pronto Mosi dice "a" de aguacero, "i" de imagina, "t" de trompo, y luego nos reímos a carcajadas porque yo me pongo a girar y girar hasta que digo:

—Tiro, lo tiro y lo vuelvo yo a tirar.

Argumento
¿Cómo crees que afecta la historia el hecho de que Mosi sea diferente de los demás?

Mamá me explicó que Mosi no podrá entrar a una escuela como la mía porque ella nació diferente: cuando todos decimos derecha, ella se va para el otro lado; si le explicas que algo está caliente, Mosi cree que en realidad está frío, como pasa con el agua de la regadera o con los pasteles que a veces hacemos. Es como vivir en otro lugar, un sitio diferente donde todo no es lo que es y al **revés**. A veces he pensado que me gustaría ser como ella: distinta, porque a mi hermana todos le hacen caso, mi mamá siempre le pregunta con una voz suave como de viento:

—¿Qué quieres para comer, Mosi?

Y la verdad mi hermana se aprovecha porque siempre dice una lista larga de golosinas:

—Chocolate, algodón de azúcar, cocada, tamarindo, chicle bomba, pastillitas de menta, gomitas, dulces de colores —y un largo etcétera.

Entonces mamá, en lugar de enfadarse, suelta una larga risa como de tren en una montaña mágica y le dice que mejor algo sano, algo que la alimente. Y luego las dos se abrazan.

En cambio, a mí nadie me pregunta qué quiero para comer, por eso yo me impongo y digo:

—Por si se lo preguntan, a mí me encantaría comer chuletas con puré de papa y sopa de fideos y una gran rebanada de pastel de limón.

Entonces mamá alza una de sus cejas, la derecha, y dice con voz aburrida:

—Lorna, ayer comimos eso.

—Lo sé, mamá, pero a mí me gusta repetir —le digo para convencerla.

Mamá pierde la paciencia conmigo o con Jaro o con Rita. Nunca con Mosi.

Mi hermana tampoco se parece a Jaro, que va en la secundaria y sabe todo de coches: los deportivos y los de transporte, los más rápidos y los que, según él, vuelan como si fueran un cóndor. Dice que de grande va a ser diseñador industrial para hacer sus propios modelos de automóvil y salir a pasear en sus inventos con sus amigos. Hace unos cuantos años, Jaro quería ser alguacil, como en la televisión, para meter a los malos en la cárcel y defender a los buenos. Era cuando mi hermano me saludaba por las mañanas y me jalaba un poco las trenzas para molestarme. Entonces me caía bien porque jugábamos juntos en la calle. Ahora todo es distinto: casi no me mira y, si le pregunto algo, me gruñe.

Por supuesto Mosi tampoco se parece nada a Rita, mi hermana que estudia para ser veterinaria. Ella ya es grande, tiene dieciocho años y sabe muchas cosas: cuántos huevos puede poner una gallina en una semana, qué necesitan comer las lagartijas, cómo respiran los delfines o por qué cantan las ballenas. Dice que más adelante va a vivir en una granja con Mosi para que juntas puedan cuidar un montón de animales.

Mosi no se llama así. Su verdadero nombre es Martha Elena, pero ése es un nombre que suena fuerte, como a tía vieja, dice Jaro, o como un árbol grande y hermoso, según papá. Sin embargo, todos la llamamos Mosi porque así lo decidió. Creo que es porque suena alegre como ella. Mi hermanita tiene una sonrisa de naranja, dulce y redonda, y siempre nos confiesa a todos que nos quiere mucho y nos abraza.

Un día que estábamos jugando en el patio le dije:

—Mamá te está llamando.

—No, a mí no. Yo no me llamo Martha Elena, me llamo Mosi.

—¿Qué?

—Sí, mi verdadero nombre
es Mosi.

—¿Y cómo lo sabes?

—Me lo dijo el viento.

—¿El viento?

Entonces me contó que por las tardes le gusta salir al
patio y treparse al árbol, allí puede sentir cómo el viento
le toca la cara. Me dijo que desde lo alto podía ver muchas
cosas. Por ejemplo, me habló de Rita y de un muchacho con
el que sale por las tardes. Dice que a veces puede ver cómo
se toman de la mano.

Le aconsejé que le contara a mamá lo de su cambio de
nombre y también al resto de la familia, así todo sería más
fácil. Mosi estuvo de acuerdo conmigo porque se levantó
inmediatamente y corrió a contarle a mamá. Entró cantando
en la casa:

—Me llamo Mosi, me llamo Mosi, me llamo Mosi, me
llamo Mosi.

Lo repitió más o menos unas mil veces hasta que Jaro le
aventó un cojín y le dijo que cerrara la boca.

Dos

Mamá la está enseñando a cocinar. Quiere que haga ensaladas y galletas. Mosi es un poco distraída. Algunas veces se le olvida para qué sirven las cucharas o dónde se guarda la mantequilla. Sin embargo, con Mosi todo es mucho más divertido, la taza se convierte en la canción del pirata:

> *Yo tuve, uve, uve*
>
> *en el Mar Caribe, ibe, ibe*
>
> *una espuma, uma, uma*
>
> *blanca como nieve, eve, eve.*

Eso quiere decir que hay que llenar la taza de harina. Y si mamá quiere enseñarle a batir, se pone a cantar:

> *Con mi mano muevo*
>
> *el sol de verano,*
>
> *canto y canto*
>
> *y comienzo de nuevo.*

Mosi y yo nos llevamos bien. Es a la única a la que le cuento las historias de mi escuela. Ella sabe perfectamente que cuando Paulina no va a clases no es porque tenga gripa o le duela la panza, la verdadera razón es que se va con la Reina de los Lirios; y si Gabriel falta varios días, Mosi y yo sabemos muy bien lo que está haciendo: combatiendo al dragón de los lunares amarillos, que es muy peligroso y además puede trasmitir la fiebre pegajosa.

Mosi y yo dormimos en el mismo cuarto. Mi cama es la que está debajo de la ventana, así puedo asomarme a la calle y ver quién sale. La de ella está junto a la puerta, por si necesita algo. A veces, sobre todo cuando llueve, Mosi piensa que se pueden aparecer los monstruos, ésos que visitan las casas y asustan al que se deje, pero yo le explico que a los monstruos no les gusta mojarse y le cuento que lo más probable es que se vayan a casa de nuestro vecino, y luego nos reímos porque no nos cae bien a ninguna de las dos.

A veces tengo problemas con mis amigos para escoger a qué jugamos, en especial con Guillermo, con quien discuto bastante. Por ejemplo, si propongo jugar a policías y ladrones o a las escondidillas él dice cada vez lo mismo: "¡Ay, qué aburrido!" Y luego lo siguen los demás y todo se **descompone** porque suena la campana que anuncia el fin del recreo: la verdad es que perdemos mucho tiempo en ponernos de acuerdo. En cambio con Mosi todo es fácil. Las dos sabemos que jugar a las princesas voladoras significa peinarse sin peinarse o vestirse sin vestirse porque es un juego mágico, donde todo es lo que no es y al revés.

Se trata de un juego que empieza siempre con una pregunta: "¿Con peluca o sin peluca?" Entonces las dos sabemos que ése es el principio de una aventura en donde el día se convierte en noche, las manzanas en peras, los zapatos en nubes, los dientes en ojos y las camas en barcos. Por ejemplo, ayer estábamos en un lago seco en donde teníamos que volar para salir de allí. Una vez afuera, tuvimos que ir a una torre en donde estaban prisioneros dos hermosos buitres: príncipes encantados por una malvada hechicera.

Volar no es fácil. No todo el mundo puede hacerlo. Me refiero a hacerlo de verdad. No como en las películas, ahí todo se ve muy sencillo. Para volar, lo que se dice volar, hay que trabajar mucho. Yo tardé cerca de dos meses en lograrlo. La primera vez estaba en el patio, a un lado del árbol de limones. Me concentré con todas mis fuerzas. Cerré mis ojos y luego abrí mis brazos como si fuera un aeroplano. Y me quedé así, quieta.

Cuando quieres volar de verdad primero sientes miedo. Y el miedo te da frío, mucho frío, porque no sabes si vas a regresar. Para que se te quite el miedo tienes que imaginar el mundo. Un mundo donde nadie habla. Y luego tienes que escuchar el viento. Es como una música que apenas y se oye. Entonces debes pensar en las nubes. Nubes como camino, nubes de muchos colores, rojas, amarillas, azules, verdes. Nubes que te empujan y te llevan alto, muy alto, cada vez más alto. Y cuando crees que ya estás en el cielo debes imaginar el silencio. Como si fuera una luz, una inmensa luz blanca que te invade, te llena todo: los ojos, el cuerpo, los pensamientos. Y entonces, sólo entonces, puedes volar. Cuando le conté a Mosi ella me dijo:

—Yo no quiero volar.

—¿Por qué? Es maravilloso.

—Porque me da miedo el silencio.

No le insistí. Pero cada vez que vuelo ella está allí esperándome y siempre, siempre, me pregunta cómo me fue.

Tres

Antes era diferente. Antes es una palabra difícil.
A lo mejor es porque tiene una "a" al principio y esa letra
permite la entrada a muchas cosas.

Antes Jaro no gruñía, como ya dije.

Antes yo invitaba a mis amigas.

Antes íbamos a varias partes.

Todo comenzó el día en que Mosi se comió cinco panes
con mermelada y después le dolió la panza; Jaro llegó feliz
porque había metido un gol de cabecita; Rita terminó con
Zubin, su novio porque… ya no me acuerdo. Sin embargo,
había una pregunta que mi hermana mayor le hacía a mamá
cada vez que lloraba:

—¿Me entiendes?

Y luego ya no podía ni
comer ni hablar ni contar
más cosas horribles
que ese Zubin le había
hecho.

—¿Me entiendes?
—volvía a decir y parecía
que era el principio de un cuento
muy triste que jamás terminaba.

Aunque ese día a mí no me sucedió nada en especial, en mi familia se le quedó el nombre de "el día de la **catástrofe**", como dijo mamá. Se acercaba la navidad y teníamos una gran **ilusión** por la fiesta, los regalos y todo lo que pasa en esas fechas: pastorelas, iluminación con focos en la calle y las casas y, sobre todo, unas buenas vacaciones.

Cada año, nuestra vecina, la señora Amor, hace una posada a la cual invita a todos los niños de la cuadra. Hay ponche, piñatas, dulces y hasta un burro de verdad que podemos montar. Pues esa vez Rita se quedó en la casa porque no paraba de llorar, Jaro se fue con un amigo y yo había quedado de verme con unas vecinas.

Sucedió que mamá tuvo que ir al dentista y me dijo que llegaría un poco después. Me pidió que me hiciera cargo de Mosi.

Aquella tarde llegamos temprano. Mi hermana y yo ayudamos a la señora Amor a repartir las velitas para cantar la pastorela. Ese fue el comienzo del problema: nunca me di cuenta de que mi hermana se guardaba en las bolsas de su vestido varias velas. Poco a poco llegaron todos los niños del barrio, casi cuarenta. La señora Amor empezó a prender las velitas de una en una y Mosi y yo la ayudamos. Hubo un momento en que ya no vi a mi hermana porque saludé a unas vecinas. Y entonces empezamos a cantar. Cuando estábamos en la parte que dice "Aquí no es mesón, sigan adelante", alguien dio un grito espantoso. Cuando volteé hacia la casa un hilito de humo gris salía de una de las ventanas de la sala. Alcancé a escuchar que alguien decía:

—Fue Mosi, ¿quién más?

Y sentí un frío horrible en mi corazón.

Mosi no se lastimó ni tampoco le hizo daño a nadie. Sólo quemó un poco, poquito, las cortinas. Después me contó que quería ver la luz del silencio, ésa que te ayuda a volar.

Pasó todo un día hasta que mamá y papá pudieron ir a casa de la señora Amor a pedir una disculpa.

—¿Por qué? —preguntó Jaro—, si no fue a propósito.

Mis papás no supieron qué decir. Rita hizo un delicioso pastel de elote. Todos debimos peinarnos y lavarnos la cara.

Mamá dijo que sólo ella y papá hablarían e inmediatamente voltearon a ver a Jaro. Yo sé por qué hacen eso: Jaro piensa un poco diferente de ellos. Por ejemplo, si papá dice: "Es rojo", Jaro opina exactamente lo contrario: "Es azul". Mamá dice que eso sólo confunde a las personas.

La señora Amor nos hizo esperar un poco, para nuestra suerte. Así pudimos ver con mucho **detenimiento** los cuadros que están en su sala: hay uno que tiene nubes de color marrón y sobre ellas están pintados muchos borregos. Hay otro con dos naranjas, tres plátanos, un pato muerto que está sobre una mesa y junto a él un cuchillo enorme clavado en una tabla de madera. Cuando estaba viéndolo con atención, Mosi, que se había puesto su vestido blanco, el que usa para las fiestas, se puso a llorar. Papá pensó que tenía miedo de la señora, pero yo supe qué le pasaba: ella se imaginó que nuestro pato algún día podía terminar así. Entonces le expliqué que el cuadro era de mentira y que eso no le iba a pasar nunca a nuestra mascota.

—¡Ya cállate! —me dijo Jaro—. La pones más nerviosa.

Pero no es cierto. Mi hermano no entiende nada.

Un segundo después entró la señora Amor con unas bebidas color verde para todos. Luego nos sugirió a mis hermanos y a mí que fuéramos a saludar a la cacatúa que estaba afuera. Jaro dijo que a él no le interesaban las aves y la señora le contestó que de todas maneras lo invitaba a visitar su patio.

Nunca supimos de qué hablaron papá y mamá con ella. Pero después de esa tarde jamás volvimos a ir a las posadas de la señora Amor.

Rita dijo que esa señora no le hacía honor a su apellido. Papá y mamá no dijeron nada, pero desde entonces se le quedó el nombre de "el día de la catástrofe". Por eso decía que antes era antes.

Cuatro

Hace dos días mi mamá invitó a comer a la tía Roberta, una prima de mi papá que usa unas faldas enormes que llegan hasta el suelo, se sabe muchas historias, ha viajado en submarino y adora la gelatina de fresa.

Mosi ralló las zanahorias de la comida y mamá frió unas sardinas. Papá llegó temprano del trabajo, Jaro se lavó las manos sin que nadie se lo pidiera, Rita no vino porque no le daba tiempo, y a mí me tocó poner la mesa con el mantel de flores moradas, el elegante. La tía Roberta trajo de regalo, obvio, una gelatina de fresa que ella misma había preparado. Mosi se la quiso comer al principio y mamá no la dejó. Jaro se enojó mucho y le dijo que la dejara en paz, que de todas maneras la gelatina, como otras cosas, habían llegado a la casa por ella. ¿Qué quiso decir?

Entonces la tía Roberta, se acomodó en su silla, se subió un poco la enorme falda roja, se sirvió un montón de sardinas y con una voz como de capitán de barco le preguntó a Jaro qué pensaba ser de grande. Mi hermano comenzó su aburrida plática sobre llantas y motores, pero a la tía le pareció **sumamente** interesante. Contó que ella tenía un amigo mecánico que le había enseñado muchas cosas. Creo que a Jaro eso le cayó un poco bien. Poquito, porque cuando terminó la conversación sobre coches no volvió a sonreír para nada. Al llegar al postre, o sea a la gelatina, la tía Roberta empezó a contarnos una historia. Mosi aplaudió porque le encantan los cuentos. La verdad es que también yo me emocioné porque en casa nadie cuenta nada a la hora del postre. Jaro dijo:

—Con su permiso, los cuentos no son para mí.

Pero la tía Roberta recordó que en Freslandia, una isla lejana, no está permitido levantarse cuando alguien empieza a contar una historia: le cortan la cabeza, aseguró. Y como ya les conté que su voz es fuerte como de capitán de barco, y que ha viajado hasta en submarino, mi hermano tuvo que quedarse.

Hubo un silencio verde como de lagartija y nadie se movió.

La tía Roberta empezó a contar la historia de Marte, el planeta rojo. Dijo que se parecía mucho a la Tierra porque tenía agua y varios cráteres y que se creía que había tenido vida. Habló de sus volcanes, sus valles y, por supuesto, de sus colores: de sus rocas color naranja y de la fina arena roja que lo cubre. Dijo que se parece a la Tierra, pero que es completamente diferente. Y que se ha podido estudiar muy poco sobre él. A Jaro le emocionó la plática. Hasta comentó que antes, de niño, alguna vez soñó con ser astronauta. Mosi aplaudía por todo. Y la tía Roberta, cada vez que podía, la abrazaba o le daba un beso.

Creo que a mamá y a papá nunca les interesó nada de nada lo de ser astronautas porque no sonreían ni decían cosa alguna. Estaban como a la espera de que algo pasara. Al final, cuando ya no quedaba gelatina, la tía Roberta dijo que para ella Mosi era como Marte. Igual que nosotros pero diferente. Después sacó un chicle enorme, de fresa, por supuesto, y lo repartió entre todos. Ella hizo una bomba gigante como jamás había visto una. Mosi puso su mano delante y la tronó. La tía, entonces, se rio tanto que pensé que su risa iba a salir por la ventana como un huracán y nosotros con ella. Cuando se calmó, y ante nuestros **azorados** ojos, se puso a contar que algunas personas nacen diferentes como si fuera un día que se parte en dos mitades: unos viven de un lado y ven las cosas de cierta manera y otros viven del otro lado y ven todo distinto. Al decir esta palabra vi cómo mi hermana sonreía. Y me sentí bien. Porque cuando uno es diferente a todos, a los otros, es como tener agua calientita en el corazón.

Aunque la verdad también sentí un poco feo, porque a Mosi le había pasado algo que a mí no: la tía Roberta, además de quererla, entendía muchas cosas de ella. Yo no tengo a nadie en la familia que pueda decir: "Lorna es muy especial, es distinta porque sabe cómo volar."

Entonces papá se levantó y abrazó a mi hermana. Dijo que para él, Mosi era su amuleto de la buena suerte. Contó que desde que ella llegó a la familia siempre había tenido trabajo. Luego la tía Roberta puso cara de renacuajo: infló los cachetes, se le saltaron los ojos, arqueó las cejas y así nos preguntó que cómo nos iba con todo lo demás.

—¿Lo demás? ¿A qué te refieres? —le preguntó mamá mientras se mordía el labio de abajo como hace siempre que está preocupada.

—Sí, lo demás, la gente, los amigos, ¡cuéntenme! —dijo desinflando sus enormes cachetes.

Hubo un silencio frío como de hielo, muy incómodo, que Jaro rompió:

—Aquí no viene nadie hace mucho ni tampoco nosotros vamos a…

No pudo terminar porque mamá lo interrumpió:

—Es muy difícil, ¿sabes? Es como si nos tuvieran miedo.

—¡Pero claro! —dijo la tía Roberta como si eso fuera lo más normal del mundo—. Es como en el Polo Norte: creen que sólo hay pingüinos y, por supuesto, es una gran mentira. Pero ya nadie quiere hacer viajes largos a lugares lejanos ni conocer de verdad otras maneras de vivir y de ser…

—Sí —la interrumpió papá con voz triste.

Yo pensé en volar. En cerrar mis ojos e irme lejos, lejos, hasta llegar al silencio. Entonces, no sé por qué, me dieron ganas de llorar. Y lo hice. De pronto Mosi me tomó de la mano y dijo:

—Yo quiero a mi hermana porque ella juega conmigo

—y me abrazó con fuerza. Luego me compartió una de sus galletas rellenas de malvavisco, y qué bueno, porque son las favoritas de las dos. Nos pusimos a comerlas como más nos gusta: las abrimos para empezar por el relleno y después nos comemos lo de afuera. Y nos reímos porque mi hermana me susurró al oído: "¿Con peluca o sin peluca?" Y aunque no era precisamente el momento para nuestro juego favorito, algo en sus palabras me hizo sentir que yo tenía con ella un lugar especial en donde podía refugiarme.

La tía Roberta sacó de una enorme bolsa de plástico que llevaba unos huevos pintados de colores muy extraños. Nos dio uno a cada quien, dijo que le había tomado mucho tiempo lograr esos dibujos: todos tenían flores pequeñas, casas diminutas, animales microscópicos, pero el mío, no puedo entender por qué, tenía a una niña pequeñita que volaba. Y me sentí bien.

Después, la tía Roberta comentó entre risa y risa que la vida es así: un juego en el que todos disfrutamos.

Cuando se fue, vi que Jaro abrazaba a Mosi y le decía algo al oído que la hizo reír. Antes de salir me tocó la cabeza y me dijo:

—Adiós, trencitas.

Y yo me sentí un poco ridícula, no mucho, porque por lo menos esta vez mi hermano no me había gruñido.

Personaje
¿Qué te dice del carácter de Mosi su reacción al ver llorar a su hermana?

Cinco

Hoy en la escuela, el maestro nos dejó de tarea escribir sobre qué queremos ser de grandes. A mí casi siempre me da flojera hacer la tarea, pero esta vez me dieron ganas de pensar en algo divertido. Le saqué punta a mi lápiz verde y después al azul, mis colores favoritos. Luego los mordisqueé un poco. Siempre he pensado que el verde sabe mejor que el azul. Estuve así un buen rato sentada en la mesa de la cocina, pero no se me ocurría nada. Jaro entró a beberse la leche del refrigerador directamente del empaque. ¡Qué asco! Luego mamá se puso a limpiar unos ejotes para la cena. Le platiqué de mi tarea y me contó que de niña ella soñaba con ser domadora de tigres en un circo. Me pareció que mi mamá era muy valiente.

Cuando me quedé sola, primero pensé que me gustaría entrenar delfines para poder nadar con ellos y jugar. Pero se me ocurrió que podía ser muy aburrido estar todo el día metida en el agua. A veces he pensado en trabajar en un zoológico para estar cerca de las jirafas y de los camellos. Sin embargo, me acordé de los dientes de los cocodrilos y me dio miedo. Además, Rita me contó que hay mucho trabajo: casi siempre los animales están enfermos. Entonces se me ocurrió ser astronauta como antes quería ser Jaro. Me imaginé que podía llegar en mi nave espacial hasta Marte: el planeta diferente. Y sonreí porque allí, entre sus valles y volcanes apagados, supe lo que quería ser.

Al día, siguiente leímos en voz alta la tarea. Varios de mis compañeros querían ser lo mismo que sus papás: arquitectos, abogados o doctores. Algunas de mis amigas pensaban en ser maestras, otras querían bailar o actuar en las películas. Guillermo dijo que él iba a ser detective y, la verdad, a todo el mundo le gustó la propuesta. Al llegar mi turno, sentí que mi voz se hacía fuerte como la de los leones:

—Cuando sea grande voy a escribir cuentos de seres especiales que viven en planetas diferentes.

Al principio nadie dijo nada, pero después varios opinaron que también era una idea estupenda. Luego dije que pensaba ilustrar mis historias: pintaría de colores los planetas. Conté que yo veía a Urano, morado, a Saturno, amarillo, a Plutón, café con rayas blancas, a Venus, rosa con una cinta plateada al centro.

Entonces Guillermo y yo empezamos a discutir como siempre. Él dice que Urano y Plutón deben ser azules y que, en cambio, Marte y la Tierra necesariamente son verdes. Cuando le pregunté por qué necesariamente, me contestó que era obvio: todos pensaban igual que él y veían las cosas de la misma forma. Pero Guillermo no sabe nada de nada. Nunca ha ido a Marte a visitar sus volcanes ni tampoco tiene, como yo, a alguien muy especial que le permite vivir de una manera diferente. Y cuando se lo dije me sentí feliz.

El maestro nos pidió que hiciéramos un dibujo. El mío, además de tener a Marte dibujado en color rojo brillante, con una cinta naranja al centro, tenía a dos niñas tomadas de la mano; una de ellas con los ojos cerrados, como si estuviera volando; la otra sólo estaba allí, esperándola. Jugaban a las princesas voladoras, donde todo es lo que no es y al revés.

Entendamos las diferencias con María Baranda y Elena Odriozola

María Baranda es una narradora y poeta reconocida. Nació en México y ha escrito 9 libros infantiles. "Escribir para niños ha sido una decisión de mucha voluntad y de un enorme descubrimiento. Me ha ayudado a vincularme con ese tiempo en que buscaba mis propias historias", dice.

María ha recibido muchos premios. Vive en Cuernavaca, México, con su esposo y sus dos hijas.

Otro libro de María Baranda

Elena Odriozola ha ilustrado más de treinta libros infantiles. Nació en San Sebastián, al norte de España, y aún vive allí, en el lugar donde creció y aprendió, rodeada de colores, plumas, papeles, libros y pinceles. Su padre y su abuelo también dibujaban. Para ella su trabajo consiste en reflejar la historia de un libro a su manera y jugar con la imaginación.

Conéctate Busca información sobre María Baranda y Elena Odriozola en **www.macmillanmh.com**

✔ Propósito de la autora

Los escritores de ficción suelen escribir para entretener, pero también pueden tener otro propósito. ¿Qué pistas te indican si María Baranda tenía más de un propósito al escribir *Marte y las princesas voladoras*?

Pensamiento crítico

Resumir

La tabla de personaje y argumento te ayudará a resumir *Marte y las princesas voladoras* en tus propias palabras.

Personaje	Argumento

Pensar y comparar

1. *Marte y las princesas voladoras* está escrito desde el punto de vista de Lorna, la hermana de Mosi. ¿Qué cosas dice Lorna sobre Mosi que te ayudan a comprender mejor a Mosi? ¿Qué rasgos de Lorna contribuyen al desarrollo del argumento del cuento? Usa detalles del cuento para apoyar tu respuesta. **Estructura del cuento: Personaje y argumento**

2. Vuelve a leer las páginas 686 y 687. Cuando alguien dice "Fue Mosi, ¿quién más?": ¿qué piensas de la opinión que tienen los vecinos de Mosi? Usa detalles del cuento en tu respuesta. **Analizar**

3. Algunas personas podrían pensar que tener un familiar discapacitado es una **catástrofe**. ¿Qué opinas tú? ¿Cómo te sentirías tú si alguien pensara eso de ti? **Analizar**

4. ¿Qué quiere decir la autora en este pasaje: "Porque cuando uno es diferente a todos, a los otros, es como tener agua calientita en el corazón". Explica tu respuesta. **Evaluar**

5. Vuelve a leer "Un sueño cumplido" de las páginas 672 y 673. ¿Qué parecidos encuentras entre Lorna y Felipe? Usa ejemplos de las dos selecciones para acompañar tu respuesta. **Leer/Escribir para comparar textos**

Poesía

Los **poemas líricos** expresan sentimientos intensos del poeta y podrían cantarse.

Elementos literarios

Las palabras **riman** cuando sus terminaciones son iguales o casi iguales. Suele haber rima al final de los versos de un poema.

Una **anáfora** es la repetición al comienzo de un verso o de varias frases.

Poema

Gabriela Brimmer

Yo no sé caminar
sé volar
Yo no sé hablar
sé escuchar
la música
y las palabras
de Joan Manuel
Serrat
Yo no sabré subir
sé escalar
y no sabré andar
pero me sé sentar
a contemplar
una puesta de sol
en la montaña
y en el mar
Yo no sabré ver
pero sí mirar
los ojos de mi perro
que no pueden
hablar.

Pensamiento crítico

1. ¿Cuáles son ejemplos de anáfora en este poema? **Repetición**

2. Lee el poema en voz alta. En qué forma la rima te ayuda a leer el poema? **Evaluar**

3. Compara el poema de Gabriela Brimmer con *Marte y las princesas voladoras*. ¿Qué parecidos encuentras entre los sentimientos de Lorna y su hermana y los sentimientos expresados en el poema? **Leer/Escribir para comparar textos**

Busca información sobre poesía en **www.macmillanmh.com**

Escritura

Distintos tipos de oraciones

Los escritores usan **distintos tipos de oraciones** para facilitar la lectura de sus textos y hacerlos más interesantes.

Conexión: Lectura y escritura

Lee el siguiente pasaje. Observa cómo la autora, María Baranda, usa diferentes tipos de oraciones.

Fragmento de
Marte y las princesas voladoras

> La autora acelera el ritmo del texto usando oraciones cortas.

Antes era diferente. Antes es una palabra difícil.

A lo mejor es porque tiene una "a" al principio y esa letra permite la entrada a muchas cosas.

Antes Jaro no gruñía, como ya dije.

Antes yo invitaba a mis amigas.

Antes íbamos a varias partes.

Todo comenzó el día en que Mosi se comió cinco panes con mermelada y después le dolió la panza; Jaro llegó feliz porque había metido un gol de cabecita; Rita terminó con Zubin, su novio porque. . . ya no me acuerdo.

Lee y descubre

Lee el escrito de Isabel. ¿De qué manera Isabel varió los tipos de oraciones para resaltar su estado de ánimo? Usa el Control de escritura como ayuda.

Pintar

Isabel K.

¿Qué debería pintar? Estoy confundida. De pronto, se me ocurre algo: puedo pintar mi personalidad y cómo me siento en este momento. Empiezo a pintar distintas figuras con distintos colores que muestran distintos sentimientos. Trazo una línea entre cada una, para mostrar que están relacionadas pero son diferentes. Entonces al final, agrego un poco de marrón suave sobre todos los colores para mostrar mi superficie. Es muy divertido.

Lee sobre el tema interesante que escogí para mi escrito.

Control de escritura

 ¿Incluye Isabel algunas oraciones cortas y otras que son mucho más largas?

 Cuando lees la historia en voz alta, ¿te parece que es la voz de otra persona que intenta decirte algo?

 ¿Por qué comienza y termina Isabel su artículo con **oraciones** cortas?

CRECER

A platicar

A medida que crecemos nos hacemos más listos. ¿En qué te has hecho más listo a medida que has ido creciendo?

Conéctate ▶

Busca más información sobre crecer en **www.macmillanmh.com**

Metiche y el puercoespín

Susannah Heil

Metiche sabía que debía estar en el jardín, pero hoy habían dejado abierta la puerta. Cada vez que la cachorra movía la cabeza hacia la izquierda, podía **divisar** el bosque al final de la calle. Disfrutaba esta breve mirada al bosque. Le hacía recordar que sus dueños la llevaban allí cuando salían a hacer ejercicio.

Para Metiche no había nada más lindo que echarse a correr entre los árboles y oler las flores. El bosque estaba **apartado** y casi nadie lo visitaba, excepto los que pertenecían al vecindario. Metiche pensó que no habría problema si iba a explorar un rato. Después de todo, por algo se llamaba Metiche. El nombre describía su **comportamiento** habitual, el de todos los días.

Hoy, debía mantenerse especialmente quieta durante su salida. Su vecino, el señor García, estaba pescando en el arroyo. Metiche pasó **sigilosamente** por el lado de su vecino y, afortunadamente, se dirigió al bosque sin despertar su atención.

Poco después de llegar al bosque, una mariposa se posó indiferente sobre la nariz de Metiche. Trató de alcanzarla con la pata, pero la mariposa se **escabulló**. Luego, Metiche la divisó nuevamente en un arbusto de bayas. Cuando la tuvo a una distancia suficiente para atraparla, saltó. La mariposa revoloteó y voló fuera del alcance de Metiche una vez más, pero para la cachorra era demasiado tarde para detenerse. Con un **jadeo**, cayó justo encima del arbusto. Al principio se quedó asombrada por la rápida caída, pero luego se asustó al darse cuenta de que ¡había quedado cara a cara con un puercoespín dormido! El puercoespín estaba **acurrucado** cómodamente bajo el arbusto.

La llegada del ruidoso visitante despertó al puercoespín. Metiche no le tenía miedo. Sin embargo, sentía curiosidad. Nunca antes había visto un puercoespín; se acercó suavemente y lo olfateó. Para ese entonces, el puercoespín ya se había dado vuelta. Tenía erizadas las púas de la cola, listas para atacar. De pronto, Metiche descubrió que tenía la nariz llena de púas.

Metiche, **desconcertada**, intentó sacarse las púas con la pata, pero estaban muy clavadas. Entonces, no le quedó más remedio que ir a su casa tras esta desagradable experiencia. Cuando el señor García la vio aproximarse comenzó a reír:

—Metiche —dijo—. Veo que una vez más has hecho honor a tu nombre. Has metido la nariz justo donde no debías.

Volver a leer para **comprender**

 Evaluar
Propósito del autor
Los autores escriben para informar, convencer, preguntar o entretener. La tabla de propósito del autor te ayuda a evaluar la información de una historia para descubrir el propósito del autor. Usa la tabla para hallar el propósito del autor mientras vuelves a leer la selección.

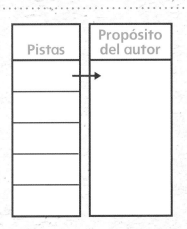

Pistas	Propósito del autor

Género

La **ficción realista** cuenta una historia inventada que podría pasar en la vida real.

Evaluar

Propósito del autor

Al leer, usa la tabla de propósito del autor.

Pistas	Propósito del autor
→	

Lee para descubrir

¿Con qué propósito escribió el autor una historia acerca de Carlos?

Carlos
y el
zorrillo

Selección
premiada

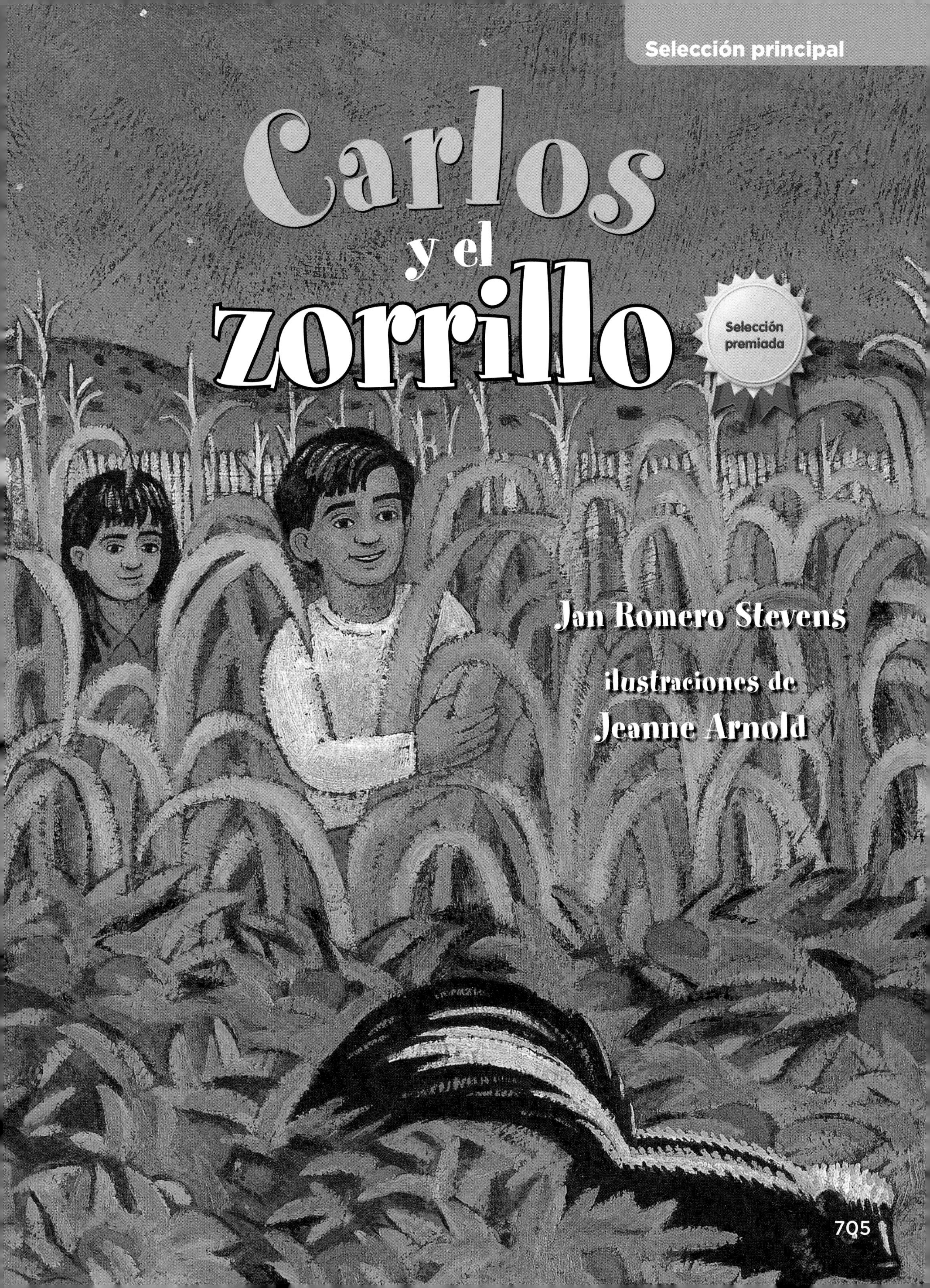

Jan Romero Stevens

ilustraciones de
Jeanne Arnold

Carlos no podía acordarse cuánto tiempo hacía que él y Gloria eran mejores amigos.

Cuando eran niños, la mamá de Gloria tenía que sentarlos a la mesa sobre catálogos viejos para que pudieran alcanzar a verla mientras ensartaba los chiles rojos o hacía bolitas de masa para hacer tortillas. Si estaban en la casa de Carlos, su mamá los dejaba jugar en el jardín mientras ella separaba los brillosos chiles verdes, los rojos tomates maduros y los dulces elotes.

Parecía que Carlos y Gloria siempre estaban juntos, pero con el pasar de los años los sentimientos de Carlos hacia su amiga empezaron a cambiar. Comenzó a contemplarse en el espejo, peinándose de esta manera y de ésa para ver cómo se veía mejor. Empezó a lucirse ante Gloria, queriendo que ella se fijara en lo valiente e inteligente que se estaba haciendo.

Carlos y Gloria vivían en el fértil valle de Española que se **acurrucaba** en las montañas del norte de Nuevo México. Sus casas de gruesas paredes de adobe, con sus altos techos de hojalata y sus jardines idénticos, estaban a poca distancia la una de la otra.

Todos los días cuando regresaban de la escuela, Carlos y Gloria hacían sus quehaceres. Deshierbaban el jardín, les daban de comer a las gallinas y hacían su tarea. Después de cenar tenían permiso para jugar.

Un anochecer en el otoño, cuando estaban corriendo por la milpa de maíz jugando a las escondidillas, entrevieron un zorrillo rayado **escabullirse** por las sombras del jardín. Los niños habían visto al zorrillo muchas veces. Tenía sólo dos dedos en la pata derecha y lo habían apodado Dos Dedos.

Gloria tenía miedo de hacer enojar al zorrillo y nunca se le acercaba. Pero una tarde, Carlos, queriendo impresionar a Gloria, se le acercó más hasta poder ver claramente la angosta raya blanca que le corría de la cabeza a la punta de cola.

—Carlos, ten cuidado —murmuró Gloria mientras Carlos se acercaba poquito a poco al zorrillo.

—Gloria, no te preocupes. Yo sé cómo prender un zorrillo, —Carlos le dijo con alarde—. ¿Sabes lo que oí? Si agarras un zorrillo por la cola no te puede rociar.

Gloria se tapó la boca y se rió.

—Ay, Carlos —le respondió—. No puedes creer todo lo que te dicen.

—Pero es cierto —Carlos le insistió a su dudosa amiga, llenándose así de más determinación que antes para demostrarle que tenía razón. Se durmió esa noche reflexionando en cómo iba a prender el zorrillo.

> **Propósito del autor**
> ¿Con qué propósito escribió la autora esta escena?

Para el día siguiente, Carlos había pensado llevar a Gloria a pescar, así que se levantó temprano y se vistió. Su mamá preparaba tortillas de harina calientitas, huevos estrellados y salsa fresca para el desayuno. La salsa era una tradición familiar en la casa de Carlos. Hecha de tomates y chiles verdes de su propio jardín, la salsa era picosa y sabrosa. Carlos se la ponía a casi todo —desde el desayuno hasta la cena.

Después de desayunar, Carlos corrió afuera para tomar su caña de pescar y un bote de gusanos. Al dar la vuelta a la casa, vio que Gloria lo esperaba junto a la reja. Cuando empezaron a caminar por la vereda vieron a Dos Dedos en el jardín.

¡Qué suerte! pensó Carlos. "¡Esta vez voy a agarrar a Dos Dedos!"

Carlos nunca pensó en lo que haría con el zorrillo si en verdad lo agarraba, sino que empezó a acercársele **sigilosamente** por detrás. Se acercó más hasta que estaba a unas pulgadas de él. Por sólo un instante, Carlos vaciló, entonces le guiñó a Gloria antes de estirar el brazo y agarrarle la cola al zorrillo. En un instante, el zorrillo arqueó la cola y roció a Carlos de pies a cabeza.

Con un jadeo, Carlos se fue de espaldas y cayó sobre la tierra. Estaba tan asombrado que casi no comprendía lo que había pasado. Nunca había olido algo tan fuerte. Tenía comezón en los ojos, tosía, bufaba y se sonaba la nariz. Hizo un esfuerzo para no llorar enfrente de Gloria.

Indiferente, Dos Dedos desapareció por la orilla de un arroyo y Carlos corrió hacia el río —dejando a Gloria y a la caña de pescar en la distancia.

Carlos escogió un lugar **apartado** y se quitó la ropa lo más rápido posible. El olor era insoportable. Se echó al río y lavó la ropa, entonces la colgó en una rama para que el sol la secara. En la tarde la ropa se había secado, pero el fuerte olor todavía persistía, especialmente en los zapatos. Se vistió y tomó el camino más largo para llegar a casa, subiendo y bajando por las orillas de los arroyos recogiendo piñones. Cuando por fin llegó a casa, se quitó los zapatos cuidadosamente y los dejó al lado de la puerta de atrás.

Cuando su mama entró a la cocina, se dio cuenta de un extraño olor, pero antes de que le preguntara nada, Carlos se escabulló por la puerta al jardín.

Carlos había oído que el jugo de tomate ayudaba a quitar el olor de zorrillo, así que recogió todos los tomates maduros que pudo encontrar y se metió al baño sin que nadie se diera cuenta. Exprimió los tomates en la tina y se los untó por todo el cabello, restregándose con una toallita lo más fuerte posible.

Creyendo que olía mejor, se metió a la cama y pronto se quedó dormido después de ese día tan desagradable.

El día siguiente era domingo, Mamá se había levantado temprano y estaba formando las tortillas entre las manos.

Carlos se había puesto su mejor par de pantalones y su mejor camisa antes de sentarse a la mesa.

—Carlos te ves muy bien para ir a misa esta mañana —le dijo su mamá mientras se quitaba el mandil de florecitas—. ¿Dónde están tus zapatos?

—Están afuera, Mamá. Voy por ellos cuando nos vayamos —le dijo Carlos, sintiéndose un poco incómodo.

La familia de Carlos caminó a la iglesia que estaba cerca su casa. Cuando llegaron se sentaron en una de las últimas bancas. Carlos estaba contento de poder sentarse al lado de Gloria.

Pero algo muy curioso ocurrió en la iglesia ese día.

Cuando el coro empezó a cantar, algunos de los cantantes empezaron a hacer gestos y a cubrirse la nariz con sus pañuelos. El Padre, mientras caminaba al altar, estornudó varias veces y se aclaró la garganta.

Las personas en las primeras filas se miraron **desconcertadas**. Las mujeres se empezaron a abanicar las caras vigorosamente con los programas religiosos. Los niños comenzaron a retorcerse y a taparse la nariz. Poco a poco este extraño **comportamiento** fue contagiando a la gente que estaba sentada al fondo de la iglesia.

Carlos no podía entender lo que estaba pasando hasta que se vio los zapatos. Estaba sentado junto a un escape de aire del sistema de calefacción de la iglesia. El olor de sus zapatos, los cuales se le había olvidado limpiar después de que Dos Dedos lo había rociado, se estaba filtrando por los escapes de aire por toda la iglesia.

—Papá, creo que debemos irnos a casa —murmuró Carlos, esperando que nadie se diera cuenta que él era el responsable por el horrible olor.

Algunas familias empezaron a caminar hacia la puerta. El Padre les dio permiso para que se retiraran antes de terminar la misa.

Avergonzado, Carlos se abrió paso y se salió de la iglesia. Oyó que Gloria lo llamaba, pero huyó por la puerta y se fue corriendo a casa. Se desamarró los zapatos, se los quitó, y los dejó en el escalón de la puerta de atrás. Entonces se apresuró a su habitación y cerró la puerta.

Carlos estaba preocupado porque no sabía cómo iba a deshacerse de los apestosos zapatos, así que se quedó en su cuarto hasta que su mamá lo llamó a cenar. Mientras comían, sus papás se dieron cuenta que estaba muy callado pero no le dijeron nada.

Por fin, cuando habían terminado de comer, Papá se dirigió a Carlos.

—Carlos, me he dado cuenta que los zapatos te quedan apretados —le dijo, echándole una mirada a Mamá—. Creo que es hora de comprarte un par nuevo.

Carlos asintió con la cabeza dando un suspiro de alivio.

—Oh, sí, sí, Papá —tartamudeó—. Los pies se me están haciendo demasiado grandes para esos zapatos.

Al día siguiente, Carlos y Papá fueron al centro. Después de probarse varios pares de zapatos, Carlos escogió un par de botas vaqueras de tacón que lo hacían verse más alto.

Pasaron varias semanas y a Carlos se le olvidó el incidente con el zorrillo. Un anochecer, después de una gran comida de frijoles, arroz, tortillas y su favorita salsa, decidió ir a visitar a Gloria. Se puso sus botas nuevas y se vio detenidamente el cabello en el espejo. Cuando estaba listo para salir, su papá lo llamó afuera.

—Necesito tu ayuda —le dijo Papá, y señaló hacia unos arbustos al lado de la casa.

Carlos apenas podía **divisar** la forma de un pequeño animal negro y blanco con tres pequeñitos que habían hecho su hogar debajo de las hojas.

—Dios mío —dijo Carlos—. ¿Qué vamos a hacer?

—No tengas cuidado, Carlos —le respondió Papá—, ¿sabes lo que me dicen? Puedes prender a un zorrillo si lo agarras de la cola. Te toca intentarlo primero.

La nariz y los ojos de Carlos le empezaron a llorar nada más de pensarlo.

—Ay, Papá, no puedes creer todo lo que te dicen —le dijo Carlos, y se paró un poco más derecho, se pasó la mano por el cabello y se fue rumbo a la casa de Gloria.

Propósito del autor
¿Con qué propósito escribió la autora esta historia? ¿Crees que ella tenía un segundo propósito?

Salsa de tomate fresca

3 tomates, picados

¼ de cebolla blanca o amarilla, picada

2-3 cebollinos con el tallo, picado

1 diente de ajo, picado

2 cucharaditas de vinagre

1 cucharadita de aceite vegetal o de oliva

3-4 ramitos de cilantro

1 chile verde asado o 2 chiles serranos picados

   (o 2 cucharadas de chile verde enlatado)

1 cucharadita de sal

¼ de cucharadita de pimienta

Se mezclan todos los ingredientes en una licuadora o en un procesador de comida hasta que quede la salsa en trocitos o se mezcla todo a mano. Se enfría. Se pone sobre cualquier comida —huevos, frijoles, tacos— o se sirve como salsa para las tostaditas de maíz.

Intercambio de historias con Jan Romero Stevens y Jeanne Arnold

Jan Romero Stevens decía que no hay nada mejor que mirar cómo los chicos disfrutan de sus libros, tanto en inglés como en español. Jan amaba el sudoeste, y aprendió más sobre su legado hispano estudiando español con sus hijos. Para que las historias de *Carlos* parecieran más reales, Jan las basó en cosas que le sucedieron a ella y a sus amigos. A Jan siempre le gustó escribir. Además de escribir la serie *Carlos*, trabajó como periodista y editora de diarios y revistas.

Jeanne Arnold es ilustradora y pintora. Su trabajo incluye los cinco libros de la serie *Carlos*, y también los de *Cuando eras una pequeña niña* por B.G. Hennessy. Jeanne pasó mucho tiempo viajando con mochila por el sudoeste. Esta experiencia la ayudó a captar el sabor regional de los libros de *Carlos*.

Otros libros de Jan Romero Stevens y Jeanne Arnold: *Carlos y la feria* y *Carlos excava hasta la China.*

✔ Propósito de la autora

¿Qué pistas te ayudaron a conocer el propósito de la autora?

Busca información sobre Jan Romero Stevens y Jeanne Arnold en **www.macmillanmh.com**

720

 **Pensamiento crítico**

Resumir

Resume los eventos de *Carlos y el zorrillo*. Asegúrate de que el resumen incluya la información más importante de la historia.

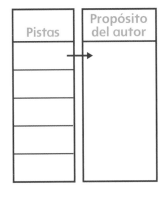

Pistas	Propósito del autor
	→

Pensar y comparar

1. ¿Cuál fue el propósito de la autora al elegir a un zorrillo como el animal que Carlos quiere atrapar? Usa la tabla de propósito del autor para explicar tu respuesta. **Evaluar: Propósito del autor**

2. Vuelve a leer la página 716 de *Carlos y el zorrillo*. Explica por qué Papá le dijo a Carlos que sus zapatos le quedaban apretados. **Analizar**

3. ¿Qué consecuencias le trajo a Carlos su **comportamiento** frente a Gloria? **Explicar**

4. Explica por qué estás o no estás de acuerdo con el consejo: "No puedes creer todo lo que oyes". Incluye ejemplos específicos en tu respuesta. **Analizar**

5. Vuelve a leer "Metiche y el puercoespín" en las páginas 702 y 703. ¿Qué características comparten Carlos y Metiche? ¿En qué se parecen sus experiencias con mecanismos de defensa de animales? Respalda tu respuesta con evidencia de cada historia. **Leer/Escribir para comparar textos**

Mecanismos de autodefensa de los animales

Elle Wainwright

Si fueras un animal salvaje, a punto de convertirte en la cena de otro, ¿qué harías? ¿Correr? ¿Esconderte? ¿Luchar? Cuando se sienten amenazados, los animales pueden hacer cualquiera de estas cosas. La naturaleza los provee con protecciones especiales.

Los animales salvajes viven en peligro. Mientras cazan para obtener comida, deben cuidarse de que otro animal no los atrape. Para sobrevivir, los animales han desarrollado adaptaciones.

Escondidillas

Ciertos tipos de adaptaciones ayudan a los animales a esconderse. Si un animal no se ve, estará seguro. Por supuesto, los animales no pueden volverse invisibles. Sin embargo, pueden simular que desaparecen por medio del **camuflaje**. Si la cría de un ciervo se recuesta y permanece quieta sobre un colchón de pasto y hojas, será invisible para los demás, ya que su piel se confunde con el pasto y las hojas. Si una platija nada por la costa del océano, es muy difícil que alguien la vea, porque cuando pasa sobre la arena se vuelve de un pálido color arenoso y, cuando nada sobre las rocas, se pone oscura. Al cambiar el color, la platija evita ataques de peces más grandes que se la querrían comer. ¡Algunos animales se esconden incluso sin tener que moverse! Tanto el **camaleón** como el pulpo cambian rápidamente el color de la piel y se mezclan con el color de fondo.

Otro tipo de camuflaje está relacionado con la forma del animal. Piensa en un pájaro que caza mariposas para el desayuno. La mariposa tiene alas que se asemejan a las hojas. El pájaro no busca hojas para comer, con lo cual no presta atención a la mariposa y pasa volando por su lado sin advertirla. El bicho espino es otro animal cuya forma lo protege de sus enemigos. Como parece una espina, sus enemigos se mantienen alejados. También hay animales que cambian la forma para esconderse. El gusano medidor se estira tanto, que llega a confundirse con un palito.

El pulpo (arriba) y el camaleón (derecha) cambian el color para confundirse con el entorno.

723

¡Qué olor!

Nadie olvida el olor de un zorrillo. Los zorrillos usan su olor como defensa. ¿Alguna vez te preguntaste cómo producen ese olor?

Estos pequeños animales tienen una adaptación física que los ayuda a protegerse. Cuentan con dos sacos en forma de uva ubicados bajo la piel, debajo de la cola, que contienen un líquido de olor muy fuerte. Los zorrillos disparan en forma de rocío este líquido de olor desagradable, y pueden acertarle a un objetivo hasta una distancia de diez pies.

¿Cómo deciden los zorrillos que es momento de disparar? La distancia del enemigo juega un papel muy importante en la decisión. Los zorrillos no tienen buena vista. El zorrillo recién ve a un enemigo cuando lo tiene a menos de cuatro pies de distancia. Entonces, ¡cuidado! En primer lugar,

el zorrillo se paraliza. Luego, apunta su cola hacia arriba en señal de advertencia. Si el enemigo no se va, el zorrillo dobla la cola hasta que le toca el lomo. Luego se da vuelta, arroja un chorro, y sorprende al enemigo.

Los zorrillos no son los únicos animales que arrojan un líquido como defensa. Los pinacates también emiten un olor muy poderoso cuando se sienten amenazados.

¡Atrápame si puedes!

¿Qué sucede cuando un pájaro se siente amenazado por una persona o por otro animal? Vuela. Los pájaros son de las tantas criaturas que, para evitar el peligro, se mueven más rápido que sus enemigos. Algunos animales, como las cebras, viajan en manadas. Si aparecen depredadores, toda la manada huye rápidamente. La mayor parte de la manada escapa. Sólo atrapan las cebras más lentas.

una manada de cebras

¿Qué es ese *olor*? Quizás sea un pinacate.

724

¡Ay!

¿Tocarías un insecto a rayas negras y amarillas? A lo mejor no, porque sabes que esos insectos pican y causan un gran dolor. Los animales que comen insectos también

La mosca de las flores (izquierda) engaña a sus enemigos pues parece una avispa (abajo).

evitan los insectos con rayas negras y amarillas. Evitan comer un insecto llamado mosca de las flores, aunque no les haga daño. ¿Por qué? La mosca de las flores engaña a los animales que comen insectos porque parece una avispa con aguijón. La capacidad de parecer otra cosa, especialmente algo desagradable, se llama **mimetismo**.

Los animales han desarrollado otras maneras asombrosas para mantenerse a salvo. Mira los animales que habitan tu vecindario, incluso los insectos. ¿Cómo se defienden de otros animales que quieren atacarlos?

Pensamiento crítico

1. ¿Cómo captan la atención del lector los subtítulos usados en "Mecanismos de autodefensa de los animales"? **Subtítulos**

2. De las adaptaciones que has leído, ¿qué tipo de adaptación te gustaría elegir para ti y por qué? **Evaluar**

3. Si Carlos en *Carlos y el zorrillo* hubiera leído el artículo "Mecanismos de autodefensa de los animales", ¿crees que habría atrapado el zorrillo? ¿Por qué? Explica tu respuesta. **Leer/Escribir para comparar textos**

Ciencias

Investiga sobre un animal que use adaptaciones para sobrevivir. Escribe un artículo de revista para describir la forma en que el animal se defiende de sus enemigos.

Busca más información sobre las defensas de los animales en **www.macmillanmh.com**

Distintos tipos de oraciones

Los escritores usan **distintos tipos de oraciones** para enfatizar cierto punto o momento.

Conexión: Lectura y escritura

Lee el siguiente pasaje. Observa cómo la autora, Jan Romero Stevens, usa diferentes tipos de oraciones.

Fragmento de
Carlos y el zorrillo

La autora usa oraciones largas al comienzo para mostrar que Carlos está tramando algo con sigilo.

Carlos nunca pensó en lo que haría con el zorrillo si en verdad lo atrapaba, sino que empezó a acercársele sigilosamente por detrás. Se acercó más y más hasta que estaba a unas pulgadas de él. Por sólo un instante, Carlos vaciló, entonces le guiñó a Gloria antes de estirar el brazo y agarrarle la cola al zorrillo. En un instante, el zorrillo arqueó la cola y roció a Carlos de pies a cabeza.

Con un jadeo, Carlos se fue de espaldas y cayó al suelo. Estaba tan asombrado que casi no comprendía lo que había pasado. Nunca había olido algo tan fuerte. Tenía comezón en los ojos, tosía, bufaba y se sonaba la nariz.

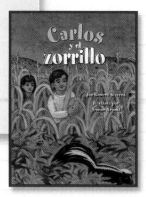

Lee y descubre

Lee el escrito de Darryl. ¿Cómo usó distintos tipos de oraciones para captar tu interés? Usa el Control de escritura como ayuda.

Improvisación

Darryl D.

Aquí estoy. Soy uno más entre doce y todos debemos actuar como una oruga. ¿Una oruga? ¿Cómo? Alguien sugiere que avancemos en pareja. Pero ¿no quiere eso decir que distintas parejas deben elevarse en distintos momentos? Alguien halla la solución y no es tan difícil como pensé. Sale la mariposa. Me encuentro en su ala izquierda. Nadie tiene que ser perfecto y cuando te das cuenta de eso, empiezas a divertirte.

Lee sobre mi experimento de volverme oruga.

Control de escritura

✓ ¿Notas oraciones de diferentes tipos?

✓ ¿Usa el autor preguntas para guiar al lector a través de su proceso mental?

☑ ¿Usa **oraciones** compuestas cuando intenta establecer relaciones lógicas?

¿En qué forma puede impactar la vida de otros el esfuerzo de una persona?

 Busca más información sobre ayudar a cambiar en **www.macmillanmh.com**

Ayuda para el cambio

Alumnos pequeños practican yoga en una escuela de San Francisco

Vocabulario

elemental	interactuar
rígido	físico
silla de ruedas	

UNA NUEVA FORMA DE HACER GIMNASIA

En la escuela Riverside, en Miami, Florida, la clase de gimnasia no se hace siempre en el gimnasio. Tampoco se hace siempre en tierra firme. Los niños que asisten a la escuela Riverside pueden hacer un curso elemental de navegación, que se enseña en botes verdaderos en la bahía Biscayne.

Gracias a un nuevo movimiento en educación física, en las clases de gimnasia ya no se practican sólo los deportes tradicionales. El objetivo es que los niños descubran actividades

que al disfrutarlas tanto, se mantendrán activos por el resto de sus vidas. Algunas de estas actividades son: yoga, ciclismo, artes marciales, danza, *kick boxing,* patinaje, usar cintas caminadoras, navegación y canotaje. La meta es enseñarles deportes y actividades que puedan practicar y disfrutar fuera de la escuela.

Los defensores de la "nueva" gimnasia dicen que según estudios, los niños de hoy son menos activos que nunca, y no usan su incalculable energía para actividades saludables. Uno de cada cuatro niños no recibe educación física en la escuela. El nivel general de actividad en los niños alcanza su punto máximo en décimo grado y luego se reduce gradualmente en el camino a la edad adulta. Eso es lo que el nuevo movimiento de gimnasia se propone cambiar.

Un niño de cuarto grado aprende a navegar en Miami.

Guía GPS de bolsillo

Guía por satélite para los ciegos

Antes de salir de su departamento, Carmen Fernández, una mujer ciega que vive en Madrid, España, solía memorizar cuidadosamente el camino. Si no lo hacía, era probable que se perdiera. Sin embargo, el nuevo aparato que utiliza tecnología GPS (Satélite de Posicionamiento Global) la libera de esa rutina tan **rígida**.

Sólo debe marcar su destino en el teclado en Braille del aparato. Mientras camina, la máquina le da instrucciones. "Ahora puedo ir a mi casa por cualquier camino", dice Fernández. "He aprendido muchas cosas sobre mi barrio".

Si bien la tecnología actual no puede garantizar precisión absoluta, al menos brinda un nuevo sentido de libertad para las personas con discapacidad visual. Les permite **interactuar** de forma más directa con sus alrededores y con sus vecinos. "Pronto podré darle instrucciones al taxista", dice Fernández.

LAS SEGUNDAS OLIMPIADAS

Cada dos años, hombres y mujeres de todo el mundo compiten en los juegos olímpicos. Sin embargo, no sólo allí se compite por una medalla de oro. Cuando finalizan los juegos olímpicos empiezan los juegos paralímpicos.

Los juegos paralímpicos son similares a los juegos olímpicos, pero son para atletas con discapacidades físicas. Un atleta paralímpico podría usar una **silla de ruedas** o desplazarse con la ayuda de un perro. Los atletas con una discapacidad particular compiten para ganar medallas y marcar récords mundiales. Quieren ser considerados atletas de talla mundial, y sus capacidades diferentes no los atemorizan.

El equipo de Canadá en los Juegos Paralímpicos de Invierno 2002

Conéctate
Busca más información sobre los juegos paralímpicos en **www.macmillanmh.com**

Un sueño hecho realidad

¿Por qué TODOS los niños necesitan un lugar para jugar?

La mayoría de los niños ama el recreo, pero Hannah Kristan lo consideraba la parte menos divertida del día escolar. "Nunca hacía nada. Me quedaba sentada", recuerda.

Hannah nació con una enfermedad que impide que los huesos de su espalda se formen adecuadamente. Usa una **silla de ruedas**. Desafortunadamente, los niños que tienen la misma enfermedad que ella no pueden disfrutar de la mayoría de los juegos. Hannah es una más entre los 5 millones de niños en Estados Unidos que no pueden disfrutar de los juegos tradicionales a causa de algún tipo de discapacidad.

Tablero de pintura

Megáfono

Hannah Kristan disfruta de una hamaca en un *Boundless Playground.*

Entonces, Hannah oyó hablar de los *Boundless Playgrounds*: patios de recreo sin límites para niños con discapacidades. El maravilloso grupo creador de *Boundless Playgrounds* ayuda a la comunidad a crear patios especiales para niños con capacidades diferentes. Hay hamacas y areneros diseñados especialmente para niños con discapacidades **físicas**. Los niños que tienen problemas de visión pueden disfrutar del movimiento de las hamacas y también realizar actividades musicales como las campanadas. Debido a que su ciudad, en Connecticut, no cuenta con juegos de este tipo, Hannah ayudó a recaudar fondos para construir este nuevo tipo de patio de recreo.

Boundless Playgrounds son lugares sensacionales para todos los niños.

SECONDARY ENTRANCE FEATURE

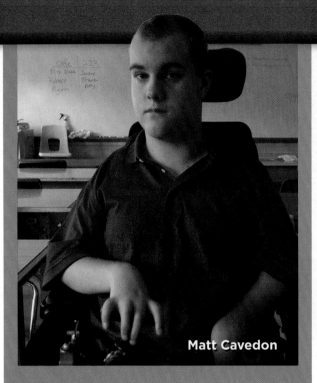
Matt Cavedon

NUEVAS EXPERIENCIAS

Matt Cavedon diseñó una hamaca especialmente para *Boundless Playgrounds*, pero su aplicación no terminó allí. En un discurso que pronunció en 2004, Matt, entonces de 15 años, describió su experiencia en la gran inauguración de *Boundless Playgrounds* en Rhode Island:

"Una niña de mi edad (15 años) se mecía, reía y lloraba al mismo tiempo. ¡Su mamá contó que era la primera vez que se subía a una hamaca! ¿Es algo de poca importancia? ¡Para ella no! ¡Tampoco para los niños discapacitados que fueron a felicitarla! Me pregunto cuántos de esos niños hablaban con una persona discapacitada por primera vez. Quisiera saber cuántos elegirán **interactuar** con personas con capacidades diferentes gracias a esta experiencia".

Boundless Playgrounds está inspirado en un patio de recreo hecho por Amy Jaffe Barzach que se llama El sueño de Jonathan, en honor al hijo de la creadora. El sueño de Jonathan y una gran cantidad de *Boundless Playgrounds* de todo el país tienen una hamaca mecedora que puede ser utilizada por niños en sillas de ruedas y por sus amigos. La mecedora de El sueño de Jonathan fue diseñada por Matthew Cavedon, que, al momento de diseñarla, todavía no había cumplido 10 años. A Matthew se le ocurrió diseñarla porque él mismo usa silla de ruedas y quería divertirse con los otros niños en los patios de recreo, independientemente de sus capacidades o discapacidades físicas.

La idea **elemental** de *Boundless Playgrounds* es que el juego es parte de la diversión de la niñez y, a la vez, una forma importante de que los niños conozcan el mundo. Los niños que no tienen acceso a los espacios para jugar no pueden disfrutar de este tipo de diversión ni tampoco del aprendizaje. Además de ser ambientes felices de diversión, los patios de recreo tradicionales son a menudo lugares de humillación y aislamiento para aquellos que no pueden unirse a la diversión.

Amy Barzach y sus amigos en El Sueño de Jonathan: lugar diseñado para su hijo y que lleva su nombre.

Contrario a las **rígidas** ideas sobre cómo debería ser un espacio de juegos para niños con necesidades especiales, *Boundless Playgrounds* es tan colorido y desafiante como los espacios de juegos tradicionales. Es por eso que los niños lo consideran cálido y divertido. Para Hannah, Matthew y otros niños como ellos, este lugar de juegos es un sueño hecho realidad.

Pensamiento crítico

1. ¿Qué "sueño" se hizo realidad para los niños de esta selección?

2. ¿Cómo persuade Matt Cavendon a su audiencia de que *Boundless Playgrounds* vale la pena?

3. Según este artículo, ¿qué es lo que los niños se pierden cuando no pueden entretenerse en un patio de recreo?

4. ¿Por qué crees que "la nueva gimnasia" fue incluida en esta selección junto con los demás artículos sobre salud y estado físico?

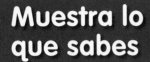

Muestra lo que sabes

Pensar y buscar

Lee para hallar la respuesta. Busca información en varios lugares.

PERFIL *de una* PARALÍMPICA

Jennifer Howitt usa una silla de ruedas, pero no por eso se queda viendo pasar la vida. Desde que quedó paralítica, tras quebrarse la espalda en un accidente a los nueve años, se ha convertido en una de las atletas jóvenes discapacitadas más destacadas del país.

Howitt participó en el Campeonato Mundial de Atletismo de 1998, y en los Juegos Paralímpicos de Sydney 2000 fue la integrante más joven del equipo femenino estadounidense, compuesto por 12 jugadoras de básquetbol en sillas de ruedas. Aunque el equipo ocupó el quinto lugar, "Estaba muy emocionada. Fue muy inspirador", dice Howitt.

"Si el mundo entero puede reunirse a celebrar el deporte y la discapacidad, entonces realmente es posible que todos en el planeta podamos unirnos para solucionar nuestros problemas".

Howitt está comprometida a cambiar el mundo de manera positiva. Ha entrenado a jóvenes parapléjicos, ha viajado extensamente y ha asistido a la Universidad Georgetown de Washington D.C., donde estudió política internacional. Ella quiere "demostrarles a las jóvenes discapacitadas que pueden lograr todo lo que deseen. La discapacidad no es un obstáculo. Quizás deban adaptar su meta, pero siempre podrán alcanzarla", dice.

Sigue ▷

Ahora responde a las preguntas 1 a 5. Basa tus respuestas en el artículo "Perfil de una paralímpica".

1. **¿Qué afirmación describe mejor la actitud de Jennifer?**
   A Está comprometida a alcanzar sus metas.
   B Sólo es capaz de jugar al básquetbol.
   C Ve pasar la vida.
   D Está paralizada.

Consejo
Busca información en varios lugares.

2. **¿Qué piensa Jennifer sobre la discapacidad?**
   A Las personas con discapacidades viven en Washington D.C.
   B. La discapacidad no le impide a las personas alcanzar sus metas.
   C La gente siempre necesita sillas de ruedas.
   D Puedes ayudar al mundo entero.

3. **Jennifer piensa que tener una discapacidad**
   A es una incapacidad en muchas áreas de la vida.
   B no es un obstáculo para alcanzar metas.
   C no permite que una persona viaje todo lo que quiera.
   D impide que alguien llegue a ser un buen atleta.

4. **Además de ser una excelente atleta, ¿cuáles son los otros logros de Jennifer?**

5. **¿Cómo describirías la actitud de Jennifer con respecto a la discapacidad y a su futuro? Usa detalles del artículo en tu respuesta.**

A escribir

Imagina que una ley nueva va a generar cambios en un parque local. Piensa en una ley nueva que podría generar cambios en un parque local. Ahora, <u>escribe tu opinión</u> sobre la ley.

La escritura persuasiva trata de hacer que el lector acepte el punto de vista del autor.

Para saber si te piden usar escritura persuasiva, busca palabras clave como: <u>escribe tu opinión</u> o <u>convence a los lectores</u>.

Observa cómo responde un estudiante a las indicaciones de arriba.

Apreciado Sr. Alcalde:

No deberíamos permitir motos de nieve en el Parque Estatal Green Place. El parque es un lugar hermoso y tranquilo donde la gente puede ir a descansar. Con las motos de nieve, el parque será como la autopista: ruidoso, apestoso y lleno de gente.

Además, el equilibrio del medio ambiente está en peligro. Si permitimos que el parque pierda su belleza, dejará de ser un hábitat de vida silvestre.

Sinceramente,
John García

El escritor expresa su opinión en la introducción.

Instrucciones para escribir

Responde por escrito a la sugerencia del recuadro. Escribe por 5 minutos. Escribe todo lo que puedas, lo mejor que puedas. Revisa las pautas antes y después de escribir.

> Imagina que a tu comunidad le entregan unas tierras. Piensa cuál sería la mejor manera de usarlas. Ahora escribe tu opinión sobre la mejor manera de usarlas.

Pautas para escribir

☑ Lee atentamente la sugerencia.

☑ Organiza tus ideas para planificar tu escrito.

☑ Fundamenta tus ideas exponiendo razones o usando más detalles.

☑ Usa diferentes tipos de oraciones y tiempos verbales apropiados.

☑ Escoge palabras que ayuden a los lectores a entender tus ideas.

☑ Revisa tu escrito y corrígelo si es necesario.

Integración

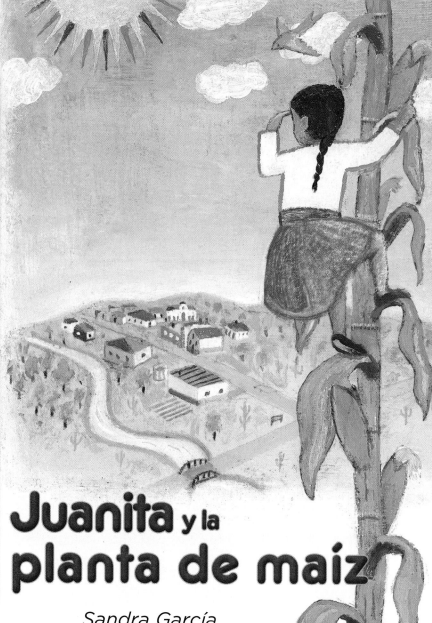

Juanita y la planta de maíz

Sandra García

Había llovido muy poco en el pequeño pueblo mexicano llamado Tula. Juanita y su madre habían plantado semillas en la primavera. Debido a la **escasez** de lluvia, no había crecido nada.

—Lleva la burra al mercado y véndela —dijo la madre de Juanita—. Necesitamos el dinero.

Juanita ató a la burra con una soga y la llevó al mercado.

En el camino, Juanita se encontró con un mercader triste.

—Sería muy amable de tu parte venderme esa burra —dijo—. La necesito para cargar las mercancías hasta el mercado. Pero sólo tengo estas semillas mágicas para intercambiar. Planta las semillas. No necesitan agua. Pronto verás que en tu campo crecen unas plantas gigantes de maíz. Hicieron el intercambio y Juanita se quedó contenta por haber podido ayudar al mercader.

Cuando la madre de Juanita escuchó la historia, se enojó mucho.

—¿Cómo pudiste ser tan tonta? —le gritó, al mismo tiempo que arrojaba las semillas por la ventana. Luego se fue a dormir. Juanita sintió que su madre la **marginaba** en su propia casa.

A la mañana siguiente, el sol despertó a Juanita, quien se sorprendió mucho al ver una planta gigante de maíz a través de la ventana. El tallo tocaba el cielo y Juanita no podía ver dónde terminaba.

Decidió trepar por el tallo para ver hasta dónde había crecido. Desarrolló una **estrategia** para trepar y su plan la ayudó a llegar a la cima.

Cuando llegó por encima de las nubes, encontró a Quetzalcoatl, el dios Tolteca de la **civilización**, con su traje **tradicional** de plumas color **magenta**.

Quetzalcoatl la recibió con una sonrisa cálida.

—Hola, Juanita. Me alegra recibir una visita después de tanto tiempo. Me siento solo, no he ido a la Tierra desde su **fundación**.

—Tengo una idea, pero tiene muchos detalles y es un poco **compleja** —dijo Juanita—. ¿Por qué no te conviertes en una criatura pequeña para que yo pueda llevarte en mi bolsillo?

—¡Bien, niñita! ¡Es una idea brillante! Además, me daré alas, para volar hasta aquí cuando esté cansado. Déjame darte unas monedas de oro por tu amabilidad.

Luego de llevar a Quetzalcoatl a la Tierra, Juanita fue corriendo a su casa con las monedas de oro. Esta vez, Juanita esperaba que su madre entendiera que los actos buenos tienen recompensa.

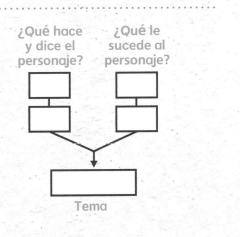

Volver a leer para **comprender**

✔ Hacer inferencias y analizarlas
Tema

El diagrama de tema te ayuda a hacer inferencias y a analizar la información para comprender mejor la idea general que el autor expresa en la historia. Al volver a leer "Juanita y la planta de maíz", usa el diagrama de tema para identificar el tema de la historia.

¿Qué hace y dice el personaje?   ¿Qué le sucede al personaje?

Tema

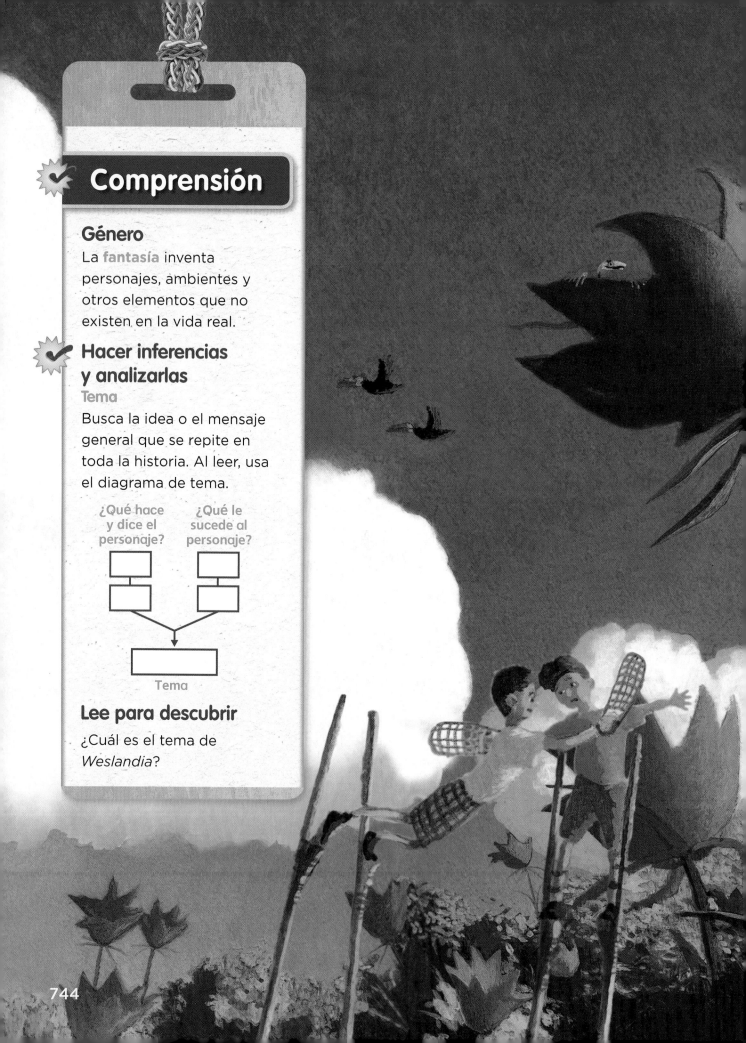

Comprensión

Género
La **fantasía** inventa personajes, ambientes y otros elementos que no existen en la vida real.

Hacer inferencias y analizarlas
Tema
Busca la idea o el mensaje general que se repite en toda la historia. Al leer, usa el diagrama de tema.

¿Qué hace y dice el personaje?

¿Qué le sucede al personaje?

Tema

Lee para descubrir
¿Cuál es el tema de *Weslandia*?

Weslandia

Paul Fleischman
ilustraciones de Kevin Hawkes

-**E**s lógico que se sienta abatido —se quejó la madre de Wesley—. Es que se hace notar.

—Como una nariz —agregó el padre.

Wesley los estaba escuchando por el conducto de la calefacción y sabía que tenían razón. Él era un **marginado**, un extraño para la **civilización** a su alrededor.

Él era el único en la ciudad al que no le gustaban la pizza y los refrescos, y eso alarmaba a su madre y a la enfermera de la escuela. Él creía que el fútbol profesional era una estupidez. Él se negaba a afeitarse la mitad de la cabeza, como los otros niños, a pesar de que su padre le había ofrecido cinco dólares como soborno.

Al ver los dos estilos de vivienda que había en su vecindario (con garaje a la izquierda o con garaje a la derecha), Wesley soñaba con encontrar otros tipos de refugios, más excitantes. Él no tenía amigos, pero estaba rodeado de torturadores.

Escapar de ellos era el único deporte en el que Wesley era bueno.

Todas las tardes, su madre le preguntaba qué había aprendido ese día en la escuela.

—Que el viento transporta las semillas a grandes distancias —respondió el miércoles.

—Que cada civilización tiene su cultivo tradicional —respondió el jueves.

—Que la escuela terminó y que debería buscar un buen proyecto de verano —respondió el viernes.

Como siempre, su padre murmuró:

—Estoy seguro de que vas a usar esos conocimientos con frecuencia.

De pronto, se encendió una chispa en el cerebro de Wesley y le brillaron los ojos. ¡Su padre tenía razón! Realmente, podía *usar* lo que había aprendido esa semana para un proyecto de verano que superara a todos. ¡Tendría su propio cultivo y descubriría su propia civilización!

A la mañana siguiente removió una parcela de tierra de su jardín. Esa noche el viento sopló desde el oeste, corrió entre los árboles y revolvió las cortinas. Wesley se quedó en la cama, despierto, escuchando atento. Se estaba sembrando su tierra.

Cinco días después, aparecieron las primeras plantitas.

—Si no arrancas esa maleza, pronto tendrás un gran desorden ahí —le advirtió un vecino.

—En realidad, es mi siembra —contestó Wesley—. En este tipo de jardín, no hay maleza.

Siguiendo una antigua tradición, los jardineros compañeros de Wesley comenzaron a sembrar tomates, frijoles, coles de Bruselas y nada más. A Wesley le pareció excitante abrir su tierra a la oportunidad, invitar a lo nuevo y a lo desconocido.

Las plantas pasaron la altura de sus rodillas y, luego, de su cintura. Parecían pertenecer todas al mismo tipo, pero Wesley no pudo encontrarlas en ningún libro sobre plantas.

—¿Son tomates, frijoles o coles de Bruselas? —preguntó el vecino de Wesley.

—Ninguno de esos —respondió Wesley.

Aparecieron frutas amarillas, que luego se volvieron **magenta**. Wesley tomó una de las frutas y cortó la cáscara hasta el jugoso corazón púrpura. Tomó un trozo de la fruta, la probó y descubrió que sabía a una deliciosa mezcla de durazno, fresa, calabaza y otros sabores que no podía reconocer.

Tema
¿Qué mensaje quiere transmitir el autor en las conversaciones entre Wesley y su vecino?

Wesley se comió las frutas para desayunar e ignoró el estante con cereales de la cocina. Vació y secó la mitad de una cáscara para usarla como vaso, diseñó su propio exprimidor y tomó el jugo de las frutas durante todo el día.

Arrancó una planta y descubrió que en la raíz tenía unos tubérculos grandes. Los hirvió, los frió y los asó en la parrilla de la familia, y los condimentó con una pizca de las hojas aromáticas de la planta.

Ocuparse de su cultivo era un trabajo duro. Para protegerse del sol, Wesley tejió un sombrero con tiras extraídas de la corteza de madera del árbol. El éxito que tuvo con el sombrero lo inspiró a diseñar una rueca y un telar con los que tejió una bata ancha usando las suaves fibras interiores del tallo.

A diferencia de los *jeans*, que a él le resultaban ásperos y pesados, la bata era cómoda, reflejaba el sol y se le podían poner bolsillos por todas partes.

Al principio, sus compañeros de escuela lo desdeñaron, pero luego comenzaron a interesarse. A regañadientes, Wesley le permitió a cada uno estar diez minutos con el mortero, para moler las semillas de las plantas y recoger el aceite.

Este aceite tenía un aroma penetrante y servía como protección solar y repelente de mosquitos. Todas las mañanas se lo pasaba por la cara. Luego, comenzó a vender pequeñas cantidades a sus ex torturadores al precio de diez dólares la botella.

—¿Qué hiciste con el reloj? —le preguntó su madre un día.

Wesley admitió que ya no lo usaba. Sabía la hora por el tallo que le servía de reloj de sol. Había dividido el día en ocho partes, según la cantidad de pétalos de las flores de las plantas.

También adoptó un nuevo sistema para contar, basado en el número ocho, y decidió llamar "Weslandia" a su terreno, fuente de tantas innovaciones.

Como no le interesaban los deportes **tradicionales**, Wesley inventó uno propio, para un solo jugador que usaba distintas partes de la planta. Sus espectadores lo miraban con envidia.

Wesley se dio cuenta de que incorporar más jugadores le daría mayores posibilidades. Así que inventó otros juegos que incluían a sus compañeros: juegos llenos de **estrategias**, y **complejos** sistemas para marcar los puntos. Trató de ser paciente con los errores de los otros jugadores.

Hacía demasiado calor en agosto y Wesley construyó una plataforma para dormir en medio de Weslandia. Se pasó las tardes tocando una flauta que hizo con el tallo de una planta o mirando el cielo y dando nombres nuevos a las constelaciones.

Tema
Wesley usa las plantas de Weslandia para fabricar su propia ropa e inventar sus propios juegos. ¿De qué forma respaldan estos acontecimientos el tema de la historia?

Sus padres advirtieron el cambio de ánimo de Wesley.

—Es la primera vez en años que lo veo feliz —dijo la madre.

Wesley les hizo un recorrido por Weslandia.

—¿Cómo se llama esta planta? —le preguntó el padre.

Como no sabía el nombre, Wesley la había llamado "swist", por el ruido que hacían las hojas con el viento.

Había utilizado el mismo método para nombrar las nuevas telas, los nuevos juegos y las comidas, hasta que creó un idioma completo.

Al mezclar el aceite de las plantas con el hollín, Wesley creó una tinta de buena calidad. Para concluir su proyecto de verano, usó la tinta y su propio alfabeto de ochenta letras para registrar la historia de la **fundación** de su civilización.

En septiembre, Wesley volvió a la escuela...

Si tenía **escasez** de algo, no era de amigos.

757

Conoce a los creadores de Weslandia
Paul Fleischman y Kevin Hawkes

Paul Fleischman, al igual que Wesley, creó su propio mundo cuando era un niño, en California. Paul y sus amigos inventaron sus propios deportes, dirigieron un periódico y crearon su propio universo alternativo. Su imaginación vívida es herencia de su padre, Sid Fleischman, que también era autor de libros. A menudo, le pedía a Paul que lo ayudara con el argumento de una historia. Las palabras y la imaginación fluían naturalmente a la mente de Paul. "Me divertía tanto como cuando jugaba con mis juguetes", dijo.

Otro libro de Paul Fleischman: *Semillas*.

Kevin Hawkes dice que aprendió a dibujar practicando, practicando y practicando más. Cuando era niño, hacía dibujos y utilizaba arcilla de modelar para hacer figuras, como la escultura en tamaño real de un montañista. Hoy en día, Kevin hace un "libro de práctica" antes de ilustrar cada libro. Estos primeros bocetos lo ayudan a producir las imágenes únicas que traen a la vida historias como *Weslandia*.

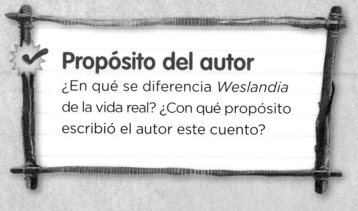

Conéctate
Busca más información sobre Paul Fleischman y Kevin Hawkes en **www.macmillanmh.com**

✔ **Propósito del autor**
¿En qué se diferencia *Weslandia* de la vida real? ¿Con qué propósito escribió el autor este cuento?

Pensamiento crítico

Resumir

Usa el diagrama de tema para resumir cómo cambió la vida de Wesley durante el verano. Incluye información sobre el tema de la historia en tu resumen de *Weslandia.*

¿Qué hace y dice el personaje?

¿Qué le sucede al personaje?

Tema

Pensar y comparar

1. Describe el **tema** de la historia en una o dos oraciones. Explica cómo el autor usa el tema para relacionar los personajes y los acontecimientos. **Hacer inferencias y analizarlas: Tema**

2. Con la información de la página 754, explica cómo Wesley usa los deportes para persuadir a sus compañeros de escuela. **Analizar**

3. Wesley llama *swist* a una planta por el ruido que hacen sus hojas con el viento. Cambia el nombre de cinco cosas tuyas, según el ruido que hagan. Crea una definición de diccionario para cada nueva palabra. **Sintetizar**

4. Describe algunos de los elementos que constituyen una **civilización** según tu lectura de *Weslandia.* **Aplicar**

5. Vuelve a leer "Juanita y la planta de maíz" de las páginas 742 y 743. ¿En qué se parecen Wesley y Juanita? ¿En qué se diferencian? Usa ejemplos de ambas selecciones para fundamentar tu respuesta. **Leer/Escribir para comparar textos**

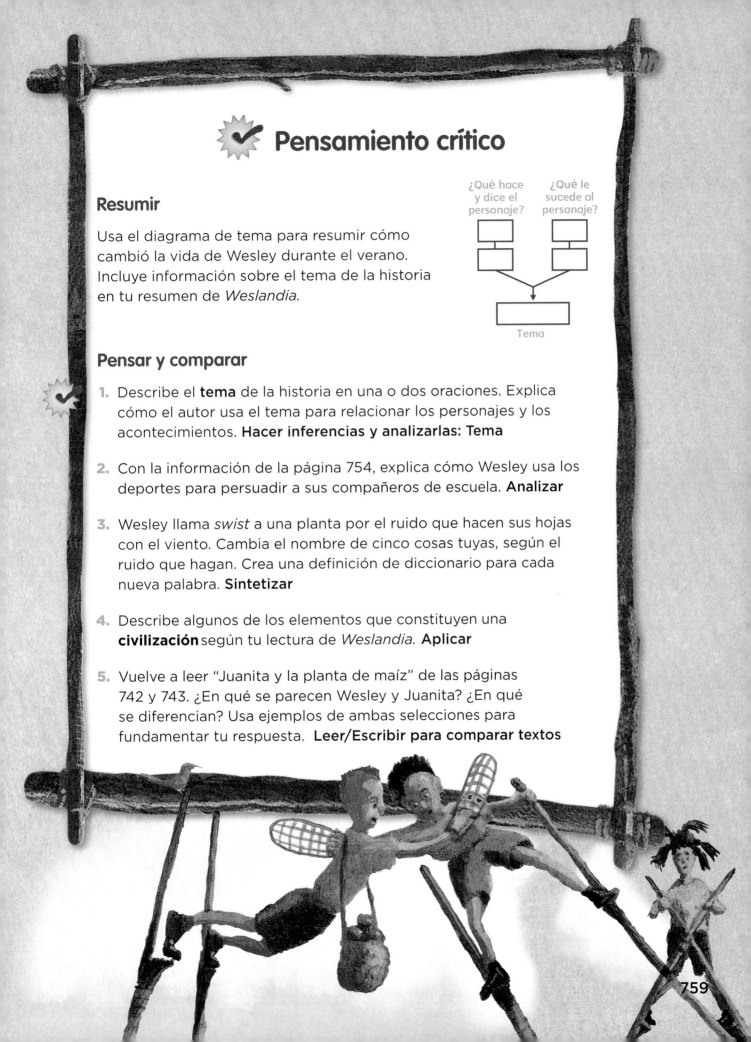

PAPAS AZULES Y SANDÍAS CUADRADAS

Omar Naid

Visita la sección de frutas y verduras de un supermercado grande. Seguramente, te sorprenderá la variedad de productos poco comunes: Sandías cuadradas, papas azules y coliflores púrpura. Algunas plantas son poco comunes porque se cultivan de forma especial. Por ejemplo, las sandías cuadradas crecen dentro de cajas de vidrio que les dan esa forma. Así son más fáciles de cortar y de colocar en el refrigerador.

Algunas plantas son el resultado de cambios raros y repentinos, que suceden sólo una vez. Otras plantas se "diseñan" cuando son semillas.

He aquí dos artículos de una enciclopedia electrónica que te ayudarán a aprender más sobre el origen de estas plantas.

ir: http://www.ejemplo.com   go

Principal   Navegar   Boletín   Favoritos   Buscar híbridos

Híbridos

Ésta es una palabra clave.

Los **híbridos** son plantas nuevas, creadas por los científicos. Son una combinación de dos plantas "madres" diferentes, que forman una nueva especie de planta. Es probable que el alimento derivado de plantas híbridas tenga mejor sabor o permanezca fresco por más tiempo cuando se lo envía por barco. Por ejemplo, una nueva fruta llamada pluot es un cruce entre una ciruela y un damasco. Parece una ciruela, pero es más dulce y firme que la mayoría de las ciruelas.

Este es un hipervínculo para obtener mayor información.

760

http://www.ejemplo.com

ir go

Principal | Navegar | Boletín | Favoritos | Buscar cruce

Cruce

Se llama **cruce** cuando dos plantas del mismo tipo se combinan para crear una planta mejor. Un granjero puede cruzar un tomate pequeño y dulce con uno grande pero sin sabor, para crear un tomate dulce y grande, que podrá cortarse en deliciosas rodajas que quepan mejor en los sandwiches.

Los granjeros deben utilizar plantas de selección, lo que significa escoger plantas de buena calidad y luego cultivar cada vez más cantidad de esas plantas.

La próxima vez que vayas al supermercado y veas una sandía cuadrada o un pluot, recuerda cuánto trabajo costó producirlos.

CRUCE DE TOMATES

 +  =

 ## Pensamiento crítico

1. ¿Cómo podrías encontrar más información sobre los **pluots**? **Hipervínculos**

2. ¿Qué tipo de producto alimenticio te gustaría mejorar? ¿Cómo podrías investigar formas de mejorarlo? **Sintetizar**

3. Piensa en "Papas azules y sandías cuadradas" y en *Weslandia*. ¿En qué se diferencia el proceso de cultivar productos alimenticios en cada historia? **Leer/Escribir para comparar textos**

 ### Ciencias

Investiga una planta híbrida. Escribe una lista de las características de este híbrido, y compáralas y contrástalas con las de las dos plantas madres en un diagrama de Venn.

 Busca información sobre nuevas clases de frutas y verduras en **www.macmillanmh.com**

Conexión: Lectura y escritura

Escritura

Sujetos y predicados

Los escritores usan los **sujetos** y **predicados** de formas diferentes para hacer énfasis en una persona o una acción.

Lee el siguiente pasaje. Observa cómo el autor, Paul Fleischman, repite el sujeto una y otra vez.

El autor destaca el hecho de que Wesley es único usando el sujeto simple "él" una y otra vez para describir qué hace Wesley que lo distingue de otros.

Fragmento de *Weslandia*

Wesley los estaba escuchando por el conducto de la calefacción y sabía que tenían razón. Él era un marginado, un extraño para la civilización a su alrededor.

Él era el único en la ciudad al que no le gustaban la pizza y los refrescos, y eso alarmaba a su madre y a la enfermera de la escuela. Él creía que el fútbol profesional era una estupidez. Él se negaba a afeitarse la mitad de la cabeza, como los otros niños, a pesar de que su padre había querido darle cinco dólares como soborno.

Al ver los dos estilos de vivienda que había en su vecindario (con garaje a la izquierda o con garaje a la derecha), Wesley soñaba con encontrar otros tipos de refugios, más excitantes. Él no tenía amigos, pero estaba rodeado de torturadores.

Lee y descubre

Lee el escrito de Hannah. ¿Cómo escogió los sujetos para llamar nuestra atención sobre lo que no le gusta y después sobre lo que le gusta del castillo? Usa el Control de escritura como ayuda.

El castillo

Hannah K.

La falta de espacio y altura siempre se advierten en una construcción de estilo medieval. Las escaleras son angostas y me hacen sentir claustrofobia. Me siento atrapada porque hay muy poca luz. Si bien no son lindos, la pequeñez y la oscuridad son las características principales de un castillo. Si todo fuera grande, luminoso y ventilado, entonces visitar un castillo sería como ir a cualquier otro lugar.

Lee sobre mi visita a un castillo medieval.

Control de escritura

✓ ¿Nos dice la autora cosas diferentes sobre el mismo sujeto?

✓ ¿Cambia el tono del escrito cuando cambia el sujeto?

☑ ¿Usa la autora **sujetos** complejos para desarrollar ideas más complejas?

Aventurarse

Vocabulario

atreverse   aterciopelado

emerger   debate

irrazonable   desparramado

atracción   concentrarse

✓ Partes de las palabras

Las palabras tienen raíces derivadas de otros idiomas. Por ejemplo, *atracción* tiene la **raíz latina** *tractio*, que significa "jalar o arrastrar". La raíz te ayuda a descifrar que *atracción* significa "acción de jalar algo para acercarlo o de atraer".

Una canción para Makaio

Tamira Jackson

Hace mucho tiempo, cerca de las islas que hoy se llaman Hawai, vivía una niña llamada Makaio. Makaio amaba nadar y escuchar el canto de las ballenas. El océano era peligroso, pero a Makaio no la asustaba. Aun en los meses de invierno, se **atrevía** a entrar en el agua. Todos los días, Makaio flotaba en el agua para escuchar el canto de las ballenas. Se **concentraba** en aquellos cantos por largas horas y por alguna extraña razón, cuando **emergía** del agua y caminaba hacia la playa tenía un aire de sabiduría.

Aunque todos la veían, Makaio no podía verlos a ellos. Era ciega, pero sus otros sentidos eran muy agudos. De hecho, Makaio era la única que podía oír el canto de las ballenas.

Makaio decía que podía reconocer a cada ballena por su voz. Para ella, pasar tanto tiempo escuchando las ballenas no le parecía **irrazonable**.

Makaio sentía gran **atracción** por las ballenas, por la forma en que se respetaban y la amabilidad existente entre ellas. Cada vez que una nueva ballena se unía al grupo, cantaba una canción diferente. Después de varios inviernos, las otras comenzaban a cantar la canción de la nueva ballena.

Makaio vivió mucho tiempo. A lo largo de su vida vio morir a varias de sus ballenas amigas. Cada vez que esto sucedía, Makaio se veía triste. Cuando los isleños le preguntaban qué le pasaba, Makaio simplemente decía: "murió una de mis ballenas amigas. Extraño su voz". Los isleños tenían largas discusiones sobre ella y las ballenas, pero a Makaio no le

interesaban esos **debates**..

Una noche, durante su octogésimo invierno, Makaio no regresó al pueblo. Los isleños la buscaron por toda la isla. Al final, hallaron varias ballenas **desparramadas** por la playa. Una de ellas tenía su **aterciopelada** piel llena de heridas y a su lado estaba sentada Makaio.

Cuando los isleños se acercaron a Makaio, ella dijo en voz baja: "Se ha apagado la voz de mi primera ballena amiga. Es mi hora de partir. No se pongan tristes. Recuerden las lecciones de las ballenas: aprendan de los otros. Acepten siempre a los recién llegados". Y tras pronunciar esas palabras, Makaio murió.

Aún hoy, se intenta comprender el gran misterio de las canciones de las ballenas. Aunque, hace muchos, muchos siglos, Makaio ya conocía sus secretos.

Volver a leer para **comprender**

✔ Hacer preguntas
Resumir
Un diagrama de resumen te ayuda a responder qué pasa al principio, durante el desarrollo y al final de una historia. Al volver a leer "Una canción para Makaio" usa el diagrama para resumir las ideas importantes de la selección.

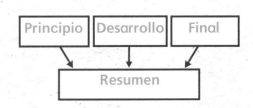

Comprensión

Género
La **ficción realista** tiene ambientes de la vida real, personajes desarrollados y problemas y soluciones reales.

✔ Hacer preguntas
Resumir

Al leer, usa la tabla de resumir.

Principio	Desarrollo	Final

Resumen

Lee para descubrir
¿Cómo logra la comunidad de Ana Rosa reconocer sus talentos?

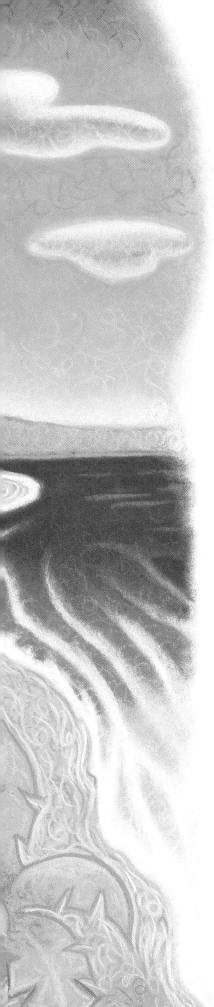

El árbol de gri gri

de

El color de mis palabras

Lynn Joseph

ilustraciones de Marla Baggetta

Selección premiada

No hacía falta que alguien dijera que yo era diferente al resto de los habitantes del pueblo. Quedó claro desde la primera vez que me trepé al árbol de gri gri y me quedé allí por horas.

"¿Qué le sucede a tu hija?", le preguntaban los vecinos a Mami.

"No debe ser normal", se contestaban cuando Mami se encogía de hombros.

Papi decía: "No hay nada de malo en sentarse en un árbol. Es lo mismo que sentarse en el porche, excepto que es más alto".

Roberto a veces se trepaba conmigo pero pronto se aburría y comenzaba a deslizarse hacia abajo, gritando como un mono. Ángela movía su cabeza mirándome y me decía que nunca sería una chica de verdad, porque las chicas no se trepan a los árboles cuando tienen doce años.

Ni siquiera Guario me entendía, a pesar de que lo intentaba. Una vez me preguntó qué hacía allá arriba. Eso era mucho más de lo que cualquiera se había **atrevido** alguna vez a preguntar.

Yo le dije que me ponía a mirar.

Él me preguntaba si no pensaba que era una pérdida de tiempo que quizás podría aprovechar para hacer algo para prepararme para el futuro, como estudiar inglés.

Guario siempre pensaba en el futuro. A veces creo que nosotros lo atormentábamos porque no nos importaba lo que el futuro nos presentara. Y realmente no había nada que saber, quizás llovería o quizás no. Lo que definitivamente sí pasaría es que iba a hacer calor y que Mami iba a cocinar y que Papi iba a sentarse en el porche y que en la radio iban a tocar "merengues" todo el día.

Además, yo ya sabía lo que quería hacer en el futuro. Quería ser escritora, pero Mami era la única que lo sabía. Si se lo contaba a Guario, me llamaría **irrazonable**. Si se lo contaba a otras personas, se iban a reír. Pero en mi árbol de gri gri yo podía ser lo que quisiera: incluso una escritora que fuera capaz de describir con palabras todo lo que veía desde mi escondite de hojas verdes.

Podía ver el océano plateado brillando con la luz del sol. Podía ver a las personas caminar con dificultad a lo largo del sendero polvoriento que venía de Sosúa; algunos hacían equilibrio con los baldes de agua en la cabeza. Podía ver a los niños jugar al béisbol en el patio de la escuela, con una rama de un árbol como bate y una pelota de goma. Podía ver el río serpenteante sobre las rocas, hambriento de lluvia. A lo lejos, en Puerto Plata, podía ver el monte Isabel de Torres, que parecía un gigante verde con rizos blancos de niebla bailando alrededor de su cabeza.

Podía ver la perezosa laguna y las pequeñas y tristes casas de los habitantes de la laguna. Podía ver los pájaros que volaban frente a mi gri gri: sus **aterciopeladas** plumas doradas y coloradas brillando en sus cuerpos pequeños. Podía ver el arco iris que brillaba en el cielo azulado cuando paraba la lluvia. Podía contar las rosas crepusculares en el jardín de la señora García. Podía ver a mi maestra trepando la montaña cercana a su hogar y podía ver a Papi sentado en el porche, quedándose dormido.

Entonces, un día vi algo que no había visto jamás y me asusté tanto que casi me caí del árbol. Estaba allí sentada, mirando el mar, cuando vi que del agua salía un monstruo gigante, alto y negro, que cubrió el sol con su sombra. Antes de que yo pudiera gritar, el monstruo volvió a meterse en el mar.

Bajé rápidamente del árbol y corrí hacia mi casa, gritando:

—Papi, ¡hay un monstruo en el mar!

Papi se despertó de la siesta.

—¿Qué pasa?

—Un monstruo —repetí—. ¡Un monstruo gigante y viene para acá!

Dentro de la casa grité:

—Mami, ven rápido por favor. Hay un monstruo en el mar. Yo lo vi.

Mami salió de la casa y Ángela la siguió. Se estaba secando las manos porque había lavado los platos del almuerzo.

Todos me miraban como si estuviera loca.

—Es cierto —dije, saltando una y otra vez.

Mami me hizo sentar y me pidió que describiera lo que había visto exactamente. Antes de que hubiera terminado, Ángela le gritó las noticias a su mejor amiga, que justo pasaba por allí. Luego Papi agitó la mano a algunos de sus amigos de dominó y les dijo lo que yo había visto desde la copa de mi árbol de gri gri.

En poco tiempo, nuestro porche estaba lleno de personas que me pedían que contara la historia otra vez.

Cuando les conté lo que había sucedido por cuarta vez, el señor García, el dueño del colmado, comenzó a reírse.

—Seguramente te quedaste dormida en el árbol y tuviste una pesadilla, cariño.

—No —contesté, sacudiendo la cabeza—. Yo lo vi.

Pero sus palabras habían aliviado el temor que todos sentían por un monstruo.

—Sí —coincidieron—. Seguramente lo imaginaste.

"No, tontos", habría querido gritarles, "no lo imaginé."

Pero en realidad no quería gritar porque a Mami y a Papi no les hubiera gustado que yo les gritara a los vecinos y los llamara tontos. Eso era seguro.

Entonces, cuando todos se sentaron en el porche a beber algo juntos mientras hablaban de mi monstruo del mar, me escapé y corrí hacia mi árbol de gri gri. Escuché que Mami me llamaba, pero fingí no escucharla y me trepé rápidamente al árbol. Necesitaba saber si lo que había visto, fuese lo que fuese, volvería a aparecer.

Me senté en la rama de siempre y aparté algunas hojas de mis ojos. Luego, fijé la vista en el mar. Miré fijamente durante tanto tiempo, que el color azul del mar comenzó a llenar mis ojos y tuve que parpadear para no quedarme ciega.

La tarde se fue y llegó el atardecer y el azul del mar se convirtió en gris. Miré y esperé. Mi estómago hacía ruidos, pero los cubrí con la mano.

Luego, cuando ya pensaba que quizás había imaginado todo, vi una salpicadura en el agua. La salpicadura creció y creció hasta que estaba alta en el aire como una fuente mágica.

—Es un volcán —susurré. Recordé que mi maestra nos había contado que muchas de las islas del Caribe se habían formado a partir de volcanes que salían del mar.

Respiré profundo. Quizás estaba viendo el nacimiento de una nueva isla justo al lado de la República Dominicana. Me quedé mirando y de pronto una figura negra **emergió** de la fuente de agua. Se elevó y giró, como si fuera a bailar, y fue en ese momento que vi la garganta blanca del monstruo del mar.

Se sostuvo entre el cielo y el océano durante algunos segundos y luego volvió a meterse en el agua salpicando gotas de sal hasta tocar las nubes de color rosa perlado.

El corazón me latía con furia y tuve que sostenerme para no caer del árbol. Yo tenía razón. No lo había imaginado. Allí estaba el monstruo del mar. Esta vez no me apuré a decírselo a nadie.

¿Qué hará la gente?, pensé. ¿Tratarían de encontrarlo? ¿Querrían matarlo? De alguna forma, aunque no sabía por qué, sabía que el monstruo del mar no era peligroso. Él sólo quería nadar y zambullirse y saltar fuera del mar, como yo saltaba sobre las olas.

Bajé del árbol y fui a casa. Lo primero que quería hacer era comer, pero había muchas personas en el porche de casa hablando sin parar.

—Lo vimos, Ana Rosa —gritaban—. Vimos el gran monstruo del mar del que nos hablabas.

Mami llevaba un plato de dulces, los caramelos de leche que yo adoraba. Seguramente acababa de hacerlos, porque aún estaban tibios y blandos.

Los niños llevaban grandes platos con diferentes tipos de comida que sus madres habían cocinado. Ángela les indicaba dónde poner la comida, si aquí o en nuestra gran mesa. Vi platos apilados con arroz con pollo, plátanos fritos y batatas fritas.

El señor García se disculpó conmigo una y otra vez. Alrededor de cien personas se habían reunido ahora en nuestro porche, en el patio y a lo largo del camino, y hablaban sobre el monstruo del mar.

—Pronto llegará la temporada alta —dijo el señor Rojas, que era dueño de un jeep que alquilaba a turistas—. Nadie debe saber que un monstruo anda merodeando la bahía Sosúa.

—¿Por qué no? —preguntó la señora Pérez, que vendía cuadros en la playa—. Puede ser una **atracción** turística. Muchas personas quizás decidan venir sólo para verlo.

La mitad de las personas presentes susurró:

—Tiene razón él.

Y la otra mitad decía:

—Tiene razón ella.

> **Resumir**
> Resume lo que pasó después de que la narradora se fue a su casa.

Parecía que íbamos a tener un gran debate en nuestro porche, como los que tienen lugar cuando hay elecciones presidenciales. Hablaban de tal manera que parecía que pronto vendría gente de otros lugares a escribir merengues sobre el monstruo del mar, y habría fiestas del monstruo del mar en todas partes, tal como sucede con las elecciones.

Sacudí mi cabeza y me dediqué a escuchar a los demás mientras comía un gran plato lleno de comida. "Pobre monstruo del mar", pensé.

Entonces, las personas allí reunidas comenzaron a idear un plan. Cuando los dominicanos se juntan y deciden hacer un plan, tengan cuidado, porque hay planes, pero también hay Planes, y este ¡definitivamente era un PLAN!

Lo primero que decidió la gente fue que alguien tenía que ir a vigilar al monstruo del mar. Y todos empezaron a mirarse a ver quién sería el voluntario. Fue en ese momento que supimos que el PLAN no funcionaría porque nadie quería hacer algo tan estúpido como ir hasta el mar para vigilar a un monstruo del mar.

Ángela tuvo la brillante idea de que, como yo era quien lo había visto por primera vez, yo podía vigilarlo desde mi árbol de gri gri. Todos giraron hacia mí y asintieron con la cabeza.

"Finalmente, encontró una buena razón para estar allí arriba todo el tiempo", escuché murmurar a la señora García.

Papi me miraba y asentía con la cabeza, orgulloso de que su hija hubiera sido elegida para un trabajo tan importante. Dije:

—Está bien. Lo voy a hacer.

Entonces siguió el PLAN. La mitad de las personas quería hacer carteles y anunciar que la bahía de Sosúa tenía un nuevo visitante y que era una especie única de monstruo marino. La otra mitad sacudía la cabeza y decía:

—No, es muy obvio.

—Debemos ser cautos con un tema tan delicado como éste —dijo la señora Pérez—. Debemos inventar una historia maravillosa sobre este monstruo marino, darle un nombre, hacer que parezca un monstruo amigable y luego contárselo al mundo. De lo contrario, sólo asustaremos a todos los que visiten esta parte de la isla.

Tenía razón. Una historia sobre un monstruo del mar era mucho mejor idea que un gran cartel con una flecha que dijera: "¡Siga este camino para conocer al gran monstruo de la bahía Sosúa!"

La idea me causó gracia. Sólo quería que Guario llegara a casa para contarle lo que estaba sucediendo. Casi no podía esperar a que él volviera del restaurante.

—Bueno —dijo el señor Rojas—, ¿qué nombre le pondremos al monstruo del mar?

—¿Quién sabe cómo escribir una historia sobre él? —preguntó el señor García.

La señora Pérez se encogió de hombros.

—No soy una gran escritora, pero algo se me va a ocurrir.

Entonces Mami, que por lo general se quedaba callada en este tipo de **debates**, dijo en voz alta y clara:

—Ana Rosa es la persona que mejor puede escribir una historia sobre el monstruo del mar.

Me quedé paralizada. No era la misma Mami que veneraba el silencio.

La gente comenzó a sacudir la cabeza.

—¿Puede una niña hacer algo tan importante? —susurraban.

—Sí —dijo Mami—. Démosle un cuaderno para escribir y escribirá una historia sobre el monstruo marino. Si no nos gusta, otra persona puede intentarlo.

Mami lo dijo de una forma tan segura y decidida que todos asintieron con la cabeza:

—Bueno, no está mal que lo intente —dijeron.

Entonces el señor García fue a su colmado a buscar un cuaderno. Mami me lo dio. Sus manos estaban tan frías como el río.

Los adultos se quedaron despiertos hasta tarde en el porche, conversando, bebiendo y comiendo. Yo fui adentro y comencé a escribir una historia sobre el monstruo del mar. Primero intenté encontrarle un nombre. Pero no se me ocurría uno bueno. En cambio, comencé a imaginar cómo se debía sentir al ser una criatura que vive sola en el mar y es distinta a todas las otras criaturas marinas.

Quizás los peces y los animales marinos le temían por su gran tamaño, por su inmensa nariz y por su cola elegante. Quizás no querían jugar con él. Quizás murmuraban sobre su extraño aspecto. Pero el monstruo marino quería tener un amigo. En lo más profundo de mí, entendí perfectamente cómo se sentiría el monstruo del mar.

Comencé a escribir. Escribí una página tras otra en el cuaderno que los adultos me habían dado. Cuando terminé, era casi la medianoche. Fui al porche. Aún estaban todos allí, riendo y conversando, y algunos bailaban al compás de la música de la radio.

Los niños se habían quedado dormidos en los regazos de sus padres. Algunos de los niños más grandes estaban **desparramados** sobre una frazada en el piso y la música de merengue era una especie de canción de cuna de fondo para ellos.

> **Resumir**
> ¿Qué planes hicieron los vecinos para promocionar el monstruo marino? ¿Cómo condujeron éstos a la historia de la narradora?

Cuando me vieron, se quedaron callados. Alguien apagó la radio. Otros despertaron a los niños que estaban en su regazo. Papi movió su silla y rodeó mis hombros con sus brazos. Me llevó hasta el frente del porche.

Entonces, todos me miraron y esperaron. Yo estaba allí de pie, temblando, mientras sostenía en mis manos cerca del corazón el cuaderno con la historia. Sabía que ese era el momento. Todo el mundo se iba a enterar.

Dejé de pensar y comencé a leer. No miraba a nadie, ni a Papi, ni a Mami ni a Ángela. Leí hasta que llegué a la última página. En mi historia, las otras criaturas del mar invitaban al solitario monstruo del mar a una gran fiesta subacuática, aun cuando no había nadie como él y aunque fuera tan grande que derribara a muchos de ellos con su gran nariz y su gran cola.

—Y el monstruo del mar es tan feliz que da brincos fuera del agua, y salpica con las gotas del mar a todos a su alrededor en un gran círculo de luz.

Levanté la mirada y de pronto vi muchas cosas. Vi que Papi estaba sentado en el borde de la silla, confundido y en silencio. Vi a Mami con las manos entrelazadas y la cabeza inclinada, como si estuviera rezando. Vi a los vecinos sonriendo y asintiendo con la cabeza. Entonces vi a Guario, que seguramente había subido hasta el borde del porche mientras yo leía.

Entonces me **concentré** en la cara de Guario. Sonreía. Mi hermano mayor, tan fuerte, que se preocupaba por nuestro futuro, mi Guario serio que casi nunca sonreía, de pronto soltó un agudo chillido, me abrazó y comenzó a darme vueltas una y otra vez.

—Pequeña hermana… ¡Todos los meses sin falta te compraré un cuaderno nuevo! —exclamó.

Cerré los ojos para no ponerme a llorar allí frente a todos mis vecinos. Guario siempre cumplía sus promesas. Ahora podría escribir todo, todo lo que pensara o soñara o sintiera o viera o me preguntara. Me sentía tan feliz que hubiese saltado tan alto como el monstruo del mar.

Luego, en el fondo, escuché aplausos. Todos empezaron a levantarse de sus sillas y a aplaudirme.

Escuché gritos de felicitación por mi maravillosa historia y todos felicitaban a Papi y besaban a Mami en las mejillas y les decían que tenían suerte de que yo fuera tan inteligente. Escuché que Mami decía que no tenía nada que ver con la suerte. Sonreí y fui hasta donde estaba ella. Me rodeó con sus brazos y apretó mis hombros.

—Vas a escribir muchas historias, recuérdalo *cara*— susurró en mi oído.

Era la noche más feliz de mi vida.

Todos nos olvidamos del monstruo hasta el día siguiente. En la radio, las noticias anunciaban que una de las ballenas jorobadas que iba camino a la bahía de Samaná en su habitual viaje anual de invierno para tener cría estaba varada en Sosúa.

—Pero la bahía de Samaná queda a sólo dos horas en auto desde aquí —dijo Papi.

—Bueno, pero la pobre ballena quizás no conoce el camino —dijo Mami.

Durante dos semanas nuestra ballena jorobada saltó y retozó en la bahía Sosúa hasta que finalmente se dirigió al este, hacia Samaná para reunirse con otras tres mil ballenas jorobadas que van allí todos los años.

Pero mientras estuvo en Sosúa, la miré todos los días desde mi árbol de gri gri. El hermoso monstruo marino blanco y negro me había ayudado a convertir mi sueño en realidad. Yo amaba a esa ballena. Y la llamé Guario.

Un momento inolvidable con
Lynn Joseph y Marla Baggetta

Lynn Joseph pasó su infancia en Trinidad, una isla de las Antillas. En su infancia, Lynn tenía gran habilidad con las palabras y le gustaba aprender. En la actualidad, combina ambas pasiones en sus dos trabajos. Además de autora, Lynn es abogada en la ciudad de Nueva York. Su talento con las palabras le resulta útil ya que le permite exponer los argumentos frente al tribunal y por escrito. Lynn tiene dos hijos y una casa en la República Dominicana.

Marla Baggetta es una artista e ilustradora cuyo trabajo se ha exhibido a nivel nacional en galerías, libros, avisos publicitarios y revistas. Se recibió en la escuela de arte en Pasadena, California. Vive con su marido y sus dos hijos en West Linn, Oregón.

Busca más información sobre Lynn Joseph y Marla Baggetta en **www.macmillanmh.com**

✔ Propósito de la autora

El propósito de la autora al escribir *El árbol de gri gri* es entretenernos, sin embargo la ficción realista incluye detalles realistas. ¿Cuáles son?

Pensamiento crítico

Resumir

Usa el diagrama para resumir *El árbol de gri gri*. Al preparar el resumen, asegúrate de incluir sólo los acontecimientos y detalles más importantes.

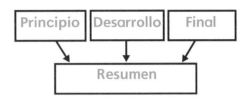

Principio	Desarrollo	Final

Resumen

Pensar y comparar

1. **Resume** lo que sabes acerca de la historia de Ana Rosa y el monstruo del mar. Explica por qué la autora no incluyó la historia de Ana Rosa en *El árbol de gri gri*. **Hacer preguntas: Resumir**

2. Vuelve a leer los últimos tres párrafos de la página 782. Explica lo que todos descubren sobre Ana Rosa. **Analizar**

3. El árbol de gri gri es un lugar especial para Ana Rosa. Describe un lugar especial para ti. Explica por qué ese lugar es tan especial. **Aplicar**

4. El hermano de Ana Rosa siempre se **concentra** en "lo que el mañana nos traerá". ¿Piensas que todos deberíamos preocuparnos por el futuro? ¿Por qué? **Evaluar**

5. Vuelve a leer "Una canción para Makaio" en las páginas 766 y 767. ¿En qué se parecen Ana Rosa y Makaio? ¿Cómo reacciona la gente ante estos personajes? Usa detalles de ambas lecturas para sustentar tu respuesta. **Leer/Escribir para comparar textos**

La criatura más GRANDE del mundo

Yolanda Robertson

¿**C**uál es el animal más grande que habitó la Tierra? ¿Piensas que fue el dinosaurio? ¡Piensa otra vez! Es la ballena azul y todavía vive en la Tierra. Puede ser tan larga como un edificio de nueve pisos visto de costado. Es tan grande que su corazón pesa casi 1,000 libras y es del tamaño de un auto pequeño.

La familia de la ballena también incluye los delfines y las marsopas. Éstos pertenecen a la familia de las criaturas marinas denominada Cetáceos. La palabra *cetáceo* proviene de la palabra en latín *cetus*, que significa gran animal marino, y de la palabra griega *ketos* que significa monstruo del mar.

A pesar de vivir en el agua, las ballenas no son peces enormes. Las ballenas son **mamíferos** como los seres humanos. Todos los mamíferos tienen ciertas características en común, tales como usar pulmones para respirar y alimentar con leche a sus crías. Los mamíferos tienen la sangre caliente, un corazón con cuatro cavidades y tienen pelo. Suelen vivir en la tierra, pero las ballenas, los delfines y los manatíes pasan la totalidad de sus vidas en el agua. A diferencia de los humanos, que usan la nariz para respirar, las ballenas respiran a través de agujeros en la parte superior de la cabeza. Hay dos clases principales de ballenas: las ballenas de barbas y las ballenas dentadas. Cada una de ellas tiene características particulares.

Ballenas grandes, ¡y más grandes!

 Leer un gráfico

Utiliza este gráfico para comparar el peso y el largo de cuatro tipos de ballenas.

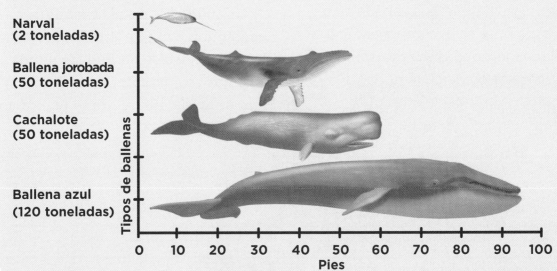

Narval (2 toneladas)

Ballena jorobada (50 toneladas)

Cachalote (50 toneladas)

Ballena azul (120 toneladas)

Tipos de ballenas

0   10   20   30   40   50   60   70   80   90   100

Pies

Cría de ballena jorobada

Ballenas de barba

Las ballenas de barba tienen dos orificios nasales. En lugar de dientes, tienen barbas, estructuras parecidas a un cepillo, que extraen la comida del agua. Estas enormes ballenas tienen cientos de barbas. La ballena de barba más grande es la ballena azul. Como si fuera una aspiradora gigante, la ballena azul puede aspirar y comer por día hasta 8,000 libras de **organismos** similares al camarón llamados krill.

Al igual que el resto de las ballenas, las ballenas de barba viven en pequeños grupos y se "cantan" entre sí. La mayoría de las ballenas se comunican mediante el canto. El canto de la ballena azul es el más fuerte; es más fuerte que el ruido de un jet jumbo. Los científicos creen que la ballena jorobada tiene las canciones más complejas. Las ballenas jorobadas macho emiten distintos tipos de chasquidos y silbidos. Algunos de sus cantos duran hasta 30 minutos.

Se pueden comprar grabaciones de las melodías de las ballenas jorobadas. Sin embargo, las ballenas jorobadas hembra no cantan. Según los científicos, los machos usan la música para cortejar a las hembras.

Ballenas dentadas

La ballena dentada tiene un solo orificio nasal y muchos dientes. La ballena dentada más grande es el cachalote. Solamente su cerebro pesa hasta 20 libras y es el más grande del reino animal. Los cachalotes son **carnívoros** y comen hasta 2,000 libras de alimento por día. Su alimento favorito es el calamar gigante, aunque también comen peces y pulpos.

Otros dos tipos de ballenas dentadas, mucho más pequeñas que el cachalote, son las marsopas y los delfines. A primera vista, cuesta creer que tienen alguna relación con las ballenas, pero al estudiarlas en detalle se ve que tienen características en común. Por ejemplo, los delfines, los cachalotes y las marsopas se "zambullen" y, de esta manera, consiguen comida. Primero, levantan la cola en el aire, lo que los ayuda a tomar velocidad para poder sumergirse y alimentarse en aguas profundas.

Ballena dentada zambulléndose

¿Unicornio o ballena?

El narval es una ballena dentada de extraño aspecto que vive en el océano Ártico. El narval macho tiene un diente largo, llamado colmillo, similar a un palo de escoba largo y puntiagudo. Este diente tan particular del narval se desarrolla en la parte frontal de la cabeza y puede llegar a medir hasta diez pies. Hace algunos años, antes de que se conocieran los narvales, se pensaba que estos colmillos provenían de los unicornios.

Hoy en día, los científicos conocen más de 80 tipos de cetáceos y creen que es probable que existan más variedades de ballenas que aún no han sido descubiertas. Entonces, la próxima vez que mires el océano, presta atención a las ballenas. ¡Quizás descubras una nueva especie de cetáceo!

Narval macho con colmillo

Pensamiento crítico

1. Observa el gráfico en la página 789. ¿Cuáles son las diferencias en peso y longitud de la ballena azul y el cachalote? **Leer un gráfico**

2. Según la información del artículo, ¿de qué forma está adaptada la estructura bucal de las ballenas de barba para su alimentación a base de krill? **Analizar**

3. Piensa en "La criatura más grande del mundo" y *El árbol de gri gri*. ¿Cómo hubiera descrito Ana Rosa una ballena azul adulta? ¿Cómo compararías su descripción con la descripción en "La criatura más grande del mundo"? **Leer/Escribir para comparar textos**

 Ciencias

Investiga tres o cuatro tipos de ballenas que no estén mencionadas en el artículo y dibuja un gráfico de barras para comparar el peso de cada una de ellas.

 Busca más información sobre ballenas en **www.macmillanmh.com**

Escritura

Sujetos y predicados

Los escritores a veces usan varios **sujetos** y **predicados** para mostrar a los lectores exactamente en qué forma sucede algo.

Lee el siguiente pasaje. Observa cómo la autora, Lynn Joseph, usa principalmente tres sujetos: "Mami", "Ana Rosa" y "la gente".

Fragmento de
El árbol de gri gri

La autora va de un lado a otro entre los 3 sujetos principales y nos muestra cómo llegaron a un acuerdo.

Entonces Mami, que por lo general se quedaba callada en este tipo de discusión, dijo en voz alta y clara:

—Ana Rosa es la persona que mejor puede escribir una historia sobre el monstruo del mar.

Me quedé paralizada. No era la misma Mami que veneraba el silencio.

La gente comenzó a sacudir la cabeza.

—¿Puede una niña hacer algo tan importante? —susurraban.

—Sí —dijo Mami—. Démosle un cuaderno para escribir y escribirá una historia sobre el monstruo marino. Si no nos gusta, otra persona puede intentarlo.

Mami lo dijo de una forma tan segura y decidida que todos asintieron con la cabeza:

—Bueno, no está mal que lo intente —dijeron.

Lee y descubre

Lee el escrito de Adán. ¿De qué manera nos ayudó a visualizar lo que pasaba? Usa el Control de escritura como ayuda.

El juego de *frisbee*
Adán F.

John arrojó el *frisbee* muy bien. En ese instante di un salto y salí de entre la multitud. El *frisbee* era como una persona que corría detrás de mí. O como un pájaro en pleno vuelo, aleteando para mantenerse en el aire. Llegué a la zona final. Me moví hacia la izquierda. Intenté poner mi cuerpo frente al *frisbee*, pero estaba demasiado lejos. Traté de alcanzarlo. El *frisbee* rebotó en mis nudillos y se quedó dando vueltas en el aire. Yo me estiré en el aire y lo atrapé con las manos extendidas.

¡Lee sobre mi gran atrapada!

Control de escritura

 ¿Usa el autor un sujeto particular por una razón particular?

 Cuando el autor repite un sujeto, ¿te ayuda la repetición a concentrarte en ese sujeto?

 ¿Te ayudan los **predicados** a ver las acciones de los **sujetos**?

Repaso

Persuasión
Tema
Orden de los sucesos
Sinónimos
Subtítulos

Un regalo de bienvenida

Darío y su madre amaban su nuevo apartamento. La luz del sol entraba por las ventanas durante todo el día, las paredes estaban pintadas de colores brillantes y la sala de estar era lo suficientemente grande como para poner el piano.

—Es mucho mejor que los pequeños cuartos de nuestro viejo apartamento —decía Darío.

Esa noche se sentaron junto al piano. Tocaron una canción de *ragtime* de Scott Joplin, para celebrar por la nueva casa. La melodía llenó la sala y los dejó rebosantes de alegría.

Sin embargo, a la mañana siguiente, algo inesperado les cambió el humor. Alguien había deslizado una nota por debajo de la puerta durante la noche. Uno de los vecinos la había escrito, para quejarse por la música.

La madre de Darío estaba triste y molesta. Le preguntó al encargado del edificio si había recibido quejas de algún vecino, pero él no estaba al tanto de la nota.

—Son buenas personas —dijo el encargado—. No creo que alguno de ellos esté molesto.

Más tarde, esa misma mañana, Darío sugirió escribir una carta a los vecinos para pedir disculpas.

—Quizás podemos ir en persona a visitar a cada uno
—dijo su madre.

—¿Y si los invitamos a venir a casa? —preguntó Darío.

A los dos les pareció una idea excelente. Durante los días siguientes,
enviaron las invitaciones, hornearon postres para los invitados y
decoraron el apartamento con banderines y luces de fiesta.

El día de la fiesta llegó por fin. Los invitados llegaron a tiempo.
Algunos traían regalos o tarjetas. Otros, trajeron postres para todos.
Darío se sorprendió al ver que eran de la edad de sus abuelos.

Una mujer, la señora Gilbert, le llevó a la madre de Darío un libro
de música para piano de Chopin. —La otra noche te escuché tocando
el piano —dijo la señora Gilbert con un acento fuerte—. El sonido me
hizo levantar de la cama. Me preocupé pensando que ibas a tocar todas
las noches y yo no iba a poder dormir, entonces te envié una
pequeña nota. Espero que no pienses que no me gustó como tocabas.

La madre de Darío le sonrió a la señora Gilbert.

—Creo que le debo una disculpa —dijo—. Cuando tocaba
no me di cuenta de que era tan tarde. Quizás si tocara música más
tranquila en la noche...

—¡Por favor! ¡Sigue tocando, no dejes de hacerlo!
—dijo la señora Gilbert—. ¡Me gusta lo que tocas! Sólo que quizás
el sonido es un poco fuerte para la noche.
Señaló el libro que les había llevado de regalo.

—Este tipo de música no es tan fuerte.

—Esta música es muy bella —dijo
la madre de Darío—. Nos dará mucho
gusto tocarla todas las noches.

—¡Y no tocaremos tan fuerte ni
hasta tan tarde! —dijo Darío, que tenía
muchas ganas de tocar esa música nueva.

Sobre todo, se sintió muy feliz al ver
la gran sonrisa de su madre y de saber
que al fin estaban en casa.

795

Proyectos de servicio comunitario

Asistencia en las Olimpiadas Especiales

Promover el reciclaje

Ayudar a hacer los deberes

Todos podemos ayudar

"TODOS PODEMOS SER GRANDES, PORQUE TODOS PODEMOS SERVIR" dijo Martin Luther King, Jr. De acuerdo con el Dr. King, la grandeza radica en lo que una persona hace por los demás. El Dr. King y otros como él dedicaron sus vidas a luchar por un mundo mejor. King nos hizo un llamado a imitarlo. Evalúa tus conocimientos y las cosas que te gusta hacer. ¿Puedes compartir tus conocimientos e intereses con otros? Los proyectos de servicio comunitario son una buena forma de aprender a ser un líder y de ayudar a los demás. También te ayudarán a hacer amigos nuevos. Escoge a un adulto para que sea tu asesor. Luego, invita a algunos amigos o miembros de tu familia para planificar un proyecto en conjunto. A continuación, mencionamos los pasos a seguir para crear un proyecto de servicio comunitario.

Paso 1 Escoge el proyecto

Haz una lista de las cuestiones de la comunidad que te interesan. Quizás se trate de ayudar a estudiantes más jóvenes o de trabajar para las Olimpiadas Especiales. Tu comunidad, ¿tiene un programa de reciclaje?

Revisa las listas. ¿Hay otros grupos haciendo lo mismo? ¿Quiénes podrían estar interesados? ¿Qué materiales necesitas para el proyecto? Elige el proyecto que consideres que será de mayor utilidad para tu comunidad.

Paso 2 Planifica el proyecto

Crea un horario para el proyecto. ¿Cuánto tiempo te llevará terminarlo? ¿Cuántos días a la semana trabajarás? ¿Dónde serán las reuniones?

Decide qué trabajos deben realizarse. Asigna a cada persona un trabajo específico. Marca en el horario los días de finalización de las tareas. Ponte en contacto con personas o grupos que podrían ayudarte. Los bibliotecarios locales pueden ayudarte con la investigación.

Paso 3 Comienza el proyecto

Una vez que termina la planificación, es el momento de ponerse a trabajar. Aunque tomes todas las precauciones necesarias, seguramente surgirán problemas. Deja que los miembros del equipo los resuelvan a medida que aparezcan. Asegúrate de que se respeten las ideas de todos. Y lo más importante de todo: ¡diviértete!

Paso 4 Documenta el proyecto

A medida que avances, toma fotografías. Cada miembro del grupo puede elegir una imagen y escribir una crónica al respecto. Pídeles que describan lo que sucede en la imagen y que compartan lo que pensaban y sentían en ese momento.

Paso 5 ¡Momento de celebrar!

Festeja la finalización del proyecto. Muestra las imágenes y las crónicas. Invita a todos los que participaron. Quizás un periódico local o una estación de televisión quieran cubrir el evento. Es el momento de celebrar la "grandeza" de las personas.

✔ Pensamiento crítico

Responde a las preguntas 1 a 4. Basa tus respuestas en la historia "Un regalo de bienvenida".

1. El tema de "Un regalo de bienvenida" es:

    A   Todos los vecinos son buenos vecinos.

    B   Las personas deben ser consideradas.

    C   A todo el mundo le gustan las fiestas.

    D   No todos son amables.

2. ¿Qué acontecimiento de "Un regalo de bienvenida" sucedió primero?

    A   Darío y su madre dieron una fiesta.

    B   Darío y su madre tocaron el piano.

    C   Darío y su madre se mudaron a un apartamento nuevo.

    D   Darío y su madre hablaron con el encargado del edificio.

3. ¿Cuál es el sinónimo de la palabra subrayada? Las paredes estaban pintadas de colores <u>brillantes</u>...

    A   con mucha luz o que brillan con la luz

    B   hechos de forma sorprendente

    C   que tienen una gran inteligencia

    D   ricos, vívidos o luminosos

4. ¿Por qué crees que Darío y su madre dieron una fiesta? ¿Funcionó el plan?

Ahora responde a las preguntas 1 a 4. Basa tus respuestas en el artículo "Todos podemos ayudar".

1. **¿Cuál de las siguientes afirmaciones es un ejemplo de persuasión?**

   A   Un proyecto de servicio implica mucho trabajo.

   B   Un proyecto de servicio te ayudará a hacer amigos.

   C   Un proyecto de servicio reta a las personas.

   D   A Martin Luther King le gustaba hacer proyectos de servicio.

2. **¿Cuál es el objetivo de los subtítulos en "Todos podemos ayudar"?**

   A   ayudar a los lectores a tomar notas

   B   hacer la selección más fácil de leer

   C   organizar la información de la selección

   D   ayudar a los lectores a escoger un proyecto

3. **¿Cuál es el sinónimo de la palabra subrayada? Haz una lista de los <u>asuntos</u> de la comunidad que te interesen.**

   A   la edición de una revista

   B   temas para comentar

   C   resultados o consecuencias

   D   enviar o despedir

4. **¿Qué es lo último que debes hacer en un proyecto para la comunidad?**

   A   Elegir el proyecto.

   B   Planificar el proyecto.

   C   Comenzar el proyecto.

   D   Celebrar el proyecto.

A escribir

SUGERENCIAS ¿Qué proyecto de servicio te gustaría organizar para tu comunidad? Escribe una descripción del proyecto. Usa palabras que convenzan a otros de trabajar contigo. Escribe durante 20 minutos. Escribe tanto como puedas, lo mejor que puedas.

Glosario

¿Qué es un glosario?

Un glosario te ayuda a entender el **significado** de las palabras. Las palabras aparecen en **orden alfabético**. Las **palabras guía** están en la parte superior de la página y son la primera y la última palabra de esa página. Cada **entrada,** o palabra, está **dividida en sílabas**. Luego aparece la **parte de la oración**; por ejemplo, aparece la abreviatura *s.f.* si es un sustantivo femenino. En la página siguiente están las abreviaturas que se usan en este glosario. Algunas palabras tienen más de una **definición** o significado.

navegación

robot

Palabras guía

Primera palabra de la página   Última palabra de la página

Ejemplo de entrada

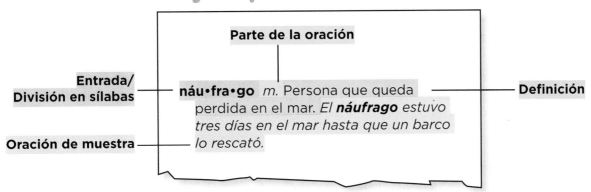

Parte de la oración

Entrada/
División en sílabas — **náu•fra•go** *m.* Persona que queda
perdida en el mar. *El **náufrago** estuvo
tres días en el mar hasta que un barco
lo rescató.*

Oración de muestra

Definición

Aa

a·ban·do·nar *v.* Dejar un lugar, apartarse de
él. *Los marineros saltaron por la borda
cuando les dieron la orden de **abandonar**
el barco.*

a·bo·ga·do/da *m. y f.* Persona que estudió
derecho y defiende a otras personas
en cuestiones jurídicas. *Antes de alegar
tu caso en el tribunal, sería buena idea
contratar a un **abogado**.*

a·bo·lir *v.* Anular una ley. *Finalmente, fue
abolida la ley de segregación contra los
afroamericanos.*

a·ca·dé·mi·co/ca **1**. *m. y f.* Persona que posee
un título otorgado por un establecimiento
educativo. *Mi profesor es un **académico**
muy reconocido.* **2.** *adj.* Estilo propio
de las academias que son sociedades
dedicadas a las ciencias, la literatura o
el arte, establecidas por una autoridad
pública. *Este informe tiene un estilo muy
académico.*

ac·ce·der *v.* Consentir a algo que se solicita.
*Mis compañeros de clase **accedieron** a
llevar a cabo mi propuesta.*

a·com·pa·ñan·te *adj.* Persona que va o está
con otra. *Juan, mi **acompañante** de todos
los días, no pudo venir hoy.*

a·cu·rru·ca·do *adj.* Encogido para
protegerse, por ejemplo, del frío. *Él estaba
acurrucado detrás de una piedra.*

á·gil *adj.* Que utiliza sus miembros con
mucha facilidad. *Ella es una persona muy
ágil y posee gran destreza y velocidad.*

a·gi·ta·ción *f.* Inquietud, preocupación,
nerviosismo. *Miguel sintió una gran **agitación**
antes de leer su historia frente a todos.*

Abreviaturas usadas en este glosario:

adj.	adjetivo
adv.	adverbio
f.	sustantivo femenino
fr.	frase
m.	sustantivo masculino
m. y f.	sustantivo masculino y femenino
n.p.	nombre propio
v.	verbo
s.	sustantivo masculino o femenino

a·go·bian·te *adj.* Que causa molestia o fatiga. *La temperatura era* **agobiante***; hacía mucho calor y tuvimos que caminar un largo rato.*

a·jus·tar *v.* Cambiar o disponer las cosas de modo que sean adecuadas para una necesidad o exigencia. **Ajustamos** *el programa para incluir otros dos cantantes en él.*

a·ler·ta 1. *f.* Situación de vigilancia o atención extrema ante un posible peligro. *El barco fue puesto en* **alerta** *después de que se informara sobre una tormenta de nieve en el área.* **2.** *adj.* Vigilante, cuidadoso. *Las personas que vigilaban la costa en busca de barcos enemigos estaban siempre* **alertas***.*

a·lis·tar *v.* Entrar en la milicia de manera voluntaria. *El hermano de Nan se* **alistó** *en el ejército después de graduarse en la escuela secundaria.*

am·bien·te *m.* El aire, el agua, el suelo y todo lo que rodea a una persona, animal o planta. *Los seres vivos necesitan tiempo para acostumbrarse a los cambios en el* **ambiente***.*

a·na·to·mí·a *f.* Estructura de un animal o planta o de cualquiera de sus partes. *Los estudiantes de medicina estudian* **anatomía** *para aprender la manera de tratar las enfermedades.*

an·clar *v.* Quedar sujeto por medio de un objeto metálico pesado denominado ancla. *La tripulación tuvo suerte al poder* **anclar** *el barco, porque la tormenta los habría alejado de la costa.*

a·par·ta·do *adj.* Retirado, distante, remoto. *Los hombres trabajan en una zona* **apartada***.*

ar·que·ó·lo·go/ga *m. y f.* Científico que estudia el pasado humano. *Los* **arqueólogos** *cavaron en la cueva y encontraron herramientas de una civilización muy antigua.*

a·rro·jo *m.* Hacer algo con osadía o intrepidez. *Los soldados demostraron gran* **arrojo** *en la lucha.*

a·rru·ga·do *v.* Estrujado, retorcido. *Tuve que planchar mi vestido porque se había* **arrugado** *después de lavarlo.*

ar·te·fac·to *m.* Cualquier máquina o aparato hecho por los humanos, por ejemplo, herramientas u objetos de la vida cotidiana. *Los estudiantes inventaron un* **artefacto** *para atrapar insectos dañinos.*

a·sig·nar *v.* Dar o establecer algo para alguien con un determinado objetivo. *Le han* **asignado** *un difícil papel en esta historia.*

a·si·mis·mo *adv.* Afirmación de igualdad, semejanza o relación. *El Sr. Roa nos mostró un modelo del corazón y nos enseñó* **asimismo** *el sistema circulatorio.*

as·tró·no·mo/ma *m. y f.* Estudiante de o experto en astronomía, la ciencia que estudia los planetas, las estrellas y otros cuerpos celestes. *Los* **astrónomos** *descubrieron un nuevo planeta.*

a·te·na·zar *v.* Apretar fuertemente con tenazas o como con ellas. *Lo* **atenazaron** *con los brazos y no se pudo mover.*

a·ter·cio·pe·la·do *adj.* Parecido al terciopelo. *Tiene un aspecto* **aterciopelado** *y es muy suave al tacto.*

a·trac·ción *f.* Persona o cosa que atrae la atención. *El nuevo elefante era la* **atracción** *del zoológico.*

a·tre·ver·se *v.* Animarse a hacer algo que implica un riesgo. *Hay que* **atreverse** *a decir lo que uno piensa sin que importe lo que pensarán los demás.*

a·vi·so *m.* Anuncio público que informa sobre un producto, suceso o algo que pueda necesitar una persona. *Un* **aviso** *exitoso es el que convence a los televidentes de comprar un producto.*

a·za·ba·che *adj.* De color negro oscuro. *Mi hermana tiene el cabello de color* **azabache**.

a·zo·rar *v.* Sorprender, inquietarse. *Todos se* **azoraron** *cuando el director preguntó quién era el responsable de la broma.*

Bb

bio·lo·gí·a *f.* El estudio de los seres vivos. **Biología** *es mi asignatura favorita en la escuela.*

boi·co·te·ar *v.* Organizar una repulsa o un rechazo para lograr que una persona, una empresa o un país ceda en algo que se exige de él. *Los huelguistas* **boicotearon** *los productos de la compañía.*

Historia de la palabra

La palabra **boicot** obtuvo su nombre cuando una comunidad irlandesa se negaba a trabajar, comerciar o hacer negocios con el Capitán Charles Boycott después de que éste se rehusara a bajar los alquileres de los arrendatarios.

Cc

ca·li·fi·car *v.* Tener las cualidades necesarias para una cierta tarea o trabajo. *Para poder* **calificar** *para las Olimpiadas, debes ser uno de los mejores atletas del país.*

ca·ma·le·ón *m.* Cualquiera de los distintos tipos de lagartos pequeños, de movimientos lentos, que cambian el color de su piel de acuerdo con su entorno. *El* **camaleón** *se volvió marrón en la corteza del árbol.*

ca·mu·fla·je *m.* Cualquier disfraz, aspecto, o comportamiento que sirve para ocultar o engañar, como el color protector de un animal. *El* **camuflaje** *le permite al pulpo confundirse con su entorno.*

ca·rac·te·rís·ti·ca *f.* Aspecto, cualidades, o rasgos que posee una persona o cosa. *La valentía y la honestidad son* **características** *de un buen líder.*

car·ga *f.* Algo que se lleva y que pesa. *La mula llevaba la* **carga** *por el angosto camino hasta el cañón.*

car·ní·vo·ro *adj.* Animal o planta como los tiburones, águilas, perros y plantas atrapamoscas que se alimentan básicamente de carne. *Los leones son animales* **carnívoros** *que cazan y se alimentan de animales más pequeños.*

ca·tás·tro·fe *f.* Desastre, suceso inesperado y trágico. *El terremoto fue una verdadera* **catástrofe**.

chi·llar *v.* Gritar, levantar la voz. *No* **chilles**, *escucho perfectamente.*

ci·vi·li·za·ción *f.* Sociedad en la que la agricultura, el comercio, el gobierno, el arte y la ciencia están altamente desarrollados. *El museo tenía gran cantidad de objetos que mostraban cómo se había desarrollado la* **civilización** *durante los últimos 600 años.*

com·ba·tir *v.* Luchar, pelear con fuerza. *Los boxeadores* **combatieron** *por la medalla de oro.*

com·pa·sión *f.* Pena o lástima hacia alguien que sufre. *Ella sintió* **compasión** *ante la triste historia de su nueva amiga.*

com·ple·jo *adj.* Difícil de comprender o hacer. *Los problemas de matemáticas eran* **complejos** *porque tenían muchos pasos.*

com·por·ta·mien·to *m.* Manera de actuar. *El entrenador les reprochó su mal* **comportamiento** *a los jugadores.*

con·cen·trar·se *v.* Enfocar o dirigir la atención hacia algo. *El jugador de baloncesto se* **concentró** *tanto en anotar que no escuchó los gritos de los fanáticos.*

con·du·cir *v.* Guiar, llevar o transportar. *El director* **condujo** *a los niños a sus aulas.*

con·jun·to *m.* Grupo de cosas juntas. *Sobre la mesa, había un* **conjunto** *de periódicos, todos del mismo mes.*

con·si·de·ra·ción *f.* Reflexión o examen detenido de una cosa. *Tus* **consideraciones** *son siempre bienvenidas.*

con·sul·tar *v.* Pedir consejo u opinión. *Mis padres* **consultaron** *a un especialista antes de comprar nuestra casa.*

con·ta·mi·na·ción *f.* El proceso de alteración o el estado de alterar; polución. *La comida debe mantenerse protegida para evitar su* **contaminación**.

con·ti·nen·te *m.* Una de las siete grandes áreas en que se divide la Tierra. *Estados Unidos queda en el* **continente** *americano.*

co·ro·nel *m.* Jefe militar. *El* **coronel** *dio la orden y los soldados obedecieron.*

cor·te·jar *v.* Intentar enamorar. *Rodrigo está* **cortejando** *a Margarita.*

cru·ce *m.* Unión de distintos tipos de plantas o animales para producir una especie distinta. *El agricultor hizo un* **cruce** *de un pimiento pequeño y dulce con otro grande e insípido para obtener pimientos grandes y dulces.*

cua·tre·ro *m.* Ladrón de ganado. *Los vecinos se protegían de los* **cuatreros** *haciendo rondas.*

Dd

de·ba·te *m.* Intercambio de opiniones sobre algo. *Durante las elecciones hubo muchos* **debates** *entre los votantes.*

de·fec·tuo·so *adj.* Que tiene una falla o imperfección. *El radio* **defectuoso** *sólo sintonizaba una estación.*

de·li·rar *v.* Hacer, pensar o decir cosas disparatadas o sin sentido. *Parecía que* **deliraba**, *ya que nada de lo que decía tenía sentido.*

den·so *adj.* Repleto, muy cercano y junto. *El humo era **denso**, lo cual hacía difícil que los bomberos pudieran ver.*

de·sa·for·tu·na·do *adj.* Sin suerte. *Fue una salida **desafortunada** porque llovió y teníamos entradas para ver el concierto al aire libre.*

de·sar·mar *v.* Separar pieza por pieza. *Los trabajadores **desarmaron** el escenario exterior después del concierto.*

de·sas·tre *m.* Suceso que causa mucho sufrimiento, angustia o pérdida. *Los huracanes son **desastres** naturales.*

des·cen·der *v.* Moverse de una posición más alta a una más baja. *La mujer **descendió** de la montaña sobre sus esquíes.*

des·com·po·ner *v.* Estropear, arruinar un mecanismo. *Se **descompuso** el reloj de pared; ya no funciona.*

des·con·cer·ta·do *adj.* Sorprendido, sin saber qué hacer. *Quedó completamente **desconcertado** ante la actitud indiferente de su amiga.*

des·cu·brir *v.* Encontrar, hallar algo desconocido. *Se ha **descubierto** un nuevo barco en el fondo del mar.*

de·ses·pe·ra·do *adj.* Sin esperanzas. *Su difícil situación hizo que se sintiera **desesperado**, sin saber qué hacer.*

des·ga·rra·dor *adj.* Que provoca sufrimiento y horror. *Se escuchó un llanto **desgarrador** y después todo fue silencio.*

des·ha·bi·tar *v.* Abandonar una vivienda o un territorio. *Para construir la carretera tuvieron que **deshabitar** varios pueblos del valle.*

La ⬚
solo rui⬚

des·la·ve *m.* Fragmentos de roca o tierra desplazados por una corriente. *El riesgo de sufrir daños crecía con el **deslave** de las vertientes.*

de·so·la·do *adj.* Despoblado, solitario, sin consuelo. *Era un paisaje **desolado**, no había nadie a la vista.*

des·pa·rra·ma·do *adj.* Disperso, ancho, abierto. *Al entrar en la casa vimos todas sus cosas **desparramadas** por el suelo.*

des·pe·dir *v.* Quitar el trabajo o echar. *El gerente tuvo que **despedir** a uno de sus empleados por realizar mal su trabajo.*

de·te·ni·mien·to *m.* Con atención, con cuidado. *Lee con **detenimiento** la historia y luego coméntala.*

de·tes·tar *v.* Odiar, disgustar mucho. *Mi perro **detesta** los truenos y otros sonidos fuertes, porque lo asustan.*

de·vas·ta·do *adj.* Lugar destruido, arrasado. *El lugar quedó **devastado** después del paso del huracán.*

di·vi·sar v. Ver, p... ...usa. *Todavía no podem... ...a, hay mucha niebla.*

du·dar v. Vacilar, no estar seguro de algo. *No **dudó** ni un segundo y se lanzó al agua.*

Ee

e·du·car v. Enseñar o entrenar. *Es importante **educar** a los estudiantes acerca de los riesgos en el laboratorio de química.*

e·lec·to adj. Elegido mediante el voto. *La clase dispuso que el representante **electo** comentara el tema con el director.*

e·le·gan·te adj. Que muestra gracia y buen gusto, nobleza y distinción. *El **elegante** vestido estaba adornado con encaje dorado.*

e·le·men·tal adj. Referente a los elementos o principios de una ciencia o arte; fundamental, primordial. *Aprendimos los hechos **elementales** del ciclo de la vida observando de qué manera cambian las cosas a medida que crecen.*

...e básica con la que ...y se forma. *Una historia ...estos **elementos**: comienzo, ...y final.*

...**car** v. Ingresar a una embarcación, ...on o tren. *Todos **embarcaron** después ...e oír la señal.*

e·mer·ger v. Salir; aparecer desde un lugar. *Cuando el submarino **emergió**, todos batieron palmas.*

en·mien·da f. Cambio en una ley provocado por la votación de los funcionarios del gobierno o por cambios en la Constitución. *Las mujeres obtuvieron el derecho a votar en todos los estados por una **enmienda** de la Constitución.*

en·tor·no m. Objetos, influencias, o condiciones de un lugar. *La cabaña tenía un hermoso **entorno**: flores, plantas y un lago cercano.*

en·tre·gar v. Llevar algo a un lugar o persona en particular. *Mi trabajo es **entregar** provisiones en los hogares.*

e·rup·ción f. Emisión repentina hacia el exterior de algo que se encuentra dentro de un sitio. *El volcán hizo **erupción** cuando todos estaban durmiendo la siesta.*

es·ca·bu·llir *v.* Irse disimuladamente, escaparse. *En cuanto pudimos, nos* **escabullimos** *de la aburrida reunión.*

es·ca·lo·frí·o *m.* Sensación de frío acompañada por temblores involuntarios. *Caminar por esa calle oscura me produce* **escalofrío**.

es·ca·pa·ra·te *m.* Espacio exterior de las tiendas, cerrado con cristales, en donde se expone la mercadería a la vista del público. *Ahora hay carteles de rebaja en los* **escaparates**.

es•ca·sez *f.* Pequeña cantidad o falta de suministro. *La tormenta destruyó muchas granjas, así que hubo* **escasez** *de sandías.*

es•col·tar *v.* Acompañar a una persona para protegerla u honrarla. ***Escoltaban*** *a la actriz cuatro guardaespaldas.*

es·cu·do *m.* Persona o cosa que protege contra un peligro, herida, o molestia. *Utilicé una revista como* **escudo** *contra la brillante luz del sol porque olvidé mis anteojos oscuros.*

es·pe•cie *f.* Grupo de animales o plantas que tienen muchas características en común. *Los pastores alemanes pertenecen a una* **especie** *canina y los lobos, a otra.*

es·pé·ci•men *m.* Elementos o partes típicas de un grupo. *El científico recolectó* **especímenes** *de algunos gérmenes que podían enfermar a las personas.*

es·tra·te•gia *f.* Plan cuidadoso para lograr un objetivo. *Nuestro entrenador utilizó una nueva* **estrategia** *y logró confundir al mejor equipo de la liga.*

e·vo·car *v.* Representar o recordar algo por su semejanza. *La pintura del artista* **evoca** *un campo de vacas con nubes de tormenta en el cielo.*

e·xa·ge·rar *v.* Hacer que algo sea más grande o más poderoso de lo que realmente es. *Los cuentos increíbles siempre* **exageran** *los poderes de sus héroes.*

ex·pe·di·ción *f.* Viaje con un propósito específico. *Los miembros de la* **expedición** *tuvieron que bajar la montaña nuevamente porque el viento era muy fuerte.*

ex·po·si·ción *f.* Muestra pública. *Muchas* **exposiciones** *en los museos son gratuitas.*

ex·qui·si·tez *f.* Alimento de calidad y gusto excelente. *En el festival de comidas había* **exquisiteces** *de todo el mundo.*

Ff

fe·nó·me·no *m.* Suceso extraordinario o sorprendente. *El huracán es un* **fenómeno** *atmosférico terrible.*

fé·re·tro *m.* Ataúd. *El cadáver fue trasladado en un* **féretro** *hasta el cementerio.*

fir·ma·men·to *m.* Cielo. *A todos nos relaja mirar el* **firmamento** *en una tarde de verano.*

fí·si·co *adj.* Relativo al cuerpo. *Realizar actividad* **física** *te ayudará a mantenerte en forma.*

for·ma·cio·nes *f. pl.* Conjuntos de rocas con características geológicas comunes. *En medio del desierto se encuentran esas extrañas* **formaciones** *rocosas.*

frac·tu·ra *f.* Grieta, separación, o ruptura, como la de un hueso. *El terrible accidente le produjo una* **fractura** *en la pierna.*

fric·ción *f.* Roce de dos cuerpos en contacto. *Tanta **fricción** ha desgastado la pieza y ya no sirve.*

fron·te·ra *f.* La línea limítrofe de un estado o país. *Tuvimos que mostrar nuestro documento de identidad cuando cruzamos la **frontera** de nuestro país.*

fun·da·ción *f.* Establecer o crear algo. *Todos en la escuela asistieron a la **fundación** del nuevo club de actividades para después de la escuela.*

Gg

géi·ser *m* Manantial termal natural del cual sale vapor hacia el aire. *Muchos turistas visitan los parques nacionales para ver los **géiseres**.*

gé·li·do *adj.* Helado, muy frío. *La casa estaba **gélida** cuando entramos.*

ge·ne·ra·ción *f.* Grupo de personas, en especial dentro de la misma familia, nacidas aproximadamente en la misma época. *Mi abuela y yo pertenecemos a dos **generaciones** distintas.*

ge·ne·rar *v.* Producir. *Necesitamos **generar** nuevas formas de energía para el futuro.*

gé·ne·ro *m.* Clase a la que pertenece alguien o algo. *Podemos distinguir dos grandes **géneros**: el **género** humano y el animal.*

ges·ti·cu·lar *v.* Realizar movimientos con las manos o el rostro para expresar algo. *Él **gesticulaba** como si quisiera decir algo, pero no pude entender qué.*

go·ber·na·dor/ra *m. y f.* Persona electa para ser jefe de gobierno de un estado o de un territorio. *El **gobernador** de mi estado firmará la nueva ley.*

gra·ve·dad *f.* Fuerza que atrae objetos hacia el centro de la Tierra, lo cual provoca que éstos tengan peso. *Debido a la **gravedad**, una pelota arrojada al aire caerá de regreso al suelo.*

Hh

ha·cien·da *f.* Finca agrícola o ganadera. *Él tenía una vasta **hacienda** de reses vacunas.*

he·ri·da *f.* Daño hecho a alguien. *Afortunadamente, la **herida** sanó pronto.*

hí·bri·do *m.* Descendencia de dos animales o dos plantas de especies distintas. *Los pluots son **híbridos** que combinan las características de las ciruelas y los damascos.*

hi·dró·ge·no *m.* Elemento químico que forma el agua al combinarse con el oxígeno. *El **hidrógeno** es uno de los principales constituyentes del Universo.*

Ii

i·dén·ti·co *adj.* Igual o muy parecido. *Ella es **idéntica** a su madre.*

i·den·ti·dad *f.* Quién o qué es una persona o un lugar. *El hombre del banco utilizó su licencia de conducir como prueba de su* **identidad**.

ig·no·rar *v.* No notar; pasar por alto. *Mi mamá* **ignoró** *el comportamiento grosero de mi primo.*

i·gual·dad *f.* La calidad o condición de ser igual. *La Constitución de Estados Unidos prevé la* **igualdad** *de todos los ciudadanos ante la ley.*

i·lu·sión *f.* Esperanza, entusiasmo. *Ella tenía la* **ilusión** *de festejar su cumpleaños con todos sus amigos.*

i·ma·gen *f.* Figura o representación de una persona o cosa. *Vimos nuestra* **imagen** *reflejada en el espejo y nos reímos mucho.*

im·pac·to *m.* La fuerza de un objeto que choca contra otro. *El* **impacto** *del choque hizo que el parabrisas del automóvil se rompiera.*

im·pla·ca·ble *adj.* Severo, inflexible. *Fuimos al tribunal y el juez se mostró* **implacable**; *no quiso ceder ante nada.*

im·pre·sio·nar *v.* Tener un fuerte efecto en la mente o sobre los sentimientos. *La muestra de arte* **impresionará** *a la audiencia.*

i·nac·ti·vo *adj.* Sin actividad o movimiento. *El volcán permaneció* **inactivo** *durante muchos años pero ayer entró en erupción.*

i·nau·gu·rar *v.* Dar comienzo a una actividad con un acto solemne. *Han* **inaugurado** *la nueva exposición en el museo de Bellas Artes.*

in·cons·ti·tu·cio·nal *adj.* Que no está de acuerdo a la constitución de un país, estado o grupo, por ejemplo, a la Constitución de Estados Unidos. *La Corte Suprema de este país decide si una ley es* **inconstitucional** *o no.*

in·cul·car *v.* Poner o introducir poco a poco. *Los buenos maestros* **inculcan** *a sus estudiantes el amor por el estudio.*

in·de·pen·den·cia *f.* Libertad, que no depende de otros. *En 1776, los estadounidenses comenzaron una guerra por su* **independencia**.

in·flar *v.* Provocar hinchazón rellenando con aire o gas. *En la estación de servicio, la bomba de aire* **inflará** *las ruedas delanteras.*

in·hi·bir *v.* Impedir, retener. *El clima frío* **inhibirá** *el florecimiento de las plantas de mi jardín.*

in·me·dia·to *adj.* Que sucede enseguida, sin demora. *El terremoto tuvo un efecto* **inmediato** *en el suelo de la ciudad.*

ins·pec·cio·nar *v.* Examinar detenidamente y con cuidado. *El detective* **inspeccionará** *la escena del crimen en busca de pistas.*

ins·truir *v.* Proporcionar conocimiento, información, o destreza; enseñar. *La maestra* **instruirá** *a los estudiantes sobre cómo realizar el experimento.*

in·ten·ción *f.* Querer actuar de una cierta manera; propósito. *Franklin detestaba el béisbol así que sus* **intenciones** *de unirse al equipo no eran claras.*

in·te·rac·tuar *v.* Actuar uno con otro. *Los miembros de la banda se acercaron a la audiencia para poder **interactuar** con sus seguidores.*

in·va·sión *f.* Ingreso de un ejército en una región para conquistarla. *Al planear una **invasión**, los generales deben conocer dónde están ubicadas las tropas del enemigo.*

in·ver·tir *v.* Alterar el orden, la dirección o el sentido de algo. *No podemos **invertir** el orden de los sucesos del cuento porque no tendría sentido.*

in·ves·ti·gar *v.* Examinar o buscar cuidadosamente. *El científico **investigaba** los efectos del medicamento.*

in·vo·lu·crar·se *v.* Comprometerse en algo, abarcar, tener influencia sobre algo o alguien. *La solución al problema de matemáticas **involucraba** sumar y multiplicar.*

i·rra·zo·na·ble *adj.* Que no muestra ni utiliza la razón o el juicio. *El maestro fue **irrazonable** cuando castigó a toda la clase por el mal comportamiento de un estudiante.*

i·rre·sis·ti·ble *adj.* Que no puede resistirse u oponerse. *En un día caluroso, una bebida fría es **irresistible**.*

Jj

ja·de·o *m.* Respiración dificultosa, generalmente por efecto del cansancio. *Noté su **jadeo** después de la carrera.*

Ll

la·be·rin·to *m.* Una serie confusa de caminos o pasillos a través de los cuales las personas pueden tener dificultad para hallar la salida. *Nos perdimos en un **laberinto** de pequeñas calles que subían, bajaban y daban vueltas.*

la·bor *f.* Trabajo arduo. *La **labor** de los trabajadores de la construcción era agotadora.*

lan·zar *v.* Arrojar, impulsar algo. *El club de ciencias **lanzó** un cohete al aire.*

lan·zar·se *v.* Hacer un movimiento hacia adelante. *El jugador debía **lanzarse** hacia la pelota cuando el corredor tocara la base.*

las·ti·me·ro *adj.* Digno de compasión o que hiere o hace daño. *Me miraba con ojos **lastimeros**.*

li·be·rar *v.* Poner en libertad algo o a alguien. ***Liberaron** a los dos prisioneros porque se comprobó que eran inocentes.*

lu·ci·dez *f.* La habilidad de ver o entender algo. *Al ver la **lucidez** con la que contestaba las difíciles preguntas, tuve la seguridad de que ganaría el certamen.*

lu·gar *m.* Ubicación. *Ese poste marca el* ***lugar*** *donde se construirá el nuevo pozo.*

Mm

ma·gen·ta *adj.* Color carmesí oscuro, mezcla del rojo y el azul. *Ella tenía una remera color* ***magenta*** *que combinaba con su falda roja.*

ma·mí·fe·ro *m.* Criatura de sangre caliente y con columna vertebral. Los mamíferos hembra producen leche para alimentar a sus crías. *Los seres humanos, el ganado, los murciélagos y las ballenas son* ***mamíferos****.*

mar·gi·nar *v.* Dejar de lado a alguien o algo, apartarlo o hacer caso omiso de él. *Todos en la escuela* ***marginaron*** *al estudiante nuevo.*

me·dio de co·mu·ni·ca·ción *m.* Medio o forma de comunicarse que alcanza a grandes audiencias. *La televisión y los periódicos son* ***medios de comunicación*** *que influyen en nuestra vida cotidiana.*

mer·ca·de·rí·a *f.* Cosas que están a la venta. *Ayer llegó nueva* ***mercadería*** *a la tienda de productos electrónicos.*

me·te·o·ro *m.* Masa de metal o roca que ingresa en la atmósfera de la Tierra desde el espacio. *Es raro que un* ***meteoro*** *choque con la Tierra, pero puede suceder.*

mi·me·tis·mo *m.* El parecido externo de una clase de animal con otro o con un objeto en su ambiente natural. *Un tipo de mosca utiliza el* ***mimetismo*** *para engañar a sus depredadores.*

mi·sión *f.* Trabajo o tarea especial. *Mi* ***misión*** *en ese día consistía en hallar el oso de peluche favorito de mi hermana.*

mul·ti·tud *f.* Número grande de personas. *Una* ***multitud*** *aclamó al héroe de la liga de béisbol.*

mun·do *m.* Esfera que a menudo representa la Tierra. *El* ***mundo*** *es redondo.*

Nn

na·tu·ra·lis·ta *m. y f.* Persona que se especializa en el estudio de las cosas de la naturaleza, en especial plantas y animales. *El* ***naturalista*** *pasó mucho tiempo haciendo excursiones y acampando en el bosque.*

na·ve·ga·ción *f.* El arte o ciencia de averiguar la posición y curso de los barcos, buques y aviones. *Para una* ***navegación*** *adecuada, los pilotos dependen de equipos que los guían.*

no·ción *f.* Idea. *Él no tenía* ***noción*** *de cómo organizar a los estudiantes durante su viaje de estudios.*

Oo

o·be·dien·cia *f.* El acto de llevar a cabo órdenes dadas por otro. *Durante la batalla, el general esperaba completa* ***obediencia*** *de los soldados.*

ob·ser·va·ción *f.* El acto, práctica o poder de ver y notar. *Las **observaciones** cuidadosas del detective ayudaron a resolver el crimen.*

ob·ser·va·dor *m.* Persona que mira atentamente y con cuidado. *El fotógrafo era un gran **observador** de flores e insectos.*

ob·vio *adj.* Fácil de ver o comprender. *Él extendío dos galletitas; era **obvio** que estaba convidándolas.*

o·le·a·je *m.* Una sucesión de olas, una detrás de otra. *El **oleaje** llevaba la pequeña embarcación hacia la costa.*

or·bi·tar *v.* Moverse describiendo órbitas, especialmente en el espacio. *La tierra es uno de los planetas que **orbita** alrededor del sol.*

or·ga·nis·mo *m.* Ser viviente. *Animales, plantas, hongos, protozoos, y bacterias, todos, son **organismos**.*

o·ri·gi·nal *adj.* Hecho, pensado o utilizado por primera vez. *Todos los pisos de madera de la antigua casa son **originales**.*

o·ri·gi·na·rio *adj.* Que da origen a una persona o cosa. *Estas costumbres son **originarias** de China.*

o·sa·do *adj.* Audaz, atrevido. *Él fue el primero en arrojarse al agua porque es el más **osado** de la clase.*

Pp

par·tí·cu·la *f.* Pequeña parte o pieza de un elemento. ***Partículas** diminutas se conectan para formar objetos sólidos.*

pa·si·llo *m.* Camino que conduce a distintas partes de un lugar. *Los estudiantes caminaban haciendo ruido por el **pasillo**.*

pa·trio·ta *m. y f.* Persona que ama y apoya con entusiasmo a su país. *La historia estadounidense ve a Benjamin Franklin y a John Adams como verdaderos **patriotas**.*

pa·trio·tis·mo *m.* Amor por la patria. *El **patriotismo** también se demuestra siendo honrado y trabajador.*

pen·der *v.* Que cuelga o está suspendido. *Los diamantes que **penden** de las orejas de Elena parecen rayos de luz.*

pe·ri·cia *f.* Sabiduría, experiencia y habilidad en una ciencia o arte. *La **pericia** de ese cirujano es famosa en todo el mundo.*

per·ma·nen·te *adj.* Que permanece o dura. *Necesitamos que haya vigilancia **permanente** en este barrio, pues es muy peligroso.*

po·la·ri·dad *f.* Condición de lo que tiene propiedades opuestas. *Cuando hay **polaridad** de opiniones, es difícil ponerse de acuerdo.*

po·sar *v.* Tener una posición especial. *Mis padres nos **hicieron** posar cuidadosamente para la foto familiar.*

pos·po·ner *v.* Postergar hasta más tarde o más adelante. *Debido a la lluvia, los funcionarios decidieron **posponer** el partido de béisbol hasta mañana.*

pre·da·dor *m.* Animal que vive de sus presas o cazando y comiendo a otros animales. *Los leones y lobos son **predadores** naturales que cazan animales más pequeños para comer.*

pre·sa *f.* Cualquier animal cazado o matado por otro animal para alimentarse. *A menudo, las películas sobre la naturaleza muestran a los leones cazando a su **presa**.*

pre·ser·var *v.* Proteger, mantener. *El club trabajará para **preservar** los campos de flores salvajes cercanos a la escuela.*

pro·ce·den·cia *f.* Origen. *Su familia es de **procedencia** irlandesa.*

pro·hi·bi·ción *f.* Impedimento para hacer algo, generalmente por una regla o ley. *En este lugar existe la **prohibición** de fumar.*

pro·hi·bir *v.* Impedir oficialmente. *Los directores de la escuela **prohiben** los libros que contienen información incorrecta.*

pro·lon·ga·do *adj.* Alargado o extendido en el tiempo o espacio. *La espera no puede ser **prolongada**, porque los estudiantes se inquietan.*

pro·nos·ti·ca·dor/ra *m. y f.* Aquel que estudia y hace predicciones sobre el clima. *El **pronosticador** del programa de noticias anunció una gran tormenta de nieve durante el fin de semana.*

pro·vi·sión *f.* Abastecimiento y suministro de cosas necesarias. *La expedición se detuvo en este pueblo para hacer **provisión** de víveres.*

pro·yec·to *m.* Planes o actividades. *La clase mostró en el aula sus **proyectos** de ciencias.*

Rr

rá·fa·ga *f.* Algo que fluye y desaparece con rapidez. *Vimos de pronto una **ráfaga** de luz en la ventana.*

re·be·lión *f.* Resistencia armada a un gobierno. *La batalla de Lexington es un ejemplo de **rebelión** contra el gobierno británico en América del Norte.*

re·co·no·ci·mien·to *m.* Sentimiento de agradecimiento. *Para mostrar su **reconocimiento**, Javier le dio una pequeña recompensa al niño que encontró su billetera.*

re·cu·pe·rar *v.* Recobrar; volver a estar sano. *Los buzos ayudaron a **recuperar** el tesoro del barco hundido.*

re·fu·gio *m.* Lugar seguro. *Los pájaros salvajes se protegen en un **refugio** natural.*

ré·gi·men *m.* Forma de gobierno o estado. *Los ciudadanos del país comenzaron a quejarse del **régimen** monárquico que soportaban.*

re·pre·sen·tan·te *m. y f.* Persona que es electa para representar a otro u otros. *Un **representante** de cada distrito se dirigió al municipio a votar por la ley.*

re·ser·va *f.* **1.** Territorio apartado por un gobierno con un propósito específico, por ejemplo, para que vivan las tribus indígenas. *Los indígenas **preservaron** su cultura y sus costumbres en la reserva donde vivían.* **2.** Acuerdo de guardar algo para otra persona/s. *Le pediremos a nuestro agente de viajes que realice una **reserva** de hotel para nosotros.* **3.** Algo que provoca duda. *Tenía sus serias **reservas** sobre el regreso a pie después del atardecer.*

re·sis·tir *v.* Oponerse, aguantar, soportar, tolerar, combatir. *Ella **resistió** la tentación de probar su torta de cumpleaños antes de la fiesta.*

re·so·nar *v.* Que suena mucho o que produce eco. *Su voz **resonó** fuerte en la casa deshabitada.*

re·te·ner *v.* Conservar, guardar; conservar en la memoria. *Los estudiantes tienen facilidad para **retener** los nombres de sus compañeros de clase.*

re·tri·bu·ción *f.* Recompensa por algún servicio o trabajo. *Recibió una importante **retribución** por su servicio incondicional.*

re·ve·lar *v.* Dejar al descubierto o hacer público. *La policía **revelará** el nombre del sospechoso después de haberlo arrestado.*

re·vés *m.* Espalda o parte opuesta de algo. *Sólo pudimos ver el **revés** de la carta que sostenía la maestra.*

ries·go·so *adj.* Que implica peligro. *Es un trabajo **riesgoso** y requiere de mucha experiencia.*

rí·gi·do *adj.* Que no cambia, fijo. *Nuestro **rígido** horario no nos permitió hacer una parada no programada en el nuevo parque.*

ro·bot *m.* Máquina diseñada para realizar ciertas tareas humanas. *El **robot** realizó un trabajo que era demasiado peligroso para que lo hicieran los humanos.*

ro·tar *v.* Girar sobre un eje. *A medida que la tierra **rota**, se producen los días y las noches.*

Ss

sa·té·li·te *m.* Objetos artificiales ubicados en órbita alrededor de otro cuerpo en el espacio, como la Tierra o la Luna. *Nuevos **satélites** climáticos rastrean las tormentas que se forman en toda la Tierra.*

sa·tis·fac·to·rio *adj.* Lo suficientemente bueno para satisfacer una necesidad o deseo. *El trabajo realizado en la casa fue **satisfactorio**, por lo tanto, los dueños pudieron mudarse en el tiempo previsto.*

se·gre·ga·ción *f.* La práctica de separar a un grupo racial del resto de la sociedad, en especial a los afroamericanos, haciéndolos usar distintas escuelas e instalaciones sociales o haciéndolos vivir en áreas separadas. *La **segregación** obligó a los niños afroamericanos a asistir a escuelas con instalaciones inadecuadas.*

si·gi·lo·sa·men·te *adv.* Hecho en silencio, con discreción y sigilo. *Todos caminaban **sigilosamente** para no ser advertidos por la policía.*

si·lla de rue·das *f.* Silla con ruedas que utiliza alguien que no puede caminar o desplazarse de un lugar a otro. *Mi abuela tuvo que usar una **silla de ruedas** después de la cirugía.*

si·mi·en·te *f.* Semilla. *Debemos plantar las **simientes** para que crezcan los frutos.*

so·bre·hu·ma·no *adj.* Más allá del poder humano común. *El atleta parecía tener fuerza y destreza **sobrehumanas**.*

so·bre·vi·vir *v.* Vivir o estar activo después de un suceso. *Uno debe saber cómo encontrar alimento y refugio para* **sobrevivir** *en el bosque.*

so·me·ter·se *v.* Rendirse; entregarse a alguien. *Los soldados pueden* **someterse** *al enemigo si son demasiado débiles para luchar.*

sor·ber *v.* Beber aspirando. *Él* **sorbe** *su jugo mientras contempla el horizonte.*

su·cum·bir *v.* Rendirse, someterse, ceder. *El guardia* **sucumbió** *ante la amenaza de varias armas.*

su·fra·gio *m.* Derecho o privilegio de votar. *Las mujeres que marchaban en Washington, D.C., luchaban por el derecho al* **sufragio**.

su·ma·men·te *adv.* Extremadamente, en grado sumo. *El viaje lo dejó* **sumamente** *cansado.*

sur·car *v.* Marcar rayas o surcos sobre alguna superficie. *Una cicatriz* **surcaba** *su rostro y le daba un aspecto temible.*

surf *m.* Deporte en el que las personas montan en tablas sobre las olas del océano. *Debes ser un buen nadador si planeas practicar* **surf**.

Tt

ta·ller *m.* Lugar donde se realiza un trabajo manual. *El orfebre tenía su* **taller** *en el sótano de su hogar.*

tam·ba·le·ar *v.* Moverse de modo inseguro o con un movimiento vacilante. *Los cansados corredores se* **tambalearon** *en la línea de llegada.*

te·les·co·pio *m.* Instrumento que se utiliza para hacer que objetos lejanos, se vean más cercanos y más grandes. *Brad utilizó un* **telescopio** *para ver los cráteres de la Luna.*

te·rri·to·rio *m.* Área amplia de tierra sin ningún límite específico. *El* **territorio** *de Oregon se dividió en dos estados.*

te·so·re·ro/ra *m. y f.* Persona a cargo del dinero de una empresa o un grupo. *El* **tesorero** *se puso nervioso cuando se dio cuenta de que faltaba dinero en la cuenta bancaria de la empresa.*

ti·ra·no/na *m. y f.* Persona que utiliza el poder o la autoridad de manera cruel o injusta. *El rey era un* **tirano** *porque castigaba a su súbditos injustamente.*

Historia de la palabra

La palabra **tirano** proviene del francés antiguo *tiran*, que significa "déspota". *Tiran* proviene del latín *tyrannus*, que significa "gobernante o déspota". Tirano también puede·tener origen en la palabra griega *tyrannos*, que significa "gobernante absoluto".

tra·di·cio·nal *adj.* El conocimiento, creencias o costumbres que una generación pasa a otra. *Nuestro* **tradicional** *Día de Acción de Gracias incluye comer pavo y mirar televisión.*

trans·for·mar *v.* Cambiar, alterar. *El horneado* **transforma** *la masa en pan.*

trans·mi·sión *f.* Emisión radial o televisiva. *Los satélites pueden enviar una* **transmisión** *televisiva a cualquier parte del mundo.*

tra·vie·so *adj.* Inquieto, revoltoso, pícaro. *A menudo los niños son* **traviesos**, *pero no malos.*

tra·yec·to·ria *f.* **1.** Curso, dirección que se sigue al desplazarse. *En el Cabo Cañaveral todos observaban la* **trayectoria** *ascendente de la nave.* **2.** Evolución, desarrollo. *Su intachable* **trayectoria** *en la educación lo llevó a ser el director de la escuela.*

tri·bu·na *f.* Plataforma elevada donde alguien se dirige al público para hablar. *Leyó el comunicado desde la* **tribuna**, *para que todos pudieran verlo y oírlo.*

triun·far *v.* Ser exitoso o ganar. *Podemos* **triunfar** *a pesar de los problemas.*

tu·mul·to *m.* Alboroto o confusión producida por una multitud. *El cierre de la empresa generó graves* **tumultos**.

tur·bio *adj.* Mezclado o alterado con algo que oscurece o quita la claridad o transparencia propia. *El agua estaba* **turbia** *después de la tormenta.*

Uu

u·bi·ca·ción *f.* Posición o lugar exactos. *El avión sobrevoló la zona varias veces antes de poder ver la* **ubicación** *de los alpinistas perdidos.*

ur·gen·cia *f.* Importancia inmediata, apremiante. *La tormenta que se avecinaba hizo que las personas buscaran refugio con* **urgencia**.

Vv

va·ci·lan·te *adj.* Que duda. *Caminaban con paso* **vacilante**, *pues no sabían qué les esperaba más adelante.*

ver·sión *f.* Formas distintas o cambiadas de un original. *Escribí muchas* **versiones** *de la historia antes de terminar el final.*

ve·te·ri·na·rio *m.* Persona entrenada y con licencia para proporcionar tratamiento médico o quirúrgico a los animales. *Llevé a mi perro al* **veterinario** *para una revisión.*

vi·brar *v.* Moverse en todas las direcciones rápidamente. *Mi teléfono celular* **vibra** *cuando alguien llama.*

vio·len·to *adj,* Destructivo. *Una* **violenta** *tormenta destruyó casas y tiró abajo muchos árboles.*

vo·ca·ción *f.* Inclinación a una carrera o profesión. *Ella supo desde pequeña que tenía* **vocación** *de maestra.*

vo·ta·ción *f.* Acción y resultado de emitir un voto en una elección. *La* **votación** *transcurrió con total normalidad.*

Zz

za·ca·tal *m.* Terreno de abundante pasto, pastizal. *Los animales cruzaron el* **zacatal** *para llegar hasta el río.*

zo·na *f.* Región o área que tiene alguna cualidad, condición, o uso especiales. *Existe una* **zona** *peatonal en esta calle.*

Acknowledgments

The publisher gratefully acknowledges permission to reprint the following copyrighted material:

"El árbol de gri gri" a translation of THE GRI GRI TREE is from THE COLOR OF MY WORDS by Lynn Joseph. Copyright © 2000 by Lynn Joseph. Reprinted by permission of HarperCollins Children's Books, a division of HarperCollins Publishers.

"Blancaflor" from CUENTOS QUE CONTABAN NUESTRAS ABUELAS by F. Isabel Campoy and Alma Flor Ada. Text and translation copyright © 2006 by Alma Flor Ada and Isabel F. Campoy. Reprinted by permission of Atheneum Libros Infantiles, Children's Division of Simon & Schuster.

"Carlos y el zorrillo" a translation of CARLOS AND THE SKUNK by Jan Romero Stevens, illustrations by Jeanne Arnold. Text copyright © 1997 by Jan Romero Stevens. Illustrations copyright © 1997 by Jeanne Arnold. Reprinted by permission of Rising Moon, Books for Young Readers from Northland Publishing.

"Charro" from CHARRO by George Ancona. Copyright © 1999 by George Ancona. Reprinted by permission of Harcourt Inc.

"Chico rey" by Mónica Bergna, illustrated by Fabricio Vanden-Broeck. Reprinted by permission of Ediciones Castillo, S.A., de C.V. Text copyright © 2006 by Mónica Bergna. Reprinted by permission of Ediciones Castillo, S.A. de C.V., México, D. F.

"El código indescifrable" a translation of THE UNBREAKABLE CODE by Sara Hoagland Hunter, illustrations by Julia Miner. Text copyright © 1996 by Sara Hoagland Hunter. Illustrations copyright © 1996 by Julia Miner. Reprinted by permission of Rising Moon Books for Young Readers from Northland Publishing.

"Cuando Esther Morris se fue al Oeste" a translation of WHEN ESTHER MORRIS HEADED WEST by Connie Nordhielm Wooldridge, illustrations by Jacqueline Rogers. Text copyright © 2001 by Connie Nordhielm Wooldridge. Illustrations copyright © 2001 by Jacqueline Rogers. Reprinted by permission of Holiday House.

"Davy Crockett salva el mundo" a translation of DAVY CROCKETT SAVES THE WORLD by Rosalyn Schanzer. Copyright © 2001 by Rosalyn Schanzer. Reprinted by permission of HarperCollins Publishers.

"Déjame solo, Joe" by Ángela C. Ionescu. Copyright © by Ángela Ionescu and Editorial Bruño. Reprinted by permission of Editorial Bruño.

"Espíritu de resistencia" a translation of SPIRIT OF ENDURANCE by Jennifer Armstrong, illustrations by William Maughan. Text copyright © 2000 by Jennifer Armstrong. Illustrations copyright © 2000 by William Maughan. Reprinted by Crown Publishing, a division of Random House Inc.

"Excursión estupenda: Despegue a la academia espacial" a translation of ULTIMATE FIELD TRIP 5: BLASTING OFF TO SPACE ACADEMY is from ULTIMATE FIELD TRIP 5: BLASTING OFF TO SPACE ACADEMY by Susan E. Goodman. Text copyright © 2001 by Susan E. Goodman. Illustrations copyright © 2001 by Michael J. Doolittle. U.S. Space Camp and U.S. Space Academy are registered trademarks of the U.S. Space Rocket Center. Reprinted by permission of Atheneum Books for Young Readers, an imprint of Simon & Schuster Children's Publishing Division.

"Los huracanes" by Ernesto Márquez Nerey, illustrated by Felipe Ugalde. Copyright D. R. © ADN Editores, S.A. de C.V. Reprinted by permission of ADN Editores, S. A. de C. V., México, D. F.

"Luna, pez y agua" from MAGIAPALABRA by José Javier Alfaro. Copyright © 1995 by José Javier Alfaro. Reprinted by permission of Ediciones Hiperión.

"Marte y las princesas voladoras" by María Baranda, illustrated by Elena Odriozola. Text copyright © 2006 María Baranda. Illustrations copyright © 2006 by Elena Odriozola. Reprinted by permission of Fondo de Cultura Económico, México, D. F.

"Mundos ocultos" a translation of HIDDEN WORLDS: LOOKING THROUGH A SCIENTIST'S MICROSCOPE is from HIDDEN WORLDS: LOOKING THROUGH A SCIENTIST'S MICROSCOPE by Stephen Kramer. Copyright © 2001 by Stephen Kramer. Reprinted by permission of Houghton Mifflin Company.

"La noche de San Juan" from CUENTOS CON SAZÓN by Lulu Delacre. Copyright © 2000 by Lulu Delacre. Translation Copyright © 2000 by Scholastic Inc. Reprinted by permission of Scholastic Inc.

"Poema" from GABY, UN AÑO DESPUÉS by Gabriela Brimmer. Copyright © 1981. Reprinted by permission of Editorial Grijalbo, México; an imprint of Random House Mondadori.

"¡Serpientes!" a translation of RATTLERS! by Ellen Lambeth (sidebar by John Cancalosi) is from RANGER RICK. Copyright © 1998 by the National Wildlife Federation. Reprinted by permission of the National Wildlife Federation.

"Shiloh" a translation of SHILOH is from SHILOH by Phyllis Reynolds Naylor. Copyright © 2000 by Phyllis Reynolds Naylor. Reprinted by permission of Aladdin Paperbacks, an imprint of Simon & Schuster Children's Publishing Division.

"Viento" from OBRA POÉTICA (1935–1998) by Octavio Paz. Copyright © 1990. Reprinted by permission of Seix Barral S.A.

"En trineo en Boston Common" a translation of SLEDS ON BOSTON COMMON by Louise Borden, illustrations by Robert Andrew Parker. Text copyright © 2000 by Louise Borden. Illustrations copyright © 2000 by Robert Andrew Parker. Reprinted by permission of Margaret K. McElderry Books, an imprint of Simon & Schuster Children's Publishing Division.

"A través de mis ojos" a translation of THROUGH MY EYES is from THROUGH MY EYES by Ruby Bridges. Copyright © 1999 by Ruby Bridges. Reprinted by permission of Scholastic Press, a division of Scholastic, Inc.

"El valle de la Luna: El diario de María Rosalia de Milagros" a translation of VALLEY OF THE MOON: THE DIARY OF MARÍA ROSALIA DE MILAGROS by Sherry Garland, illustrated by Kristina Rodanas. Copyright © 2001 by Sherry Garland. Reprinted by permission of Scholastic Inc.

"El viaje de Paul Revere" a translation of PAUL REVERE'S RIDE by Henry Wadsworth Longfellow is from OUR NATION. Copyright © 2003 by Macmillan/McGraw-Hill.

"El voto para la mujer" a translation of SUFFRAGE FOR WOMEN is from OUR NATION. Copyright © 2003 by Macmillan/McGraw-Hill.

"El vuelo de Ícaro" a translation of THE FLIGHT OF ICARUS by Alice Low is from THE MACMILLAN BOOK OF GREEK GODS AND HEROES. Copyright © 1985 by Macmillan Publishing Company, a division of Macmillan, Inc. Reprinted by permission of the publisher.

"Weslandia" a translation of WESLANDIA by Paul Fleischman, illustrations by Kevin Hawkes. Text copyright © 1999 by Paul Fleischman. Illustrations copyright © 1999 by Kevin Hawkes. Reprinted by permission of Candlewick Press.

"La yegua dorada, el ave de fuego y el anillo mágico" a translation of THE GOLDEN MARE, THE FIREBIRD, AND THE MAGIC RING by Ruth Sanderson. Copyright © 2001 by Ruth Sanderson. Reprinted by permission of Little, Brown and Company.

"Zathura" a translation of ZATHURA by Chris Van Allsburg. Copyright © 2002 by Chris Van Allsburg. Reprinted by permission of Houghton Mifflin Company.

ILLUSTRATIONS:
Cover: Felipe Ugalde

22-23: Viviana Diaz. 24-39: Fabricio Vanden Broeck. 52-65: Joel Spector. 90-101: Edel Rodriguez. 114-131: Robert Andrew Parker. 134-137: Greg Newbold. 140-145: Guy Porfirio. 152-153: Deborah Chabrian. 154-167: Kristina Rodanas. 178-179: John Palacios. 220-221: Jeff Crosby. 222-239: Rosalyn Schanzer. 242-245: Owen Smith. 252-263: Jacqueline Rogers. 272-277: Joel Spector. 284-285: Mark Weber. 286-303: Wendy Born Hollander. 306-307: Daniel Powers. 312-313: Rebecca Walsh. 314-331: Ruth Sanderson. 334-337: Maryana Beletskaya. 354-355: Diane Greensied. 356-373: Valerie Sokolova. 386-401: Julia Miner. 408-413: Debby Fisher. 422-437: William Maughan. 464-467: Linda Wingerter. 484-485: Argosy. 486-507: Chris Van Allsburg. 518-519: Soud. 520-537: Angelo Ionescu. 546-551: Ed Gazsi. 574-575: Geraldo Valerio. 596-597: Mercedes McDonald. 634-635: Tom Foty. 642-653: Felipe Ugalde. 660-665: Barbara Spurll. 662-663: Julio Granados. 672-673: Carl Angel. 674-693: Elena Odriozola. 702-703: Loretta Krupinski. 704-719: Jeanne Arnold. 742-743: John Parra. 744-759: Kevin Hawkes. 766-767: Donna Perrone. 768-785: Marla Baggetta. 794-799: Guy Porfirio.